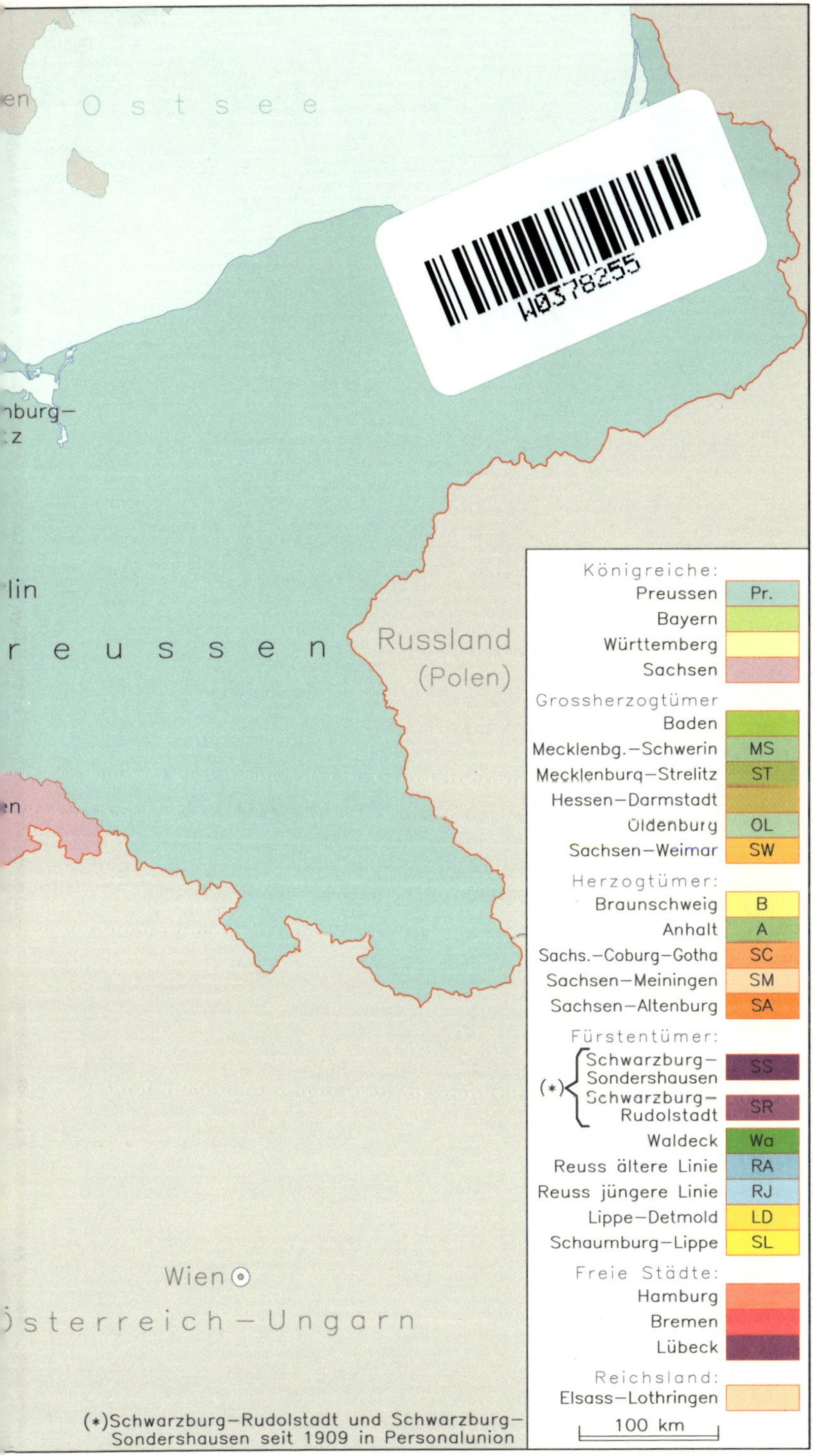

en
Ostsee
nburg–
z
lin
reussen
Russland
(Polen)
en
Wien
Österreich–Ungarn
Königreiche:
Preussen Pr.
Bayern
Württemberg
Sachsen
Grossherzogtümer
Baden
Mecklenbg.–Schwerin MS
Mecklenburg–Strelitz ST
Hessen–Darmstadt
Oldenburg OL
Sachsen–Weimar SW
Herzogtümer:
Braunschweig B
Anhalt A
Sachs.–Coburg–Gotha SC
Sachsen–Meiningen SM
Sachsen–Altenburg SA
Fürstentümer:
(*) Schwarzburg–Sondershausen SS
Schwarzburg–Rudolstadt SR
Waldeck Wa
Reuss ältere Linie RA
Reuss jüngere Linie RJ
Lippe–Detmold LD
Schaumburg–Lippe SL
Freie Städte:
Hamburg
Bremen
Lübeck
Reichsland:
Elsass–Lothringen
100 km
(*)Schwarzburg–Rudolstadt und Schwarzburg–Sondershausen seit 1909 in Personalunion

Lothar Machtan

DIE ABDANKUNG

Deutschlands
aus der Gesc
Lothar M chtar
DANKUN
61-3)
nur 24.
Paukenschl
er Bildfi
geherrs

Für Sabine

Inhalt

Präludium

Der erste von insgesamt neunzehn leibhaftigen Monarchen, die das Gespenst der deutschen Revolution im November 1918 aus ihren Residenzen verscheuchte, war zugleich deren jüngster: der dreißigjährige Herzog von Braunschweig und Lüneburg Ernst August aus der Dynastie der Welfen, Schwiegersohn des deutschen Kaisers Wilhelm II. Fünf Jahre und sieben Tage hatte Ernst August die Herrscherkrone tragen dürfen. Dann war es urplötzlich mit seiner Hoheitsgewalt vorbei. Am Freitag, den 8. November, zog in den Vormittagsstunden eine mehrtausendköpfige Menge mit roten Fahnen vor das Braunschweiger Stadtschloss. Bewaffnete Matrosen hatten schon am Vorabend die Schlosswache mit Trommelwirbel abgelöst. Jetzt wurde unter dem Jubel der Massen die herzogliche Fahne eingeholt und an ihrer Stelle das rote Banner als Emblem des Machtwechsels gehisst. Redner ließen die Republik hochleben.

Einige Stunden später erschien eine Delegation des Braunschweiger Arbeiter- und Soldatenrates erneut in der Residenz, wo sie sofort zum Schlossherrn vorgelassen wurde. Mitgebracht hatte sie ein schlichtes Schriftstück, auf dem zu lesen stand: »Ich, Ernst August, Herzog von Braunschweig und Lüneburg, erkläre, dass ich für mich und meine Nachkommen auf den Thron verzichte, und die Regierung in die Hände des Arbeiter- und Soldatenrates lege.« Der Arbeiterführer Anton Merges erklärte dem Monarchen, dass er dieses Dokument im Auftrag des Volkes vorlege. Über die Unterzeichnung habe er sich unverzüglich schlüssig zu werden, im Verweigerungsfall werde er abgesetzt. Der Bedrängte bat um Bedenkzeit, die er zur Rücksprache mit seiner Gattin und seinen Ministern nutzte. Zwanzig Minuten später kehrte er mit der Unterschrift zu den Wartenden zurück, die sich inzwischen aus dem Zigarrensortiment des Wartesaales bedient hatten. Es sei ihm eine Erleichterung, die Verantwortung abzugeben, soll der soeben Ent-

Entkrönung in Braunschweig. Revolutionäre vor dem Residenzschloss am 8. November 1918.

thronte den neuen Machthabern bedeutet haben. Dann empfahl er sich – auf sein Privatschloss nach Blankenburg am Harz.

Dieses Gefühl einer inneren Befreiung scheint echt gewesen zu sein. Denn am Tag darauf, als auch die Reichsmonarchie endgültig kollabierte, brachte Ernst August sogar seine »Freude über den Zusammenbruch« zum Ausdruck. Das berichtet sein Schwager, Prinz Max von Baden, der letzte Kanzler des Deutschen Kaiserreichs. In dessen Sonderzug konnte sich die Familie des Herzogs noch am Abend des 9. November nach Süddeutschland und wenig später nach Österreich absetzen, wo sie fortan glücklich auf den Besitzungen des Welfenoberhauptes weiterlebte.

Republikanische Vorrede

»Sie wurden hinweggefegt, ohne irgendetwas zurückzulassen, weil sie doch zu große Nullen waren.« (Ex-Großherzog Ernst Ludwig von Hessen über die Entthronung seiner bundesfürstlichen Kollegen)

Hätte der Großherzog von Hessen in dem eingangs zitierten Ausspruch »wir« statt »sie« gesagt, so hätte ein bemerkenswert selbstkritisches Zeugnis kollektiven Versagens diese Darstellung eröffnen können. Wenn aber der deutsche Herrscherstand bis weit ins 20. Jahrhundert hinein eines nicht leiden konnte, dann das, was einer seiner Vertreter sich hier herausnahm: offen auszusprechen, was die Kronenträger ihrem menschlichen wie politischen Format nach tatsächlich wert waren. Sie wollten der Gesellschaft immer sehr viel mehr wert sein. Woher sie diesen Anspruch nahmen? Nun, in erster Linie aus dem Wähnen, von Hause aus beziehungsweise von Geblüt etwas weit Besseres zu sein als der Rest der Gesellschaft. Dann aber auch, weil sie glaubten, die politische Weltordnung mit einem heiligen Prinzip beglücken zu müssen, auf das sie allein volles Prägerecht besaßen, das *monarchische*. Bis 1918 figurierte dieses Prinzip als das gottgewollte Privileg, das einen engeren Kreis von Fürsten zu souveränen Trägern der Staatsgewalt bestimmte und einem ehernen Eigentumsrecht an königlicher Macht gleichkam. Mehr als zwanzig Herrscherhäuser waren im Deutschen Kaiserreich die Nutznießer. Als im Herbst 1918 der gewaltige Machtschutz um dieses Privileg brüchig zu werden begann, liefen die monarchischen Prinzipienreiter fast alle davon. Kein stolzes Opfer, keine Aufwallung von herrischem Blut – um die Topoi des zeitgenössischen Monarchismus zu bemühen. Zurück blieb das verwaiste Prinzip, das die politischen Konkursverwalter der Monarchie folgerichtig außer Kraft setzten. Deutschland war nun eine demokratische Republik.

Im Sommer 1919 schrieb der vormalige Großherzog Friedrich II. von Baden einen Brandbrief an König Georg V. von Großbritannien und Irland. Ernstlich und dringlich bat er den englischen Monarchen um eine persönliche Intervention. Sie sollte das »unerhörte Schauspiel einer Gerichtsverhandlung gegen Seine Majestät den deutschen Kaiser in London« verhindern. Nachdem die Siegermächte des Ersten Weltkriegs ihren Triumph über Deutschland eben erst im Friedensdiktat von Versailles perfekt gemacht hatten, wollten sie nämlich auch sogleich den vermeintlichen obersten Kriegsverbrecher, den deutschen Exkaiser Wilhelm II., in einem Schauprozess öffentlich zur Rechenschaft ziehen. Der war zwar schon vor Monaten nach Holland geflohen, wo ihm die königliche Regierung großherzig Asyl gewährte, aber über diesem Exil hing damals noch bedrohlich das Damoklesschwert eines Auslieferungsbegehrens seitens der Entente.

Zur Rettung vor dieser Gefahr wollte Friedrich seine warnende Stimme erheben, und zwar nicht als Privatperson, sondern im Namen aller ehemaligen deutschen Bundesfürsten, um »dem durch Jahrhunderte geheiligten, von uns mit Bewusstsein seines Wertes verfochtenen monarchischen Gedanken« einen Dienst zu erweisen. Zur Begründung hieß es: »Die demokratische und sozialistische Flut steigt höher und höher, es gilt das jetzt so schwer bedrohte monarchische Prinzip in bessere Zeiten hinein zu retten.« Sonst werde sich diese Flut widerstandslos »über alle Reste von Tradition und Herrscherrechten ergießen. Wir bitten deshalb einmütig Eure Majestät als den letzten Hort und berufenen Führer des monarchischen Gedankens, dahin zu wirken, dass von der angedrohten gerichtlichen Verfolgung des deutschen Kaisers Abstand genommen werde.«[1]

Nimmt man diese Zeilen ernst, so muss man aus ihnen folgern, dass die politische Umwälzung, die das Deutsche Reich seit nunmehr einem Jahr erfasst und bereits grundlegend verändert hatte, die früheren Herrscher in ihrer monarchischen Grundüberzeugung nicht erschüttern konnte. Diese angebliche Unerschütterlichkeit hatte jedoch einen Pferdefuß – die eigene widerstandslose Kapitulation vor dem, was jetzt als demokratische und sozialistische Flut verabscheut wurde.

Jahrzehntelang hatten die deutschen Fürsten in der Tat den monarchischen Gedanken über alles andere gestellt und immer wieder öffentlich beglaubigt. Doch als sie ihren Royalismus erstmals durch entschiedene Verteidigungsbereitschaft, ja Kampf bekennen mussten, zogen sie es vor zu resignieren. Sobald soziale Unruhe ausbrach, flohen die meisten aus ihren Residenzen, dankten larmoyant ab, waren zutiefst beleidigt. »So, so – na da macht euern Drägg alleene!«, soll der sächsische König seinen republikanischen Widersachern hinterher gerufen haben.

Auch hatte niemand von ihnen jemals ernstlich daran gedacht, sich schützend vor den Thron ihres Primus, Kaiser Wilhelm II., zu stellen. Im Gegenteil, die meisten seiner hohen Bundesgenossen weinten ihm keine Träne nach; gar mancher wäre ihn am liebsten schon einige Wochen vor seiner Flucht losgeworden. Was aus diesem jammervollen Szenario folgte, war eine fast lautlose Implosion des gesamten monarchischen Systems, die Deutschland nicht nur ein abgedanktes Kaiserhaus, sondern einen wahren Dynastienfriedhof hinterließ. Wer ihn betrat, hätte sich allerdings nicht retten können vor Grabinschriften voll postumer Selbstverklärung.

Dabei waren die deutschen Monarchen eines ganz gewiss nicht: militante Monarchisten. Natürlich widerstrebte ihnen die demokratische Republik zutiefst. Aber diese Aversion allein reichte nicht aus, um beherzt für die eigenen Herrscherrechte einzutreten. Dabei war das Bedrohungspotenzial im Herbst 1918 nicht einmal besonders Furcht erregend. Kein Bundesfürst lief damals Gefahr, durch politische Präsenz Leben oder Würde aufs Spiel zu setzen. Und selbst auf demokratischer und sozialistischer Seite blieb der politische Wille zur Republik zunächst recht schwach ausgeprägt. Dennoch blies nicht ein einziger Souverän zum Kampf für den Fortbestand der Monarchie. Von Behauptungswillen keine Spur, sodass sich unwillkürlich die Frage aufdrängt, warum das so war. Was stürzte die Monarchen in Deutschland derart ins Verderben, dass sie sich am Ende vor allem ihrer selbst nicht mehr sicher waren? Wie gerieten sie in jenen Zustand der Demoralisierung, der es ihnen unmöglich machte, auch nur den geringsten politischen Behauptungswillen zu mobilisieren?

Dies ist keineswegs eine nostalgische Fragestellung. Denn wie wir heute wissen, ließ der nahezu geräuschlose Einsturz der Monarchie in Deutschland heftige Phantomschmerzen zurück; und zwar bei all jenen, die sich durch die – fast möchte man sagen – Selbstentkrönung der deutschen Fürsten einer großen Illusion, eines Mythos beraubt fühlten. Des Wunschdenkens, dass ihre hochadeligen Herrscher tatsächlich das wären, was sie zu sein vorgaben, so wie sie es ihnen jahrelang eingeredet hatten: eine von Gott eingesetzte und persönlich geleitete Macht von höchstem geistigen und charakterlichen Format, der man sich getrost anvertrauen könne. Dieser Schmerz saß nach dem unrühmlichen Ende des Kaiserreichs bei vielen Menschen sehr tief, machte sie (therapie)bedürftig und trug schließlich zum unglaublichen Aufstieg eines Mannes namens Hitler bei, dem es binnen kurzem gelang, zu einem ganz neuen Typus von politischem Hoffnungsträger zu werden – nicht zuletzt als Regisseur von schönem Schein und Talmiglanz. Mit der kaum zu beschönigenden Tatsache ihres Nichtstuns in der schwersten Krise des Reiches lieferten die Entthronten Hitlers Alleinanspruch auf die Führung des Volkes eines der stärksten politischen Argumente. Und sie bestärkten die Massen seiner Bewegung in ihrer zum Teil fanatischen Ablehnung der monarchischen Vergangenheit. In den Worten eines Grafen, der genau deshalb schon beizeiten zum Nationalsozialismus fand: »Sie hatten mit eigenen Augen nichts geschaut, was ihnen Liebe und Ehrfurcht eingegeben hätte, sie sahen nur selbst den Zusammenbruch eines Systems, das nicht einmal im Tod Größe aufbrachte, nicht einmal über die Kraft verfügte, heroisch zu sterben, sondern das innerlich zerbrochen und entnervt beim ersten Pistolenschuss die Posten verließ, die sie von Gottes Gnaden erhalten zu haben vorgegeben hatten.«[2] Es ist gewiss auch kein Zufall, dass die personale Treuebindung an den Monarchen, die bis 1918 der sogenannte Staatsbürgereid festgeschrieben hatte, ausgerechnet in Gestalt des Führereides in die politische Kultur zurückkehrte. Die Folgen sind bekannt.

Außerdem ist hier eine überaus spannende Geschichte zu erzählen. Eine weitgehend unbekannte zumal. Zwar floss beim Einsturz des Deutschen Kaiserreichs im Gegensatz zum Untergang des zaristischen Russland nicht ein Tropfen »Tyrannen«-Blut, doch an Dramatik und persönlicher Tragik mangelte es auch diesem politischen Umbruch nicht – am wenigsten freilich an Tragikomik. Immerhin ging es um die Existenz von insgesamt fast dreihundert hohen Aristokraten beiderlei Geschlechts, die bis dato die 22 (19) Herrscherhäuser[3] protegiert hatten. Macht, Einfluss und Reputation standen auf dem Spiel sowie nicht zuletzt Besitztitel von wahrhaft fürstlichen Dimensionen. Diese Katastrophe verschonte keinen. Sie ist in manchen Fürstenhäusern bis heute noch nicht bewältigt. Während sich die historische Forschung mit den (Pyrrhus-)Siegern der deutschen Novemberrevolution intensiv auseinandergesetzt hat, sind die damals widerstandslos Besiegten fast vollständig im Dunkeln verblieben. Überhaupt hat die moderne Geschichtswissenschaft von einer systematischen Betrachtung des deutschen Hochadels (Fürstenadels) als einer auch von der Masse der sonstigen Aristokraten durchaus abgesonderten Sozialformation bislang nicht viel wissen wollen.[4] Auch das dynastische Phänomen als wesentlicher Bestimmungsfaktor deutscher Politik im Kaiserreich ist kaum erforscht. So gibt es neun Jahrzehnte nach den welterschütternden Ereignissen des Epochenjahres 1918 immer noch keine wissenschaftlichen Ansprüchen genügende Untersuchung der Frage, wie denn eigentlich die bis dahin in Deutschland mehr oder weniger souverän Herrschenden diese ihnen oktroyierte Entthronung erlebt, vollzogen und verarbeitet haben.[5] Dies soll auf den folgenden Seiten nachgeholt werden.

Die historiografische Aufarbeitung eines solchen Desasters ist nicht einfach, vor allem deshalb nicht, weil die zu erzählenden Geschehnisse vielfach derart unerhörte, ja groteske Züge aufweisen, dass sich die Frage stellt, wie man diese deutsche Revolution als katastrophale Fürstengeschichte seriös darstellen sowie aufklärend reflektieren soll. Erschwerend kommt hinzu, dass sowohl die verschiedenen Monarchieformen zu berücksichtigen waren, die es im Deutschen Reich bis 1918 gab, als auch die verschiedenen Typen von Monarchen. Dennoch habe ich versucht, den Blick auf die verallgemeinerbaren Eigenarten dieses Herrscherstandes zu richten, auf den besonderen Kosmos, in dem er sich bewegte, und nicht zuletzt auf das fürstliche Menschentum der einzelnen Repräsentanten selbst. Mit dieser hinterfragenden Perspektive soll keinem »republikanischen« Moralismus Vorschub geleistet und auch kein Subversionsbedürfnis befriedigt werden. Ihr liegt die aus den Quellen gewonnene Erkenntnis zugrunde, dass der hochadelige

Herrscherstand des Deutschen Kaiserreichs zu Beginn des 20. Jahrhunderts weder personell noch intellektuell irgendetwas im Angebot hatte, was der politischen Geschichte Deutschlands noch hätte zum Wohl gereichen können.

Den Untergang des Deutschen Kaiserreichs seinerzeit lebhaft bedauert hat Ernst Fürst zu Hohenlohe-Langenburg, ein nationalkonservativer süddeutscher Standesherr, der kraft seiner verwandtschaftlichen Beziehungen in vielen europäischen Herrscherhäusern jahrelang ein- und ausgegangen war. Aber auch er glaubte schon Anfang 1919 nicht mehr daran, »dass in den nächsten Jahren in irgendeinem deutschen Staat das monarchische System wieder aufleben wird. Das Gebäude der Monarchie ist in ganz Deutschland so ruhmlos, so ohne jede Gegenwehr, wie ein Kartenhaus zusammengestürzt, dass man sich sagen muss, dass seine Fundamente schon längst unterhöhlt waren.«[6] Meine These lautet ähnlich: Die Monarchie in Deutschland wurde 1918 nicht mit Brachialgewalt gestürzt, sondern sie starb (mit ein wenig Nachhilfe) eines natürlichen Todes. Am Ende konnten die Epigonen der verblichenen Fürstensouveränität mit der Republik ganz gut leben, die Republik hingegen weit weniger gut ohne den alten Herrscherstand. Das lag nicht so sehr an der unvergänglichen Liebe des Volkes zu seinen entthronten Landesvätern und auch nicht am massenhaften Fortbestand monarchistischer Überzeugungen, sondern daran, dass die Menschen in ihre gekrönten Häupter etwas hatten hineinprojizieren können, wofür sich die profanen Häupter der ersten deutschen Republik ganz und gar nicht eigneten. So fehlte der ersten Demokratie in Deutschland von Anfang an eine repräsentative Konsolidierung.

Das deutsche Entkrönungsdebakel historiografisch so zu erfassen, wie es auf den folgenden Seiten geschieht, nämlich durch konsequente Dekonstruktion, bedeutet vor der majestätischen Würde der traurigen Akteure keinen Halt zu machen, sondern stattdessen eine Geschichte über sie als wirkliche Menschen zu erzählen. Mit anderen Worten: Die fürstlichen Persönlichkeiten werden behandelt wie jeder Politiker mit Herrschafts- und Führungsanspruch und im Übrigen nur an ihren eigenen Ansprüchen gemessen. Die Tiefenschärfe der historischen Kritik ergibt sich dabei aus dem, was der bundesfürstliche Herrscherstand bis zu seinem kollektiven Abgang in der Welt der Politik des damaligen Deutschland war und durchaus sein wollte: souveräner Träger der obersten Staatsgewalt mit geweihter Autorität. Das wirft wie von selbst die Frage auf, was denn eigentlich »hinter« dem lange Zeit Selbstevidenten ihrer politischen Anmaßung stand. Nirgends tritt dies sinnfälliger zutage als in der Konfrontation der Monarchen mit der schweren System- beziehungsweise Herrschaftskrise, von der das Deutsche Kaiserreich im Ersten Weltkrieg und ganz besonders im letzten Kriegsjahr 1918 erfasst wurde.

Im Wissen um diese Wirkungsmechanismen muss man die Perspektive wechseln, darf um das politische Innenleben dieses deutschen Herrscherpersonals keinen Bogen machen, muss in ihnen weniger die Leidtragenden als vielmehr die Akteure ihres Machtverlustes sehen – ganz persönlich involviert durch Versäumnisse, Verfehlungen, Versagen. Diese persönliche Verantwortlichkeit gibt dem Historiker das Recht, sehr genau hinzusehen, auch undistanziert zu sein. Die Herrscherpersonen haben hier die Funktion von Vergrößerungsgläsern, die politische Missstände aufzeigen. Je tiefer man dergestalt in die abgeschlossene Welt eindringt, die sich Deutschlands Kronenträger als den ihnen gemäßen Kosmos schufen, desto stärker wird man der speziellen Wirklichkeit gewahr, in der sie lebten, desto stärker zeichnet sich ab, dass in dieser ausgeprägten Parallelwelt das Wasser (der Politik) nach oben floss. Hier gab es keinerlei Witterung für die Zeichen des Niedergangs ihrer Leitkultur, kein Bekümmern darum, dass sie vom Kredit eines Privilegs lebten, das sich rational gar nicht begründen ließ.

Wenn man also ungeniert, aber durchaus leidenschaftslos durch die Fenster blickt, welche die Quellen öffnen, dann darf man sich schon fragen: Wie sollte Deutschland zur Modernität finden, so lange seine große Politik sich derart archaisch an einem Herrschaftsmodell orientierte, das – personell betrachtet – ein einziges Macht- und Geistesvakuum war? Warum sollte das Land sich noch Herrscher leisten, die ihre herausgehobene Existenz auf Kosten der Wahrheit und der Zukunft fristeten?

Aus dem »Simplicissimus«, Mai 1913.

Vor dem Abgrund: War der deutsche Herrscherstand noch zu retten?

Die deutsche Monarchie am Vorabend des Ersten Weltkriegs

»Der Monarch als oberster Träger der Staatsgewalt vereinigt in sich mit den sonstigen Herrscherrechten die staatliche Steuerhoheit, und es ist begrifflich ausgeschlossen, dass ihm für seine Person die Entrichtung einer direkten Steuerabgabe an die von ihm selbst verkörperte Staatsgewalt obliegt.« (*Norddeutsche Allgemeine Zeitung*, Nr. 87 vom 13. April 1913)

»In modernen Ländern entscheidet das Volk über die Regierungsform und bestimmt das Volk den Herrscher, der es regieren soll. [...] Kein Mensch glaubt heute mehr, dass es besondere Menschen gäbe, in die die Gnade Gottes hineingefahren wäre. [...] Als vernünftige Menschen müssen wir den ganzen Monarchismus lächerlich finden.« (*Volksfreund*, Nr. 258 vom 3. November 1913)

Der schöne Schein: Szenen aus dem Jubiläumsjahr 1913

Am Vorabend des Ersten Weltkriegs hatten die deutschen Monarchen noch einmal ausgiebig Gelegenheit, sich selbst zu feiern, besser gesagt: ihren symbolischen Wert für die deutsche Politik und ihr Ansehen im deutschen Volk. Anlässe dazu boten vor allem das 25-jährige Regierungsjubiläum des deutschen Kaisers und die Erinnerung an die Befreiungskriege gegen Napoleon, die sich 1913 zum einhundertsten Mal jährten. Rechnet man die prunkvollen

Galadiner im Berliner Stadtschloss. Die deutschen Bundesfürsten bekunden dem Kaiser ihre »herzliche Liebe und hohe Verehrung«.

Vermählungsfeierlichkeiten der einzigen Kaisertochter Viktoria Luise hinzu, die etwa zur gleichen Zeit den Rahmen für eine spektakuläre Monarchenbegegnung von europäischem Ausmaß abgab, so kann man ohne weiteres von einem letzten Höhepunkt monarchischer Festkultur in Deutschland, ja von einem letzten Glanzlicht der Monarchie überhaupt sprechen. Was damals über die Medien in Bild und Wort das breite Publikum erreichte, konnte sich durchaus sehen und hören lassen und beeindruckt selbst heute noch.

Nehmen wir das Jubiläumsfestmahl, zu dem Kaiser Wilhelm II. am 17. Juni 1913 die Bundesfürsten in den Weißen Saal des Berliner Stadtschlosses eingeladen hatte. Es war gedacht als feierliche Bekundung inniger Verbundenheit der höchsten Würdenträger im gemeinsamen Wirken für das Beste des Reiches. Wobei die Wirkkraft, die sich die Politik davon versprach, von der Überzeugung ausging: »In seinen Fürsten verehrt das deutsche Volk die Träger alter Überlieferung wie die Führer zu neuem Aufstieg.«[1] Mit »seinen Fürsten« war ein historisches Phänomen gemeint, das es in dieser Form nur in Deutschland gab, wo die Monarchie nicht von einem Herrscherhaus verkörpert wurde, sondern gleich von deren 22. Es gab einen deutschen Kaiser, der zugleich König von Preußen war, sowie drei weitere Könige und dazu noch etliche Großherzöge, Herzöge und Fürsten, allesamt regierende Regional-Monarchen und »von Gottes Gnaden«. Zusammen vereint sah man sie nur bei so seltenen Anlässen wie eben dem Jubiläum in Berlin.

Sonniges Abendlicht flutete an jenem schönen Sommertag durch die hohen Fenster auf die marmorne Monumentalarchitektur des Prunksaals im Hohenzollernschloss. Auf der in einem großen Viereck aufgeschlagenen Tafel hoben sich die schweren Gold- und Silbergeräte sowie die dichten Sträuße roter Pfingstrosen effektvoll von dem edlen Tischtuch ab. Da die Kerzen selbst nicht entzündet wurden, wirkte der kostbare Tafelschmuck noch dekorativer: Schiffe, Trinkgefäße, Blumenschalen und Obstkörbe, selbst die kleinen Konfitürepyramiden, die ein Kaiserporträt umrahmten, erstrahlten golden. Die für die Fürstlichkeiten bestimmte Tafelseite zog sich an der Fensterwand entlang, die vom kaiserlichen Thronbaldachin unterbrochen wurde. Die hinter den rot gepolsterten Sesseln platzierten Pagen und Lakaien wurden von einem Dutzend umtriebiger Zeremonienmeister dirigiert.

Um 20 Uhr hielten dann die Fürstlichkeiten in ihren Galauniformen unter Vortritt des Oberhofmarschalls feierlichen Einzug, allen voran Prinzregent Ludwig von Bayern mit der deutschen Kaiserin in Brokatrobe am Arm, deren Haupt ein Brillantendiadem schmückte. Es folgten der Kaiser im Scharlachkoller der Garde du Corps mit seiner Schwiegertochter, der deutschen Kronprinzessin Cecilie, deren Rubinkollier am Hofe viel bewundert wurde, und schließlich die Könige von Sachsen und Württemberg sowie – dem Range nach – der übrige glänzende Zug deutscher Großherzöge, Herzöge und Fürsten.[2]

Der Verzehr des Acht-Gänge-Menüs dauerte nur eine gute Stunde – ein Schau-Essen eben und keine Verköstigung von Gourmets. Weit wichtiger als der Genuss der erlesenen Speisen, der edlen Weine und des Champagners waren offenkundig die Ansprachen, die seitens der Bundesfürsten König Friedrich August von Sachsen verlas. Er wollte Wilhelm II. vor allem »unsere herzliche Liebe und hohe Verehrung bekunden«. Ganz besonders dankte er dem Jubilar, »mit dem wir durch heilige Bündnisverträge unverbrüchlich verbunden sind«, dafür, dass er den Einzelstaaten des

Deutschen Reiches die notwendige Selbstständigkeit erhalten habe. »Wie wir aber in der uns verbürgten Selbstständigkeit eine Grundlage des inneren Friedens und eine Gewähr für die Wohlfahrt des Reiches und seiner Glieder erblicken, so können auch Euere Majestät versichert sein, dass wir in gleicher Treue an den uns obliegenden Pflichten festhalten.«

Als der Redner dann das deutsche Kaiserpaar hochleben ließ, ertönten auf der Galerie die Klänge von »Heil Dir im Siegerkranz«. Unmittelbar nachdem diese Hymne verklungen war, ergriff das Reichsoberhaupt das Wort zu einer Ansprache an »Meine Hohen Verbündeten«, die er ebenfalls vom Blatt ablas. Wilhelm II. bedankte sich herzlich für die dargebrachte Huldigung, insbesondere für »das Bekenntnis deutscher Bundestreue«. Beides nahm er »als Bestätigung dafür, wie mächtig bei den Fürsten, den Regierungen und den Stämmen unseres Volkes der Wille zu der nationalen Einheit lebt«. Anschließend bedachte er die Oberhäupter der deutschen Bundesstaaten seinerseits mit einem dreifachen Hurra, woraufhin die Musik »Deutschland, Deutschland über alles« spielte. Stehend, aber stumm erwies die Festgesellschaft der nationalen Weise ihre Referenz, um sich anschließend nach Einnahme des Desserts zum Aufbruch zu erheben.

Gut zwei Monate später versammelten sich die deutschen Bundesfürsten erneut zu einem ähnlichen Spektakel – diesmal im bayerischen Kelheim, wo König Ludwig I. dem Volk schon vor Jahrzehnten einen monumentalen Erinnerungsort auf einer Bergkuppe hoch über der Donau gestiftet hatte, die sogenannte Befreiungshalle. Seit ihrer Einweihung im Jahr 1863 gemahnte sie die »Teutschen« an ihre befreiende Tat von 1813, die endgültige Vertreibung Napoleons aus Deutschland. Und an diese Erinnerungspolitik wollte der bayerische Prinz Ludwig, Sohn des im Vorjahr verstorbenen Prinzregenten Luitpold und neuer Stellvertreter des regierungsunfähigen bayerischen Königs Otto I., mit der großen Hundertjahrfeier im August 1913 ganz bewusst anknüpfen. Hatte das Jubiläumsfest in Berlin vornehmlich den Charakter einer hochexklusiven fürstlichen Familienfeier gehabt, so war für die Kelheimer Veranstaltung von vornherein eine breite Öffentlichkeit gesucht worden.[3] Tausende von Sängern und Kriegern, darunter sehr viele Kinder und Jugendliche, aber auch zahllose Schaulustige erhielten so die seltene Gelegenheit, die 22 deutschen Bundesfürsten einmal nahezu komplett beisammen zu sehen.

Von dem hinter der Befreiungshalle errichteten Bankettaus bewegte sich in den Mittagsstunden des 25. August 1913 ein feierlicher Zug zunächst zur großen Freitreppe und dann zu dem hohen Rundbau hinauf. Den Anfang machten die Deputationen der bayerischen Armee mit den Fahnen der Regimenter, die schon im Jahr 1813 bestanden hatten, dahinter folgten Kinderscharen in den Gewändern der Zeit der Befreiungskriege und schließlich die bundesfürstlichen Gäste mit dem Kaiser und dem neuen Prinzregenten Ludwig an der Spitze. Unter Glockengeläut betraten ausschließlich die Letzteren die festlich geschmückte Halle, um einer längeren Ansprache des Gastgebers zu lauschen.[4]

In historisch weit ausholender Rede, an der in der Münchener Regierungszentrale wochenlang gefeilt worden war, pries Ludwig nicht allein die Verdienste seiner Wittelsbacher Vorfahren um das

»Festes Zusammenstehen zu Kaiser und Reich« – die deutschen Bundesfürsten am 25. August 1913 vor der Befreiungshalle in Kelheim.

deutsche Nationalbewusstsein, sondern lobte auch das immer mehr erstarkte »Gefühl der Zusammengehörigkeit aller Teile des Reichs in Freud und Leid«. Und er warnte, »wer gleichwohl im Auslande je mit der Uneinigkeit, der Eifersucht der Reichsglieder rechnen würde, würde diese Rechnung grausam enttäuscht sehen«.

Bemerkenswert sind auch die Worte, die er beim anschließenden Festbankett sprach. Die deutschen Bundesfürsten – so seine Beschwörungsformel – seien mit allem, was ihre Stämme und Völker bewege, »auf das innigste verkettet«. Nur zu gern reichten sie »dem wackeren deutschen Manne die Hand, der mit ihnen sich zum Schutz der heiligen Güter unseres Volkes, der von Gott gesetzten Autorität und der Liebe zum Vaterland zusammenschließt«.

Der deutsche Kaiser griff dieses Credo in seinem anschließenden Trinkspruch freudig auf: »Die begeisterte Teilnahme aller Kreise unseres Volkes an den Feiern dieses Jahres, die sich auch heute wieder so kraftvoll und warmherzig hier an der Donau bekundet, legt Zeugnis davon ab, wie tiefe Wurzeln das vaterländische Empfinden geschlagen hat, wie innig sich das deutsche Volk mit seinen Fürsten verbunden fühlt.« Den Glauben, den Wilhelm gerade an diese Hoffnung knüpfte, zeigt das private Telegramm, das er noch am gleichen Tag an seine Tante, die Großherzogin Luise von Baden, schickte: »Ich stehe unter dem lebhaften Eindruck der heutigen herrlichen Feier in Kelheim! […] So lange Fürst und Volk in deutschen Landen von diesem Geiste erfüllt sind, steht Deutschland auf sicherem Fundament!«[5]

Mitte Oktober 1913 stand das neu errichtete Völkerschlachtdenkmal in Leipzig im Blickpunkt der nationalen Öffentlichkeit.[6] Auch vor dieser eindrucksvollen Kulisse glaubten die deutschen Bundesfürsten gemeinsam posieren zu müssen. Während die künstlerische Anlage eher ein düsteres »Götterdämmerungspathos« (Nipperdey) vermittelte denn Zukunftsoptimismus, hielt sich das Protokoll für den gemeinsamen Auftritt an die traditionellen Vorgaben: unter einem prunkenden Fürstenzelt ein Kreis farbenprächtiger Galauniformen, schmetternde Fanfaren und ergreifende Gesänge, Ansprache über deutsches Volkstum, deutsches Volksbewusstsein als Unterpfand des neuen Deutschen Reiches, endend »mit dem Bekenntnis der Liebe zum angestammten Fürstenhause, zum Kaiser und zum Reich« – diesmal allerdings schon

Oktober 1913: Deutschlands Monarchen in der Krypta des Leipziger Völkerschlachtdenkmals.

etwas völkisch eingefärbt aus dem Mund eines Bürgerlichen – und schließlich unter Hochrufen das Defilee der Fürsten zum Monument mit anschließender königlicher Tafel im Leipziger Gewandhaus.

Der Trinkspruch des Königs von Sachsen an die »lieben Freunde und Bundesgenossen« appellierte an den »einmütigen Willen aller Einzelstaaten Deutschlands, als Glieder des Reichs, jederzeit Gut und Blut für den Bestand und die Ehre des deutschen Vaterlandes einzusetzen«. Aber er wollte die »erhabenen Monarchen« auch in dem Glauben bestärken, »wie Gottes Segen sichtbarlich auf den Fürstenhäusern dieser Völker geruht hat«, die einst Napoleon besiegten. Gerade das sei doch »angesichts dieser glänzenden Versammlung von Monarchen und Fürsten, dieser glänzenden Versammlung von hohen und höchsten militärischen Führern, von Vertretern des deutschen Volkes zum freudigen Bewusstsein gekommen«.[7] Diesmal verzichtete der deutsche Kaiser darauf, das letzte Wort haben zu wollen.

Bündelt man diese Schlaglichter, so wird der hohe Geltungsanspruch erkennbar, den Deutschlands Monarchen damals öffentlich erhoben. Sie behaupteten, eine verschworene, geheiligte, gegebenenfalls auch kampfbereite Solidargemeinschaft zum Besten des deutschen Vaterlandes zu sein, regional wie national, und zugleich auch ideale, edle Freunde ihrer Untertanen, sofern diese ihre von Gott gesetzten Autoritäten respektierten. Und natürlich waren sie dem deutschen Kaiser, dem Ersten unter Ihresgleichen, in herzlicher Liebe und Verehrung zugetan. Die kollektive Ausrichtung aller deutschen Monarchen auf dieses ideologische Konstrukt einer Herrschergemeinschaft, deren Vertreter eine höhere Form von Solidarität vorleben sollten, zog gleichsam eine zweite Wirklichkeitsebene in die Welt der deutschen Politik ein. Schade nur, dass die damals stärkste Fraktion im deutschen Parlament, die Sozialdemokraten, ihren Souverän Wilhelm II. zu dessen 25-jährigem Regierungsjubiläum mit den Worten begrüßten: »Es lebe die Republik!«[8]

Mit anderen Worten: Wir haben die regierenden Fürsten in Deutschland bislang nur als Verheißungsträger kennengelernt, aus der Perspektive ihrer Selbstbeschreibungen beziehungsweise Selbststilisierungen, die aber um diese Zeit schon keineswegs mehr konkurrenzlos im öffentlichen Raum standen. Wie belastbar dieses Machtgefüge tatsächlich war, konnte nur der Konfliktfall erweisen. Außerdem handelte es sich im Wesentlichen um Momentaufnahmen, waren doch monarchischer Pomp und plebejischer Jubel zunächst einmal nur als Dinge des Augenblicks wirksam.

Ein weiteres Problem kommt hinzu: die elementare Umgestaltung der Formen monarchischer (Selbst-)Darstellung, die der tief greifende Wandel medialer Kommunikation im Wilhelminischen Deutschland erzwang. Die Wende vom 19. zum 20. Jahrhundert wird ja zu Recht als massenmediale Sattelzeit bezeichnet, in der sich eine dramatische Verschiebung der Felder von Politik und Kultur andeutete. Von dieser Welle wurde auch die Monarchie erfasst.[9] Sie ermöglichte neue Formen der Herrschaftsinszenierung, welche die Chance zu einer Popularisierung des monarchischen Gedankens eröffneten, und hielt die Verlockung parat, der Monarchie eine plebiszitäre Basis jenseits der demokratischen Bestrebungen politischer Parteien, ja konträr zu ihnen, zu verschaffen. Die zu Beginn des 20. Jahrhunderts einsetzende Medialisierung der Monarchie bediente die deutlich gesteigerte Schaulust der Massen und half die unnahbare Distanz des Herrschers zu seinem Volk ein Stück weit zu überwinden.

Allerdings erwies sie sich als zweischneidige Angelegenheit. Einerseits trug sie durch stärkere öffentliche Sichtbarmachung der Herrscherhäuser und ihrer Chefs zur Popularisierung des Monarchen bei, in gleichem Maße förderte sie andererseits aber auch eine Zersetzung des monarchischen Charismas. Der Popularitätsgewinn und die größere Volkstümlichkeit wurden also mit einer Profanierung des Fürsten-Mythos erkauft. Die mediale (Selbst-)Vermarktung der Dynastien, ihre zunehmende Präsenz in den Bilderwelten der Illustrierten und Kinofilme drängten die Fürsten in Rollen, die den Respekt des Volkes vor der Dignität und einzigartigen Kompetenz ihrer Herrscher nicht automatisch steigerten. Je mehr die Fürsten mediale Interessen berücksichtigten, desto größer wurde die Gefahr, ihre Reputation an ebendiese Medien zu binden – und sie gegebenenfalls auch zu verlieren. Ihr Problem war, dass sie diese Dynamik der massenmedialen Nebenwirkungen in den unterschiedlichen Öffentlichkeiten nicht einmal im Ansatz reflektierten.

Dies taten hingegen ihre entschiedensten Gegner vor 1914, die sozialdemokratischen Meinungsmacher, die außerordentlich scharfsichtig erkannten, welchen Schaden zum Beispiel das neue Medium Film am überkommenen Herrscherbild anrichten konnte. Das Kino – so hieß es in einem zeitgenössischen Artikel – habe »eigentlich zum ersten Mal die Idee des Gottesgnadentums so recht kompromittiert«. Es sei weit »schlimmer vorgegangen« als der unverschämteste Fotograf:

> »In der dummen Sucht, dem beglückten Bürgerauge auch nur ja jede Position der Herrscher aufzudecken, vergaß der Mann an der Kurbel oft genug, dass auch in den höchsten Sphären Schönheitsfehler zu Hause sind, und dass zwar der Filmfabrikant, aber nicht sein Apparat an loyaler Gesinnung zu leiden hat. [...] [Folglich] »durchbraust stürmische Heiterkeit das Haus, wenn ein alter Knacker Treppen herunterwackelt, und wenn seine irdische Erscheinung so in recht possierlichem Gegensatz zu seiner himmlischen und göttlichen Mission hienieden steht. Sind sie nicht zum Nachdenklichwerden, diese Könige im Kino? Die Berichte und Feuilletons mögen noch so flunkern: das objektivste Auge der Welt, die Kamera, behält Recht und macht uns herzlich lachen über den Unterschied, von Wollen und Können.«[10]

So steigerte das anwachsende Medieninteresse keineswegs nur die Ausstrahlung der Monarchen; vor allem die Bildmedien waren bereits in der Lage, deren Wirkung auf das Volk zu brechen, indem sie hinter dem königlichen das allzu menschliche Format der Zelebritäten erkennbar machten. Dies vermochte nicht einmal mehr der Glanz der königlichen Lebenswelten zu überblenden. Umso weniger, als zu Beginn des 20. Jahrhunderts mehr als je zuvor auch das populäre Genre der Karikatur sich ausgesprochen polemisch mit dem deutschen Hochadel auseinandersetzte und dabei auch manchen idealisierenden Nebelschleier von Monarchen-Biografien riss.[11] Selbst der Majestätsbeleidigungs-Paragraph vermochte diesen absichtsvollen Eingriff der Bildsatire in den halböffentlichen Meinungsstreit über die Qualitäten des deutschen Herrscher-Ensembles nicht zu stoppen. Überkommene Vorstellungen von der Unantastbarkeit der Kronenträger wurden also bereits infrage gestellt, als noch nicht einmal die schärfsten Kritiker an die Möglichkeit ihrer baldigen Entkrönung dachten.

Die Wirklichkeit: Aus dem Innenleben deutscher Herrscherhäuser

Misst man die erhabenen monarchischen Ansprüche, wie sie uns in den Gepflogenheiten und der Rhetorik ihrer feierlichen Auftritte begegnet sind, an der Wirklichkeit ihrer damaligen Interessenpolitik, so erscheint die Befähigung der deutschen Bundesfürsten zu ihrem hohen Beruf in einem etwas anderen Licht. Nehmen wir als herausragendes Beispiel zunächst die sehr gewollte Thronbesteigung in Bayern im November 1913.

Ein Wittelsbacher Prinz will König werden

Als Prototyp einer wahren Majestät kraft eigenen Rechts nahm König Ludwig II. (1845–1886) im kollektiven Gedächtnis seiner bayerischen Nation auch zu Beginn des 20. Jahrhunderts immer noch den Spitzenplatz ein. Mit seinen Märchenschlössern, seinem extravaganten Herrscherleben im Stil eines neuen Sonnenkönigs, seinen homoerotischen Neigungen, seinem Wagner-Faible und nicht zuletzt seiner Entmündigung, die er mit einem spektakulären Dahinscheiden beantwortete, konnte dieser Monarch der Phantasie seines Volkes so viel Nahrung zuführen, dass er Generationen faszinierte. Zwar hatte auch der sogenannte Verweser des Königreichs, Ludwigs Onkel Luitpold, am Ende einer sehr jovial geführten Regentschaft leidliche Popularität im bayerischen Volk erlangt, aber doch niemals wirklich aus dem Schatten des entthronten echten Bayernkönigs heraustreten können. Zudem war Prinzregent Luitpold kein Thronfolger, vielmehr besaß das Königreich Bayern in der Person von Ludwigs Bruder Otto seit 1886 durchaus einen legitimen Monarchen. Nur war dieser König von Gottes Gnaden aufgrund seiner schweren Geistesstörung regierungsunfähig. So musste die bayerische Königskrone mehr als ein Vierteljahrhundert lang in der Schatzkammer der Münchener Residenz verschlossen bleiben, was ein schmerzliches Loch im monarchischen Gefühlshaushalt vieler Bayern hinterließ. Eine Leerstelle, die man immer wieder durch die Vergegenwärtigung des letzten Königs Ludwig II. aufzufüllen versuchte.

Wie sehr diese Gefühlslage auch das Haus Wittelsbach zur Rücksichtnahme zwang, zeigt das 1909/10 betriebene Projekt eines Denkmals für den Unvergessenen in der bayerischen Metropole. Aus einem vertraulichen Bericht des preußischen Gesandten in München an Reichskanzler Theobald von Bethmann Hollweg wissen wir, dass die Denkmals-Idee zuerst von einfachen Männern aus dem Volk angeregt worden war und am bayerischen Hof anfänglich wenig Sympathie fand, »bis sich die Stimmung in Hinblick auf das allgemeine Interesse im Lande änderte und der Prinzregent das Protektorat über den Denkmals-Verein übernahm«. So fand am 19. Juni 1910 in Anwesenheit fast sämtlicher Angehöriger des bayerischen Königshauses unter Glockengeläut und Kanonendonner die feierliche Enthüllung eines veritablen Standbildes König Ludwigs II. statt – ein förmlicher Staatsakt also, den der zu der Zeremonie entsandte preußische Diplomat mit dem bezeichnenden Kommentar versah: »Bei dieser Gelegenheit trat wieder hervor, wie populär noch jetzt in Bayern der unglückliche Herrscher geblieben ist. Dieser Stimmung wurde von Höchster Stelle Rechnung getragen.«[12]

Dahinter steckte eine andere Geschichte.[13] Die Annahme der Königswürde war für Luitpold nie in Frage gekommen. Vor allem deshalb nicht, weil die Vorgänge um den Tod seines Neffen so mysteriös blieben, dass sich der Regent trotz seiner Beliebtheit zeitlebens nie ganz von dem Geruch einer persönlichen Mitschuld an dieser sogenannten Königskatastrophe lösen konnte. Als er am 12. Dezember 1912 im Alter von 91 Jahren starb, folgte sein ältester Sohn Ludwig dem Vater – als Prinzregent. Auch diese Regentschaft beinhaltete nicht mehr als die Ausübung monarchischer *Befugnisse* anstelle des verhinderten Königs Otto. Der Regent blieb trotz seiner hohen Stellvertreterfunktion sogar Untertan dieses Höheren. Es stand ihm »weder die monarchische Titulatur noch ein Anspruch auf die Insignien des Monarchen« zu. Im Gegensatz zu seinen fürstlichen Kollegen im übrigen Reich konnte er auch prinzipiell keine Unverantwortlichkeit für sich in Anspruch nehmen. Mit einem Wort: Der Regent war kein Herrscher.[14]

Die Tatsache, dass der zweitgrößte Bundesstaat des Deutschen

Kaiserreichs keinen vollwertigen Souverän besaß, dürfte am Chef des Hauses Wittelsbach nicht weniger genagt haben als an dem Spitzenpersonal seines Staatsapparates – besonders an dem leitenden Minister Georg von Hertling. Der machte sich deshalb zum Sprachrohr eines staatspolitisch begründeten Verlangens nach einem sichtbaren Träger der Regierungsgewalt, ausgerüstet mit allen Vorrechten und Machtbefugnissen, wie sie eben nur einem König eigen waren. Kein Wunder also, dass seit Hertlings Amtsantritt im Februar 1912 regierungsintern hart an einem Plan gearbeitet wurde, wie die Krone des geisteskranken Otto am besten auf den Thronprätendenten Ludwig überführt werden konnte. Eine einseitige Proklamation seitens des Herrscherhauses verstieß gegen die gültige Verfassung und hätte nach Usurpation der Königswürde ausgesehen. Aber eine Verfassungsänderung nach *vorheriger* Zustimmung des Landtags hätte den prospektiven Monarchen zu einem König von Gnaden des Parlaments gemacht.

Somit blieb nur die Möglichkeit, die geplante Absetzung des regierungsunfähigen Königs Otto legal so abzusichern, dass das monarchische Prinzip wenigstens formell unangetastet blieb. Da die bestimmenden Landtagsparteien für eine solche Verlegenheitslösung zunächst nicht zu gewinnen waren, wurde das Projekt erst einmal auf Eis gelegt, konnte aber letztlich nicht geheim gehalten werden. So wurden die konstitutionelle Monarchie in Bayern und das Haus Wittelsbach über Monate hinweg ganz unverhofft zum Gegenstand scharfer öffentlicher Auseinandersetzungen – ein in den Augen aller Royalisten nachgerade gemeinschädlicher Vorgang, der unbedingt einer öffentlichen Rechtfertigung bedurfte.

Aber erst im Oktober 1913 fand sich eine hinter den Kulissen geschmiedete Mehrheit aus Zentrumsabgeordneten und Liberalen bereit, einen Thronwechsel durch Verfassungsergänzung, aber ohne vorherige Zustimmung des Landtags, zu akzeptieren. Um die gleiche Zeit berieten sich im Staatsrat die Regierungsexperten mit dem Prinzregenten Ludwig über einen entsprechenden Gesetzentwurf. Der gab zu Protokoll, dass er sich nicht bemüht habe, die Königswürde anzunehmen, und dass es ihm persönlich am liebsten gewesen wäre, wenn die Sache bis zur natürlichen Beendigung der Regentschaft hinausgeschoben worden wäre. Im Interesse des Landes sei er aber prinzipiell mit dem Gesetz einverstanden, verlange aber zuvor Aufklärung über ein paar Fragen. Seine Hauptsorge galt seinem Eid bei Antritt der Regentschaft, die Krone dem König zurückzugeben. Ludwig fürchtete den Vorwurf, den Eid »im Widerspruch mit seinem Gewissen« geleistet zu haben. Nachdem alle Staatsräte ihn beruhigt hatten, entschloss Ludwig sich, den im Gesetz vorgeschlagenen Weg zu betreten und »das Opfer zu bringen, die Krone anzunehmen«.[15]

Wie wir inzwischen aus anderen Quellen wissen, war das, was Ludwig hier für die Nachwelt zu Protokoll gab, pure Scheinheiligkeit, denn niemand anderes als er selbst war der *Spiritus Rector* einer möglichst raschen Beendigung der Regentschaft gewesen.[16] Angst hatte er nur vor einem moralischen Gesichtsverlust. Es war sein Regierungschef Hertling, der sich hier als Architekt einer goldenen Brücke profilieren konnte. Dass der Weg zur Thronbesteigung, der über diese Brücke führte, einem Staatsstreich recht nahekam, weil er das legitime Prüfrecht des Parlaments umging und den Landtag vor vollendete Tatsachen stellte, nahm der Thronaspirant mehr oder weniger billigend in Kauf. Ludwigs schlechtes Gewissen resultierte aus etwas anderem, den politischen Folgekosten für das monarchische Prinzip. Immerhin leistete er mit seinem Plazet einem rechtspolitischen Denken Vorschub, gegen das sich seine bundesfürstlichen Kollegen bislang immer vehement verwahrt hatten, demzufolge die Rechte des Monarchen unter bestimmten Bedingungen durchaus abänderlich und aufhebbar seien, nötigenfalls durch Handhabung der gesetzgebenden Gewalt. Woraus dann wiederum zu folgern war: Auch die fürstlichen Souveräne waren gegebenenfalls dem Staatswillen unterworfen. Da diese selbst aber geradezu dogmatisch an dem Grundsatz festhielten, dass ihnen ihr Recht auf den Thron nicht vom Staat (und schon gar nicht vom Volk) verliehen sei, mussten sie auch die Entziehbarkeit von Thronrechten durch den Staat prinzipiell missbilligen. Diese Problematik scheint auch den bayerischen Thronprätendenten seelisch bedrückt zu haben. Doch offenbar gelang es dem vormaligen Geschichts- und Philosophieprofessor Hertling, seinen hohen Herrn von diesem Alp zu befreien, der wiederum in Hertlings streng katholischer Staatslehre einen weltanschaulichen Garanten dafür sah, hier keinen gravierenden Fehler zu begehen.

Unter den Motiven, die Ludwig veranlassten, nach der Königskrone zu greifen, obwohl er die politische Waghalsigkeit dieses Unternehmens zumindest erahnte, muss man die menschlich-allzumenschlichen an die erste Stelle setzen. Zunächst einmal dürften materielle Erwägungen eine starke Rolle gespielt haben. Denn Ludwigs finanzielle Lage war ausgesprochen prekär, schließlich hatte er eine große Familie standesgemäß zu alimentieren. Nur durch die Thronbesteigung konnte er die chronische Finanznot seines Hofes beseitigen, da sich die Mittelzuweisungen des Staates an ihn nun sprunghaft erhöhten.[17] Deshalb sprach sich auch der designierte Kronprinz Rupprecht von Beginn an bedenkenlos für eine Beendigung der Regentschaft aus. Auch für ihn war die Annahme der Königswürde durch seinen Vater mit ganz erheblichen Vorteilen verbunden.[18] Dass diese »pekuniären Rücksichten« dem Prinzregenten Ludwig das »Projekt« sehr »sympathisch« machten, war denn auch in Münchener Diplomatenkreisen »längst ein offenes Geheimnis«.[19]

Nicht weniger stark als diese finanziellen Begehrlichkeiten dürfte ein anderes Motiv gewirkt haben. Ludwig glaubte, als vollberechtigter König Bayerns politischer Stellung unter den deutschen Bundesstaaten und vor allem gegenüber Preußen sehr viel überzeugender Ausdruck verleihen zu können. Dabei reflektierte er nicht allein auf den vermehrten Glanz seines öffentlichen Auftretens als »richtiger« Monarch. (So war er künftig mit »Majestät« und nicht mehr mit »Königliche Hoheit« anzureden, wie beispielsweise der Potentat von Sachsen-Weimar-Eisenach, dessen Herrschaftsgebiet nicht einmal den zwanzigsten Teil des bayerischen Territoriums ausmachte.) Über solche sicher nicht ganz gering zu veranschlagenden Äußerlichkeiten hinaus sollte dieses Avancement indes das Ich des neuen Königs stärken, sprich sein Selbstvertrauen als Haupt eines Staates und eines Herrscherhauses, die sich beide seit der Reichsgründung vor allem gegenüber dem mächtigen Preußen notorisch benachteiligt fühlten, zumal dieser größte Bundesstaat auch noch den deutschen Kaiser stellte. Ein kleiner Exkurs mag diesen politisch ungemein wichtigen psychologischen Mechanismus verdeutlichen.

Ludwigs Herz schlug immer großdeutsch.[20] Seine bundesfürstliche Stellung im preußisch-deutschen Kaiserreich zwang ihn aber zu kleindeutscher Rhetorik. Nur so viel durfte er laut sagen, dass die Bundesfürsten, insbesondere das bayerische Herrschergeschlecht, »Träger alter und heiliger Rechte« seien.[21] Hausintern wurde allerdings eine ganz andere Sprache bevorzugt. Da stellten die Wittelsbacher das partikulare Wohl und Wehe ihrer bayerischen Monarchie immer wieder ganz ungeniert über die nationalen Interessen, wie die Reichsregierung sie vertrat – schon allein deshalb, weil man in diesem Reich doch nur eine Art Großpreußen erblickte, dem das föderale Grundprinzip der Reichsverfassung vorzugsweise als Fassade diente. Vor dieser Drohkulisse musste die hartnäckige Verteidigung partikularer Sonderrechte nachgerade zu einem Axiom bayerischer Politik werden, ob diese politische Selbstbehauptung nun den Belangen des Reiches als Ganzem förderlich war oder nicht. Der bayerische Partikularismus war sozusagen ein Wittelsbach-Affekt in emanzipatorischer Absicht. Am meisten »angehasst« (so Ludwigs Tochter Wiltrud) wurden in der Familie das Königreich und die Dynastie Preußen. Dieses seit 1866 scharf ausgeprägte Ressentiment war ein Grundgefühl, das sich im Laufe der Zeit ausgesprochen aggressiv auflud. Das Problem war eben nur, dass man es nicht zeigen durfte.

Besonders Ludwig hatte diesen Konventionszwang schon im Juni 1896 gleichsam eingebläut bekommen, als er sich auf einem Gartenfest in Moskau – provoziert durch einen Trinkspruch über den Besuch deutscher Fürstlichkeiten – zu der demonstrativen Äußerung hinreißen ließ: »Wir sind nicht Vasallen, sondern Verbündete des deutschen Kaisers.« Die deutsche Kaiserkrone verdanke der König von Preußen zuallererst den verbündeten deutschen Fürsten.[22] Natürlich war das alles völlig korrekt, aber die Empörung am deutschen Kaiserhof über eine derart selbstbewusste Reklamation war dennoch groß. Prinz Ludwig sollte zu Kreuze kriechen. Zunächst in Gestalt einer (nicht veröffentlichten) telegrafischen Entschuldigung gegenüber Wilhelm II., es habe sich bei der »übereilten« Bemerkung keineswegs um eine partikularistische Demonstration gehandelt. Das Telegramm war übrigens von der bayerischen Regierung in München veranlasst worden, die sich dem preußischen Gesandten gegenüber sofort missbilligend und bedauernd geäußert hatte. Der bayerische Ministerpräsident Crailsheim sah sich sogar zu der offiziellen Erklärung genötigt, dass dem Prinzregenten Luitpold die Rede seines Sohnes sehr missfallen habe.

Von den politischen Journalisten außerhalb Bayerns besaß damals nur Maximilian Harden den Mut, für den blamierten Prinzen öffentlich Partei zu ergreifen.[23] Ihn freute augenscheinlich, »dass endlich einmal ein Mann, den keine ungnädige Regung zerschmettern kann, inmitten der ehrsamen Wedlerzunft [womit die kriecherischen Höflinge um den deutschen Kaiser gemeint waren] mit starker Hand auf den Tisch geschlagen hat«. Deshalb sei es auch ganz falsch, »den bayerischen Prinzen mit Vorwurf und Schimpf bellend anzufallen, wie es leider schon geschehen ist«. Er schloss mit der interessanten Beobachtung, die deutschen Bundesfürsten sähen sich derzeit »von der leuchtenden Kaisergloriole völlig verdunkelt. Niemand spricht von ihnen, Niemand traut ihnen auf die Geschicke des Landes, dem sie doch gemeinsam die Heimat schufen, entscheidenden oder auch nur mitbestimmenden Einfluss zu.« Harden schloss mit folgendem Fazit: »Im Innersten hat sich das Machtverhältnis gewandelt und die im äußeren Ansehen Geminderten spüren die Gefahr dieses Wechsels.« Sie empfänden »sehr deutlich, dass sie in der Anschauung der Masse nur noch das Gefolge eines Allmächtigen sind«. Das war ein erstaunlich tiefblickender Kommentar, hinter dem die politischen Auguren wohl nicht zu Unrecht die Stimme des Altkanzlers und Harden-Förderers Otto von Bismarck vermuteten.

Doch in Berliner Diplomatenkreisen galt Ludwig fortan als »erzpartikularistischer Fürst«.[24] Trotz diplomatischer Beschwichtigungsversuche schlugen die Wogen ob der Eigenmächtigkeit des Bayernprinzen so hoch, dass die Regierung in München Ludwig einen persönlichen Besuch bei Wilhelm II. verordnete. Über das Gespräch unter vier Augen, das am 29. Juni 1896 in Kiel stattfand, informierte der Kaiser unmittelbar danach Reichskanzler Chlodwig Fürst zu Hohenlohe-Schillingsfürst in einem mehrseitigen Protokoll. Da es einen sehr erhellenden und zugleich unterhaltsamen Beitrag zum Thema liefert, soll es hier ausführlicher zitiert werden:

> »Prinz Ludwig von Bayern hat gestern seinen Gang nach Canossa ausgeführt. Der Verlauf des Gespräches zeigte, dass der

> Prinz, weit entfernt davon, Reue zu empfinden über sein unpatriotisches und undeutsches Verhalten, in der Ansicht befangen war, er habe eine große Tat getan für die deutschen Fürsten im allgemeinen. […] Er bleibe dabei, dass sie keine Vasallen seien, aber leider vielfach so behandelt würden.« Diese Vorstellung »veranlasste Mich, dem hohen Herrn eine Lektion zu erteilen«. Vor allem fühlte sich der Kaiser bemüßigt, seinem aufmüpfigen Besucher »die richtige Erklärung über den Ausdruck ›Verbündete‹ beziehungsweise ›Verbündete Regierungen‹ zu geben. Es herrsche darüber in seinem Vaterlande anscheinend eine ganz verkehrte Auffassung.« Bayern hätte überhaupt »nicht die Macht oder Freiheit, sich selbständig zu lockern oder loszulösen vom deutschen Reich, um eine eximiertere [unabhängige] Stellung einzunehmen. Man dürfe nicht vergessen, dass außer dem Bande des Blutes, welches vor 25 Jahren die deutschen Stämme zur Wiedererlangung ihrer Einheit gemeinsam vergossen hätten, wir durch das eiserne Band einer gemeinsamen Reichsverfassung verbunden wären, desgleichen gemeinsame Justiz und gemeinsame Finanzen hätten. Vor allem aber hätten wir ein gemeinsames Reichsheer unter einem Kriegsherrn, und das sei der Kaiser. Wer sich aus solchen Verhältnissen loslösen wolle […], begehe einen Verfassungsbruch und ziehe die vollen Konsequenzen desselben auf sein Haupt.«[25]

Noch mehr als zwanzig Jahre später im holländischen Exil konnte sich Wilhelm mit großer Genugtuung an seine damalige Gardinenpredigt erinnern, wie sein Leibarzt Hähner in seinem Tagebuch festgehalten hat.[26] Ludwig, so der Exkaiser im Jahr 1919, sei damals »von ihm gezwungen worden, Abbitte zu leisten. Er hätte in vollem Paradeanzug in Kiel erscheinen müssen. Er, der Kaiser, habe ihn beim Spaziergang im Park im kleinen Anzug mit der Cigarrette im Mund empfangen und offiziell kühl vor ihm stehen lassen.« Überliefert ist aber auch, dass der spätere bayerische König dem deutschen Kaiser diese vorsätzliche Demütigung niemals verziehen hat.[27] Nach außen jedoch musste der Bayer nun stets die Contenance wahren, während Wilhelm aus seiner vermeintlichen Überlegenheit gegenüber dem misstrauisch beäugten Kollegen Ludwig so wenig Hehl machte, dass sie bald Eingang in die zeitgenössische Karikatur fand.[28] Der vergeblich um Ausgleich und Vermittlung bemühte bayerische Gesandte in Berlin, Graf Lerchenfeld, schrieb rückblickend resigniert: »Die beiden hohen Herren passten nicht zueinander, sie stießen sich immer wieder ab.«[29] Das war mehr als milde formuliert.

Zurück ins Jahr 1913. Am 30. Oktober 1913 debattierte die bayerische Abgeordnetenkammer die Verfassungsergänzung. Der königlichen Regierung war die politische Brisanz ihres Unternehmens, das ja auf nichts weniger als die Entthronung eines legitimen Königs hinauslief, durchaus bewusst. Deshalb konnte sie auch keineswegs den eigentlich ganz einfachen Weg gehen und den Gesetzgeber in einem verfassungsändernden Akt sagen lassen: Der Thron ist erledigt, der Regent wird König. Vielmehr sollte die Absetzung des regierenden Monarchen dem monarchischen Prinzip wenigstens der Form nach keinerlei Abbruch tun. Ministerpräsident Hertling betonte deshalb nachdrücklich, dass die geplante Verfassungsänderung *nicht* das Königtum von Gottes Gnaden beeinträchtige, da der Regent allein und frei darüber zu entscheiden habe, ob er beim Vorliegen der Voraussetzungen die Regentschaft beendigen wolle oder nicht. Die Liberalen betonten immerhin, monarchische Gesinnung sei nicht gleichbedeutend mit der Anerkennung des Prinzips des Gottesgnadentums. Dennoch wollten sie nicht gegen die Änderung stimmen. Wohl aber die Sozialdemokraten, die erklärten, hier ginge es allein um die Regelung eines monarchischen Regierungsbedürfnisses und die Zustimmung des Landtags werde zu einer Komödie herabgewürdigt.[30] Am 4. November beschloss dann auch die erste Kammer, der sogenannte Reichsrat, einstimmig den neuen Passus in der Verfassung, wonach der Regent, nicht der Gesetzgeber, »die Regentschaft für beendigt und den Thron für erledigt erklären [kann], wenn die Behinderung des Königs zur Ausübung der Regierung länger als zehn Jahre dauert und keine Aussicht auf Änderung dieses Zustandes besteht«.

Das Gesetz trat am gleichen Tag in Kraft, und einen Tag später erfolgte die Königsproklamation, die aus Gründen der Rechtssicherheit von allen Ministern gegengezeichnet wurde. Darin tat Ludwig kund, er habe nunmehr »als König die Regierung des Landes angetreten und von den Uns nach Gottes Gnade zukommenden Königlichen Rechten vollen Besitz ergriffen«.[31] Zwei Tage später stimmte der Landtag nachträglich zu, wenngleich nicht ohne scharfe Proteste seitens der Oppositionsparteien, namentlich der SPD, die der Abstimmung demonstrativ fernblieb. Exakt fünf Jahre vor seiner Absetzung leistete König Ludwig III. am 8. November 1913 seinen Eid auf die bayerische Verfassung. In der anschließenden Ansprache ließ Hertling den König besonders nachdrücklich die Unvereinbarkeit des bisherigen Zustandes »mit dem monarchischen Gedanken und dem Staatswohl« betonen. Und dass es gelungen sei, »in verfassungsmäßiger Form die Wiederherstellung des Zustandes zu ermöglichen, der dem Gedanken der Erbmonarchie, dem Geiste der Bayerischen Verfassung und dem Empfinden des Volkes in gleicher Weise entspricht«. Auch der Minister selbst berief sich in seinen ergänzenden Worten an den König auf das bayerische Volk, das – wie er meinte – »in Liebe und Ehrfurcht zu Eurer Majestät als seinem von Gott gesetzten Oberhaupte« emporschaue.[32]

Was bei all diesen salbungsvollen Deklamationen sogleich ins Auge springt – und sicherlich nicht erst dem heutigen Betrachter –, ist das Gezwungene, das Bemühte der Rhetorik. In ihrer gebetsmühlenartigen Beschwörung des Gottgewollten einer ganz und gar profanen Sache vermitteln sie eher den Eindruck der Autosuggestion als einer überzeugungsstarken, glaubwürdigen Politik für das Volk. Ob man tatsächlich geglaubt hat, damit den offenkundigen Umstand suspendieren zu können, dass König Ludwig III. seine Krone vor allem einem ausgeklügelten Ränkespiel und einer faktischen Aushebelung des monarchischen Prinzips (traditioneller Lesart) verdankte?

Auch den nachträglichen Begründungen, die der neue König wiederholt für seine Thronbesteigung vorbringen musste, haften so viel schlechtes Gewissen und so viele Rechtfertigungszwänge an, dass man nachgerade von Selbstagitation reden muss. »Wenn Ich die Königswürde angenommen habe«, erklärte Ludwig III. noch im Sommer 1914 seinen fränkischen Untertanen, so, »weil ich wusste, dass es der Wunsch des ganzen bayerischen Volkes war und weil ich damit ein Unrecht gut machen wollte.« In seiner neuen Stellung hoffe er eben »noch mehr für das Volk zu leisten«.[33] Rabulistik nennt man das, und deren intellektueller Urheber ist auch hier leicht auszumachen: Georg von Hertling, den

König Ludwig wenige Monate nach seiner Thronbesteigung als Ausdruck der Dankbarkeit gegenüber seinem Königsmacher in den Grafenstand erhob. Umgekehrt wusste Hertling seinen Geniestreich zu einem weiteren Ausbau der für die politische Gestaltung in Bayern so charakteristischen Oligarchie der Staatsminister zu nutzen.

Was wir heute erkennen, konnte man auch damals schon sehen: dass die öffentlichen Begründungen für die vorzeitige Thronbesteigung des Prätendenten nichts anderes waren als Fiktionen, politische Kunstprodukte, an die tief im Innern womöglich nicht einmal mehr jene glaubten, die sie verkünden mussten.

Schädigung des monarchischen Prinzips

Hertlings Modell des Königsweges kam einer staatspolitischen Quadratur des Kreises sehr nahe und war durchaus das, was man heute vielleicht am ehesten mit ›raffiniert‹ bezeichnen könnte – so raffiniert, dass selbst Kaiser Wilhelm am Ende damit leben konnte. Der war nämlich anfangs strikt dagegen gewesen, König Otto zu entthronen.[34] Aufgrund dieser kaiserlichen Bedenken hatte Ludwig seine Pläne auch zunächst zurückgestellt, dann aber Mitte Oktober 1913 bei der Jubiläumsfeier in Leipzig dem Kaiser gegenüber sehr diplomatisch angedeutet: »Wenn sich jetzt ein Weg für die Beendigung der Regentschaft finden ließe, so würde er ihn gehen. Aber ein Königtum von Volks- oder Parlamentsgnaden werde er nie annehmen.« Wilhelms Kommentar zu diesem von ihm selbst überlieferten Ausspruch lautete: »Hoffentlich nicht!« Denn einen »König von Parlaments und Centrums Gnaden« hielt er für »undenkbar für einen deutschen Fürsten«.[35] Doch nachdem der preußische Gesandte in München Karl Georg von Treutler seinem Kaiser in Berlin ausführlich Vortrag über den Hertling'schen Coup gehalten hatte, konnte er dem Auswärtigen Amt am 23. Oktober 1913 beruhigt vermelden, »dass Seine Majestät einer positiven Lösung der Frage jetzt sehr sympathisch gegenübersteht«.[36]

Zwei Wochen später beglückwünschte der deutsche Kaiser den neuen König von Bayern telegraphisch mit den Worten: »Möge Dein Wirken in dem Dir von Gott übertragenen hohen Beruf Dir

Wem die Wittelsbacher ihre Königskrone verdankten (Napoleon und Hertling). Aus dem »Simplicissimus«, November 1913.

selbst reiche Befriedigung gewähren.« Er zeigte sich überzeugt davon, dass der in München beschrittene Weg dem fürstlichen Souveränitätsprinzip keinerlei Abbruch getan habe. Worin ihn ausgerechnet die sozialdemokratische *Münchener Post* in ihrem Leitartikel vom 8. November 1913, den der Kaiser von Treutler zugesandt bekam, noch einmal nachdrücklich bestärkte. Dort war nämlich im Rückblick auf die klägliche Rolle des bayerischen Landtags in der Königsfrage zu lesen: »In 16 Minuten vollzog sich am Mittwoch Nachmittag die Selbstabsetzung des Parlaments, indem sich die bayerische Abgeordnetenkammer durch den Mund sämtlicher bürgerlicher Parteien damit einverstanden erklärte, dass man die Absetzung des Königs und die Proklamation König Ludwigs III. ohne ihre Mitwirkung herbeigeführt habe.« Das gefiel Wilhelm – »richtig! sehr erfreulich!«, schrieb er an den Rand. Aber hatte er wirklich Grund, derart zu frohlocken? Konnte man 1913 mit dieser Art von Kabinettspolitik noch moralische Eroberungen im Namen der Idee der Erbmonarchie von Gottes Gnaden machen? Zweifel sind hier angebracht, und sie verstärken sich, wenn man andere fürstliche Reaktionen auf das Lehrstück von München in die Betrachtung einbezieht.

Am 16. November 1913 schrieb der Erbprinz Ernst zu Hohenlohe-Langenburg an seine Freundin Cosima Wagner: »Ich muss persönlich gestehen, dass mich diese Königsproklamation nicht gerade gefreut hat. Die Regentschaft hatte 27 Jahre lang gedauert, ohne dass das monarchische Prinzip [...] darunter Schaden gelitten hätte. [...] Der monarchische Sinn ist eine zarte Pflanze, die mit großer Vorsicht behandelt sein will, besonders in unseren Tagen, und der Verdacht, dass bei einem Eingriff in die Verfassung selbstsüchtige Beweggründe mitgewirkt haben könnten, würde leicht das Ansehen des jetzigen Trägers der Krone bei all seinen vortrefflichen persönlichen Eigenschaften gefährden können.«[37]

Diese warnende Stimme steht in deutlichem Kontrast zu dem offenkundigen Bemühen der unmittelbar beteiligten Fürstlichkeiten, lieber weiter im Reich der Phantasie als in der Welt der Tatsachen zu leben. Die zarte Pflanze des monarchischen Sinns, die ihrer sorgsamen Pflege anvertraut war, lag außerhalb ihres primären Gesichtskreises, wenngleich ihnen deren Vernachlässigung hier und da ein schlechtes Gewissen bereitete.

Auch im Hause Wittelsbach war man intern keineswegs einhellig der Meinung, dass Ludwigs Selbstkrönung klug und richtig gewesen sei. Ludwigs Neffen, den Prinzen Adalbert von Bayern, »störte zweierlei. Wenn er [Ludwig] auf Beschluss der beiden Kammern König wurde, war er es nicht von Gottes sondern von

Volkesgnaden und konnte auch vom Volk wieder abgesetzt werden. […] Zweitens ging mir gegen mein Gefühl, dass wir ja auf den Regenten Ludwig vereidigt worden waren, der seinerseits für seinen König Otto die Regierung wahrnehmen würde wie zuvor sein Vater.« Er sei nicht der Einzige in der Familie mit solchen Bedenken gewesen.[38] Sogar die spätere Königin Marie Therese soll ihren Mann »angefleht habe(n), dem Drängen der Minister und aller anderen nicht nachzugeben«.[39]

Im Tagebuch der damals fast dreißigjährigen Prinzessin Wiltrud vom 5. November 1913 steht zu lesen: »Papa hat sich […] heute zum Könige proklamiert. ›Mich freuts gar nicht die Geschicht (die Sache)‹, sagte Papa eben oben zu den Damen [des Hofes] ganz privatim. Wir gratulierten auch nicht Papa noch Mama, sondern küssten ihnen nur die Hand, weil die Sache zu ernst und der Grund ein zu trauriger ist. Es war ein Schritt der Notwendigkeit – dem Lande und Volke zu Liebe gethan, nicht aber aus eigenem Verlangen […].«[40]

Was für ein Theater um ein so unfreudiges Ereignis, mag der Leser solcher Zeilen denken. Er hat Recht: Die kindlich-naiven Bemerkungen einer frischgebackenen Königstochter vermitteln den wohl tiefsten Eindruck von dem Dilemma, in das Prinz Ludwig sich mit seiner waghalsigen Thronbesteigung auch der eigenen Familie gegenüber gestürzt hatte – und eine Vorstellung von den moralischen Folgekosten, die diese politische Selbsterhöhung ihm selbst, seiner Dynastie und der Institution Monarchie in Deutschland aufbürdete.

Zwar wurde der Etat des Königlichen Hauses schon im November 1913 erwartungsgemäß um etwa 1,2 Millionen Mark für Zivilliste und Apanagen erhöht, was nach heutiger Währung etwa sechs Millionen Euro entspricht. Doch war es für einen königstreuen Beobachter wie den preußischen Gesandten Treutler ausgesprochen »empörend zu sehen, wie taktlos während der Verhandlungen die intimsten Verhältnisse der Königlichen Familie in die Debatte gezogen wurden«.[41] Und die öffentliche Demontage ging munter weiter, zum Beispiel durch sozialdemokratische Flugschriften. Noch im Krönungsjahr erschien die Broschüre *Die Absetzung des Königs, die Erhöhung der Zivilliste und die Sozialdemokratie.* Sie verwies genüsslich darauf, dass im Zuge der Königsproklamation der Präsident der Kammer der Reichsräte in den Fürstenstand und der Ministerpräsident Hertling in den Grafenstand erhoben worden war und der Präsident der Abgeordnetenkammer den Titel Geheimer Rat mit dem Prädikat Exzellenz erhalten hatte. In polemischer Überzeichnung, aber keineswegs aus der Luft gegriffen, unterstellte das Druckwerk der »Königsmacherei« glatten Meineid, da Ludwig ja erst am 21. Dezember 1912 feierlich geschworen habe, »Regent zu bleiben und nicht selbst König zu werden«. Seine Thronbesteigung wurde mit viel Süffisanz als vergeblicher Versuch interpretiert, »durch eine staatsstreichlerische Selbstproklamation auf eigene Verantwortung das Gottesgnadentum zu retten«.

Wenn man die Durchschlagskraft solcher Agitation auch nicht überschätzen sollte, so blieb doch ein schwerer Makel an dieser Haupt- und Staatsaktion haften. Und dieser Makel konnte auch nicht mehr beseitigt werden. Der Hauptgrund dafür muss in der Persönlichkeit des Monarchen selbst gesucht werden.[42] Er war von seiner ganzen Persönlichkeit her eine komplette Fehlbesetzung: zu alt, zu unattraktiv, zu starrköpfig und zu epimetheisch. Außerdem signalisierte er nach außen eine Auffassung von monarchischer Würde, die vorzugsweise säkular, mediatisiert und ausgesprochen zivil daherkam. Da er aber seiner streng monarchischen Amtsführung nach ganz und gar nicht präsidial war, hatte seine Königlichkeit keine Aura, sondern etwas Künstliches. Nicht einmal die gestelzte Rhetorik der damals üblichen dynastischen Courtoisie nahm man diesem, wie das Volk ihn spöttisch nannte, »Millibauern« ab.

Zugespitzt lässt sich festhalten, dass dieser Monarch, der 1913 auf das Herrscherross gesetzt wurde, kein Gewinn für die politische Kultur der Monarchie in Deutschland war. Und mit Blick auf das Königreich Bayern kann man behaupten, dass er mit seinem voluntaristischen Griff nach der Krone die Zukunftschancen dieser Herrschaftsform schon allein dadurch ganz erheblich untergrub, dass sein Königtum in keiner Weise Anschluss an das seines Vorgängers Ludwig II. fand, der in der Vorstellungswelt des Volkes nach wie vor die Maßstäbe für einen König von Gottes Gnaden vorgab. Als solcher führte Ludwig III. sich selbst ad absurdum.

Aber indem seine engsten Ratgeber und Bundesgenossen ihn in diese Falle laufen ließen, schaufelten sie selbst an der Grube mit, in die sie schon bald alle miteinander fallen sollten. Im Reichsmaßstab betrachtet, hatte die legitimistisch nicht einwandfreie Form der Thronbesteigung auch insofern eine negative Auswirkung, als sie die Attraktivität der Wittelsbacher als Träger einer zu Preußen alternativen monarchischen Leitkultur schwächte. Der katholisch und großdeutsch orientierte Gegenentwurf zu dem, was die kleindeutsch-protestantische Hohenzollern-Monarchie verkörperte, konnte unter dem Szepter einer derart lädierten dynastischen Leitfigur nicht zur Entfaltung kommen.

Monarchie-Groteske: Die Rückkehr der Welfen auf den Thron

Die Berufung des 25-jährigen Welfenprinzen Ernst August von Cumberland auf den seit mehr als einem Vierteljahrhundert verwaisten braunschweigischen Herzogsthron entfaltete zeitgleich zu den Münchener Vorgängen im Herbst 1913 eine ganz ähnliche Negativwirkung. Allerdings ist die Geschichte rascher erzählt.[43]

Vor allem preußische Großmachtinteressen hatten die Dynastie der Welfen zunächst jahrelang an der tatsächlichen Ausübung ihrer legitimen Thronrechte in dem norddeutschen Kleinstaat gehindert und die Regierung Braunschweigs stattdessen landfremden, aber preußenfreundlichen Regenten übertragen. Denn das eigentlich dazu berechtigte Herrscherhaus hatte seit undenklichen Zeiten Hannover regiert – zuletzt als veritables Königreich –, bis es 1866 wegen seines bewaffneten Widerstandes gegen die kleindeutsche Politik Bismarcks von diesem kurzerhand abgesetzt, enteignet und ins (österreichische) Exil geschickt wurde. Bismarck verleibte das Königreich Hannover dem preußischen Staat ein und zeigte sich immun gegen jegliche Kritik, die diese Gewaltpolitik als Ruin der monarchischen Idee geißelte.

Die Entthronung der Welfendynastie blieb gleichwohl ein Pfahl im Fleische aller europäischen Royalisten. Und so nimmt es nicht wunder, dass schon eine Generation nach dem Debakel von 1866 die ersten dynastiepolitischen Versuche einer vorsichtigen Revi-

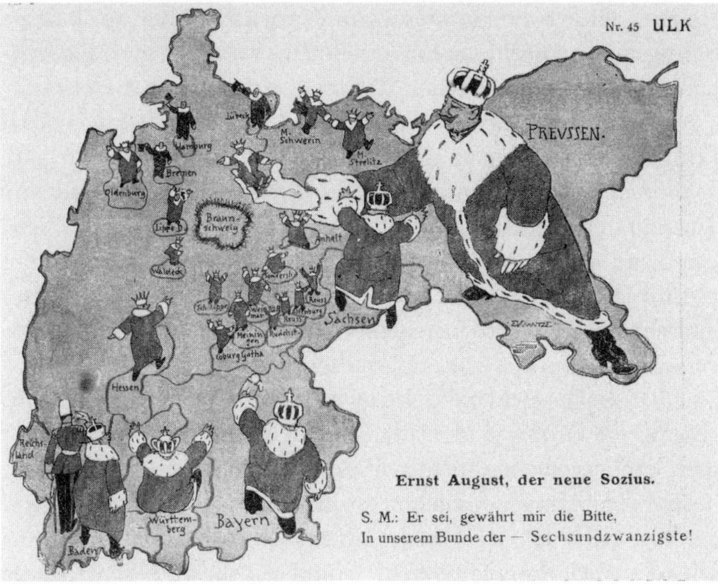

Kaiser Wilhelm II. kredenzt Deutschland einen neuen Monarchen: seinen Schwiegersohn.

sion einsetzten. Einen Anknüpfungspunkt bot das Aussterben jener Welfenlinie, die bis dato in Braunschweig geherrscht und den Deutschen Krieg durch Neutralität überlebt hatte, im Jahr 1884. Nun wären eigentlich die erbberechtigten Hannoveraner Welfen am Zug gewesen, die sich inzwischen Herzöge von Cumberland nannten, seit 1884 natürlich auch von Braunschweig und Lüneburg. Aber sie hatten zunächst keine Chance, den reklamierten Thron tatsächlich zu besteigen, weil sie zuvor den demütigenden Schritt eines feierlichen Verzichts auf ihre alten Stammlande Hannover hätten vollziehen müssen. Diese nachträgliche Selbstentkrönung des uralten Herrschergeschlechts war für den Chef des Welfenhauses undenkbar.

Wie also konnte man im Interesse eines stärkeren inneren Zusammenhalts der Herrscherhäuser Bismarcks Gewaltpolitik so konterkarieren, dass das Welfenhaus nicht für alle Zeiten aus dem dynastischen Kartell in Deutschland ausgegrenzt blieb? Diese heikle Frage beschäftigte um 1900 nicht wenige fürstliche Gemüter, und die Antwort lautete schließlich: durch eine integrative

Heiratspolitik. Schon immer waren dynastische Ehen zur Bekräftigung des gegenseitigen Einvernehmens zwischen zwei Fürstenhäusern geschlossen worden.[44] Warum nicht auch in diesem Fall?

Als Hauptprotagonist einer solchen Revisionsstrategie darf Prinz Max von Baden gelten, der dieser Aufgabe anderthalb Jahrzehnte seines Lebens widmete. In der Rückschau hat der badische Thronprätendent eine denkwürdige Einschätzung seiner damaligen Bemühungen zu Papier gebracht. Ihm sei inzwischen, schreibt er fünf Jahre nach dem Ende des Deutschen Kaiserreichs, eines »immer klarer geworden: in dem tragischen Schicksal des hannoverschen Landes und seines Herrscherhauses ist die Tragik des monarchischen Deutschlands mit eingeschlossen. Man kann nicht ungestraft ein Gottesgnadentum bekennen und das seiner Vettern und Standesgenossen nicht achten und vergewaltigen. Auch hier herrschen die Imponderabilien unsichtbarer Gesetze. Deshalb war ich aber auch so darauf bedacht, den Rechtszustand in Braunschweig wiederherzustellen als Sühne für die zu besänftigende Nemesis. Ich glaube nicht, dass es viele waren, die die ganze Tragweite meiner damaligen Bemühungen erkannten.«[45]

Die Braunschweiger Thronbesteigung durch den damit jüngsten deutschen Bundesfürsten Ernst August von Cumberland im November 1913 war im wahrsten Sinne des Wortes die Krönung jahrelanger harter Bemühungen auf einem stark verminten dynastiepolitischen Terrain – und zugleich die pragmatische Lösung eines prinzipiell unlösbaren monarchischen Problems um einen hohen imagepolitischen Preis. Denn der in Regierungsfragen völlig unbedarfte und gänzlich unambitionierte Prinz verdankte seine Braunschweiger Krone allem anderen als göttlicher Gnade; er verdankte sie allein einer fieberhaften Kabale um Geld, Ehre, Reputation und Macht, wobei die Zuneigung der einzigen Kaisertochter zu dem schmucken Welfen-Husaren als Schlüssel zum Glück fungierte. Diese Kaisertochter, Viktoria Luise, war es, die Ernst August auf den Braunschweiger Thron brachte, und nicht sein legitimes Recht darauf.

Von welchen Motiven und Interessen ließen sich die Betreiber dieses rein dynastischen Unternehmens leiten? Bei den fürstlichen Mitstreitern des Welfenhauses dominierte ganz eindeutig der Wille, die Dominanz Preußens im Reich aufzuweichen oder doch jedenfalls zu begrenzen. Langfristig spekulierte man sogar auf eine Wiederherstellung des Königreichs Hannover. Dagegen lag dem preußisch-deutschen Kaiserpaar vor allem daran, die einzige Tochter, das Lieblingskind Wilhelms II., optimal zu verheiraten – und das hieß unter den Gegebenheiten der Zeit an einen jungen, gesunden (zeugungsfähigen), gut aussehenden, reichen, protestantischen, moralisch integren und womöglich regierenden deutschen Fürsten. Einer der wenigen, der alle diese Kriterien in hohem Maße zu erfüllen schien, war Ernst August von Cumberland, sodass nur noch ein Weg gefunden werden musste, ihm zu einer Herrscherwürde zu verhelfen, ohne dass Preußens Ansehen dadurch Schaden nahm.

Es dauerte ein wenig, bis die Kautelen für diese Inthronisation, die sicherstellen sollten, dass Ernst August politisch nur seinem Schwiegervater den Willen tat, fixiert waren. Doch dann war die Elefanten- beziehungsweise Traumhochzeit perfekt und damit auch die Wiedereingliederung der Welfen in das Kartell der deutschen Herrscherhäuser. Beim Einzug des prächtigen neuen Herzogspaars ins Residenzschloss stand halb Braunschweig bewundernd und Beifall klatschend Spalier. Es war eine glanzvolle Rehabilitation der bis dahin so verfemten Dynastie, dass ein leibhaftiger Welfe als deutscher Herzog von Gottes Gnaden im Deutschen Reich wieder ungestraft etwas kund und zu wissen tun durfte, in diesem Falle die Erwartung an alle Bewohner des Herzogtums Braunschweig, »dass sie Uns als ihrem rechtmäßigen Landesherren Treue und Gehorsam erweisen«.[46] Warum sie das eigentlich tun sollten, darüber schwieg der neue Herrscher sich indes aus.

Allgemeinpolitisch betrachtet, stellte sich durchaus schon damals die Frage: cui bono? Denn die Einsetzung des jungen Prinzen als Souverän im Herzogtum Braunschweig war nicht zuletzt auch eine Groteske, weil der junge Mann außer seiner welfischen Geburt nichts mitbrachte, was ihn auch nur ansatzweise für dieses hohe politische Amt empfohlen hätte: In Österreich geboren und sozialisiert, alsdann für ein paar Jahre als bayerischer Offizier in München lebend, kannte er weder Volk und Land, noch besaß er so etwas wie eine staatsmännische Ausbildung – von irgendwelchen abrufbaren Erfahrungen mit Herrschaft hatte schon bei seinem Vater keine Rede mehr sein können. Ebenso wenig verfügte er über eine Hausmacht, weder in Braunschweig noch in Berlin und auch nicht im Bundesrat. Schließlich kann auch von charismatischen Qualitäten bei Ernst August keine Rede sein. Gleichwohl meinten die Betreiber des Projekts aber offenbar, den Schwiegersohn des deutschen Kaisers blind auf Lebenszeit engagieren zu können – ohne jede Rücksicht darauf, was die ihm überantworteten Untertanen darüber denken mochten.

Offenbar glaubten die fürstlichen Akteure, dass sie die Legitimationsproblematik dieser Aktion hinter den prächtigen Kulissen eines märchenhaften Rührstücks weitgehend zum Verschwinden bringen könnten. Der Plot: Blutjunger Prinz aus uraltem deutschen Herrscherhause, das durch falsche Politik ins Abseits geraten ist, gewinnt das Herz der liebreizenden Kaisertochter, deren weiser und großmütiger Vater dafür Sorge trägt, dass die Liebe der Kinder nicht an den Unbilden einer unglückseligen Vergangenheit scheitert. Er rehabilitiert das abgestrafte Welfenhaus, sodass aus dem Prinzen ein richtiger Herzog werden kann, der seine Braut unter dem Jubel des Volkes heimführt in seine nun endlich nicht mehr verwaiste altehrwürdige Residenz, wo das Paar – gesegnet mit einer reichen Kinderschar – glücklich und pflichtbewusst bis an sein Lebensende für das Wohl des Landes wirkt.

Zweifellos konnte man in der bilder- und ereignisarmen Welt, in der die meisten Menschen in der Provinz zu Beginn des 20. Jahrhunderts noch ihr Leben fristeten, mit der periodischen Entfaltung von höfischem Glanz und mit dem gesegneten Eheglück zweier Angehöriger des Hochadels die Schaulust vieler Menschen befriedigen, Sentimentalitäten wecken und weit verbreitete Klatschsucht bedienen. Aber glaubte man wirklich, damit zugleich politisches Vertrauen gewinnen, Loyalität oder gar Identität stiften zu können? Glaubte man wirklich, das Volk würde in einer solchen Verbindung den Garanten einer endgültigen Überwindung der traditionellen Feindschaft zwischen Welfen und Hohenzollern erblicken?

Am 2. November 1913 verabschiedeten zweitausend Teilnehmer einer sozialdemokratischen Versammlung in Braunschweig eine Resolution »gegen die Verschacherung des braunschweigischen Volkes«. Deren Kernsätze lauteten: »Die Versammelten erblicken in der Thronbesteigung Ernst Augusts nur den Abschluss eines dynastischen Schachergeschäftes, dessen Handelsobjekt zu sein das arbeitende Volk Braunschweigs als Schmach und Schande empfindet.«[47]

Einen Tag später verlas Ernst August im Residenzschloss eine Erklärung an den Landtag. Deren zentraler Satz lautete: »Den Jubel der Bevölkerung bei Unserem Einzuge in das Land und in die Residenz betrachten Wir als ein sichtbares Zeichen der Liebe und des Vertrauens, welches Uns die gesamte Einwohnerschaft des Landes entgegenbringt.«[48] Für die Sicht der Sozialdemokraten sprach, dass ihnen bei der letzten Reichstagswahl fast fünfzigtausend Braunschweiger ihre Stimme gegeben hatten – vierzig Prozent aller Wahlberechtigten. Für die Auffassung des Herzogs sprach nichts außer einer temporären Stimmungslage. Und von einer politischen Konvergenz nunmehr gleichberechtigter Herrscherhäuser kann ebenso wenig die Rede sein. Noch fünf Jahre nach seinem Regierungsantritt beklagte sich Ernst August darüber, dass die Hohenzollern auch nach 1913 wiederholt versucht hätten, ihn mit äußerst »verdächtigen« Mitteln zum Verzicht auf Hannover zu nötigen.[49] Mit anderen Worten, das dynastische Mittel der Heiratspolitik war von Seiten Preußens hauptsächlich eingesetzt worden, um das Welfenhaus endgültig zu mediatisieren.

Damit endet eine erste prüfende Betrachtung, was hinter dem schönen Schein der deutschen Monarchie, wie sie sich 1913 in der politischen Öffentlichkeit präsentierte, tatsächlich noch gestanden haben mag. Die gewählten Beispiele sagen nicht alles, lassen aber doch den Schluss zu: Sowohl der königlich-bayerische Coup von München als auch der zeitgleiche Oktroi eines Herrschers in Braunschweig waren letztlich Negativ-Werbung für die Monarchie in Deutschland. Im Verein mit weiteren Fällen von monarchischem Voluntarismus[50] stützen sie die Vermutung, dass womöglich schon am Vorabend des Ersten Weltkriegs nur noch berufsmäßige Schönredner an den Souveränitätsrechten und dem Gottesgnadentum der deutschen Souveräne positiv interessiert waren. Die Nachdenklichen dagegen rieten den gekrönten Häuptern dringend, für eine andere »Ausbreitung ihrer Wurzeln im Heute zu sorgen«.[51] Vielleicht ist es kein Zufall, dass die beiden Bundesfürsten, die als letzte ihre Throne bestiegen, zugleich die ersten waren, die diese Throne nur fünf Jahre später wieder verloren. Und in beiden Fällen waren es Abgänge ohne Noblesse.

Unannehmlichkeiten aus dem Hause Oldenburg

Ihrer inneren Logik nach tendierte die Unverantwortlichkeit der Bundesfürsten zu geheimen Machenschaften und zu Vetternwirtschaft, aber auch zum extremen Interessenegoismus einzelner Häuser, mit dem das Gebot der Fürstensolidarität nur mehr schwer zu vereinbaren war. Noch bis weit in die zweite Hälfte des 19. Jahrhunderts hinein hatte das lichtscheue Innenleben des deutschen Dynastiekartells durch eiserne Arkandisziplin aller Beteiligten vor indiskreten Einblicken Unbefugter mehr oder minder komplett abgeschirmt werden können. Das änderte sich nach der Jahrhundertwende, als das Private der Prominenz infolge des Wandels der Medienöffentlichkeit plötzlich ganz allgemein ungeahntes Publikumsinteresse fand und bisweilen bereits skandalisiert wurde. Dieser – wie wir heute wissen, säkulare – Trend konnte auch den deutschen Fürsten tendenziell gefährlich werden. Jede skandalträchtige Indiskretion bedrohte hier nicht nur einzelne schwarze Schafe, sondern auch eine Macht- beziehungsweise Ordnungsstruktur, die bis dato streng tabu gewesen war. In diese Tabuzone wollten die Fürsten niemanden hineinblicken, geschweige denn hineinleuchten lassen, der nicht als ebenbürtig ausgewiesen war.

Je mehr man sich den wirklichen Lebenszusammenhängen dieser Menschen heute mithilfe aussagekräftigen Quellenmaterials nähert, umso stärker wird man gewahr, was es hier alles aus guten Gründen zu verbergen gab. Ein gutes Beispiel dafür liefert die Fallstudie von Martina Fetting über hochpolitische Aktivitäten, die der 1909 ruchbar gewordene wiederholte Ehebruch der letzten Großherzogin von Oldenburg, Elisabeth (aus dem Hause Mecklenburg-Schwerin), auslöste.[52] Diese deutsche Bundesfürstin war auf Anweisung ihres Gatten Friedrich August, mit dem sie drei Kinder hatte, zunächst als nervenkrank stigmatisiert, in ein Sanatorium eingewiesen und unter Kuratel gestellt worden.

Um zu verhindern, dass die nicht besonders glaubwürdig klingende Pathologisierung einer geborenen Herzogin als ehrverletzende Diskriminierung auch auf die Dynastie in Mecklenburg abfärbte, wollten deren Repräsentanten eine positive Lösung des Konfliktes, am liebsten in Gestalt einer großherzigen Rückkehr zum Status quo ante. Der Großherzog von Oldenburg nebst Ministerium und Hofstaat drängte auf Scheidung, wogegen wiederum Kaiser Wilhelm II. opponierte, weil Fürsten-Ehen für ihn prinzipiell gottgewollt waren und insofern einen unauflöslichen Bund fürs Leben darstellten.[53]

So gingen Jahre zäher Verhandlungen um Vormundschafts-, Unterhalts- und Residenzfragen ins Land, die sich – natürlich unter dem Siegel strengster Verschwiegenheit, aber auch ohne Aussicht auf eine wirkliche Lösung – zu einer veritablen Dynastienfehde auswuchsen. Es war ein Melodram voll wilder Unterstellungen, Invektiven und Intrigen. Solange sich dieser Kleinkrieg um die Rechtsansprüche einer verstoßenen Bundesfürstin auf den Arkanbereich innerdynastischer Kommunikation begrenzen ließ, scheint er hauptsächlich der monarchischen Solidarität in ebendiesem Binnenraum geschadet zu haben. Dies allerdings ganz erheblich, wenn man zum Beispiel den Bericht liest, den der preußische Gesandte in Oldenburg, Hans Adolf, im Januar 1914 über seine Unterredung mit dem Großherzog an von Bülow im Auswärtigen Amt schickte. Friedrich August, so schreibt der Diplomat, hätte sich bitter beklagt »über eine Art Kesseltreiben, das offenbar aus Rache wegen seines Verhaltens der Großherzogin gegenüber von gewissen Fürsten gegen ihn inszeniert sei und als deren Hauptanstifter er den Prinzen Heinrich der Niederlande [den Bruder von Großherzogin Elisabeth] und den Großherzog [Ernst Ludwig] von Hessen bezeichnete.« Er, Friedrich August, »habe sich dies alles lang genug gefallen lassen; seine Langmut könne aber bald einmal ein Ende nehmen, und er werde sich dann vielleicht genötigt sehen, gegen die Urheber dieser Umtriebe energisch vorzugehen«.[54]

Einige Zeit vorher schon hatte Friedrich August die »völlig unverständliche und fast unqualifizierbare Haltung der mecklenburgischen Verwandten« seiner Frau scharf aufs Korn genommen. Großherzog Friedrich Franz IV. von Mecklenburg-Schwerin habe ihm »einen Brief so unerhörten Inhalts geschrieben«, dass er diesem jungen Fürsten jetzt bei einer Begegnung »mündlich habe andeuten müssen, die Sache sei eigentlich reif für eine Beschwerde beim Bundesrat«.[55] Das alles klingt nicht gerade nach monarchischer Eintracht, aber da die nichtdynastische Öffentlichkeit außen vor blieb, schadete es vermeintlich noch nicht dem Ansehen der Monarchie schlechthin. Auf diese akute Gefahr mussten die bundesfürstlichen Kriegsparteien bezeichnenderweise erst durch ihre Untertanen aufmerksam gemacht werden, die sich hier nachgerade als Gralshüter monarchischer Staatsräson profilierten.

So gelangte im Januar 1914 über den Oldenburger Landtagsabgeordneten Johannes Müller eine von mehreren Fraktionen gestützte Eingabe an die fürstlichen Verhandlungsparteien, die einen konkreten Forderungskatalog zugunsten der Großherzogin zum Inhalt hatte. Interessant ist die Begründung für diese Initiative. Der bürgerliche Parlamentarier sah sich »zu diesem Schritte als guter Oldenburger im Interesse unseres Großherzogpaares, der Großherzoglichen Kinder und unseres Heimatlandes veranlasst, in welchem man allgemein die unhaltbaren Verhältnisse in der Großherzoglichen Familie als einen unheilvollen Druck empfindet, der auf die Dauer der Anhänglichkeit unserer Bevölkerung an ihr Herrscherhaus einen unberechenbaren Schaden zufügen muß.«

Wie viele seiner Landsleute verurteilte auch der Parlamentarier die Verfehlungen der Großherzogin, doch konnte er »der hohen Frau aus rein menschlichem Interesse und aus patriotischem Gefühle« seine Sympathien nicht gänzlich entziehen, zumal »seitdem bekannt wurde, dass die Großherzogin durch eine Ungesetzlichkeit des Landes verwiesen ist, und dass man den Verkehr der Kinder mit der Mutter weit über Gebühr eingeschränkt hat, um die Frau Großherzogin dadurch zwangsweise dahin zu bringen, in eine [...] Scheidung der Ehe zu willigen«. Der Landtag sei über alle Fraktionsgrenzen hinweg empört, die meisten Oldenburger nicht weniger, und man habe deshalb dem Großherzog nahe legen lassen, »den Ehezwist in einer auch das Land und den Landtag befriedigenden Weise baldigst zu beendigen«.[56]

Mit diesem Vorstoß gewann die Angelegenheit mit einem Mal eine bemerkenswerte Dynamik. Das monarchische Zetern über den unerhörten Versuch, in die Tabuzone herrscherlicher Autonomie einzudringen, war erst einmal gewaltig. Großherzog Friedrich August, der kategorisch erklärt hatte, er werde sich »durch solche demokratische Treibereien in Entschlüssen, die ich nur vor Gott und meinem Hause zu verantworten habe, nicht beirren lassen«, zeigte sich ganz besonders indigniert. Er drohte mit Auflösung des Landtags, denn er werde eine Beschlussfassung des Parlaments in dieser Angelegenheit »als einen unzulässigen Eingriff in meine hausgesetzlichen und verfassungsmäßigen Rechte betrachten«.[57]

Unbeschadet dieser ganzen persönlichen Empörung, der sich natürlich auch der deutsche Kaiser mit starken Worten anschloss, setzte die Intervention von Müller & Co. die Konfliktparteien augenscheinlich aber derart unter Zugzwang, dass nun innerhalb weniger Wochen eine Lösung gefunden wurde, mit der alle Konfliktparteien leidlich leben konnten. Vor der Drohkulisse einer möglichen Skandalisierung war auf einmal in fünf Wochen möglich, was in den vorausgegangenen fünf Jahren schier aussichtslos erschienen war. Dazu bedurfte es freilich der angestrengten Zuarbeit eines ganzen Stabes von Ministern und Diplomaten, die schließlich im Februar 1914 die Ratifizierung eines Schlichtungsvertrages ermöglichte. Substanziell kam bei diesem Handel nicht viel mehr heraus als eine Art neuer Ehepakt auf Kosten der Ehebrecherin: Die Besuchszeiten für die Kinder bei der Mutter wurden ausgedehnt und die Vermögensverhältnisse so geregelt, dass sie der Großherzogin ein standesgemäßes Leben ermöglichten. Voraussetzung dafür war allerdings, dass Elisabeth zwar dem Titel nach Großherzogin von Oldenburg blieb, aber nie wieder nach Oldenburg zurückkehrte. So richtig glücklich dürfte niemand über diese Lösung gewesen sein, doch beendete sie formell einen fatalen Konflikt und war insofern ein gewichtiger Beitrag zur Skandalprävention.

Diese ehepolitischen Turbulenzen, welche die Dynastien Mecklenburg-Schwerin, Oldenburg, Schleswig-Holstein-Gottorp, Hohenzollern und Oranien in Mitleidenschaft zogen, waren beileibe kein Einzelfall, sondern stehen für einen Konstruktionsfehler im deutschen Monarchie-Modell, in dem für das Herrscherpersonal eine Trennung zwischen privater und öffentlicher Person einfach nicht vorgesehen war. Da auch handlungsorientierende Ausführungsbestimmungen fehlten, waren die so in den Autonomie-Himmel Gehobenen mit der Lösung erdenschwerer Probleme immer wieder heillos überfordert. Vor allem aber darf man die politischen Langzeitfolgen derartiger Konflikterfahrungen, wie das Oberhaupt des Hauses Oldenburg sie machen musste, nicht unterschätzen. Dort wurde der Großherzog über die aus dem Dynastenstreit resultierende Enttäuschung über den offenkundigen

Mangel an monarchischer Solidarität zum notorischen Schwarzseher. Schon im Frühjahr 1916 schockierte er den Fürsten Salm-Horstmar mit der Erklärung, dass der Krieg unter Wilhelm II. nicht gewonnen werden könne, sondern »unbedingt verloren [gehe], und mit ihm die Monarchie in Deutschland«. Nach einer anderen Überlieferung soll er sogar gesagt haben: »Wilhelm wird uns alle zugrunde richten, damit haben wir uns abgefunden.«[58] Mit *wir* waren seine bundesfürstlichen Kollegen gemeint, von denen manche dieselbe Furcht geplagt haben mag. Aber so krass ausgedrückt hat es nur einer – Großherzog Friedrich August, der bereits aus Friedenszeiten die ausgesprochen unangenehme Erfahrung mitbrachte, auf welch schwankendem Grund ihre Throne tatsächlich standen. Diese Instabilität des deutschen Dynastiekartells war auch der politischen Öffentlichkeit nicht verborgen geblieben, die auf diese Entdeckung reagierte, indem sie die Monarchen unter den Druck neuer Legitimationszwänge setzte.

Inspektionsbericht zur Funktionsfähigkeit des deutschen Monarchie-Modells[59]

Versucht man, aus den bislang geschilderten Wahrnehmungen verallgemeinerbare Schlussfolgerungen zu ziehen, und verbindet diese mit dem, was sonst noch über das deutsche Modell der Erbmonarchie(n) bekannt ist, so ergibt sich das nachfolgende Tableau bilanzierender Hypothesen.

1.

Im Deutschen Reich von 1871 lebte die monarchische Elite, die es regierte, gleichsam exterritorial. Ihre Unantastbarkeit hatte sie mit ihren hohen Ämtern ererbt. Sie galt nicht allein für die insgesamt gut einhundert Schlossanlagen, in denen dieser Herrscherstand mit seinen kaum dreihundert Angehörigen residierte, oder für die halbe Million Hektar Land, die er besaß. Auch außerhalb ihrer fürstlichen Domänen konnte ihnen im Prinzip niemand etwas anhaben – weder das bürgerliche Gesetzbuch noch das Strafgesetz.

Zu diesem privilegierten Dasein kam vom Staat noch eine königliche Entlohnung in Form einer sogenannten Zivilliste, die den Mitgliedern jener regierenden Adelshäuser ein repräsentatives Luxusleben sicherte, sowie ein Füllhorn anderer Privilegien – Steuerfreiheit, kostenlose Nutzung von Post und Bahn sowie andere staatliche Dienstleistungen. Zur Inanspruchnahme all dieser Geschenke vollberechtigt fühlten Deutschlands Souveräne sich, weil sie glaubten, sie selbst, ihre Vorfahren und auch ihre Agnaten seien vom lieben Gott höchstpersönlich erblich eingesetzt und nur ihm allein verantwortlich. Deshalb bescheinigten die meisten Verfassungen ihnen nicht allein Unverletzlichkeit, sondern »Heiligkeit«.

Der staatsrechtlichen Form nach waren die Monarchien in Deutschland zu Beginn des 20. Jahrhunderts keine Einherrschaften im absolutistischen Sinne mehr, sondern konstitutionelle Monarchien. Die Macht der Monarchen wurde in den Einzelstaaten durch die Landtage und im Reich durch das nationale Parlament, den Reichstag, beschränkt. Außerdem bedurften die vom Monarchen vorgenommenen Regierungsakte der Gegenzeichnung durch einen (ihm) verantwortlichen Minister. Gleichwohl vereinigte der gesalbte Träger der Staatsgewalt immer noch eine solche Fülle an Hoheit und Macht, dass die moderne Geschichtswissenschaft mit Blick auf das politische System im Kaiserreich von einem »autokratischen, halbabsolutistischen Scheinkonstitutionalismus« (Wehler) spricht. Das trifft inhaltlich insofern ins Schwarze, als wir es hier mit einem politischen Gegenentwurf zu dem zu tun haben, was eine moderne, auf die Souveränität des Volkes gegründete parlamentarische Demokratie ausmacht. Die konstitutionelle Monarchie in Deutschland bedeutete: Fürsten- oder Herrschersouveränität kraft ureigenen Rechtes. Und die überall verwendete Gottesgnadenformel im Titel der Bundesfürsten war letztlich nichts anderes als die ausdrückliche Verwahrung gegen das Prinzip der Volkssouveränität. »Von Gottes Gnaden« bedeutete vor allem: *nicht* von Volkes Gnaden.

Die Potentaten brachten ihre einzigartige bevorrechtigte Stellung im Staate dadurch zum Ausdruck, dass sie die Gesetze erließen, die Regierungen selbst führten und darüber hinaus von einer Reihe besonderer Ehren- und Majestätsrechte Gebrauch machten, nicht zuletzt von dem Recht, einen eigenen, ganz auf die persönlichen Bedürfnisse zugeschnittenen Hofstaat zu Lasten des Steuerzahlers zu halten oder ausdrückliche Erwähnung im Kirchengebet zu finden. Die persönliche Integrität des Bundesfürsten war durch besondere Strafgesetze geschützt, und er durfte auch von keiner Macht des Staates für seine Handlungen zur Rechenschaft gezogen werden.

Diese Unverantwortlichkeit erstreckte sich keineswegs nur auf Regierungsakte. Auch für Handlungen, die der Monarch als Privatmann vornahm, konnte er weder zur Rechenschaft gezogen noch gar bestraft werden. Theoretisch war das ein Freibrief für Verbrechen bis hin zu Mord, für den ein Bundesfürst nicht hätte belangt werden können. Vor öffentlicher Kritik schützten ihn Majestätsbeleidigungs-Paragraphen und die Geschäftsordnungen der Parlamente. Im Übrigen waren die wesentlichen Bereiche des Privatlebens der Fürsten über autonome Hausgesetze geregelt, in deren konkrete Ausgestaltung der bürgerliche Staat ihnen nicht hineinreden konnte.

Für uns ist es heute schwer vorstellbar, dass eine derart grandiose Bevorrechtigung noch vor weniger als hundert Jahren einem Großteil der Deutschen so akzeptabel erschien, dass sie sie zumindest stillschweigend tolerierten. Zwar wurde schon vor dem Ersten Weltkrieg die außerstaatliche Stellung der Bundesfürsten von Rechtsgelehrten in Zweifel gezogen, aber es gab genügend Fachkollegen, die ihnen vehement Paroli boten, sodass die staatsrechtliche Fiktion eines überstaatlichen Monarchen und einer Autonomie seines regierenden Hauses auch als Rechtsfigur im Großen und Ganzen ungefährdet blieb.[60]

Allerdings setzten auch die königstreuesten gelehrten Rechtsbeistände ihre monarchische Klientel mit den Argumenten, die sie für die unbedingte Beibehaltung der bundesfürstlichen Souveränität ins Feld führten, moralisch stark unter Druck. Denn sie wollten die entrückte Stellung des Monarchen vor allem auf das untrennbare Band der Liebe und Treue zurückführen, das Volk und Fürstenhaus in Deutschland umschlinge. Woraus für sie aber auch folgte: »Halten wird sich diese überstaatliche Rechtsstellung auf Seiten des Volkes nur so lange, als jenes Gefühl der Liebe und Treue überwiegt, das Haus diese Anhänglichkeit nicht verscherzt, die Dynastie den Interessen des Volkes nicht dauernd zuwider handelt.« Für sensible Ohren konnte das wie eine Drohung klingen, umso mehr, als sie den Bevorrechtigten ausdrücklich ins Gewissen schrieb, »dass alles Recht am Throne nicht um der Regierenden, sondern um der Regierten willen besteht«.

2.

Zum tieferen historischen Verständnis dieser gleichsam entrückten Stellung der regierenden deutschen Fürsten muss man wissen: Der Übergang vom absoluten zum konstitutionellen Königtum war in Deutschland als eine Art Revolution von oben erfolgt, welche die Monarchen im Vollbesitz ihrer persönlichen Sonderrechte beließ. Fort- und festgeschrieben wurden diese Rechte durch den Charakter des Kaiserreiches, so wie ihn sich dessen »Schmied« Bismarck ausgedacht hatte. Dieses Reich sollte sein stärkstes Fundament in der Bundestreue jener Fürsten haben, die es vermeintlich gemeinschaftlich gegründet hatten. Dass die deutschen Dynastien nicht allein eine hochadelige Standesgemeinschaft verband, sondern nicht wenige darüber hinaus auch enge verwandtschaftliche Beziehungen hatten, wurde dabei als enormer Vorteil erachtet, glaubte Bismarck doch, dadurch werde ihr bundesmäßiger Zusammenschluss noch mehr gefestigt. In dem gemeinsamen Standesgefühl der Fürsten erblickte er nachgerade das Bindemittel für den Zusammenhalt der deutschen Nation.

Jedenfalls wollte er unbedingt den Eindruck erwecken, dass das Reich in erster Linie ein Fürstenbund sei, ein erbmonarchischer Bundesstaat, der vor allem der Einigkeit jener Fürsten, eben der Fürstensolidarität bedurfte. Deshalb bediente er auch gern die Prestigebedürfnisse der Häupter jener 25 Gliedstaaten, aus denen das Deutsche Reich bestand, vor allem aber die der vier Könige, sechs Großherzöge, fünf Herzöge und nicht zuletzt der sieben Duodezfürsten, für welche die Reichsgründung mit nicht unerheblichen Souveränitätseinbußen in ihren Stammlanden verbunden gewesen war.

Diese teils jahrhundertealten Herrscherhäuser sollten insbesondere nicht das Bewusstsein entwickeln, als seien sie in ihrer hohen europäischen Stellung durch die Etablierung eines deutschen Kaisertums in irgendeiner Form beeinträchtigt. Deshalb wurde bei den deutschen Monarchen die Vorstellung genährt, es handele sich hier im Prinzip um ein fürstliches Wahlkaisertum: Der König von Preußen sei in seiner Funktion als deutscher Kaiser kein Reichsmonarch im Sinne eines Kaisers von Deutschland, vielmehr trüge die Gesamtheit der Hohen Verbündeten, also die Herrscher der Gliedstaaten, die Souveränität des Reiches. Der Preußenkönig sei im Kreise der verbündeten Fürsten ein Primus inter pares, besonders hervorgehoben durch seine zusätzliche Stellung als erster Repräsentant des Reiches, aber gleichwohl auch immer »Bundesgenosse«. In der Korona der sogenannten Hohen Verbündeten sollte der deutsche Kaiser nur oberster Treuhänder prinzipiell gleicher Interessen sein.

So war das Kollektiv der 22 deutschen Bundesfürsten seiner (Bismarck'schen) Konstruktion nach ein politisches Bündnis mehr oder weniger souveräner regionaler Einzelherrscher, die in ihrer Gesamtheit zugleich als Träger der Reichssouveränität fungierten. Und deshalb sollte der von den einzelstaatlichen Regierungen gebildete Bundesrat auch das höchste Reichsorgan sein. In dieser Funktion unterstützte er, ganz allgemein gesprochen, nach außen die großmachtstaatlich ausgerichtete Politik der Reichsregierung, während er nach innen vor allem die Demokratie verhindern und die relative Autonomie der Bundesstaaten behaupten wollte. Tatsächlich aber verselbstständigte sich die preußisch dominierte politische Führung des Reiches so rasch gegenüber dem Bundesrat, dass die Fiktion der »verbündeten Regierungen« als Reichsregierung immer mehr zur föderalen Phrase wurde. Mit der wachsenden Popularität der Kaiserwürde avancierte auch der König von Preußen schon am Ende des 19. Jahrhunderts zu einer herausragenden nationalen Integrationsfigur, sodass er schließlich doch zu einer Art Reichsmonarch wurde.

Gefördert wurde dieser politische Aufwertungsprozess durch drei miteinander verwobene Vorgänge: die immer stärkere Ausbildung einer zentralen Reichsgewalt, die vorzugsweise dem deutschen Kaiser beziehungsweise seinem Kanzler zuarbeitete; den sich steigernden Deutschnationalismus, wie er zu Beginn des 20. Jahrhunderts in der Erhebung von Weltmachtansprüchen weithin sichtbar in Erscheinung trat; und die Persönlichkeit Wilhelms II., der seine politische Führerschaft vorzugsweise auf der nationalen Bühne reklamierte und seine Hohen Verbündeten dabei buchstäblich in den Schatten stellte. Je mehr er sich als Reichsmonarch von Gottes Gnaden gerierte, umso stärker verwandelte sich das ursprünglich extrem föderalistisch gedachte Kaisertum in eine nationale Monarchie, welche die Bundesfürsten reichspolitisch ins zweite Glied stellte – was diese mehr oder weniger resigniert geschehen ließen. Vor diesem Erfahrungshorizont mochten freilich die wenigsten von ihnen ein politisches Verantwortungsbewusstsein für die Belange des kleindeutschen Nationalstaates zu entwickeln. Sie verstanden sich vor allem als Territorialfürsten und nicht als politisch mitbestimmende Akteure auf der nationalen Bühne.

Die meisten von ihnen hatten schon am Ende des 19. Jahrhunderts aufgehört, als Mit-Souveräne des Reiches politisch zu denken. Umso heftiger weigerten sie sich innerhalb ihrer engeren Hoheitsgebiete strikt, sich als das zu sehen, was die meisten von ihnen auch dort bereits waren: Halb- oder Scheinsouveräne, die kaum mehr echte Staaten führten. Ihre größte Lebenslüge war, dass sie sich zumindest in ihren eigenen Territorien als echte Souveräne fühlen wollten. Dabei waren sie selbst hier durch die effiziente Arbeit von Burokratien und Parlamenten für die staatliche Existenz dieser Reiche eigentlich nicht mehr notwendig. Die »Entmonarchisierung« des Staates schritt auch auf dieser Ebene unaufhaltsam voran. Die Zeit, in der diese Dynastien staatsbildend gewirkt und auf Landesebene nationale Identität gestiftet hatten, lag zu Beginn des 20. Jahrhunderts bereits hinter ihnen. Allerdings wurde weiterhin versucht, diesen Bedeutungsverlust durch eine stärkere symbolische beziehungsweise emotionale Bindung der Monarchen an ihre einzelstaatlichen »Nationen« wieder aufzufangen. Was indes nur um den Preis einer ideologischen Überhöhung ihrer tatsächlichen Qualitäten und einer gnadenlosen Theatralisierung ihres öffentlichen Daseins möglich war.

Die landesstaatlichen Monarchen nahmen sich dieser ihrer Neuerfindung auf ganz unterschiedliche Weise an. Die Variationsbreite der individuellen Herrscherpersönlichkeiten reichte dabei vom abgeklärten, pflichtbewussten Biedermeierkönig mit nachgerade staatspräsidialem Amtsverständnis (König Wilhelm II. von Württemberg) über den avantgardistischen Kunstmonarchen, der die klassische Moderne förderte (Großherzog Ernst Ludwig von Hessen-Darmstadt), und den schwerreichen Dandy und Lebemann (Großherzog Adolf Friedrich von Mecklenburg-Strelitz) bis hin zum öffentlichkeitsscheuen Winkelmonarchen ohne jede Ambition (Fürst von Schwarzburg) und zum engstirnigen Reaktionär (Herzog Bernhard von Sachsen-Meiningen). Als Regelfall war eher eine Mischform von allem anzutreffen. Nur der deutsche Reichsmonarch verkörperte herrschaftlich wie ganz persönlich eine stark davon abweichende und stets spektakulär-überspannte Spielart königlichen Daseins. Sie verstand sich selbst als monarchische Leitkultur, auch wenn viele seiner Vettern diesen Anspruch geflissentlich ignorierten und einen eigenen Stil bevorzugten.

Einen neuen Monarchietypus – einen gar, der auf eine entwicklungsfähige Alternative zum ausschließlich um sich selbst kreisenden autokratischen Medienkaiser hinausgelaufen wäre – hat allerdings kein deutscher Bundesfürst entwickelt. Denn das einigende politische Credo aller Angehörigen des deutschen Herrscherstandes blieb die Grundüberzeugung, sowohl einzeln als auch kollektiv die gottgewollte Prävention gegen die Selbstbestimmung durch das Volk zu sein. Der großen Entwicklung, welche die Monarchie in den west- und nordeuropäischen Staaten entweder schon durchlaufen hatte oder gerade durchlief – Umstellung von der Machtanmaßung zur glanzvollen Repräsentation des Staates und kontrollierter politischer Einflussnahme samt des damit verbundenen Selbstbescheidungsprozesses –, wollten sich Deutschlands Würdenträger gerade nicht unterwerfen.

Außerdem steht fest: Die Bismarck'sche Reichsgründung »von oben« schuf nicht nur für die demokratisch orientierten Staatsbürger ein Akzeptanz-Problem. Auch für das Kollektiv der Mit-Reichsgründer, die Bismarck für sein Nationalstaatsprojekt gleichsam in Haftung genommen hatte, war der preußisch-deutsche Gewaltakt eher irritierend, als dass er ihr monarchisches Selbstbewusstsein förderte. Schließlich war die Landeshoheit, die Bismarck seinen »Zaunkönigen« belassen hatte, alles andere als eine Vollsouveränität – nicht einmal in Bayern. So dominierte vor allem südlich des Mains weiterhin und vielleicht sogar noch mehr als vor 1871 eine partikularistische Perspektive auf die Reichspolitik. Vor allem aber erzeugte diese Reichsgründung bei den fürstlichen Landesherren ein starkes Abgrenzungsbedürfnis gegenüber den Erfordernissen eines reichsmonarchischen Verhaltens. Auf der territorialstaatlichen Ebene war das Reich jedenfalls kaum in Gestalt des regierenden Fürsten präsent, sondern vorzugsweise ideologisch in Gestalt eines ominösen und in Süddeutschland nicht gerade positiv besetzten Preußentums. Das machte aus dem Deutschen Kaiserreich auf der herrscherlichen Ebene ein nationalstaatliches System voller verkapselter monarchischer Mikrokosmen, deren politischer Zusammenschluss weit äußerlicher blieb, als man das im Nachhinein wahrhaben wollte.

3.

Parallel zu ihrer reichspolitischen Zwangsgemeinschaft bildeten die Bundesfürsten auch noch ein dynastisches Machtkartell. Es war nach »unten« insofern durchlässig, als es Angehörigen von (seit Napoleon) nicht mehr herrschenden Fürstenhäusern (Standesherren) für etwaige Heiratsprojekte offenstand. Das integrale politische Interesse dieser einsamen Spitzenformation des hohen Adels[61] zielte – was das deutsche Hoheitsgebiet anlangt – auf die dauerhafte Absicherung der Stellung ihrer Häuser in Gestalt von Privilegien und Rechten, nicht zuletzt gegenüber den eigenen Familienangehörigen. Damit sollten Übergriffe von Staat und Gesellschaft auf ihre exklusive Lebensstellung ebenso unmöglich gemacht werden wie Palastrevolten im Binnenraum der Dynastie. Man wollte im ungestörten Besitz seiner persönlichen Sonderrechte bleiben; man wollte in allen familienpolitischen Angelegenheiten autonom handeln können. Und vom Fiskus großzügig alimentiert werden, das wollte man auch. In den ruhmreichen Traditionen, historischen Verdiensten und Eigenarten ihrer jeweiligen Häuser, nicht in der Reichs- beziehungsweise Landesverfassung, erblickten die fürstlichen Herrscher die wesentliche Bezugsgröße ihrer politischen Legitimation. Deshalb fühlten sie sich auch zuallererst den elementaren Interessen ihrer jeweiligen Dynastenfamilie und dem Prestigegewinn im Verkehr mit diversen anderen, ebenbürtigen Adelshäusern verpflichtet.

Diese machtgeschützte Parallelwelt bundesfürstlichen Daseins wurde intern von geschriebenen und ungeschriebenen Gesetzen gestützt, die allesamt einen einzigen Fluchtpunkt hatten: die Exklusivität dieser ausschließlich auf dem Geburtsprinzip beruhenden Einheit. Die freiwillige Unterwerfung unter die entsprechenden Normen wurde allen Angehörigen von frühester Jugend an zur Standespflicht gemacht. Und sie wurde auch habituell von den Privilegierten weitgehend verinnerlicht. Dass diese abgegrenzte Hochadelswelt trotzdem nicht heil blieb, ja zusehends erodierte, lag an zwei eklatanten Strukturdefekten: Erstens war bei der Normierung des hochadeligen Komments der menschliche beziehungsweise psychologische Faktor ausgeklammert worden (Unfähigkeit, Fehler, Schwächen, Versagen usw.); zweitens gingen durch die Medialisierung des gesellschaftlichen Lebens zu viele Arkana aus dem Innenleben deutscher Fürstenhäuser und insbesondere innerdynastische Konflikte ihrer zuvor höchst diskreten Behandlung verlustig, wodurch ein notorisches Verleumdungspotenzial entstand. Dieser doppelten Herausforderung war das Dynastien-Kartell am Ende des 19. Jahrhunderts kaum mehr gewachsen. Denn Wille und Vorstellung dieser Herrschaften malten sich die Welt um sie herum nicht so, wie sie tatsächlich war und wurde, sondern in extrem ideologischer Verformung, was die eigentlich banale Selbsterkenntnis verhinderte, dass auch Fürsten nur Menschen sind.

Besonders prekär wurde diese Problematik durch die historisch gewachsene Verschränkung der einerseits öffentlichen Monarchen- mit der andererseits halböffentlichen Fürstenrolle, des staatspolitischen Herrscheramtes mit dem familienpolitischen. Die Souveränitätsansprüche mussten in ganz unterschiedlichen Räumen realisiert werden, gerieten aber in immer größere innere Abhängigkeit voneinander. Dabei hatten die privatfürstlichen Angelegenheiten eigentlich mit den Geschäften des Staates gar nichts zu tun. Doch die Dynasten konnten beziehungsweise wollten sie nicht vom öffentlichen Interesse trennen. Denn den Anspruch auf eine rechtliche wie politische Sonderstellung konnte diese winzige Sozialformation nur in ihrer Eigenschaft als alleinige Trägerin der höchsten Gewalt in ihren jeweiligen Staaten erheben. Da die Fürsten diese (zumeist) als gottgewollt ausgaben, mussten sie die Auserwähltheit durch eine entsprechende Lebensführung beglaubigen, das heißt nach außen hin stets vorbildlich und verehrungswürdig dastehen.

Chaos im Binnenraum eines Fürstenhauses zog – wenn es denn

anrüchig wurde – zwangsläufig Beschädigungen des Nimbus der Souveränität des Monarchen und schlimmstenfalls sogar des ganzen fürstlichen Herrscherbundes nach sich. Das oberste Gebot lautete deshalb, die Fiktion eines gottgefälligen fürstlichen Familienlebens in Ruhe, Ehre, Ordnung und Sittlichkeit um jeden Preis aufrechtzuerhalten. Und mehr noch: Als vom Volk auch auf Reichsebene geachtete, ja womöglich geliebte Hohe Verbündete des deutschen Kaisers sollten die Bundesfürsten vor allem kollegial und solidarisch tun, sich als blaublütige Zelebritäten untereinander in Freundschaft, Liebe und Respekt begegnen und wie ein großer Familienverband fühlen. Nur auf diese Weise glaubten sie den Deutschen ein gutes monarchisches »Gefühl« vermitteln zu können. Letztendlich aber wusste auch innerhalb des Dynastien-Kartells kein Fürst mehr zu sagen, was in Zweifelsfällen der Fiktion des monarchischen Prinzips tatsächlich abträglich war und was nicht.

Die Dreifachbelastung der Hohen Verbündeten des deutschen Kaisers als Dynasten, Territorialherrscher und Mitsouveräne im Reich erwies sich somit als äußerst prekär. Misslang der immer wieder geforderte Ausgleich zwischen fürstenhäuslichen, landesherrlichen und reichspolitischen Interessen, so geriet der Motor des deutschen Monarchie-Modells sogleich ins Stottern; jede Eskalation innerdynastischer Konflikte konnte ihn schnell ganz abwürgen. Das lief dann nicht allein auf einen Imageverlust für das politische System hinaus, sondern – schlimmer noch – auf eine Irritation der monarchischen Gefühle in der Bevölkerung, deren Einbindung die Herrscher auch als Kartell dringend bedurften.

4.

So war die im weitesten Sinne politische Souveränität der deutschen Potentaten bei der Verfolgung einzelfürstlicher Interessen oder bei der Suche nach Lösungen für innerdynastische Probleme zu Beginn des 20. Jahrhunderts nur mehr eine relative. Als Bundesgenosse und Zwangsfreund seiner monarchischen Kollegen, insbesondere des deutschen Kaisers, musste er sich dem Solidaritätsprinzip unterwerfen und jeden eventuell brüskierenden Alleingang vermeiden. Und als Herr seines Hauses hatte er seine Familienpolitik nicht zuletzt auf die Akzeptanz anderer Herrscherfamilien hin auszurichten, mit denen alle deutschen Dynastien auf die eine oder andere Weise verwandt waren. Auch Rücksicht auf die ganz persönliche Meinung des deutschen Kaisers spielte hier eine Rolle, weil Wilhelm II. auch in diesen Angelegenheiten zumindest gefragt sein wollte.

Schließlich standen die Bundesfürsten stets unter dem Druck der Notwendigkeit, ihre Manifestationen daraufhin prüfen zu müssen, ob sie ihrer obersten Pflicht, den monarchischen Gedanken immer wieder neu zu befruchten und im Volke zu verankern, genügten oder ihm zumindest nicht schadeten. Dieser eklatante Widerspruch – als souverän zu erscheinen, ohne es wirklich zu sein – schränkte ihre politischen Möglichkeiten ganz erheblich ein. Nicht zuletzt auch deshalb, weil es ihnen an Tugenden gebrach, die hier vorzugsweise hätten zum Einsatz kommen müssen: Fleiß, Menschenkenntnis, Kooperationsfähigkeit, Solidarität und Durchsetzungsvermögen. Immer noch besaß aber die konkrete Personalität dieser Monarchen einen weit größeren Einfluss auf ihren »beruflichen« Erfolg als das, was ihre Minister als deren Taten und Entschlüsse ausgaben.

Unerschütterliche Einigkeit und deutsche Treue figurierten jedenfalls weiterhin als rhetorisches Unterpfand der überkommenen Fiktion eines für unauflöslich erklärten Konstruktes. Je offensichtlicher sich die Fiktion von der Realität des wirklichen Fürstenlebens entfernte, desto wichtiger wurde deren symbolpolitische und öffentlichkeitswirksame Zelebrierung. Die Bundesfürsten stilisierten sich dabei unbeirrbar zu *den* Garanten einer starken und stetigen Entwicklung reichsdeutscher Größe und Wohltat. Die Stilisierung basierte auf dem Glauben oder der Einbildung, dass das deutsche Volk sich auf Länder- wie auf Reichsebene innig mit seinen Fürsten verbunden fühle. Deshalb glaubten die Fürsten sogar, dieses Volk in seiner Mehrheit für die Schutzwürdigkeit ihrer angeblich gottgegebenen Autorität einnehmen zu können. Dabei setzten sie zum einen auf den Nimbus, der sie als Träger uralter Namen und als heilig deklarierter Rechte umgab, zum anderen auf ihre Selbststilisierung als Repräsentanten treuester Pflichterfüllung, verbunden mit Gerechtigkeit und Milde, für die ihnen ihr Volk Liebe und Treue schulde. Zur Legitimation ihres Status mussten sie nach außen etwas darstellen, das sie nach innen gar nicht waren, nicht sein konnten: gottbegnadete, liebenswürdige Autokraten, deren Selbstherrschaft keinem anderen Zweck dienen sollte als dem, sich in der Welt der Politik optimal für das Wohl von Landesvolk, Bundesstaat und Reichsnation einzusetzen. Gleichwohl kam ihnen jedes Zurückstutzen ihrer monarchischen Gewalt noch immer unerhört, ja wie eine inakzeptable Entrechtung vor.

5.

Nicht wenig zu ihrer präpotenten Grundhaltung beigetragen haben dürften die internationalen Familienbeziehungen der meisten deutschen Herrscherhäuser. Diese illustre Verwandtschaft mit gekrönten Häuptern in Großbritannien, Russland, Österreich-Ungarn, aber auch in Skandinavien oder auf der Iberischen Halbinsel bescherte den Bundesfürsten nicht allein Reputationsgewinn in den Augen ihrer Landeskinder, sondern sie verleitete auch zu politischer Selbstaufwertung. Als prinzipiell mit Kaisern und Königen gleichrangige souveräne europäische Fürsten schienen sie eben doch mehr zu sein als nur deutsche Regionalmonarchen oder gar Zaunkönige. Sie durften sich als Angehörige eines internationalen Herrscherstandes fühlen und damit in dem Glauben wiegen, einen eigenständigen Machtfaktor des internationalen politischen Lebens darzustellen. Dadurch gewannen sie einen für ihr herrscherliches Selbstverständnis enorm wichtigen Fluchtpunkt außerhalb des deutschen Kaiserreichs.

Nicht übersehen werden sollte aber auch, dass die konfessionelle Gruppierung der europäischen Dynastien sie in zwei große verwandtschaftliche Lager mit jeweils eigenen Denkmustern und mehr oder minder exklusiven Kommunikationsstrukturen aufteilte: ein katholisches und ein evangelisch-orthodoxes. Doch gab es durchaus einen gewissen Vorrat an lagerübergreifenden Interessen, allen voran der Wunsch, Inhaber der höchsten Staatsgewalt zu bleiben und die monarchische Gesinnung im Volk mit allen Mitteln zu erhalten. Sich hierin mit allen europäischen Monarchen im Prinzip einig zu sehen dürfte noch am ehesten eine Art Kohärenzfaktor in den fürstlichen Vorstellungen von ihrer Daseinsberechtigung gewesen sein. Der tatsächlichen Reichweite solcher Vorstellungen hat das Zeitalter des gesteigerten Nationalismus im 20. Jahrhundert von vornherein engere Wirkungsgrenzen gezogen, als es dem von Hause aus eher »internationalistischen« Herrscherstand lieb gewesen sein dürfte. Gleichwohl trug die europäische Dimension bundesfürstlichen Daseins noch einmal ihrerseits zur dynastischen Überformung des politischen Denkens und Handelns im bundesfürstlichen Lager bei.

6.

Überhaupt ging die politische Erfindung eines solidarisch verbundenen, hochkompetenten und führungskräftigen fürstlichen Herrscherstandes an den realen Gegebenheiten menschlichen Daseins im anbrechenden 20. Jahrhundert – ganz gleich ob blaublütig oder nicht – vorbei. Um als Monarch wie als Hocharistokrat dem Anspruch tadelloser Anständig- und Gottesfürchtigkeit gleichermaßen gerecht zu werden, hätten sich die Souveräne überall und ständig als öffentliche Personen, das heißt als Kunstfiguren ohne Anspruch auf persönliches Lebensglück, verstehen und verhalten müssen, also extrem selbstbeherrscht, extrem selbstgerecht und unfehlbar und vor allem hyperkritisch bis zur Selbstverleugnung. Mehr als den Willen dazu hat es nie gegeben. Selbst dort, wo die Ausprägung entsprechender Verhaltensmuster weitgehend gelang, dürften die psychologischen Kosten enorm gewesen sein. Eigentlich waren die Anforderungen an ein vorbildliches Fürstenleben weder lebbar noch lebenswert.

Schon mit der Bewältigung ihrer dynastischen Pflichten jenseits aller staatspolitischen Aufgaben waren die Souveräne vollkommen ausgelastet, ja überlastet. Die Hauptprobleme, mit denen sie hier zu ringen hatten, waren die Tücken eines standesgemäßen Ehelebens, der Leidensdruck einer weit verbreiteten Insuffizienz unter dem bundesfürstlichen Personal und die Leugnung beziehungsweise Verdrängung der demokratischen Herausforderungen der Moderne. Konkret: Da den meisten dieser unter dem Zwang der Ebenbürtigkeit und der Zeugung erbprinzlichen Nachwuchses geschlossenen Fürsten-Ehen primär ein dynastisches Kalkül und weniger Zuneigung und Liebe zugrunde lag, havarierten die meisten dieser Ehepartien, vorzugsweise natürlich die ohne eigenen Thronerben (Württemberg, Baden, Anhalt, Meiningen, Schwarzburg, Reuß, Schaumburg). Einige Ehepartner trennten sich (Sachsen, Oldenburg), eine Ehe wurde geschieden (Hessen), und zwei

Regenten (Mecklenburg-Strelitz und Schaumburg-Lippe) blieben sogar Hagestolze. Das heißt: Mehr als die Hälfte aller Bundesfürsten verfehlte die ihnen zugewiesene Ehrenpflicht, ein mit Nachkommen gesegnetes Familienleben zu führen. Und ob unter den übrigen Verbindungen alle glücklich verliefen, ist zu bezweifeln. Denn selbst bei sogenannten Musterehen im Fürstenschloss war es doch zumeist eher ritterliche Anstandspflicht als gegenseitige Liebe, die solche Verbindungen vorzeigbar machte.

Die psycho-sozialen Zumutungen derartiger fremdbestimmter Fürstenehen bildeten den Nährboden für beständige Dynastiekrisen, von denen zumeist gleich mehrere Häuser in Mitleidenschaft gezogen wurden. Ein weiteres Gefährdungspotenzial ergab sich aus den Gesundheitsproblemen der Monarchen. Schon die weitgehend geschönten Andeutungen der diversen Hoftagebücher legen die Vermutung nahe, dass es mit den physischen und psychischen Kräften der allerhöchsten Herrschaften nicht zum Besten stand. Je näher man hinschaut, umso mehr wird man gewahr, wie krank beziehungsweise leistungsschwach die meisten waren. Dass unter diesen Bedingungen schon die Regierung ihrer Privatreiche ihnen das Äußerste abverlangte, ist unschwer einzusehen. Aber auch in intellektueller Hinsicht ist nur wenig Überdurchschnittliches zu erkennen, und selbst die charakterlichen Persönlichkeitsmerkmale waren bei vielen Herrschern nicht so geraten, dass sie ihren Status an der Spitze von Staat und Gesellschaft wenigstens unter Verweis darauf hätten rechtfertigen können.

Mit anderen Worten: Die deutschen Bundesfürsten waren weder objektiv noch subjektiv das, was ihnen das Recht, die Staatsräson und die politische Ideologie des Regierungssystems zuschrieben. Dass sie als Richter über ihr Handeln ausschließlich Gott anerkennen wollten, leuchtet insofern unmittelbar ein. Doch dieser Anspruch war im Zeitalter der Moderne nicht mehr ganz so einfach zu vermitteln wie im Zeitalter des Absolutismus. Zwar war auf den Bühnen des bundesfürstlichen Lebens vieles spielbar, aber ein wirkliches Leben bedeuteten diese Rollen nicht. Hinter den glänzenden Kulissen der öffentlichen Bühnen und ganz auf sich allein gestellt, boten die Staatsschauspieler denn auch vorzugsweise ein Bild großer Larmoyanz und Scheinheiligkeit. Eigentlich hätte man schon im öffentlichen Interesse an der Monarchie das monarchische Personal auch privat nicht mehr sich selbst überlassen dürfen. Bedrohten doch die kleinen und größeren internen Dynastiekrisen tendenziell stets auch die dynastischen Strukturen des monarchischen Systems insgesamt – und damit das Bauprinzip des deutschen Monarchie-Modells schlechthin.

7.

Je weiter Fiktion und Wirklichkeit auseinanderklafften, umso größer wurde das Dilemma territorialfürstlichen Daseins. Mehr noch, diese bizarre politische Lebensform schrie förmlich nach Abhilfe. Aber wer sollte sie schaffen? Ein Ausweg aus der Zwangslage hätte nur über die Einsicht einzelner Monarchen geführt, dass erstens ihre Stellung im 20. Jahrhundert in ihrem ureigensten Interesse keine außer- oder überstaatliche mehr sein konnte, sondern nur noch eine innerstaatliche; zweitens ihr sozialer Status nicht außerhalb der bürgerlichen Gesellschaft sein konnte, sondern in ihr; drittens die Gesetze dieser Gesellschaft auch für sie und ihre Familie galten; und dass es viertens eine weltfremde Anmaßung sei, sich für mehr zu halten als einen außergewöhnlich privilegierten Menschen. Mit einem Wort: dass die freiwillige Anpassung an die unaufhaltsame Modernisierung von Staat und Gesellschaft durch eine behutsame Selbstbeschränkung ihnen noch die besten Überlebenschancen sichern würde.

Man kann verstehen, dass den Monarchen solche »normativen« Einsichten nicht von selbst kamen. Fataler war, dass ihre Geisteshaltung sie ihnen prinzipiell verwehrte, weil sie sich gleichsam affektiv gegen die Vorstellung verwahrten, sich irgendetwas vom Volk vorschreiben zu lassen, ja nicht einmal von den klugen Sachverständigen und Brückenbauern, die am dauerhaften Erhalt der Monarchie ebenso interessiert waren wie deren »geborene« Apologeten. Ihrer festen Überzeugung nach waren sie von Gott nicht dazu eingesetzt, um von irgendeinem Menschen kritisch analysiert zu werden. Indem sie in ihrer großen Mehrheit und gedeckt durch die Attitüden des Reichsmonarchen an dem Glauben festhielten, überlebensgroß sein zu müssen, handelten sie sich aber nur überlebensgroße Probleme ein.

Es fragt sich natürlich, warum dieser apokryphe Herrschermechanismus bis ins 20. Jahrhundert hinein nicht schlecht funktioniert hat. Denn für das deutsche Modell der konstitutionellen Monarchie gab es eigentlich schon damals keine sachlich-rationalen Argumente mehr – jedenfalls wenn man ihre politische Berechtigung an Maßstäben wie fiskalischer Ökonomie oder administrativer Effizienz misst. Man kann darauf nur antworten, dass sie hauptsächlich deshalb von kaum einer Seite radikal infrage gestellt wurde, weil ihre blaublütigen Protagonisten offenbar allein durch ihre äußerlich durchaus glänzende Existenz manifeste Bedürfnisse im Volk zu bedienen vermochten, darunter bis zum Ende des 19. Jahrhunderts wohl vor allem das Bedürfnis nach dem Numinosen in Menschengestalt.

Doch je weiter die Säkularisierung voranschritt und je sichtbarer die Fürsten auch in ihrer menschlichen Gestalt für das Volk wurden, desto weniger war es das Göttliche, das man in ihnen sah beziehungsweise sehen wollte. An seine Stelle trat das Faszinosum des Märchenhaften, Erhabenen und Formvollendeten, das diese Zelebritäten immer noch deutlich aus der übrigen Prominenz heraushob. Hinter Schlossgemäuern und Equipagenfenstern vermutete die Phantasie des Volkes eben immer noch eine Traumwelt. Insofern basierten das Prestige und die Autorität, welche die Monarchen auch zu Beginn des 20. Jahrhundert noch für sich reklamieren konnten, nicht auf ihren tatsächlichen Leistungen in hohen Staatsämtern und sichtbaren politischen Eigenschaften, sondern auf dem, was das Volk unvermindert in sie hineinprojizierte, was es an ihnen bestaunen wollte. Diesen quasi mythologischen Zuschreibungen kam eine weit wichtigere Funktion für den Bestand der Monarchie zu als den hehren »Ideen« des Monarchismus.

8.

Das bedeutet aber auch, dass sich das, was sich da in die moderne Zeit gerettet hatte, zusehends auf dem dünnen Eis der Völkerpsychologie bewegen musste. Die Gunst, derer die Begünstigten in so elementarer Weise bedurften, blieb von Stimmungen und Gefühlen, nicht zuletzt auch von Zufällen abhängig. Denn es waren nicht politische Gesinnungen, welche die Liebe zum Monarchen wach hielten, sondern eben seelische Befindlichkeiten. Auch der im Volk populäre Monarch war noch lange nicht dessen politischer Vertrauensmann oder gar natürlicher Führer. Königstreue und politische Gefolgschaft waren keineswegs dasselbe. Hinzu kam, dass der Anhänglichkeit des Volkes an ihre überkommenen Herrscherhäuser ein höchst passives Element innewohnte. Die gekrönten Häupter besaßen einen hohen Unterhaltungswert, sie weckten Interesse und Anteilnahme, man war vielleicht auch ein wenig stolz auf sie, doch für seinen Fürsten, genauer: für seinen Thron, seine Krone zu kämpfen, gar zu sterben – dazu waren auch die königstreuesten Untertanen kaum mehr bereit. So bestimmten letztlich emotionale Motive, welchen Status die Bundesfürsten noch beanspruchen konnten – und zwar weitgehend losgelöst von dem, was sie in ihren eigenen Augen darstellten.

Wenn die Monarchen sich die Anhänglichkeit des Volkes auch nicht durch regierungspolitische Leistungen verdienen mussten, so doch durch eine gute Illusions- und Emotionspolitik. Ihre Aufgabe lag in der facettenreichen Selbstinszenierung als Fabelwesen und philanthropische Übermenschen, die das Volk in dieser seiner königlichen Spezies zu sehen verlangte: die »geborenen« Hauptdarsteller gefühlsseliger Rührstücke über Vaterland, Ruhm und Ehre in möglichst prunkvollen öffentlichen und – vielleicht mehr noch – Phantasie-Räumen. Als Namens- und Titelberühmtheiten brachten die Fürsten dafür die besten Voraussetzungen mit, die durch ihre internationalen Beziehungen zum europäischen Hochadel noch vermehrt wurden. Da das Volk sie aber auch um ihrer Menschlichkeit willen lieben wollte, mussten sie auch leutselig sein können.

Darüber hinaus war das Bedürfnis der Untertanen zu bedienen, in ihren regionalen/partikularen Identitäten bestärkt zu werden – sei es durch dialektgefärbte Sprache oder das Tragen von Landestracht oder durch die Stiftung von Erinnerungsorten und heroischen Dynastiegeschichten. Die Landesherren waren daher gut beraten, für diese vielseitigen Rollen entsprechende Regisseure und Autoren zu engagieren. Was sie auch taten. Deshalb standen zum Beispiel die Hausminister, Oberhofmarschälle und andere persönliche Berater des Monarchen in viel höherer Gunst als die Staatsminister. Und deshalb ließen die Monarchen sich auch zu dem risikoreichen Abenteuer einer medialen Inszenierung ihres Fürstenlebens überreden, die sie immer stärker in die Rolle von berechnenden Image-Politikern zwang. So betrachtet, hing ihr Schicksal am Vorabend des Ersten Weltkriegs letztlich davon ab, ob sie tatsächlich willens und in der Lage waren, sich zur Verankerung monarchischer Gefühle gezielt emotionaler Strategien zu bedienen, oder ob sie diesem Erfordernis genau so unambitioniert gegenüberstanden wie dem Ansinnen, politisch zu führen.

Wer oder was waren die deutschen Bundesfürsten zu Beginn des 20. Jahrhunderts?

Sie waren erstens eine Fehlbesetzung für die souveränen Führerrollen, die sie im politischen Leben des Deutschen Reiches für sich reklamierten. Sie waren zweitens verhindert, die sie umgebende Wirklichkeit sachlich-rational zu erfassen. Beides lag hauptsächlich an ihrer hohen Geburt, die es ihnen unmöglich machte, in ihrer Selbstdefinition zwischen Status und Mensch zu unterscheiden. Dessen ungeachtet blieb bei den deutschen Bundesfürsten ein großes Machtpotenzial konzentriert, sodass man sogar von einem fürstlichen Machtmonopol sprechen kann. Basis dieser Machtstellung war die Verfügungsgewalt über große Vermögen, aber auch über reale Befehlsgewalt, die durch vorauseilenden Gehorsam verstärkt wurde. Außerdem geboten sie über hoch qualifizierte und relativ gut bezahlte Stäbe von Mitarbeitern, die ein starkes Eigeninteresse am Erhalt der Monarchie besaßen.

Nicht außer Acht lassen darf man schließlich die viel bemühte normative Kraft des Faktischen, von der die Monarchie als *der* tradierte Staatszustand in Deutschland überhaupt profitierte. Dagegen konnte die alternative Vision einer volkssouveränen Republik die längste Zeit kaum wirklich aufkommen – weil es in Deutschland keine republikanischen Visionäre gab, das heißt keine Politiker, die den ganzen Fürstenzauber konsequent hinwegzufegen wagten. Hätte es sie gegeben, hätten sie zu Beginn des 20. Jahrhunderts noch eine Mehrheit der reichsdeutschen Gesellschaft gegen sich gehabt. Immerhin gab es bereits eine Reihe von Köpfen, die sich kritische Gedanken über die enormen Kosten der Legitimitäts- und Loyalitätsbeschaffung für die vielen Dynastien und ihr politisches System machten.

Warum vor gut einhundert Jahren noch so viele Menschen in

den Monarchen eine Art von Halbgöttern sahen oder sehen wollten, sie jedenfalls nach allen Richtungen hin maßlos überschätzten, ist eine bis heute wissenschaftlich ungeklärte, weil kaum diskutierte Frage. Der über Jahrhunderte wirkungsmächtige Mythos des Fürsten war sicherlich auch im langen 19. Jahrhundert noch nicht gänzlich verblasst, aber das reicht zur Erklärung des Phänomens umso weniger aus, als auch mythenkritische Denker – beispielsweise Max Weber und sein Bruder Alfred oder Walter Rathenau – bis in den Weltkrieg hinein zu einer solchen Überschätzung der Monarchie neigten. Auch sie glaubten großenteils das, was sie sahen – obwohl das, was sie sahen, doch überwiegend nur Talmiglanz war. So muss man also tiefer graben.

Meines Erachtens liegt das Erfolgsgeheimnis einer weitgehenden Akzeptanz der Monarchie durch die Wilhelminische Gesellschaft hauptsächlich in zwei Faktoren begründet. Erstens in der Nichttransparenz dessen, was sich im Innenleben der Fürstenhäuser tatsächlich abspielte. Hier hat der bis zuletzt stark ausgeprägte Wille aller Royalisten zur Diskretion ganz erstaunliche Arbeit geleistet und insbesondere dafür gesorgt, dass der Schutzkokon, der sich um ihre Potentaten gebildet hatte, im Zuge der Medialisierung immer weiterer Lebensbereiche vielleicht brüchig wurde, aber niemals ganz zerfiel. Zwar konnten diese schützenden Hüllen die fürstlichen Arkanbereiche nicht mehr vollständig abschotten, aber sie lösten sich nicht ab. Mit ganz erheblichen Folgen: Nur weil die Realität des nichtöffentlichen Monarchenlebens für den Rest der Menschheit bestenfalls als Schemen hinter Milchglas erkennbar, die Camouflage der Hofberichterstattung nur zu gern geglaubt wurde und das öffentliche Leben der Monarchen ein Theater war, von dem das Volk sich bedenkenlos unterhalten ließ, konnten die Fürsten überhaupt für wesentlich mehr genommen werden, als sie tatsächlich waren. Hätten sie sich als Individuen zu ihrem tatsächlichen Nennwert auf dem Meinungsmarkt verkaufen müssen, hätten sie einen echten, nachprüfbaren Befähigungs- oder Leistungsnachweis für ihr Herrscheramt erbringen müssen, so wäre ihre Anhängerschaft schnell zu einem kleinen Häuflein zusammengeschmolzen.

Mit der Tatsache dieses Nicht-Wissen-Könnens, aber auch Nicht-Wissen-Wollens eng zusammen hängt ein zweiter Faktor: die gleichsam verinnerlichte politische Unmündigkeit erheblicher

Teile der reichsdeutschen Gesellschaft. Statt selbst staatsbürgerliche Verantwortung zu übernehmen und politische Risiken zu schultern, überantworteten viele »Untertanen« ihr eigenes und das Schicksal ihrer Länder beziehungsweise ihres Reiches lieber einer halb göttlichen Macht, als deren berufene Träger ihre Landesherren sich ja auch allzu gern inszenierten. Die Bejahung der politischen Monarchie speiste sich also nicht zuletzt aus der vermeintlichen Annehmlichkeit, damit einer eigenen Aufgabe, einer lästigen Pflicht, einer Überforderung enthoben zu sein. Positiv ausgedrückt, war es die Beherrschungssehnsucht vieler Menschen, die den Monarchen zugute kam. Fatal war nur, dass die fürstlichen Mandatare sich ihrerseits in einem Zustand politischer Unmündigkeit befanden.

Apropos Politik. Mit Beginn des 20. Jahrhunderts hatten sich die deutschen Monarchien institutionell immer mehr aus dem Lebenszusammenhang ihrer Herrscherfamilien gelöst, die weitgehend in den Sonderwelten einer höfischen Existenzweise verharrten, sodass die meisten Bundesstaaten 1914 realpolitisch kaum noch von ihren Kronenträgern repräsentiert wurden, sondern durch ihre monarchischen Regierungen und Burokratien. Vermutlich nahmen weite Teile der Öffentlichkeit die Monarchen weiterhin für das, was ihnen die leitenden Minister als genuin fürstlichen Willen, als fürstliche Entscheidung suggerierten. So wurde die tatsächliche politische Kompetenz des Souveräns, insbesondere sein Wille beziehungsweise seine Befähigung zur Staatsführung auch künftig nicht hinterfragt, allerdings hatte dies eher den Charakter eines Moratoriums. Die Erwartungshaltung des Volkes gegenüber dem Monarchen blieb hoch. In seinen Augen sollten die gekrönten Häupter nicht allein mit ihrem öffentlichen Herrscheramt verschmelzen und ihm königlichen Glanz verleihen, sondern auch tatsächlich Herrschaft ausüben – und zwar zugunsten des allgemeinen Wohles.

So ist es am Ende nicht leicht, eine Metapher zu prägen, die das deutsche Phänomen einer bundesfürstlich organisierten Monarchie auf den berühmten Begriff bringen könnte. Als Herrschaftsideologie war das Konzept einer dynastisch überformten Staatsraison in der nervösen Großmacht Deutschland kaum mehr politikfähig. Aber von einer akuten Agonie des deutschen Monarchie-Modells konnte am Vorabend des Weltkriegs ebenfalls keine Rede sein. Für seine Überlebenschancen war allerdings die kaiserliche Bereitschaft zum Weltkrieg so ziemlich das Schlimmste, was ihm passieren konnte. Denn fast über Nacht mussten die Dynastien in Deutschland ihr monarchisches Hauptgeschäft, die Menschen blendend zu unterhalten, aufgeben. An pompöse Auftritte wie noch im Jahr zuvor war fortan nicht mehr zu denken. Wodurch der Wirkungsbereich der Monarchie sich gleich erheblich verringerte. Nun musste die Frage beantwortet werden, ob die Monarchie tatsächlich mehr als ein grandioses Versprechen war.

Der Verfall monarchischer Prinzipien im Weltkrieg

»Zu jubeln ziemt nicht: kein triumf wird sein,
nur viele untergänge ohne würde.«
(Stefan George 1914)

Das Dynastiekartell zerbricht

Als in Europa 1914 die Lichter ausgingen, fand sich sein international verwandter Herrscherstand unversehens in zwei feindlichen Lagern wieder. Der Verlust des multilateralen Zusammenhalts der europäischen Fürstenhäuser bedeutete für viele deutsche Dynastien einen Verlust an Substanz. Er beraubte sie wichtiger Verbündeter und einflussreicher Beziehungen im Kampf um ihr eigenständiges Dasein. Er schlug ihnen aber auch ein probates Mittel zur vorteilhaften Außendarstellung aus der Hand: das Gepränge international-höfischen Lebens selbst in den Residenzen von Duodezfürsten. Genau das, womit sie noch am Vorabend des Weltkriegs so gern renommiert hatten, nämlich über ihre dynastischen Verbindungen ins Ausland ein anerkannter Machtfaktor des internationalen politischen Lebens zu sein, besaß nun kaum noch Wert.

Insofern entzog der Weltkrieg der gesamten Institution Monarchie einen nicht unbeträchtlichen Teil ihrer Legitimation. Auf deutscher Seite besonders groß war die Enttäuschung über die Kriegserklärung Großbritanniens, in dessen Königshaus die deutschen Fürstenfamilien zahlreiche Verwandte und persönliche Freunde besaßen und das vielen nachgerade zur zweiten Heimat geworden war. Englisch war die Sprache der dynastischen Welt, und die meisten deutschen Prinzessinnen und Prinzen waren bis dato von Engländern und Engländerinnen erzogen worden.

Nicht selten schlug die fürstliche Enttäuschung über das englische Königshaus in offenen Hass um, angereichert mit dem Gift der Rache. Als äußeres Zeichen der allgemeinen Abwendung verzichteten die Herzöge von Braunschweig beziehungsweise von Sachsen-Coburg-Gotha noch 1914 auf ihren angestammten und bislang so hoch gehaltenen Titel »Königlicher Prinz von Großbritannien und Irland«.[62] Das multinationale Coburg veranlasste sogar ein Landesgesetz, das die englischen, belgischen und portugiesischen Mitglieder des Hauses aus der Reihe der Anwärter auf den sächsisch-coburgischen Thron definitiv ausschloss. Der Gedanke sei unerträglich, kommentierte die königstreue Presse beipflichtend, »deutsche Lande und Fürstenthrone jemals von Fürstensprossen des feindlichen Auslandes in Besitz genommen zu sehen!«[63] Dass so etwas überhaupt zum politischen Problem werden konnte, zeigt noch einmal, wie international strukturiert das deutsche Monarchie-Modell tatsächlich war. Übrigens fiel am Ende des Kaiserreichs doch noch ein deutscher Thron (Mecklenburg-Strelitz) an einen »feindlichen Ausländer«, was allerdings schon eher in die Kuriositätengeschichte der reichsdeutschen Monarchie gehört.[64]

Offiziell waren die deutschen Fürsten fortan jedenfalls gehalten, ihre monarchischen Verwandten im Lager der Entente als Repräsentanten feindlicher Staaten zu betrachten und entsprechend zu behandeln. Hinter den Kulissen blieb man natürlich bemüht, die Verbindungen nicht abreißen zu lassen. Doch politisch bewirkte das fortgesetzte internationale Engagement der Throninhaber für Deutschlands Stellung in der Welt so gut wie nichts mehr. Hatten die teils sehr engen verwandtschaftlichen Beziehungen deutscher Fürstenhäuser zur königlichen Familie in Großbritannien oder zum Zarenhof in Russland trotz lebhafter Geheimdiplomatie[65] schon die Katastrophe des Kriegsausbruchs nicht verhindern können, so erwiesen sie sich danach als ebenso wenig geeignet, den Krieg schnellstmöglich wieder zu beenden.

Fürstliche Friedensfühler

Dabei gab es auf deutscher Seite zunächst durchaus Bemühungen, das diplomatische Kapital der Fürstenhäuser als Verhandlungswaffe einzusetzen. Vor allem im Jahr 1915, als die Aussichten auf einen militärischen Kantersieg über die Entente in weite Ferne gerückt waren. So versuchte Ernst Ludwig von Hessen auf massiven Druck des deutschen Kronprinzen hin, seine Schwester, die russische Zarin Alexandra, für eine russisch-deutsche Friedensinitiative zu gewinnen – vergeblich.[66] Die gebürtige Prinzessin von Hessen, die sich in ihrer russischen Wahlheimat ohnedies schon deutschfreundlicher Verdächtigungen zu erwehren hatte, zögerte keinen Augenblick, ihrem Bruder beziehungsweise seinem Drahtzieher einen Korb zu geben. Mehr noch, sie benutzte ihre Absage dazu, die antipreußischen Ressentiments des Großherzogs durch Angriffe auf die, wie sie meinte, monströse Kriegführung des deutschen Kaisers zu verstärken.

Auch weitere dynastische Briefaktionen an die Adresse des Zaren Nikolaus, an denen nunmehr auch die Häuser Baden, Oldenburg und Coburg beteiligt waren, liefen ins Leere. Dass der Weltkrieg bereits im zweiten Jahr die überkommenen Mechanismen dynastischer Geheimdiplomatie endgültig schachmatt gesetzt hatte, war die eine Lehre aus solchen Aktionen. Die andere lautete, dass diese Privatpolitik die beteiligten Monarchen selbst kompromittierte – und das gleich in doppelter Hinsicht. Zum einen, weil sie die fürstlichen »Diplomaten« zu nützlichen Handlangern des allgemein verhassten preußisch-deutschen Kaiserhauses stempelte und damit politisch entwertete. Zum anderen, weil die Interventionen die Adressaten, die ob ihrer dynastischen Verbindungen mit Deutschland im eigenen Lande unter enormem patriotischen Rechtfertigungsdruck standen, zu brüskierenden Überreaktionen regelrecht provozierten, wodurch weiteres monarchisches Porzellan zerschlagen wurde.

Schließlich entwickelten solche Aktionen aber auch insofern Bumerangeffekte, als sie mit anderen zeitgleich unternommenen geheimdiplomatischen Initiativen schlichtweg unvereinbar waren. So versuchte beispielsweise Prinz Max von Baden parallel zu den Friedensaktivitäten seines hessischen Vetters – und zwar ebenfalls als Privatmann –, das schwedische Königshaus für einen Kriegseintritt seines neutralen Landes auf Seiten der Mittelmächte zu gewinnen, und machte dabei Versprechungen, die einen schweren Affront gegen Russland bedeuteten.[67] Auch diese politischen Unterhandlungen gründeten sich auf dynastische Gegebenheiten, nämlich der Ehe König Gustafs V. mit der äußerst deutschfreundlichen badischen Prinzessin Viktoria, die eine enge Vertraute ihres Vetters Max war. Auch dieser Vorstoß war vom deutschen Kaiser persönlich sanktioniert und vom Auswärtigen Amt professionell lanciert worden. Und auch diese Bemühungen um eine deutsch-schwedische Allianz schlugen nach einem mehrtägigen Stockholmbesuch des badischen Prinzen im November 1915 definitiv fehl, und zwar vor allem deshalb, weil Regierung und Parlament dem schwedischen König dringend von diesem außenpolitischen Vabanquespiel abrieten.

Mit den beiden Fehlschlägen hatte sich das Mittel dynastischer Geheimdiplomatie erschöpft. Die Annahme, damit Deutschlands internationale Position effizienter stärken zu können als über die Kanäle der offiziellen Diplomatie, hatte sich als anachronistisch erwiesen. Die außenpolitischen Aktionen einer Großmacht bedurften weit mehr diplomatischer Sachkompetenz jenseits aller dynastischen Tunnelblicke, als die Fürsten sie aufbrachten. Vor allem von einer Souveränität strategischen Denkens konnte auf Seiten der Dynasten keine Rede (mehr) sein. Dafür waren zu viel Interessenegoismus, Misstrauen, Doppelzüngigkeit und Emotion im Spiel. So untergruben die dynastiepolitischen Vermittlungsbemühungen im Endeffekt die Solidarität des internationalen Herrscherstandes nur noch weiter. Von einem multinationalen Dynastiekartell konnte seit 1915 jedenfalls keine Rede mehr sein. Dem Machtwillen einiger deutscher Monarchen und ihrer Loyalität gegenüber dem familienintern so viel kritisierten Obersten Kriegsherrn ist dies nicht gut bekommen.

Annexionsgelüste

In diese erodierende Fürstenwelt warf König Ludwig III. von Bayern gleich nach Kriegsausbruch einen weiteren Zankapfel. Das Problem war hausgemacht, meinte der Bayernherrscher doch noch 1914, eine Kompensations-Rechnung für den bayerischen Kriegseinsatz aufmachen zu müssen. Ungeniert forderte er, »dass Bayern eine wesentliche Gebietsvergrößerung erhält, nämlich Gebiete aus den bisherigen Reichslanden [gemeint war Elsass-Lothringen], aus Belgien und aus dem von Frankreich abzutretenden Territorium, je mehr je lieber«. Belgien müsse »in das Deutsche Reich einverleibt werden«, zumindest »als selbständiger Staat zu bestehen aufhören«.[68] Gegen diese Kriegsziele erhob kein deutscher Bundesfürst Einspruch, wohl aber gegen eine einseitige Begünstigung Bayerns. »Kompensation« hieß nun auch das Schlüsselwort am königlich-sächsischen Hof in Dresden und beim König von Württemberg in Stuttgart.[69]

Als das königlich-bayerische Prestigeprojekt, an dessen Anfang die sofortige Aufteilung des Elsass unter Bayern, Baden und Preußen stehen sollte, am hartnäckigen Widerstand der bundesfürstlichen Kollegen und einer Hinhaltepolitik der Reichsregierung zu scheitern drohte, meinten die Wittelsbacher im Frühsommer 1915 noch einmal kriegszielpolitisch in die Offensive gehen zu müssen. In öffentlicher Rede forderte der König in Fürth eine »Abrechnung mit unseren Feinden« und –«eine deutsche Rheinmündung«.[70] Gleichzeitig ließ er den Reichskanzler wissen, er sei »scharf verstimmt« über die »Flaumacherei und Schlappheit« der deutschen Außenpolitik. Man möge in Berlin seine Energie und Willenskraft in der Annexionsfrage nicht unterschätzen, er werde sich hier ganz »energisch betätigen«.[71] Als der preußische Gesandte in München Wilhelm Eduard von Schön vom Auswärtigen Amt um eine Stellungnahme zu diesem für einen deutschen Monarchen ungewöhnlich aufsässigen Gebaren gebeten wurde, erklärte der »die etwas drastische Ausdrucksweise des Hohen Herrn« umgehend »aus der Verringerung der Aussichten auf Verwirklichung gewisser Lieblingsideen, wie der Aufteilung von Elsass und der Aufteilung Belgiens« und der dem König eigenen »Zähigkeit«.

Zur Beschwichtigung der Wittelsbacher Palastrevolte ernannte Kaiser Wilhelm II. den bayerischen König am 26. Juni 1915 zum preußischen Generalfeldmarschall. Ob dabei auch hintersinniger Zynismus im Spiel war, wissen wir nicht; wohl aber, dass ein krasserer Gegenentwurf zu einem preußischen General als Ludwig kaum vorstellbar ist. Schon in der Vorkriegszeit hatten die Karikaturisten seine gänzlich unmilitärische Erscheinung derart gnadenlos aufs Korn genommen, dass er auf dieser Bühne von der Öffentlichkeit nur noch als Witzfigur wahrgenommen wurde. Und ausgerechnet diesem Mann, der nicht einmal eine Kompanie hätte führen können, wies man nun einen Platz im militärischen Olymp neben Hindenburg, Mackensen und anderen Kriegshelden zu. In unseren Ohren klingt das wie Hohn, der Geehrte hingegen goutierte es »mit den Gefühlen aufrichtigsten Dankes und hoher Freude«.[72]

Sein Sohn Rupprecht musste den »Generalfeldmarschall« schließlich wieder auf den Boden der Tatsachen zurückholen: »Auszeichnungen sind billiger wie irgendwelche sachliche Zugeständnisse«, schrieb er seinem Vater aus dem Felde[73], »und es dünkt mir, wie wenn an massgebender Stelle ein immer schärferer unitaristischer oder vielmehr preußischer Wind wehe. ›Suum cuique‹ [der Wahlspruch des Schwarzen Adlerordens] wird in Berlin übersetzt mit ›Alles für uns‹.« Das zielte auf die vermeintlich egoistische Kriegszielpolitik der deutschen Führungsmacht Preußen, welcher der Kronprinz von Bayern schon im April 1915 ein annexionistisches Alternativprogramm gegenübergestellt hatte. Danach sollte die deutsche Westgrenze so weit vorgeschoben werden, dass die Niederlande, Belgien, Luxemburg und Nordfrankreich dem Deutschen Reich entweder einverleibt oder angegliedert werden konnten. Auf der Basis eines solchen Großdeutschen Reiches sollte dann im Zuge eines dynastischen Länderschachers die Machtbalance der bundesstaatlichen Monarchien neu austariert werden.[74] Zunächst aber, so der Kronprinz weiter, gehe es jetzt um die »Angliederung des Elsasses. In dieser Frage scheint mir eine mündliche Aussprache mit den übrigen süddeutschen Fürsten, aber auch anderen namentlich dem Könige von Sachsen sehr empfehlenswert und ich glaube, dass dieser sich gewinnen ließe, wenn man einem seiner Söhne auf neuerworbenem Gebiete einen Thron schaffen könnte.« Zwei Wochen später kam er nochmals auf diese Frage zurück.[75] Die derzeitige Abneigung der Könige Sachsens und Württembergs ließe sich doch durch entsprechende Entschädigungsangebote überwinden. So könne man Württemberg das Fürstentum Hohenzollern geben und einen sächsischen Prinzen als Fürsten eines neu zu errichtenden Flanderns oder Belgiens einsetzen. Dabei sollte vor allem das Argument ins Feld geführt werden, dass neben Preußen »auch das Ansehen der grösseren Bundesfürsten einer Hebung bedürfe«, weil diese andernfalls »an Achtung bei ihren Untertanen verlören«; und das bewirke dann zwangsläufig »eine Schwächung des monarchischen Gedankens überhaupt«.

Und so ging das monatelang weiter, ohne dass eine Lösung dieses rein monarchischen Interessenkonflikts auch nur in greifbare Nähe gerückt wäre. Denn vor allem in den Königshäusern von Württemberg und Sachsen wurden ganz ähnliche, nur auf die eigenen Herrscherhäuser bezogene Überlegungen angestellt. Insbesondere die territorialen Kompensationsvorstellungen der Wettiner waren vom Ansatz her nicht weniger verirrt als die Ambitionen der Wittelsbacher und entbehrten ebenso aller realpolitischen Vernunft.[76] Zunächst setzten sie auf den Thron in einem neu zu schaffenden Königreich Polen, das sie glaubten analog zu den seligen Zeiten Augusts des Starken beherrschen zu können. Deshalb konnte der sächsische König nach den glänzenden Erfolgen der deutschen Waffen an der Ostfront im Sommer 1915 in einem Telegramm an den Kaiser auch »hell aufjubeln. Es ist wirklich eine Freude unser braves Heer zu betrachten, wie es Schlag auf Schlag den russischen Barbar zerschmettert.«[77] Kein Wunder, dass es zwischen Sachsen und Bayern noch am ehesten zu zeitweiligen (dynastiepolitischen) Allianzen kam. Allerdings hatten sie dabei die Rechnung ohne die Souveräne anderer deutscher Mittelstaaten gemacht, namentlich ohne den König von Württemberg, der sich aus wohlverstandenem Eigeninteresse energisch gegen solcherlei Länderschacher aussprach, vorsorglich aber schon einmal eigene angemessene Kompensationen reklamierte.[78] Auch andere Dynastien brachten sich beim Reichskanzler mit Begehrlichkeiten in Erinnerung, was Bethmann Hollweg nicht wenige graue Haare bescherte.[79]

So blieben die Fronten verhärtet, zumal auch die mittleren Bundesfürsten die Bereicherungspolitik ihrer größeren Kollegen mit unverhohlener Missgunst beobachteten. Vor allem mochten sie nicht einsehen, was die Wittelsbacher ihnen unentwegt einzuschärfen versuchten, dass nämlich »jede Minderung des bayerischen Einflusses und der Stellung Bayerns im Reich auch eine Minderung ihrer eigenen Bedeutung zur Folge hat«.[80] Sie glaubten ganz im Gegenteil, dass sich durch jeden Machtzuwachs eines einzelnen Monarchen die politischen Besitzstände im Reich gefährlich verschieben würden. Unter diesen Umständen schien die beste Lösung zu sein, mit allen gebotenen Mitteln auf eine dilatorische Behandlung der Frage hinzuwirken. Ein wahrer Circulus vitiosus. Eine gütliche Überwindung dieser Widerstände war aussichtslos.

So war die kriegszielpolitische Metadebatte unter den deutschen Dynasten im Sommer 1916 noch genauso verfahren wie im Vorjahr, nur dass der Ton zunehmend gereizter wurde. Bei einem Gespräch mit Deputierten der Alldeutschen in München beklagte sich Ludwig III. ganz offen darüber, »dass namentlich Bayern heute so wenig zu sagen habe, denn dafür sind wir in Bayern ja gut genug, dass wir jetzt für andere die Kastanien aus dem Feuer holen sollen, dass wir unsere gesamte Jugend und die erwachsenen Männer opfern; aber ein Einfluss ist uns in keiner Weise auszuüben möglich, und nicht einmal (und dies sagte er mit sehr erhobener Stimme) will man uns jeden Landzuwachs gönnen«.[81]

Im November 1916 fuhr Ludwig ein noch schwereres Geschütz auf, als er dem preußischen Gesandten einschärfte: »Es sei unerträglich für Bayern, ohne erheblichen Gewinn aus diesem Kriege nach Hause zu kommen«, und dabei »sogar schließlich den Tod des [bayerischen] Prinzen Heinrich als den einzigen aus Königlichem Haus Gefallenen als Argument anführte«.[82] Den Finger ausgerechnet in diese schwärende Wunde zu legen, von deren Zustandekommen das nächste Kapitel handelt, war ein offener Affront, der nicht nur den Obersten Kriegsherrn äußerst peinlich berührt haben dürfte. Aber das Ansinnen macht zugleich deutlich, wie weit der dynastische Groll sich inzwischen zu einem veritablen moralischen Koalitionskrieg unter Deutschlands Souveränen ausgewachsen hatte. Es könne doch wohl keinem Zweifel unterliegen, so drohte der Wittelsbacher jetzt sogar unverhohlen, »dass es für Deutschland schlimmer sei, wenn Bayern verstimmt wäre, als wenn Württemberg unzufrieden sei«. Man merkt, am liebsten hätte König Ludwig seine notorischen Widersacher mit einem separatistischen Gewaltakt in die Schranken verwiesen. Doch da das Zeitalter des Absolutismus weit zurück lag, blieb nichts anderes als der Zwang zur Gütlichkeit, die zugleich ein Ding der Unmöglichkeit war.

Noch einmal versuchte der Kaiser zu beruhigen und zu vermitteln, dieses Mal nicht allein durch die Verleihung des Ordens »Pour le Mérite« an Ludwig III., sondern auch durch einen persönlichen Besuch in München, dem sich kurz darauf eine kaiserliche Stippvisite in der schwäbischen Metropole und am Jahresende auch in Dresden anschloss[83], wo der Oberste Kriegsherr den »Pour le Mérite« auch an die königliche Brust des Nichtkombattanten Friedrich August heftete. Der hatte sich inzwischen darauf kapriziert, die so dringend erwünschte Erweiterung seiner Staatsmacht mit dem Anschluss von Litauen zu bewerkstelligen.

Allein auch diese kaiserliche Intervention konnte letztlich keine Lösung herbeiführen, bestenfalls eine Mäßigung des Tones. Das Problem als solches war ebenso wenig zu lösen, wie der Weltkrieg für Deutschland zu gewinnen war. Was also tun? Das einzig Richtige wäre wohl gewesen, die ganze Angelegenheit mit einem entschiedenen Machtwort von der politischen Agenda abzusetzen, dass es in diesem Krieg nämlich nicht um den Erwerb von Territorien für einzelne Herrscherhäuser gehe, sondern ausschließlich um die Verteidigung nationaler Interessen. Doch dieses Machtwort hat niemand gesprochen, kein deutscher Kaiser und auch kein Kanzler.

Aus heutiger Sicht mutet es zutiefst befremdlich an, wie verbissen die Monarchen in den Kriegsjahren darauf erpicht waren, das Fell eines Bären unter sich zu verteilen, den ihre Kämpfer noch gar nicht erlegt hatten. Fragt man nach den tieferen Ursachen dieser fürstlichen Intransigenz, so muss man speziell für den bayerischen Partikularismus einmal mehr den schon oben erwähnten, sehr tief sitzenden Minderwertigkeitskomplex der Wittelsbacher verantwortlich machen, »Bayern hat umsomehr Anspruch auf eine Vergrösserung, als es bei den letzten Friedensschlüssen immer schlecht abgeschnitten hat«, so König Ludwig noch am 2. Juni 1917.[84] Ihr nationalstaatlicher Revisionismus, der erklärtermaßen das alte römische Kaiserreich deutscher Nation zum Fluchtpunkt hatte[85], war nachgerade eine Obsession, der der Krieg, genauer: die chauvinistische Kriegspropaganda, neue Betätigungsfelder zu erschließen schien. Weder größenwahnsinnige Verblendung noch königlich-bayerischer Imperialismus führten hier Regie, sondern die nackte Angst, einmal mehr von Preußen düpiert zu werden.

Diese dynastische Paranoia war nirgends so ausgeprägt wie in München – mit ungeahnten Auswirkungen auf das Getriebe des ganzen deutschen Monarchie-Modells. Bis auf den Bayernkönig hatten sich eigentlich alle deutschen Monarchen an den Gedanken gewöhnt, dass der ihnen 1871 von Bismarck zugewiesene Besitzstand das Äußerste war, auf das sie realistischerweise am Ende des 19. Jahrhunderts überhaupt noch Anspruch erheben konnten. Daran zu rütteln erschien als äußerst riskant. Nur mit dem Mut der bayerischen Verzweiflung konnte man so etwas tun. Diese Verzweiflung gab dem Königssohn Franz von Bayern 1918 am Ende aller Bemühungen, sich mit einem partikularistischen Geniestreich vom vermeintlichen Gängelband der verhassten Preußen zu befreien, sogar den (dann schnell wieder verworfenen) Gedanken ein, ob es nicht am besten sei, einen Krieg gegen den Bayern-Feind Preußen zu führen.[86]

Hinzu kommt ein weiteres Angstmoment, das allerdings auch bei den monarchischen Bedenkenträgern *gegen* einen annexionistischen Alleingang Bayerns im Spiel war, nämlich die Furcht vor einem Prestigeverlust im eigenen Volk. Diese lässt sich wiederum als eine Art Abwehrreflex gegenüber der tatsächlichen Untergrabung ihrer Machtstellung durch das Kriegsgeschehen begreifen. Weil sie *tatsächlich* so unsouverän und ihrer selbst so unsicher geworden waren, standen sie allen Projekten außerordentlich reserviert gegenüber, von denen sie annahmen, dass sie die monarchische Empfindung im eigenen Lande noch weiter schädigen könnten. Für die Wittelsbacher war dies der freiwillige Verzicht auf Annexionen im Westen, für die Wettiner der Verzicht auf Machtgewinn im Osten, für die Hohenzollern der Verzicht auf die russischen Ostseeprovinzen und für die Württemberger der generelle Verzicht auf die Anmeldung von Kompensationswünschen. Nur *weil* das Image dieser Monarchen so sehr gelitten hatte, mussten sie sich an dem Spiel um präsumtiven Kriegsgewinn beteiligen, das die bayerische Krone den übrigen Monarchen aufgezwungen hatte. Und obwohl dieses Spiel politisch zu gar nichts führte, mussten sie es immer weiter spielen, schon weil sie jede einseitige Machtverschiebung anders nicht aufhalten konnten. Sie mussten es spielen, auch um den Preis einer irreparablen Entzweiung der bundesfürstlichen Solidargemeinschaft.

Wie unsolidarisch die deutschen Herrscherhäuser tatsächlich agierten, sollte sich abermals im Januar 1918 zeigen, als die militärischen Erfolge an der Ostfront für einen kurzen Moment territorialen Zugewinn für das Reich im Ostseeraum in Aussicht stellten.[87] Sofort stürzten sich gleich mehrere Dynastien auf diese wahrscheinliche Kriegsbeute – allen voran das preußische Königshaus, welches das heutige Lettland am liebsten in irgendeiner Form der Hohenzollern-Dynastie zur souveränen Herrschaft überantwortet hätte. Wilhelm hatte den neuen politischen Handlungsrahmen für sich so abgesteckt: »Das Baltikum ist eins, und i c h werde sein Herr und dulde keinen Widerspruch. Ich habe es e r o b e r t und kein Jurist kann es mir nehmen.«[88]

Schon war wieder der heftigste dynastische Rivalitätskampf entbrannt. Die Großherzöge von Hessen-Darmstadt und Mecklenburg-Schwerin, der Herzog von Sachsen-Meiningen und auch der in Reuß regierende Fürst äußerten lebhafte Bedenken gegen die preußischen Vergrößerungspläne, hatten aber gleichzeitig auch wieder ganz unterschiedliche eigene Kandidaten für die Throne in den eventuell neu zu begründenden Monarchien im Osten parat. Vereinzelt wurde jetzt der Vorschlag gemacht, den bayerischen König an die Spitze dieser bundesfürstlichen Bedenkenträger zu stellen; er sollte Wilhelm II. mit dem ganzen Gewicht seiner Monarchie in Berlin von seinen Machtverschiebungsplänen zugunsten Preußens abbringen.

Das Gleiche, nur mit umgekehrter politischer Stoßrichtung, hatte im Januar 1918 auch der Großherzog von Oldenburg bei einem Besuch in München versucht und sich darauf berufen, dass die meisten deutschen Bundesfürsten mit *ihm,* Friedrich August, einig seien. Daher – so Ludwig III. am 31. Januar 1918 in einem Gespräch mit dem Kanzler-Vertrauten Victor Naumann – sei es für ihn ganz schwer zu intervenieren. Aber, so ergänzte der König sofort, »gegen irgendeine Bindung an Preußen sprächen allerdings die gewichtigsten Gründe«.[89] Gegenüber dem eigenen Sohn wurde König Ludwig ein paar Wochen später noch deutlicher: »Jedenfalls muss eine ausschließliche Vergrößerung Preußens als Folge des Krieges vermieden werden. BAYERN hat auf einen möglichst großen Landzuwachs Anspruch und zwar in der Art, dass BAYERN in diesen Landesteilen allein zu gebieten hat.«[90]

Das wiederum gefiel Großherzog Friedrich Franz IV. von Mecklenburg-Schwerin überhaupt nicht, der mit Blick auf Elsass-Lothringen meinte, »dass eine Stärkung Preußens das weitaus geringere Übel ist als ein Zustarkwerden Bayerns und damit der klerikalen-jesuitischen Macht«. Generell sei aber natürlich »ein zu großes Anwachsen der preußischen Macht« auch nur in dem Maße erwünscht, wie »die anderen Bundesstaaten ebenfalls sich erweitern«.[91] Wenn man nun noch in Rechnung stellt, dass der König von Sachsen mehr oder weniger in Eigenregie, das heißt in direktem Kontakt mit Wilhelm II., versuchte, die Schäfchen seiner dynastischen Ansprüche ins Trockene zu bringen[92], so hat man ein Panorama fürstlicher Erbfolgekrieger vor Augen, das nachgerade den Zeiten und Zuständen des 17./18. Jahrhunderts nachgebildet zu sein scheint. Wobei es sich diesmal allerdings, wie man nicht oft genug betonen kann, um reine Sandkastenspiele handelte, die allerdings ganze Stäbe staatlich finanzierter Fachleute von wichtigeren Aufgaben abhielten. Kein Wunder, dass nun selbst die Wiederherstellung des Königreichs Hannover von einigen Dynasten ernsthaft zur Diskussion gestellt wurde.[93] Wenn diese Sandspiele etwas Gutes hatten, dann dass sie der Vogel-Strauß-Politik der Bundesfürsten ein veritables Betätigungsfeld verschafften.[94]

In scheinbarem Widerspruch zu der zähen Energie, mit der sich die streitenden Parteien auf dem Feld der Kriegszielpolitik engagierten, steht die fehlende Bereitschaft dieser Fürsten, für ihre partikularistischen Bestrebungen den Rückhalt der öffentlichen Meinung zu suchen. Scheinbar, weil diese Geheimniskrämerei eigentlich nur verrät, wie heuchlerisch das Argument der von Seiten der Monarchen immer wieder ins Feld geführten Rücksicht auf die Volksstimmung tatsächlich war, und dass sie dem eigenen Volk eine massive Unterstützung ihrer Dynastiepolitik überhaupt nicht zutrauten. Damit lagen sie nicht verkehrt. Ein Auffliegen des annexionspolitischen Kuhhandels hätte den Sinn des Weltkrieges mit seinem unsäglichen Leid für so viele Millionen noch massiver infrage gestellt, und die imagepolitischen Folgekosten hätten die deutschen Fürstenhäuser moralisch noch tiefer in die roten Zahlen getrieben. Man male sich die Reaktionen aus, wenn die Öffentlichkeit die eigenhändigen Texte Wilhelms II. gekannt hätte, mit denen er etwa in der Kriegszielfrage noch 1918 die politische Tagespresse zu kommentieren pflegte. So seine Marginalie zu einem Leitartikel der *Münchener Allgemeinen Zeitung* vom 10. März 1918, wo er sich zu einem »Siegerfrieden« bekannte, der den Feinden »aufgezwungen« werden müsse: »Völkerbeglückende Weltbürgerschaftsgedanken finden darin keinen Platz. Nur das nackte eigene Interesse und die Garantie eigener Sicherheit und Größe dürfen maßgebend sein.«[95]

An Großmannssucht und Interessenegoismus ließ der deutsche Kaiser sich von keinem seiner fürstlichen Kollegen übertreffen. Aber das, was beispielsweise der ganz und gar unmartialische Bürgerkönig Wilhelm II. von Württemberg am 7. Juni 1918 an seinen Thronfolger Herzog Albrecht von Württemberg über das »Reißen« etwaiger Kriegsbeute schrieb[96], klingt nur dem Ton nach anders. Vorangegangen waren Besuche der Könige von Bayern beziehungsweise Sachsen bei Wilhelm II. im Großen Hauptquartier in Spa.[97] Selbst der Großherzog von Hessen, dem eher gemäßigte Tendenzen und große Skepsis gegenüber der Obersten Heeresleitung nachgesagt wurden, hielt im Frühsommer 1918 gar nichts von einer »Friedensoffensive«. Im Gegenteil. »Wir dürften gegen Frankreich jetzt *nur* militärisch operieren«, äußerte er gegenüber Harry Graf Kessler bei dessen Besuch in Schloss Wolfsgarten. Auch den Diktatfrieden von Brest-Litowsk billigte er prinzipiell, wobei ihm offenbar der Gedanke, die Ukraine zu einem Vasallenstaat des deutschen Reiches zu machen, besonders sympathisch war.[98]

Im Übrigen war und blieb der König von Bayern unerschütterlich »der Meinung, dass nach Abschluss aller Kämpfe nicht nur Preußen allein einen Gebietszuwachs erhalten darf, sondern auch Bayern entsprechend bedacht werden muss«, wobei er allerdings einräumte, es werde nicht leicht sein, »die entgegenstehenden Schwierigkeiten zu überwinden«.[99] Mitte August 1918 wurde der König von Württemberg in dieser Angelegenheit noch einmal mit einem persönlichen Schreiben beim deutschen Kaiser vorstellig, um – wie er seinem Regierungschef gegenüber paraphrasierte – zu dokumentieren, »dass wir nicht gewillt sind, uns gänzlich an die Wand drücken und als quantité négligeable behandeln zu lassen«.[100] Ein letztes Mal warnte er den »freundlich lieben Vetter und Bruder« eindringlich davor, das Machtverhältnis der deutschen Mittelstaaten zueinander und im Reich zu verschieben. »Eine Liquidation des gemeinsamen Besitzes [der sog. Reichslande Elsass-Lothringen] zu Gunsten Bayerns und Badens – unter gleichzeitiger von Sachsen in Litauen angestrebter Entschädigung und unter Beiseitestellung Württembergs – erschiene mir eine kaum denkbare und von meinem Lande nicht hinzunehmende Entwicklung der Dinge. Denn die Stellung zu seinem Volk »würde zum Nachteil der allgemeinen monarchischen Empfindung geschädigt, würde der deutsche Nationalkrieg einen solchen Ausgang für die Württemberger nehmen«.[101]

Das Insistieren des ansonsten vergleichsweise konzessionsbereiten Monarchen auf unbedingter Teilhabe an der (schon gar nicht mehr zu verteilenden) Kriegsbeute nach nunmehr vierjährigem ununterbrochenen Streit – und zwar mit den gleichen Argumenten, derer sich auch seine fürstlichen Konkurrenten bedienten – macht noch einmal das ganze Dilemma des machtpolitischen Daseins der deutschen Bundesfürsten sichtbar. Dieses Dasein hatte in wichtigen politischen Fragen jeden Bezug zu dem, was überhaupt möglich war, verloren. Es besaß jenseits des fragwürdigen Obermonarchen keine Appellationsinstanz, die dynastische Partikularinteressen hätte aufnehmen, bündeln und in eine politisch verhandlungsfähige Form ummünzen können. Und es kannte weder Vordenker noch Anführer, sondern nur sich selbst. Dass der Privatkrieg der Fürsten dem großen Publikum verborgen blieb, bedeutet nicht, dass die politischen Verheerungen dieser dynastischen Zwietracht glimpflicher ausgefallen wären, vor allem nicht im Hinblick auf die Verheißung monarchischer Solidarität, die zusehends zur Farce wurde.

Militärische Leistungen: ungenügend!

Schlachtenbummler, Kriegstouristen

Als im Sommer 1914 der Erste Weltkrieg ausbrach, hätten die regierenden Fürstenhäuser in Deutschland die kaiserliche Streitmacht theoretisch mit einem Kontingent von nahezu einhundert militärischen Führungskräften verstärken können. Theoretisch meint, wenn man die Ranglisten zugrunde legt, in welche die Monarchen und wehrfähigen Prinzen ihrer Dynastien bei Kriegsausbruch eingeschrieben waren – lauter Generäle und (hohe) Offiziere.[102] Doch wer von ihnen stand tatsächlich kämpfend im Felde?

Aus einer zeitgenössischen Jubelschrift erfahren wir Folgendes: »Wie in alter Zeit sind die deutschen Fürsten selbst mit in den Streit gezogen, als Soldaten, die jeder an der Stelle, die ihm Alter und Rang anweisen, dem Tod ins Auge sehen wie der letzte Musketier. Das hat die Geschichte noch keines Staates gesehen, ein solches Aufgebot von Fürsten und Prinzen, die zu den Fahnen eilten, ganz selbstverständlich die allgemeine Wehrpflicht auf sich nehmend.«[103]

Ein solches Wunschdenken war in der monarchisch gesinnten Öffentlichkeit damals verbreitet, hatte doch zur Stilisierung der Dynasten immer auch deren natürliche Befähigung zu militärischen Führern und potenziellen Kriegshelden gehört. Schließlich war Deutschland seit der Reichsgründung immer mehr zu einer Art Militärmonarchie geworden. Wie aber sah es mit dem Kriegseinsatz des deutschen Herrscherstandes 1914/15 wirklich aus?

Von den Bundesfürsten selbst zog es nur eine Minderheit zum aktiven Militärdienst an die Front. Dass die beiden ältesten deutschen Monarchen, die Könige Ludwig III. von Bayern und Wilhelm II. von Württemberg, als weit über Sechzigjährige nicht mehr in Kommandostellen einrücken wollten[104], kann man nachvollziehen, obwohl es damals noch viele adlige Generäle gab, die ein solches Alter *nicht* anfocht – allen voran Paul von Hindenburg.[105] Schon weniger verständlich ist die ebenfalls passive Rolle, die der dritte außerpreußische König, Friedrich August von Sachsen, im Alter von nicht einmal fünfzig Jahren meinte spielen zu müssen. Immerhin war er erst 1912 mit viel Getöse zum Generalfeldmarschall ernannt worden. Die Begründung des königstreuen *Dresdener Journals* für diese militärische Enthaltsamkeit klingt einigermaßen gewunden: Der König habe sich »das Opfer, nicht dem Heere auf den Kriegsschauplatz zu folgen« in der Erwägung auferlegt, »dass die einem gekrönten Haupte geschuldeten Rücksichten oft geeignet sind, die eigentlichen Aufgaben der Kriegsführung zu erschweren«.[106]

Im Felde ebenfalls nicht aktiv vertreten waren die gekrönten Häupter von Anhalt, Oldenburg, Sachsen-Meiningen, Schaumburg-Lippe und Waldeck. Einige Herrscherhäuser versagten sich dem aktiven Kriegseinsatz sogar gänzlich: so etwa das Haus Baden, wo mit Großherzog Friedrich und Thronprätendent Max zwei frühere Berufssoldaten im Generalsrang sich aus gesundheitlichen

Gründen zum Fronteinsatz außerstande sahen – sehr zum Leidwesen übrigens der badischen Bevölkerung.[107] Desgleichen Schwarzburg.

Ein halbes Dutzend weiterer Bundesfürsten zog zwar mit ihren Kontingenten zunächst an die Front, ließ sich auch bei diversen Generalkommandos attachieren, kam aber über den Status weitgehend beschäftigungsloser Stabs- beziehungsweise Ordonnanzoffiziere kaum hinaus. Die Großherzöge Ernst Ludwig von Hessen, Friedrich Franz von Mecklenburg-Schwerin, Adolf Friedrich von Mecklenburg-Strelitz und Wilhelm Ernst von Sachsen-Weimar-Eisenach zählten zu dieser Kategorie, aber auch die Herzöge Ernst August von Braunschweig und Karl Eduard von Sachsen-Coburg und Gotha sowie Heinrich Prinz Reuß. »Habe in meinem ganzen Leben noch nie eine so dumme Rolle gespielt wie hier«, schrieb Generalmajor Ernst August, den man versuchsweise zum Meldekraftfahrer in der Etappe gemacht hatte, frustriert an seine Gattin. Ende 1914 war er wieder in Braunschweig, um fortan nur noch zu Truppenbesuchen an die Front zurückzukehren.[108]

Ähnliche Erfahrungen machte Ernst Augusts Schwager Friedrich Franz von Mecklenburg. Im Kampfgebiet sei er »doch nur Zuschauer«, und beim Generalkommando empfand er sich mit seinem persönlichen Adjutantenstab gar als »ein unwillkommener Ballast«.[109] Ernsthaft um ein aktives Truppenkommando bemüht hat sich aber nachweislich nur einer der sieben Monarchen, nämlich der wagemutige Großherzog von Sachsen-Weimar, der deswegen im Sommer 1915 sogar direkt bei der Obersten Heeresleitung vorstellig wurde – freilich vergeblich; auch diesem fürstlichen General wollte man aller Kampfbereitschaft und allem Offiziersbedarf zum Trotz die Führung eines größeren Militärverbandes unter Kriegsbedingungen lieber nicht anvertrauen.[110] Als Letzter der sieben Halbaktiven kehrte auch er im Sommer 1916 endgültig nach Hause zurück.

Die Befähigung zum Kriegshandwerk ging demnach der großen Mehrheit der deutschen Bundesfürsten augenscheinlich ab. Ihre hohen militärischen Ränge erwiesen sich unter den Bedingungen des Ernstfalls als Attrappen. Als es zum Krieg kam, zeigte sich, dass die meisten Dynasten gar keine richtigen Generäle oder sonstigen Führungsoffiziere waren, sondern eher lebende Zinnsoldaten. Wobei nicht vergessen werden darf, dass die enorme Aufwertung alles Militärischen im Erscheinungsbild der Monarchen – in Preußen bereits seit dem 18. Jahrhundert en vogue – nach der Reichsgründung in ganz Deutschland zu einem wichtigen Markenzeichen fürstlicher Machtkultur, ja zu einem unverzichtbaren Element der monarchischen Staatsräson geworden war. Kein Souverän hatte sich dem entziehen können, auch wenn einige wenige das Zivile persönlich vorzogen.[111]

Das Militärische musste in dem Augenblick schlagartig seine politisch integrierende Wirkung einbüßen, als der Krieg es seiner eigentlichen Bestimmung zuführte. Jetzt zeigte sich nämlich, dass die bislang so militärisch daherkommenden Monarchen eigentlich gar keine Krieger, keine kämpfenden Soldaten sein wollten, sondern nur ranghohe Militär-Chargen. Schon gar nicht wollten sie ihr Leben einsetzen. Soweit sie sich an die Front begaben, lernten sie den bewaffneten Kampf vorzugsweise durch das Scherenfernrohr kennen, als Schlachtenbummler, die sich mehr oder weniger dicht an die Fixierung des Feindes herantrauten, und bei Lazarettbesuchen. Das wirkliche Kriegsgeschehen[112] kannten sie nur vom Hörensagen. So lebten sie an dem vorbei, was den Kriegseinsatz für fast alle Soldaten bis in die hohen Offiziersränge hinein zum elementaren Erlebnis machte: dem Bewusstsein, angesichts der Schreckens und des Grauens auf dem Schlachtfeld selber todgeweiht zu sein. Mangels eigener Anschauung wussten sie nicht um das entsetzliche Leid der einfachen Soldaten im Schützengraben, aber auch nichts von den viel beschworenen Tugenden des Frontkämpfertums, die sie selbst in ihrer Rhetorik so gern bemühten: militärische Tapferkeit, Askesebereitschaft, Todesmut, Kameradschaft. Dieses Manko ließ sich auch durch noch so viel äußere Anteilnahme am realen Kriegsgeschehen kaum ausgleichen. Es beraubte sie außerdem eines Kompetenzbereiches, den sie bis 1914 für sich reklamiert hatten. Schließlich war das Militärische bis 1914 die Domäne des fürstlichen Souveräns gewesen.

Wie die private Feldpost zeigt, verstanden sie es allerdings, sich für ihre faktische Degradierung auf dem Kriegsschauplatz durch allerlei Kurzweil schadlos zu halten: sei es durch nächtliche Dichterlesungen im Freien[113], sei es durch Jagdabenteuer[114] oder einfach durch den Besuch touristischer Attraktionen in Feindesland[115]. Besonders beliebt scheint zum Beispiel das Jagdschloss des russischen Zaren im von deutschen Truppen eroberten Spala in Polen gewesen zu sein, wo sich im Hauptquartier des XI. Armeekorps Anfang 1915 gleich vier deutsche Bundesfürsten tummelten – um zu jagen.[116]

Betrachtet man die mannhafte Bereitschaft und tatsächliche Befähigung zur Vaterlandsverteidigung 1914/15 als Lackmustest für monarchische Tugenden und Führungsqualitäten, so kann man feststellen, dass die meisten Bundesfürsten hier eklatant versagten, vor allem gemessen an dem, was sie selbst zu Beginn des Krieges feierlich proklamiert hatten. Es gelte, so etwa der Aufruf des bayerischen Königs, »das Reich zu schützen, das *wir* in blutigen Kämpfen miterstritten haben. Wir kennen unsere Soldaten und wissen, was wir von ihrem Mut, ihrer Manneszucht und Opferwilligkeit zu erwarten haben.«[117]

Von ihren Monarchen hatte das Volk in dieser Hinsicht somit sehr wenig zu erwarten, insbesondere keine Leistungen vor dem Feinde. Es klingt fast schon wie eine Verhöhnung der Frontsoldaten, wenn man liest, dass dem Fürsten zur Lippe vom deutschen Kaiser »aus Anlass seines Aufenthaltes auf dem Kriegsschauplatze und auf den Gefechtsfeldern des Detmoldischen Bataillons das Eiserne Kreuz zweiter und erster Klasse verliehen wurde«.[118] Dass solche unangemessenen Ehrungen den Dekorierten selbst schon peinlich waren, kann man in einem Brief von Großherzog Wilhelm Ernst an seine Gattin nachlesen, den er Anfang Oktober aus Kielce schrieb: »Wir alle finden, dass die Erste Klasse für uns, die wir doch nichts geleistet haben, zuviel ist.« Dafür sei die Auszeichnung nun doch »zu schade«.[119]

Dass der fortgesetzte Missbrauch militärischer Symbole *in majorem principarum gloriam* nicht Prestigegewinn, sondern Prestigeverlust bedeutete, dürfte bei allem schlechten Gewissen damals noch kaum in das kollektive Bewusstsein der Potentaten gedrungen sein. Dass derartige politische Fehlleistungen jedoch durchaus ihren Niederschlag im kritischen Bewusstsein der Zeitgenossen fanden, bestätigt die Lektüre der einschlägigen Nachkriegsliteratur.[120] Alle Soldaten wussten, dass gerade das Eiserne Kreuz ausdrücklich keine Standesauszeichnung, sondern der Lohn für ganz persönliche Tapferkeit im Felde sein sollte. Bei den Ehrungen der fürstlichen Kriegstouristen wurde diese meritokratische Logik der Ordensverleihung so ungeniert durchbrochen, dass diese Praxis mehr als nur Kopfschütteln hervorgerufen haben dürfte.

So schlug das offenkundige Bemühen des Obersten Kriegsherrn, mangelnde militärische Leistung auf Seiten seiner Hohen Verbündeten durch militärische Auszeichnungen zu decken, als schwerer Reputationsverlust zu Buche – umso mehr, als der Krieg auch den bisherigen Automatismus einer herausgehobenen gesellschaftlichen Stellung qua hochadliger Geburt außer Kraft setzte. Jetzt wurde klar: Ein fürstlicher Frontbesucher in Generalsuniform war noch lange kein Kriegsheld, nicht einmal eine militärische Autorität. Somit brachte der Krieg vielen gekrönten Häuptern schon nach wenigen Monaten eine schwere moralische Niederlage bei, deren Langzeitfolgen nur Achtungsverlust sein konnte. Mit ihrem mehr als bescheidenen militärischen Einsatz verspielten sie einen Großteil des gerade für ihre herausgehobene Daseinsberechtigung so wichtigen moralischen Kapitals der Soldaten-Ehre.

»Leuchtende Beispiele selbstloser Hingabe«

Nun gab es allerdings auch militärische Leistungen ganz weniger Bundesfürsten, die nicht verbrämt und durch Auszeichnungen schöngefärbt werden mussten. Und diese ganz wenigen Ausnahmen von der Regel zeigen, was möglich gewesen wäre, wenn die Monarchen einfach nur höhere Ansprüche an sich gestellt hätten. Die Rede ist von Herzog Ernst II. von Sachsen-Altenburg und Fürst Adolf zu Schaumburg-Lippe, die beide mit Erfolg Bewährung an der Front suchten. Letzterer als Oberstleutnant und Kommandeur des 2. Kurhessischen Husaren-Regiments, bei dem er auf dem westlichen und östlichen Kriegsschauplatz derart gute Arbeit leistete, dass die Oberste Heeresleitung ihn im Dezember 1915 zum Brigadekommandeur im Range eines Obersten beförderte.[121] Bis Ende 1917 blieb er bei der kämpfenden Truppe im Felde.

Noch achtbarer verlief die Kriegskarriere des Herzogs Ernst II. von Sachsen-Altenburg.[122] Er zog nicht nur als »Chef«, sondern als echter und überdies populärer Kommandeur des 8. Thüringischen Infanterieregiments Nr. 153 an die Westfront und soll dort

So kriegsbereit hätte sich das Volk seine Bundesfürsten gewünscht: Herzog Ernst II. von Sachsen-Altenburg (links) als unprätentiöser Regimentskommandeur im Felde mit seinem Adjutanten im Oktober 1914.

das erste Gefecht auf französischem Boden überhaupt befehligt haben. Am 19. August 1914 avancierte er vom Generalleutnant zum General der Infanterie. Bis Oktober 1914 stand er mit seinen Truppen im Feuer und kam dann mit dem mörderischen Stellungskrieg in schmerzhafte Berührung. Bald war er Kommandeur der 16. Infanterie-Brigade; Ende März 1915 ernannte der Kaiser ihn sogar zum Divisionskommandeur. Als erster deutscher Bundesfürst im Weltkrieg überhaupt erhielt er noch im Mai 1915 den Orden »Pour le Mérite«. Von Juni 1915 bis März 1916 ruhte er sich dann zwar in der Heimat auf diesen Lorbeeren aus, aber im Frühjahr 1916 kehrte er noch einmal für ein knappes halbes Jahr als kommandierender General zur 8. Infanterie-Division an die Westfront zurück.[123] Dass der deutsche Kaiser ihn öffentlich »als leuchtendes Beispiel der selbstlosen Hingabe eines deutschen Fürsten an die große Sache des Vaterlandes« lobte und dabei ausdrücklich seine »ganz hervorragenden Verdienste« als aktiver Truppenkommandeur herausstrich[124], dürfte in den Ohren vieler seiner bundesfürstlichen Kollegen wie eine versteckte Kritik an ihrem eigenen Einsatz geklungen und jedenfalls eines unmissverständlich klar gemacht haben: den pflichttreuen landesväterlichen Kriegsherrn zu mimen, ohne sich in Gefahr zu begeben, das war seit 1915 in Deutschland nicht mehr möglich.

Auf der Habenseite des militärischen Engagements der regierenden Fürstenhäuser kann man sicherlich auch die Kriegsdienste der beiden süddeutschen Heerführer Herzog Albrecht von Württemberg aus einer Nebenlinie des Königshauses sowie Kronprinz Rupprecht von Bayern[125] verbuchen – beides hoch qualifizierte Generäle mit reichem militärischem Erfahrungsschatz, die keinen geringen Anteil an den Operationen der deutschen Armeen im Westen hatten. Allerdings waren es nur zwei unter insgesamt acht deutschen Heerführern[126], und sie standen unter der Befehlsgewalt der Obersten Heeresleitung, wodurch eine eigenständige Profilierung ernorm erschwert wurde. Auch war der Kriegsverlauf im Westen zum Erwerb militärischer Meriten nicht angetan. Schon im September 1914 war ja der Obersten Heeresleitung klar geworden, dass Frankreich mit dem berüchtigten Schlieffenplan nicht zu besiegen sein würde, sodass Mitte November der raumgreifende Feldzug an dieser Front zu Ende war. Mehr noch: Der Krieg, so wie ihn die deutschen Militärstrategen antizipiert hatten, ging eigentlich jetzt schon verloren.[127]

Dessen ungeachtet begann sich das Kampfgeschehen – als System von entgegengesetzten Verteidigungslinien – zu jener grausamen Tortur auszuwachsen, welche die »letzten Tage der Menschheit« anzukündigen schien. Ein fabrikmäßiges Massentöten setzte ein, das alle Vorstellungen überstieg. In diesem Höllenschlund konnten auch die Armeeführer keine Heldentaten mehr vollbringen. Hinzu kam, dass der Mythos der Sieger von Tannenberg, Hindenburg und Ludendorff, die Verdienste aller anderen Heerführer schon bald in den Schatten stellte – vielleicht mit Ausnahme Mackensens[128], dessen militärischer Stern im Frühjahr 1915 mächtig aufstieg.

Unter diesen Bedingungen konnten die guten militärischen Leistungen der beiden fürstlichen Heerführer der Monarchie nicht den Reputationsgewinn verschaffen, den diese angesichts des eklatanten militärischen Versagens so vieler Souveräne ganz dringend nötig gehabt hätte. Daran änderte sich auch nichts, als der im April 1915 reaktivierte Bruder des bayerischen Königs, Prinz Leopold, als Oberbefehlshaber der 9. Armee auf dem östlichen Kriegsschauplatz reüssierte und im Sommer 1916 als Oberbefehlshaber Ost an die Stelle Hindenburgs trat.[129]

Der Kaiser und die Kronprinzen im Felde

Und Kaiser Wilhelm II., Deutschlands Oberster Kriegsherr? Konnte der wenigstens mit feldherrlichen oder anderen zentralen Koordinationsleistungen der Monarchie einen Prestigegewinn verschaffen? Hinter Wilhelms Bereitschaft zum großen Krieg stand wohl in der Tat eine »Mischung aus machiavellistischem Kalkül und Fatalismus« (Wolfgang J. Mommsen). Fest steht aber auch, dass er in den kritischen Augusttagen sehr stark unter dem Druck einer extrem nationalistisch gestimmten Öffentlichkeit[130] stand und diesem Druck nachgab.

Zunächst fiel ihm die Rolle zu, die Deutschen auf den vermeintlich unvermeidlichen Waffengang einzustimmen und sie mit Siegeszuversicht zu erfüllen. Und diesen Part spielte er gar nicht schlecht. Ob am 1. August mit seiner Ansprache an die kriegseuphorischen Massen vor dem Berliner Schloss oder am 4. August, als er, in schlichtes Feldgrau gekleidet, im Weißen Saal seines Schlosses die Thronrede vor dem Reichstag hielt.[131] Schwungvoll schwor er die Nation darauf ein, ihren legitimen Platz an der Sonne mit dem blanken Schwert zu verteidigen: »Jedes Schwanken, jedes Zögern wäre Verrat am Vaterland.« Und – seine vielleicht größte rhetorische Leistung überhaupt – er reichte der Sozialdemokratie die Hand zum »Burgfrieden« und verkündete die für ihre Kriegsgegner unüberwindliche »Volksgemeinschaft« aller Deutschen. Als er dann aber in der zweiten Augusthälfte im Felde den führenden Strategen und obersten Koordinator geben sollte, war er mit seinem Latein schnell am Ende.[132] Entsprechend gering blieben seine Einflussmöglichkeiten auf das operative Kriegshandwerk. Zunächst schien Wilhelm II. dies mit Fassung zu tragen. Überliefert ist seine mokante Bemerkung aus dem Großen Hauptquartier in Charleville von November 1914: »Wenn man sich in Deutschland einbildet, dass ich das Heer führe, so irrt man sich sehr. Ich trinke Tee und säge Holz und gehe spazieren, und dann erfahre ich von Zeit zu Zeit, das und das ist gemacht, ganz wie es den Herren [vom Generalstab] beliebt.«[133]

Wenige Wochen später reiste der Kaiser aus Charleville ab, nach vertraulichen Äußerungen seines Sohnes, des deutschen Kronprinzen, als »ein gebrochener Mann«.[134] Die Nervenkrise hing mit den eklatanten Misserfolgen seiner Armeen zusammen und dem eigenen Versagen.[135] Vor allem zwei Defizite disqualifizierten den Kaiser für seine angemaßte militärische Führerrolle. Er besaß weder starke Nerven noch eine auf echte Selbstsicherheit gestützte Geradlinigkeit. Im Angesicht einer solchen Herausforderung, wie sie das frühe Scheitern des Schlieffenplanes darstellte, mussten diese Mängel seine Autorität in den Grundfesten erschüttern. Hinzu kam, dass er in diesen kritischen Monaten von seinem ältesten Sohn in der Obersten Heeresleitung nachgerade demontiert wurde. Gegenüber Admiral von Tirpitz äußerte der Kronprinz schon Ende November 1914: »Sein Vater sei nervös, sehr mitgenommen, er fürchte fast Zusammenbruch«. Er stimmte deshalb Tirpitz' Vorschlag zu, wonach es »sehr gut« sei, »wenn S. M. mal einige Zeit jetzt von hier weg und unter den Einfluß der Kaiserin komme, die am meisten über ihn vermöge«[136]. Einige Wochen später steckte der Kronprinz dem Tirpitz-Vertrauten Hopman: »Wissen Sie, unter uns gesagt, man behauptet ja, Genialität und Verrücktheit liegen oft dicht beieinander. Ich habe Momente gehabt, wo ich den eigenartigen Ausdruck seiner Augen sehend, an seinem gesunden Verstande gezweifelt habe.«[137]

Kein Wunder, dass viele hohe Generäle den Obersten Kriegsherrn bald links liegen ließen. Nur die bei den konservativen Eliten immer noch fest verankerte Vorstellung von seiner Unentbehrlichkeit als Symbolfigur beließ ihn formell auf seinem Posten, aber so recht ernst mochte man seine Befehlsgewalt schon im Winter 1914/15 nicht mehr nehmen. Es war die deutsche Kaiserin, die durch beherzte personalpolitische Interventionen zu verhindern wusste, dass ihr Gatte nicht schon nach dem ersten Kriegsjahr völlig isoliert dastand.[138] Ein Übriges tat der regelmäßige briefliche und mündliche Zuspruch von Großherzogin Luise von Baden, der einzigen leiblichen Tante des Kaisers, an der er zeitlebens mit großer Zuneigung gehangen hat. Die königliche Tante, so berichtet Wilhelms Generaladjutant Anfang 1915, »hat große Verdienste um unseren hohen Herren in dieser schweren Zeit, denn an Tiefe und Ernst der Auffassung, Gottvertrauen und Zuversicht, Pflichtgefühl und Tapferkeit im Ausharren bei der größten Demuth und Herzensgüte kann es einen schöneren Zuspruch von dieser Stelle nicht geben. Und erfreulicherweise verfehlt er auch seine Wirkung nicht.«[139] Wie denn auch umgekehrt die greise Tante ihre unermüdliche psychologische Aufbauarbeit gegenüber dem kaiserlichen Neffen als eine dankbare Aufgabe patriotischer Pflicht empfand. In den Worten des badischen Gesandten Eisendecher: »Besonders wohltuend empfindet Ihre Königliche Hoheit den regen telegraphischen und schriftlichen Verkehr mit unserem Allergnädigsten Herrn. Man kann meines Erachtens diesen ununterbrochenen Austausch von Meinungen und Stimmungen der hervorragenden ältesten Angehörigen des Hauses Hohenzollern mit dem Kaiserlichen Neffen in schwerer Kriegszeit nur als segensreich lebhaft begrüßen.«[140]

Die verwandtschaftliche Fürsorge für Wilhelm II. war das eine, seine praktische Bewährung als großer Feldherr etwas ganz anderes. Wenn die Zeitgenossen die deutsche Kriegsführung schon 1915 als »Wurschtelei« empfanden, so hatte nicht zuletzt der dauerhafte Ausfall des Kaisers als Oberster Kriegsherr daran einen beträchtlichen Anteil. Dass er in der von ihm beanspruchten Rolle als strategischer Führer der Kriegsmacht Deutschland auch objektiv überfordert war, steht auf einem anderen Blatt. Unter diesen Bedingungen wollte sich der deutsche Kronprinz Wilhelm gern auf Kosten seines angeschlagenen Vaters militärpolitisch profilieren. Als gestandener Militär im Range eines Regimentskommandanten hatte der 32-Jährige gleich nach Kriegsbeginn das Oberkommando über die 5. Armee erhalten, was vielleicht ein wenig zu hoch, aber nicht danebengegriffen war.[141] In dieser Heerführerrolle hatte sich Wilhelm junior aber ebenso wenig auszeichnen können wie seine ranggleichen königlichen Vettern aus Württemberg und Bayern. Mit Blick auf die für Anfang 1916 geplante militärische Operation Verdun wollte er das ändern, nicht zuletzt mit einer gezielten Imagekampagne in eigener Sache.[142]

Bekanntlich und fatalerweise endete die Schlacht bei Verdun, wo der deutsche Kronprinz als der verantwortliche Feldherr zum überragenden Kriegsherrn aufsteigen wollte, mit einem militärischen Fiasko, das sein öffentliches Ansehen schwer beschädigte. Und zwar, wie neueste Forschungen zeigen, »irreparabel – zum einen weil er für die ungeheuren Verluste mit haftbar gemacht wurde, zum andern weil er seine sexuelle Manneskraft in seinen Hauptquartieren derart unter Beweis stellte, dass diese ›Nebentätigkeit‹ als Don Juan ein offenes Geheimnis nicht nur in Armeekreisen war«. Ein französischer Roman eines offenbar sehr gut informierten Autors sollte nach dem Krieg dafür sorgen, dass seine indiskutable Lebensführung im Feld seinen Ruf dauerhaft ruinierte.[143] Gut, dass mit seinen Brüdern Eitel Friedrich, dem Oberbefehlshaber des Ersten Garderegiments zu Fuß[144], und Oskar, dem Kommandeur der Liegnitzer Königsgrenadiere[145], noch zwei weitere Kaisersöhne bei der kämpfenden Truppe standen und dort keine schlechte Figur machten. Vor allem der Erstgenannte war es, der mit mutigen Fronteinsätzen und echten Führungsqualitäten die militärische Ehre des Hohenzollernhauses gleichsam im Alleingang rettete. Die höchste preußische Kriegsauszeichnung, den Orden »Pour le Mérite«, erhielt er zu Recht noch vor seinem wesentlich ranghöheren Bruder im März 1915.[146]

Fürstlicher Blutzoll

Fassen wir zusammen: In militärischer beziehungsweise militärpolitischer Hinsicht konnten die deutschen Monarchen einen Führungsanspruch schon 1915 nicht mehr erheben. Ganz anders als noch beim Deutsch-Französischen Krieg von 1870/71 hatten sie auf diesem Herrscherfeld mangels Befähigung, Engagement und Mut bereits nach einem Kriegsjahr de facto abgedankt – und dies so ruhmlos, dass auch die Führungsleistungen einzelner Nichtversager den Prestigeverlust insgesamt kaum mehr wettmachen konnten. Dass den drei außerpreußischen Königen als notorischen Nichtkombattanten noch im dritten Kriegsjahr der Orden »Pour le Mérite« verliehen wurde, war der spiegelverkehrte Ausdruck nicht mehr vorhandenen Heldentums. Vom Vorleben höchster militärischer Pflichterfüllung kann nicht einmal im Bereich der Symbolpolitik die Rede sein. Dieses Vakuum konnte zwar sehr schnell durch den Hindenburg-Kult aufgefüllt werden, dessen enorme Wirkkraft jedoch zugleich die Entbehrlichkeit der Monarchen für den soldatischen Heldenkult offenbarte. Mehr noch: Je stärker das Volk Hindenburg verehrte, desto stärker wurden seine Emotionen von den Souveränen abgezogen. Während Letztere in der Welt des Militärischen vor dem Krieg noch omnipräsent gewesen waren, suchte man sie hier jetzt vergeblich. Von diesem Teil ihres Herrscheramtes hatten sie sich selbst bereits dispensiert.

Nicht ein Bundesfürst und auch kein Thronprätendent fielen auf dem Feld der Ehre, und verwundet wurde auch keiner von ihnen. So blieb es einigen wenigen nachgeborenen Prinzen vorbehalten, todesmutig in die Bresche zu springen und damit wenigstens einen imagepolitischen Totalschaden zu verhindern. Insgesamt sieben Prinzen aus deutschen Fürstenhäusern starben 1914 den sogenannten Heldentod[147], wobei auffällig ist, dass bis auf die landgräfliche Nebenlinie des Hauses Hessen ausschließlich kleinfürstliche Häuser diesen Blutzoll entrichtet haben. Und noch etwas fällt auf: Während in den ersten fünfzehn Kriegsmonaten etwa ein Viertel des gesamten preußischen Offizierkorps (Aktive und Reserve) fiel, brachten es die deutschen Herrscherhäuser in dieser Zeitspanne auf nur sieben Prozent.[148] 1915 gab es im deutschen Herrscherstand gar keinen Kriegstoten zu beklagen. Erst im Herbst 1916 starb mit Prinz Friedrich während des Rumänienfeldzugs ein weiterer Hessen-Prinz sowie an der italienischen Front Prinz Heinrich Luitpold von Bayern, ein Neffe König Ludwigs III.

Vor allem der Tod des königlichen Prinzen scheint der konservativen Kriegsberichterstattung wie gerufen gekommen zu sein.

Denn endlich ergab sich einmal wieder die Gelegenheit zu royalistischen Elogen, die man seit langem nicht mehr in der Zeitung hatte lesen können. »Der Gefallene« – schrieb die *Norddeutsche Allgemeine* – »war ein Muster jener hohen und unerschrockenen Pflichterfüllung, von der gerade die Angehörigen unserer regierenden deutschen Fürstengeschlechter während des Krieges so reichlich Zeugnis abgelegt haben.«[149] Das war zwar wider alle Evidenz; aber wann, wenn nicht jetzt, konnte man den Höchstgeborenen insgesamt noch einmal ähnlich suggestiv so edle Eigenschaften zuschreiben, wie sie diesen Prinzen angeblich in besonders hohem Maße auszeichneten: »ritterlichen Sinn«, »Wagemut«, »Treue bis zum Tod«, »größte Kaltblütigkeit«. Die Berliner *Kreuzzeitung*, die dem »Heldentod des Prinzen Heinrich« nicht weniger als fünf Artikel widmete, steigerte die Hommage sogar bis zu der Behauptung, seine letzten Worte seien »noblesse oblige« gewesen.[150] Auch Kaiser Wilhelms Beileidstelegramm nach München zielte ausdrücklich auf »das fürstliche Blut«, das Prinz Heinrich »für den Ruhm des bayerischen Königshauses und für die Ehre des deutschen Vaterlandes treulich zum Opfer gebracht« habe.[151]

Ein halbes Jahr später erlag Prinz Friedrich Karl von Preußen 24-jährig den Verwundungen, die er sich als Flieger bei einem selbst verordneten Himmelfahrtskommando über der Westfront zugezogen hatte.[152] Der Tote entstammte einer Nebenlinie des Herrscherhauses, mit der die Kaiserfamilie in ständigem Streit lag.[153] Auch dieses Ereignis wurde in der Presse groß herausgestellt. »Ein Hohenzollernsproß hat seine Treue zu König und Vaterland mit seinem Blute besiegelt«, hieß es im Fettdruck in der *Kreuzzeitung*.[154] Abermals wurde der monarchiegläubigen Leserschaft die Mär verkündet, dass der junge Prinz »Opfer eines Krieges geworden ist, in dem die Söhne des gesamten deutschen Volkes in gleicher Weise ohne Unterschied des Ranges und der Geburt kämpfen und bluten«.

Doch auch die beiden königlichen Kriegstoten eigneten sich letztlich zu nicht viel mehr als einer punktuellen Retusche eines insgesamt doch eher peinlichen Erscheinungsbildes, das der deutsche Herrscherstand in feldgrauer Uniform damals abgab. Ihr Sterben im Felde wirkte weiterer Herabwürdigung entgegen, mehr sicher nicht. Als mit Prinz Albert von Sachsen-Weimar-Eisenach und Prinz Heinrich XXVII. Reuß im September 1918 die beiden letzten Repräsentanten dieses Standes auf dem Feld der Ehre blieben und die Zahl der fürstlichen Kriegstoten sich auf insgesamt dreizehn erhöhte, war auch die königstreue Presse an einer öffentlichkeitswirksamen Ausschlachtung dieser Todesfälle nicht mehr sonderlich interessiert.

Das Ende ihrer militärischen Heldenrolle in der deutschen Geschichte war für die Dynastien allerdings schon wesentlich eher gekommen. Das konnte politisch nicht folgenlos bleiben. Hatte doch die eingangs zitierte Eloge gerade das feste Vertrauen des Volkes in die heldenhafte Bewährung ihrer fürstlichen Krieger im Felde zum Unterpfand dafür gemacht, dass »die Monarchie eine Form unseres Staates [ist und bleibt], die wir nicht nur mit dem Verstande als die unserm Volk beste erkennen, sondern [die wir] mit dem Gemüt umfassen als ein Stück von uns selbst«.[155] Aber von deutschen Fürsten als Kriegshelden gab es auch nach vier opferreichen Kriegsjahren nichts, von Fürstensprösslingen nichts Spektakuläres zu erzählen. So musste der militärische Unruhm der Dynastien auf den Funktionsmechanismus der Monarchie wie eine Unwucht wirken.

Als Anfang 1918 die Vorbereitungen für eine letzte Offensive deutscher Truppen im Westen anliefen, da zog es plötzlich einige der kriegsuntauglichen Bundesfürsten wieder mächtig an die Front. Großherzog Friedrich Franz IV. von Mecklenburg-Schwerin zum Beispiel fragte bei Heerführer Kronprinz Rupprecht von Bayern an, »ob es Dir recht sein würde, wenn ich mich während der zu erwartenden großen Ereignisse an Deinem Standort aufhielte«. Es würde ihn doch »ungemein interessieren«, aus der Nähe »die, so Gott will, entscheidenden Ereignisse des Weltkrieges mit zu erleben«.[156] Wenige Wochen später erging an den Kronprinzen ein ähnlich lautender Bittbrief aus der Feder von Großherzog Wilhelm Ernst von Sachsen-Weimar und Eisenach. »Es liegt die Annahme nahe«, schrieb der Monarch, »dass die diesjährigen Operationen zum Schluß des Krieges führen werden.« Es wäre für ihn »ganz besonders schmerzlich, wenn ich nicht die Entscheidung draußen miterleben könnte«. Er bekannte, dass er sich zu Hause »oft recht überflüssig vorkomme und (ich) mich geradezu schäme, als felddienstfähiger Mann hier zu sitzen«.[157] Auch der junge Herzog Ernst August von Braunschweig wollte dabei sein.[158] Zur gleichen Zeit tönte der Oberste Kriegsherr über die deutschen Erfolge im Osten, dass »alle Nebelwolken von Internationale, Völkerverbrüderung, Weltdemokratie pp. durch die Sonne des deutschen Heeres zerstreut sind. Gott gab uns den Sieg, den wir mit dem blanken Schwert erzwungen haben! Der deutsche Kaiser zerschmetterte die Bolschewistischen Revolutionierungspläne gegen Europas Fürstenthrone – auch gegen die seiner Feinde«.[159] – Dem ist nichts mehr hinzuzufügen.

Wer soll das Reich regieren?

Je tiefer man in die politikgeschichtliche Überlieferung der Spätphase des Wilhelminischen Kaiserreichs eindringt, desto deutlicher zeichnet sich ab, dass die Novemberrevolution nur das Finale einer Schadensabwicklung war, die bereits Anfang 1917 begonnen und das politische System seither unerträglichen Spannungen ausgesetzt hatte.

Die damals von der Obersten Heeresleitung erzwungene Radikalisierung der Kriegsführung provozierte eine eklatante Schwächung der politischen Führung im Reich, die schließlich auf eine kalte »Abdankung« des Kaisers sowohl als regierender Monarch wie auch als Integrationsfigur des 1914 verkündeten Burgfriedens im Inneren hinauslief.[160] Fortan wurde das Reich nur mehr formell monarchisch geführt, de facto war das »deutsche System« (Nipperdey) in seinen politischen Möglichkeiten ausgehebelt. Der Entscheidungsprimat ging endgültig auf das machtbewusste Dioskurenpaar Hindenburg/Ludendorff über, die mit ihrem Konzept der totalen Mobilmachung jedoch so sehr scheiterten, dass sie sich zu einer förmlichen Militärdiktatur nicht mehr aufraffen mochten.

Das Gesetz des politischen Handelns gab die Oberste Heeresleitung, die nach wie vor auf einen militärischen Sieg des Deutschen Reiches setzte, gleichwohl nicht aus der Hand. Noch immer konzentrierte sie eine gewaltige autokratische Macht auf sich, wenngleich sie die ihr widerstrebenden politischen Kräfte nicht gänzlich ausschalten konnte. Ihr größter innenpolitischer Triumph war der Sturz des letzten politisch noch halbwegs handlungsfähigen und -willigen kaiserlichen Reichskanzlers Bethmann Hollweg im Juli 1917. Doch war es ein Pyrrhussieg. Denn dieser Sturz beraubte das Spitzenamt seines traditionellen politischen Gewichts im deutschen Herrschaftssystem, während er gleichzeitig (ungewollt) dem Reichstag zu mehr Einfluss auf die Staatsgeschäfte verhalf.

Reformdruck von innen

Begonnen hatte dieser Einflussgewinn damit, dass eine parteiübergreifende Koalition aus Sozialdemokratie, Fortschrittspartei und Zentrum den sogenannten Burgfrieden vom August 1914 in Frage stellte, nachdem sich herausgestellt hatte, wie wenig die Reichsregierung willens war, Deutschland unter halbwegs glimpflichen Bedingungen aus dem nicht mehr zu gewinnenden Weltkrieg herauszuführen. Treibende Kraft war hier zunächst die SPD, die politisch unter schweren Druck geraten war. Die Februarrevolution 1917 in Russland und der Sturz der zaristischen Herrschaft sowie die Gründung der USPD und die Munitionsarbeiterstreiks im April 1917 setzten die Parteiführung derart unter Zugzwang, dass sie im Juni zwei Dinge ganz oben auf die politische Agenda setzte: außenpolitisch einen möglichst raschen Frieden und im Innern demokratische Reformen. Hintergrund dieser Aktivitäten war nicht zuletzt die neue Kriegsanleihe, die im Reichstag zur Bewilligung anstand. Ihre Zustimmung wollten die Sozialdemokraten sich diesmal etwas mehr kosten lassen als den Dank des Vaterlandes.

Den sozialdemokratischen Reformwünschen sprang vor allem der Zentrumspolitiker Erzberger bei, der in einer Aufsehen erregenden Rede vor dem Hauptausschuss des Reichstags am 6. Juli 1917 eine Friedensinitiative des Parlaments propagierte und zugleich einen Kanzlerwechsel forderte. Die Formierung einer neuen Parteikonstellation zu einem sogenannten Interfraktionellen Ausschuss war die Folge; dieser Ausschuss richtete sein Hauptaugenmerk darauf, die Parlamentarisierung des Regierungssystems voranzutreiben. Wohlgemerkt: die Parlamentarisierung der *Monarchie,* nicht deren republikanische Überwindung. Auch die

Oberste Heeresleitung wurde keinesfalls als politischer Gegner aufgefasst, eher als unbequemer Kooperationspartner. Am 13. Juli 1917 reichte Reichskanzler Bethmann Hollweg nach achtjähriger Amtszeit seinen Rücktritt ein. Seine letzte Amtshandlung war die Veröffentlichung einer königlichen Absichtserklärung, in Preußen irgendwann das gleiche Wahlrecht einzuführen. Den Kanzler und preußischen Ministerpräsidenten konnte dies aber auch nicht mehr retten. Im Gegenteil, den Parlamentariern war das zu wenig, und die Monarchisten fanden es unerhört.

Für alle Beteiligten war klar, dass nun eine verschärfte Auseinandersetzung um politische Grundsatzfragen ins Haus stand: Wer sollte das Reich regieren beziehungsweise wie sollte es regiert werden? Mit der autoritativen Ernennung von Georg Michaelis zum neuen Reichskanzler unternahm Kaiser Wilhelm II. einen letzten hektischen Versuch, seine Prärogative gegen Ansprüche von links (Parlamentsherrschaft), aber auch von extrem rechts (Militärdiktatur) zu behaupten. Doch war dieser Streich alles andere als prospektive Personalpolitik. Denn Michaelis hatte es in seinem bisherigen Leben nur zum fleißigen preußischen Spitzenbürokraten gebracht, war aber in der Welt der großen Politik ein unbeschriebenes Blatt geblieben. Auch der Kaiser kannte ihn nicht näher. Manche Historiker sprechen deshalb heute von einem »absoluten Höhepunkt der katastrophalen und dilettantischen Personalpolitik des Kaisers und seiner Umgebung«, die bezeichnend für das damals »herrschende Chaos« gewesen sei.[161] Doch ist das schon die ganze Wahrheit? Lassen wir zunächst die weiteren Geschehnisse Revue passieren.

Mit seiner Friedensresolution entrollte der Reichstag am 14. Juli 1917 weithin sichtbar eine Fahne, an der künftig keine politische Zukunftsdebatte mehr vorbei kam, denn die Resolution sprach sich unmissverständlich für »einen Frieden der Verständigung und der dauernden Versöhnung der Völker« aus, mit dem »erzwungene Gebietserwerbungen und politische, wirtschaftliche und finanzielle Vergewaltigungen unvereinbar« seien. Wichtigster Auftrag des kaiserlichen Reichskanzlers war es nun, diese Resolution politisch zu entschärfen, ja zu entwerten, ohne den Reichstag vor den Kopf zu stoßen und damit dessen Zustimmung zur neuen Kriegsanleihe zu gefährden. Genau dies versuchte Michaelis in seiner Antrittsrede am 19. Juli 1917 tatsächlich, machte sich damit aber keine parlamentarischen Freunde. Er kündigte eine bessere Zusammenarbeit zwischen Regierung und Reichstag an und nahm die Reichstagsresolution mit leidlichem Wohlwollen zur Kenntnis, allerdings nur so, »wie ich sie auffasse«. Durch seine Interpretation, schrieb er wenig später dem deutschen Kronprinzen, »habe ich ihr die größte Gefährlichkeit geraubt«.[162]

Im Klartext: Macht- und kriegszielpolitisch wollte und musste Michaelis alles beim Alten lassen, im Übrigen gerierte er sich regierungsintern als das, was er war – eine von der Obersten Heeresleitung goutierte Kreatur seines kaiserlichen Herrn. Eine eigenständige politische Potenz war er nicht und wollte er auch niemals sein. Zur Lösung der politischen Systemkrise konnte also die neue Personalie nichts Positives beitragen, nur ganz entschieden reklamieren, die konstitutionelle Monarchie sei unantastbar und die militärischen Interessen Deutschlands müssten Vorrang vor allem anderen haben. Eine Einbeziehung des Reichstags in gestaltende Politik war nach wie vor prinzipiell nicht vorgesehen, auch an einer ehrlichen Zusammenarbeit mit dem Parlament hatte der Kanzler auftragsgemäß nicht interessiert zu sein. So setzte er gleich von vornherein das Vertrauen der Abgeordneten, die immerhin in vorauseilendem Entgegenkommen die 9. Kriegsanleihe bewilligt hatten, mutwillig aufs Spiel. Es dauerte nur wenige Wochen, bis er es restlos verspielt hatte.

Die Herrschenden und die Systemkrise

Wie haben nun die gekrönten Häupter der sogenannten verbündeten Regierungen, die ja formell für die große Politik des Reiches mitverantwortlich waren, in diese schwere Systemkrise eingegriffen? Die Antwort lautet: politisch gar nicht. Sie überließen alles dem deutschen Kaiser und seiner Entourage. Stumm und apathisch blieben sie allerdings auch nicht. Der bruchstückhaften Überlieferung kann man verallgemeinernd entnehmen, dass Deutschlands Souveräne bis zum offenen Ausbruch der Krise mehrheitlich hinter Bethmann Hollweg standen.[163] Doch seit dem Frühjahr 1917 sah wohl nicht allein der Großherzog Wilhelm Ernst von Sachsen-

Weimar und Eisenach »mit großer Sorge in die Zukunft«. Ihm waren die innenpolitischen Zustände schon im April »geradezu widerwärtig«, aber viel mehr als Achselzucken fiel ihm auch nicht ein: »Ich weiß nicht, was die Reichsleitung eigentlich beabsichtigt. Man ist als regierender Fürst zur Untätigkeit verurteilt und darf nur zusehen, wie alles drunter und drüber geht. Keine Vorstellungen in Berlin werden angehört. Die jetzige Zeit wirkt sehr niederdrückend. – Ich war jetzt einige Tage hier [auf der Wartburg] zur Auerhahnbalz, bekam aber wegen Sturm, Regen und Schnee nur einen Hahn.«[164]

Einen Monat später schrieb Wilhelm Ernst an den Kronprinzen Rupprecht von Bayern: »Die unangenehmen innerpolitischen Zustände kennst Du ja aus den Zeitungen. Ich glaube, wenn draußen Ruhe ist, geht im Innern ein furchtbarer Kampf los. Und warum? Weil in der Reichsleitung kein Mensch das nötige Ansehen genießt.«[165] Das waren keine sonderlich tief schürfenden, aber durchaus aufschlussreiche Gedanken, spiegeln sie doch ein Grundmuster bundesfürstlicher Positionsbestimmung wider, das uns in den verbleibenden Monaten ihres Herrscherdaseins noch des Öfteren begegnen wird. Pointiert ausgedruckt lautete die Devise: rasonieren, sich schicken und weitermachen wie gewohnt. Aktiv für den schon seit Winter 1916/17 gefährdeten Bethmann Hollweg einzutreten kam für die meisten regierenden Fürsten spätestens von dem Moment an nicht mehr infrage, als der Reichskanzler anfing, seinem Kaiser und König die demokratische Wahlrechtsform in Preußen aufzunötigen, und dabei auch entsprechende Willensbekundungen des Deutschen Reichstags als Druckmittel einsetzte. Dieses Beispiel sollte keinesfalls Schule machen.[166] So waren angesichts der andauernden Querelen zwischen Regierung, Reichstag und Oberster Heeresleitung zwar viele Fürsten beunruhigt, aber direkt in die Reichspolitik einzugreifen wagte kaum einer.

Dabei lagen in manchen Herrscherhäusern ob der Berliner Regierungskrise durchaus die Nerven blank, wie ein Brief des Kronprinzen Rupprecht von Bayern vom 13. Juli 1917 aus seinem Feldquartier in Lille an seinen Vater erhellt.[167] Es sei »wahrhaft unglaublich, wie es in Berlin zugeht – der Kanzler ist wohl unhaltbar. Ludendorff muss aber unbedingt auf sein militärisches Fach beschränkt werden und darf sich nicht in alle Fragen der inneren und äußeren Politik mengen«. Der deutsche Kronprinz, so hieß es weiter, »wäre Dir sehr dankbar, wenn Du nach Berlin kämest. Auch ich wage es, an Dich die Bitte zu richten, womöglich nach Berlin zum Kaiser zu fahren.« Es stehe »viel auf dem Spiel, um nicht zu sagen Alles!« Wovor Rupprecht sich am meisten fürchtete, war die Einführung des Parlamentarismus auf Reichsebene, der das Ende der Einzelstaaten bedeuten würde. Man muss dazu wissen, dass der bayerische Thronprätendent bei seinem Klagelied unter dem Eindruck diverser Schreckgespenster stand, die ihm befreundete Ratgeber in brieflicher oder mündlicher Form gerade bewusst gemacht hatten.[168]

Doch jenseits seines notorischen Argwohns gegen alle sogenannten unitaristischen Bestrebungen kann man seine Nervosität als einen Indikator dafür ansehen, dass mehr als nur ein Fürstenhaus im Sommer 1917 am monarchischen Empfinden des Volkes zu zweifeln begann und man sich Sorgen machte über mögliche Loyalitätseinbußen. Bei Kronprinz Rupprecht war diese Sorge nur besonders stark ausgeprägt, wie sein Tagebuch-Eintrag vom 14. Juli, dem Tag der Ernennung von Michaelis zum Reichskanzler, verrät.[169] Dort bedauert er lebhaft die in allen Teilen des Reiches sich äußernde »antimonarchische Stimmung«, für die er vor allem Wilhelm II. verantwortlich machte: »Durch seine fortgesetzten Missgriffe und seine Untätigkeit ist der Kaiser um alles Ansehen gekommen und die Verstimmung geht so weit, dass manche monarchisch gesinnte und ernsthaft denkende Leute bezweifeln, ob die Dynastie der Hohenzollern den Krieg überdauern wird. Die einzelnen Bundesstaaten müssen Alles daran setzen, in die innere Katastrophe Preußens nicht verwickelt zu werden, die mir noch lange nicht abgeschlossen erscheint, und dürfen es nie und nimmer zugeben, dass sie durch eine Umgestaltung der Reichsverfassung im Sinne eines Parlamentarismus ihrer wichtigsten Rechte und ihres Einflusses auf die Aufgaben des Reiches gänzlich beraubt werden.« Die Besorgnis war nicht ganz unbegründet.

Der deutsche Kaiser verewigte sein Problembewusstsein gegenüber der Julikrise von 1917 in einer Marginalie zu einem Artikel in der bürgerlich-demokratischen *Frankfurter Zeitung*, die da lautet: »dass der Kaiser die Minister ernennt oder entlässt nach seinem Willen – ohne Frage! Damit basta!«[170]

Verhängnisvoll an diesem kategorischen Pochen auf sein Verfassungsrecht war nicht so sehr die unzeitgemäße politische Einstellung, die sich darin einmal mehr offenbarte, sondern der Umstand, dass dieses Recht schon längst nicht mehr durch die elementare Voraussetzung für dessen Ausübung, sprich politische Herrscherqualitäten auf Seiten des Privilegierten, gedeckt wurde. Indem Wilhelm, konfrontiert mit der Krise, programmatische Fragen der aktuellen Regierungsarbeit überhaupt nicht zur Diskussion stellen wollte, nahm sein Beharren geradezu kindliche Züge an. Die politischen Richtlinien bedurften für ihn keiner weiteren Klärung. An den Fronten stünden die Dinge gut, und es gehe nur mehr »darum durchzuhalten und die Nerven nicht zu verlieren«.[171] Anfangs glaubte er sogar, dass die für ihn unannehmbaren Forderungen Erzbergers auch im Reichstag keine Mehrheit fänden. Zugleich erklärte er, dass sein Vertrauensmann Bethmann Hollweg ruhig im Amt bleiben könne beziehungsweise er bereit sei, ihn durch einen anderen, den Staatssekretär Graf Rödern, zu ersetzen.[172]

Geradezu Panik kam auf, als am 13. Juli 1917 die Oberste Heeresleitung in das alberne Geschehen mit einer Rücktrittsdrohung eingriff, sollte Bethmann Hollweg im Amt bleiben, und einen eigenen Kandidaten präsentierte: den Ex-Kanzler Bernhard Fürst von Bülow. Für Wilhelm II. war von Bülow indes längst ein rotes Tuch, machte er ihn doch nach wie vor für die den Ruf des Monarchen nachhaltig schädigenden Affären der Vorkriegszeit verantwortlich. Wilhelms Entourage war also gezwungen, innerhalb weniger Stunden einen eigenen kaiserlichen Kandidaten aus dem Hut zu zaubern, der zumindest den Anschein erweckte, als sei er vom Monarchen mit Bedacht ausgewählt worden. Man stelle sich vor: Um elf Uhr reicht Bethmann Hollweg sein Rücktrittsgesuch ein. Um 12.30 Uhr wird dem zufällig in Berlin anwesenden bayerischen Ministerpräsidenten Hertling eine Offerte gemacht, die er aber ablehnt, weil man ihm bedeutete, seine Hauptaufgabe sei, »den Reichstag [zu] beruhigen«, wofür sich Hertling aber zu schade war.[173] Zwei Stunden später fällt dem 75-jährigen Generaladjutanten des Kaisers von Plessen, nachdem er sich mit dem Chef des kaiserlichen Zivilkabinetts von Valentini und dem des Militärkabinetts von Lyncker den Kopf über weitere Kandidaten zerbrochen hat, ein Name ein, der bereits vor einigen Tagen unter die Militärs gestreut worden war: Dr. Georg Michaelis, Unterstaatssekretär und preußischer Kommissar für Volksernährung.

Die weiteren Vorgänge lesen sich im Tagebuch von Plessen so: »Valentini entzückt! Das wäre eine geeignete Kraft. Valentini, Lyncker und ich fahren mit diesem Vorschlag zunächst zu Hindenburg. Er und Ludendorff stimmen durchaus bei. Also nun wir alle drei zu S. M. Allerhöchstdieselben erklärten sich einverstanden, obwohl er ihn [Michaelis] nur einmal gesehen hatte; er sei klein, ein Zwerg.«[174] Valentini selbst ergänzt, Wilhelm II. sei über den Kandidatenvorschlag zunächst sehr erstaunt gewesen und habe gesagt, »er kenne Michaelis gar nicht, sei aber, wenn er von allen Seiten so warm empfohlen würde, einverstanden«.[175] Als Valentini daraufhin bei Michaelis vorstellig wurde, sagte dieser sofort zu und fuhr noch am selben Abend mit dem Kanzlermacher zum Vorstellungsgespräch ins Schloss Bellevue, wo ihn zunächst der deutsche Kronprinz und die Kaiserin unter die Lupe und zugleich politisch-moralisch in die Pflicht nahmen.[176] Dann kam der Kaiser und redete eine Viertelstunde auf ihn ein, wobei Michaelis kaum zu Wort kam, aber dennoch bei seiner Zusage blieb.

Michaelis wurde der fünfte deutsche Reichskanzler nach Bismarck. Ein Staatsmann war er nicht. Vielleicht bedurfte es deshalb zur Bestallung dieser königstreuen Beamtenseele auch keines Staatsaktes. Valentini konnte sich später eines larmoyanten Kommentars nicht enthalten, der seine lebenslangen Gewissensbisse nur zu deutlich zu erkennen gibt. Es habe ihn damals »ein direkter Ekel an dieser falschen intriganten Lebensatmosphäre [am kaiserlichen Hof] ergriffen und eine leidenschaftliche Sehnsucht nach Freiheit und Weltflucht«.[177] Bereits unmittelbar im Anschluss an diese »ekelhafte« Aktion hatte Valentini sich unter der Hand ausgesprochen despektierlich über die Rolle des Kaisers geäußert.[178] Die brillantenen Insignien des Schwarzen Adlerordens, die Wilhelm II. ihm noch am 13. Juli 1917 für seine wunderbare Regie im Laienspiel dieser Kanzlerkür verlieh, nahm er trotzdem gern an.

Kaiserliches Zimmertheater und königlich-bayerische Regieanweisungen

Wer meint, diese schlechte Karikatur einer Staatsaktion zur politischen Krisenbewältigung sei nicht mehr zu steigern gewesen, den belehrt die eine Woche später von Vizekanzler Helfferich angeregte persönliche Kollektiv-Audienz bei Wilhelm II. eines Besseren. Nervös ob des monarchischen Dilettantismus, mag Helfferich gehofft haben, den Unmut der Befürworter einer Parlamentarisierung über die Farce der Reichskanzler-Ernennung durch eine persönliche Begegnung mit dem Kaiser zu beschwichtigen, ja die Abgeordneten vielleicht sogar ein wenig mehr für den Kaiser einzunehmen. Es gab in der Umgebung des Monarchen allerdings auch Bedenkenträger. So notierte Generaladjutant von Plessen in seinem Tagebuch, es sei gefährlich, »die erhabene Person des Kaisers in solche streitbare, unberechenbare Gesellschaft zu mischen. Der Nimbus geht zu leicht dabei verloren.«[179]

Liest man die späteren Berichte der Eingeladenen, so gewinnt man in der Tat den Eindruck, als habe Helfferich der Monarchie mit seiner Idee einen klassischen Bärendienst erwiesen. Ein wenig erinnerte das Ganze an die Fabel La Fontaines von dem freundlichen Bären, der eine Fliege von der Nase des Gärtners verscheuchen will, ihn dabei aber tötet. »Die ganze Unterredung zwischen dem Kaiser und den Abgeordneten war nicht nur im höchsten Grade verunglückt, sondern sie war der tiefste Spatenstich zum Sturz des bisherigen Regimes. Ergraute Abgeordnete, welche vom parlamentarischen System bis dahin nichts wissen wollten, sprachen es an diesem Abend offen aus, dass das seitherige System Deutschland ins Unglück führen müsse«, so der Zentrumspolitiker Matthias Erzberger, der damals zugegen war.[180] Angesichts der Äußerungen des Monarchen an jenem Abend verwundert diese Einschätzung nicht. So »erging er [Wilhelm II.] sich in gröblichen Beschimpfungen seines Freundes Niki, des russischen Zaren, dem er seine Abdankung [im Gefolge der Revolution] übel vermerkte, schalt ihn schlapp, schwächlich und schwachmütig, weil er die Thronentsagung überstürzt unterzeichnet und den Revolutionären beinahe aufgedrängt habe. Nicht sie hätten die Monarchie in Russland gestürzt, sondern der Monarch selbst.«[181]

Des Weiteren erklärte der Oberste Kriegsherr den Parlamentariern, »der jetzige Krieg werde zwar nicht mit einer Niederlage Englands endigen, aber am Schlusse des Krieges werde eine große Verständigung mit Frankreich herbeigeführt werden, und dann werde der ganze europäische Kontinent unter seiner, des Kaisers, Führung den eigentlichen Krieg, den Krieg gegen England, den er als einen ›zweiten Punischen Krieg‹ bezeichnete, beginnen«.[182] Die meiste Langmut mussten die fünf Sozialdemokraten aufbringen, die der Kaiser bei seiner persönlichen Ansprache zunächst kollektiv duzte (»Ihr«), um ihnen anschließend jovial auf die Schulter zu klopfen, weil sie sich auf der Stockholmer Sozialistenkonferenz so »glänzend gepaukt« hätten. »Bei alledem« – schreibt Philipp Scheidemann in seinen Memoiren – »gab es überhaupt keine Möglichkeit, auch nur ein Wort zu sagen, denn er redete ohne Pause, ein Wort überstürzte sozusagen das andere. Wir hatten also nicht einmal Gelegenheit, ihm zu Gemüte zu führen, dass er nicht vor Rekruten rede. Er redete unausgesetzt, von einem zum andern überspringend, als befürchte er direkt, dass einer eine Bemerkung machen könne.« Überhaupt sei »das Geschwätz des Kaisers« den Abgeordneten gegenüber »so wahnwitzig gewesen«, dass selbst sein sonst so gelassener Parteivorsitzender Ebert am Ende »ganz verstört schien«.[183] Von den Aussichten auf einen baldigen Frieden hatten die Volksvertreter etwas hören wollen, nicht von Phantasiegebilden, und von den Möglichkeiten, sie verantwortlich in die Regierungsgeschäfte einzubeziehen, aber darüber verlor Wilhelm kein Wort.

So blieb am Ende alle theatralische Jovialität und Leutseligkeit, die der Kaiser in diese Aktion einbrachte, vergeblich. Die Kluft zwischen Volk und Krone war durch Wilhelms Auftritt eher noch größer geworden, als sie ohnedies schon war. Aber er hatte auch monarchischen Kredit schlechthin vertan, und das auf eine Weise, die sämtlichen Royalisten eigentlich das Blut in den Adern hätte gefrieren lassen müssen. Denn in Zeiten, die alle Welt als die ernstesten überhaupt erlebte, derart schmierenkomödiantisch wie in den glänzenden Vorkriegszeiten zu agieren, war eigentlich unverzeihlich. Dass damals niemand dem kaiserlichen Totengräber in den Arm fiel, lag daran, dass die, die es hätten tun können, tun sollen, ja tun müssen, selbst mit größter Blindheit geschlagen waren.

Sie sahen einfach nicht, was sich da vor ihren Augen abspielte. Anders lässt sich jedenfalls nicht erklären, dass, so ein hoher Regierungsbeamter, »viele und auch der Kaiser selbst den Abend sehr gelungen fanden«.[184] Der neue Kanzler Michaelis behauptete: »Die Abgeordneten waren sehr erfreut und befriedigt, und ich glaube, dass diese ungezwungene Berührung zwischen Monarch und Volksvertretern eine glückliche Veranstaltung war.«[185] Selbst der skeptische von Plessen schrieb in sein Tagebuch: »S. M. unterhielten sich sehr gut. Waren gnädig, ganz gleich welcher Partei, gegen jeden. Es kann wohl sein, dass der Eindruck auf die Abgeordneten ein sehr günstiger war.« Doch dann stockte seine Feder, und er ergänzte: »Ein bedenkliches Unternehmen bleibt es. Eine Wiederholung ist ausgeschlossen.«[186]

Weitere Begegnungen dieser Art hat es tatsächlich nicht mehr gegeben. Der dem Kaiser verordnete Populismus muss seinen höchsten Beratern allen schönfärberischen Aussagen zum Trotz am Ende doch als zu halsbrecherisch erschienen sein. Befangen in der Angst, die Wahrheit über den deutschen Kaiser als Politiker könne nur entsetzlichen Schaden anrichten, hielten sie es dann doch für besser, den »regierenden« Monarchen hinter einer Milchglasscheibe aus verzerrter Wahrheit und Lüge von der Welt der profanen Parteipolitiker abzuschirmen. Aber nicht einmal darin liegt das Versagen der kaiserlichen Umgebung. Weit schlimmer noch war, dass niemand Wilhelm dazu brachte, die anstehenden politischen Probleme ungeschminkt zu sehen. Vielmehr bestärkten ihn alle darin, die Dinge ausschließlich so zu sehen, wie er sie, befangen in Selbsttäuschung, sehen wollte.

Am Tag vor dem missratenen Auftritt des Kaisers war es in Gestalt einer Denkschrift des bayerischen Kronprinzen Rupprecht zur einzigen krisenpolitischen Intervention von fürstlicher Seite überhaupt gekommen. Die Denkschrift richtete sich an die Adresse des bayerischen Ministerpräsidenten Hertling, den Rupprecht gerne als deutschen Reichskanzler gesehen hätte. Und sie formulierte bemerkenswerte Forderungen. An erster Stelle stand eine teilweise Umgestaltung der Reichsverfassung, »aber nicht in parlamentarisch republikanischem Sinne«, sondern so, »dass die Autorität der Einzelstaaten eine Hebung erfährt und die Reichsverfassung mehr der Form eines Staatenbundes als eines Bundesstaates angenähert wird«. In Berlin müsse bayerischerseits nachdrücklich betont werden, dass jede Schmälerung der Rechte der einzelnen Bundesfürsten deren Ansehen mindere. Das aber käme einer »Förderung destruktiver Bestrebungen« gleich, die sich langfristig »auch gegen den Träger der Kaiserkrone und seine Regierung richten« würden. Der Monarch dürfe aber keineswegs zu einem »bloßen konstitutionellen Zierrat« verkommen und »seine Regierung nicht die Schöpfung der augenblicklichen Mehrheitsparteien« werden. Sodann forderte Rupprecht als Gegenmittel gegen die Mitbestimmungsansprüche des Reichstags, den auswärtigen Ausschuss des Bundesrates zu einer ständigen und mit Beschluss-Rechten ausgestatteten Institution zu erheben. Schließlich warnte er vor einem Machtzuwachs Ludendorffs, der nur »ein Willensmensch, aber kein kühl abwägender Staatsmann« sei. Es dürfe nicht dazu kommen, dass der General nach dem aktuellen »Siege der Obersten Heeresleitung über den Reichskanzler« neben der militärischen jetzt auch noch die Führung der gesamten äußeren wie inneren Politik übernehme, und zwar »unter dem Aushängeschild des populären Feldmarschalls Hindenburg«.[187]

Aber auch dieses Reformprogramm des königlich-bayerischen Partikularismus hatte der deutschen Reichspolitik herzlich wenig zu bieten und war kaum geeignet, den monarchischen Gedanken in Deutschland zu stärken. Zu sehr stand die Abwehr der Demokratie auch hier im Zentrum aller Überlegungen, und die Unfähigkeit, Politik in nationalstaatlichen Kategorien zu denken. Rupprecht warnte, doch er argumentierte nicht. Immerhin spürt man wiederum deutlich, bis zu welchem Grad sich die Verunsicherung im deutschen Herrscherstand im Sommer 1917 gesteigert hatte und wie schlecht zumindest dieser Thronanwärter seine politische Zukunft bei der militärischen Führung des Reiches aufgehoben sah. Der neue Kanzler flößte ihm ebenso wenig Vertrauen ein. »Er wurde mir als der Typus des Stockpreußen geschildert und als überzeugter Pietist«, heißt es in Rupprechts Tagebuch.[188] Für einen römischen Katholiken Grund genug, sich erst einmal zu bekreuzigen.

Kronprinz Rupprecht war übrigens nicht der Einzige, der mit dem neuen Mann in Berlin wenig anzufangen wusste. Bei seinem Antrittsbesuch am sächsischen Hof in Dresden wurde Michaelis am 31. Juli 1917 von König Friedrich August III. sogleich mit der Frage begrüßt: »Wer hat Sie eigentlich zum Reichskanzler gemacht?«[189] Einen Vertrauensvorschuss kann man das nicht nennen.

Das »Projekt Michaelis« war eben nur der spontane royalistische Gegenschlag zur regierungs-, nicht systemoppositionellen Bestrebung des Interfraktionellen Ausschusses – übereilt, überzogen und vor allem ohne jede Zukunftsperspektive. Der Kaiser hatte sich einfach geweigert, die Volksvertretung in ihren Bestrebungen ernst zu nehmen. Mehr noch, er hatte in dem parlamentarischen Ansinnen einen eklatanten Angriff auf seine Kompetenz und Macht erblickt, der den immer gleichen trotzigen Abwehrreflex auslöste. Dass und vor allem wie er sich dann doch zu einer einmaligen und auch nicht ernst gemeinten Fühlungnahme herabließ, provozierte lediglich einen weiteren Gesichtsverlust – und dokumentiert einmal mehr seine Unfähigkeit, als politischer Monarch noch in irgendeiner Form Vertrauen einzuwerben. In Zeiten eines beinahe schon totalen Krieges noch forsch zu meinen, im Konfliktfall auch gegen die Mehrheit der nationalen Volksvertretung regieren zu können, kam fast schon einem politischen Offenbarungseid gleich.

Die Systemkrise vom Juli 1917 hält indes noch weitere Erkenntnisse bereit. Ihre praktisch-politisch viel zu kurz greifende »Lösung« bezeugt, wie sehr inzwischen die Wahrung des Scheins zum alles beherrschenden Moment im politischen Kalkül des Herrschers (und seiner Entourage) geworden war. Solange nur sein angestammtes Herrschervorrecht, allein zur Ernennung des Reichskanzlers befugt zu sein, rein äußerlich unangetastet blieb, war Wilhelm II. offenbar bereit, alles in Kauf nehmen. Dass ihn politische Kräfte unter Zugzwang gesetzt hatten, die schon weitgehend außerhalb seines Kompetenzbereiches lagen, glaubte er ignorieren zu können. Dass er ohne vorherige Zustimmung der ja eigentlich ihm unterstellten Obersten Heeresleitung keinen Kanzler mehr ernennen konnte, nahm er als Fait accompli. Und dass hier gar keine prüfende Auswahl des für die Belange des Reiches besten Kandidaten mehr stattgefunden hatte, daran nahm er keinen Anstoß. Mit anderen Worten, der deutsche Kaiser bezahlte für die Vorspiegelung eines souveränen Herrscherdaseins mit einem weiteren Verlust seiner faktischen Macht und des Ansehens einer

Herrschaftsform, die immer noch als von Gott eingesetzt galt. Die alleinige monarchische Entscheidungsgewalt gab es noch, aber *selbstständig* zu entscheiden gab es für den Monarchen eigentlich nichts mehr.

Antiparlamentarische Ressentiments und mangelnder Reformwille

Ob und inwieweit die politische Selbstdemontage des ersten unter allen Monarchen in Deutschland verhindert worden wäre, wenn seine Hohen Verbündeten seiner Politik der Improvisation *nicht* mit fortgesetzter Passivität begegnet wären, mag dahingestellt bleiben. Konkrete politische Vorschläge hatten sie dem Kaiser jedenfalls nicht zu machen, umso weniger, als sie überdies allesamt strikt gegen eine parlamentarische Monarchie im Reich beziehungsweise in den Einzelstaaten waren – und gegen einen Verständigungsfrieden, den sie unisono als Verzicht- oder Scheidemann-Frieden denunzierten. Immerhin saßen am 19. Juli 1917 bei der Antrittsrede des neuen Reichskanzlers mehrere Angehörige deutscher Herrscherhäuser in Berlin in der Hofloge des Reichstags, um live zu erleben, wie der Neue sich hier schlagen würde.[190]

Prinz Max von Baden meinte am Tag darauf, »die Rede von Michaelis habe ihm, wie dieser selbst, nicht missfallen«.[191] Noch einen Monat später äußerte der Großherzog von Mecklenburg-Schwerin: »Das Unwesen, das der Hauptausschuss [des Deutschen Reichstags] zu treiben beliebt, wächst doch allmählich zu einer ungeheueren Gefahr aus. Hoffentlich ist Michaelis Manns genug, um sich mit seiner ganzen Person diesem Strom der Wahnsinnigen entgegenzusetzen.«[192] Am badischen Hof in Karlsruhe war die antiparlamentarische Stimmung noch mehr angeheizt. Als der preußische Gesandte dort Anfang September 1917 die alte Großherzogin Luise zur Lage befragte, musste er sich »schweren Tadel« über die Friedenskundgebungen der Reichstagsmehrheit anhören: »Ihre Königliche Hoheit meinte, gewiss mit Recht, es sei unerhört jetzt, im härtesten Kampfe, die so nötige innere Einigkeit zu gefährden.« Und sie fügte bissig hinzu: »Wenn man die Herren Erzberger,

Scheidemann pp. in die Schützengräben oder auf die U. Boote schicken könnte, so würden sie dort heilsame Erfahrungen sammeln, sie würden begreifen, dass, solange unsere Feinde jeden Frieden ablehnen, eine energische Fortsetzung des Krieges unerlässlich bleibt und alle inneren Fragen ruhen müssen.«[193]

Solche Ansichten lassen es eher zweifelhaft erscheinen, dass auf bundesfürstlicher Seite ernsthaft über reformpolitische Korrekturen am Überkommenen nachgedacht wurde. Selbst der württembergische Ministerpräsident v. Weizsäcker, dem man von allen Monarchen-Beratern noch den klarsten Blick auf die politischen Realitäten nachsagte, bemerkte im Sommer 1917 gegenüber dem österreichischen Gesandten in Stuttgart, dass es für eine gedeihlichere Entwicklung der innenpolitischen Verhältnisse ausreiche, »der Reichsregierung einen mehr parlamentarischen Anstrich zu geben«.[194] So hat sich der deutsche Herrscherstand sehr schnell auf das Wagnis Michaelis eingelassen – übrigens auch der bayerische Kronprinz.

In ihrer Ahnungslosigkeit, wohin das deutsche Staatsschiff trieb, waren die deutschen Bundesfürsten so einmütig wie selten. Sie hatten offenbar jeden Blick für die Belastbarkeit ihres Herrschaftssystems verloren. Sie klammerten sich an die Bulletins der Heerführer, wonach die militärische Lage des Reiches glänzend sei, und vernachlässigten dabei den horrenden Preis, den vorzugsweise das Volk dafür zu bezahlen hatte. Bleibt noch zu ergänzen, dass einige Repräsentanten dieser Häuser ihr politisches Heil jetzt sogar bei der extrem nationalistischen und radikal antidemokratischen Deutschen Vaterlandspartei suchten, die im September 1917 gegründet worden war, um mit expansionistischen Kriegszielforderungen gegen die Reichsregierung zu agitieren.[195] Der Großherzog Friedrich August von Oldenburg zählt dazu oder der Herzog Johann Albrecht von Mecklenburg-Schwerin, um nur zwei besonders engagierte Vertreter aus der Phalanx mannigfacher Sympathisanten zu nennen.

Unterdessen verblasste der parlamentarische Anstrich der Regierung Michaelis schnell. Denn weit mehr als um diese Tünche blieb der Kanzler darum bemüht, den politischen Einfluss des Parlaments auf die Regierungsgeschäfte so gering wie eben möglich zu halten. Den Willen der Reichstagsmehrheit zur Parlamentarisierung steigerte dies nur noch weiter. Bereits Anfang Oktober drängte der Interfraktionelle Ausschuss auf Entlassung des Reichskanzlers, sodass dieser tatsächlich Ende Oktober stürzte. Die Parlamentspolitiker bestanden außerdem darauf, bei der Auswahl eines neuen Kanzlerkandidaten *vorher* gefragt zu werden, sie stellten sogar konkrete Bedingungen für die Zusammenarbeit mit dem neuen Regierungschef. Von einem antimonarchischen Impetus war allerdings nach wie vor nichts zu erkennen.

Der Forderungskatalog war zunächst nicht mehr als die parlamentarische Antwort auf das Kanzler-Desaster namens Michaelis. Dass sich darin der ausdrückliche Wille seines kaiserlichen Herrn artikulierte, wurde nicht thematisiert. Von einer künftigen Mitsprache des Reichstags bei der Ernennung des Kanzlers wollte Wilhelm II. allerdings überhaupt nichts wissen und entzog sich der vermeintlichen Provokation erst einmal durch einen längeren Staatsbesuch auf dem Balkan – nicht ohne vorher mit der Auflösung des Reichstags gedroht und Michaelis sogar eine unterschriebene Order für die eventuelle Auflösung hinterlassen zu haben. Prompt begann die zunächst so geschlossen aufgetretene Front der Mehrheitsparteien wieder zu bröckeln, der politische Druck auf die Reichsleitung verringerte sich durch unkoordinierte Einzelaktionen und Verzettelungen. Auch die demokratische Reichstagsmehrheit stand immer noch unter der kriegsideologischen Suggestion, dem feindlichen Ausland unbedingt das Bild eines siegessicheren, kampfbereiten und einigen Deutschland bieten zu müssen.

Auf abschüssiger Bahn

Weil sie sich folgerichtig auch nicht für befugt hielt, einen eigenen Kanzlerkandidaten vorzuschlagen, brachte die völlig überraschende Nominierung des bayerischen Ministerpräsidenten Georg Graf von Hertling die reformpolitische Offensive des Parlaments Ende Oktober 1917 vollends aus dem Tritt. Einerseits erfüllte der frühere Zentrumsmann als erklärter Befürworter der konstitutionellen Monarchie in keiner Weise die Kriterien für einen Reichskanzler, von dem man sich eine echte Teilhabe des Reichstags an der Regierungspolitik versprach. Auf der anderen Seite glaubte der

Interfraktionelle Ausschuss es jedoch als Zugeständnis werten zu können, dass Hertling mit Vizekanzler Friedrich von Payer und dem stellvertretenden preußischen Ministerpräsidenten Robert Friedberg zwei Vertrauensleute aus den eigenen Reihen zur Seite gestellt wurden, über die man sich nicht gänzlich einflusslos wähnte. Für die nicht wenigen Optimisten schien ein engeres, ja vertrauensvolleres Zusammenwirken von Regierung und Volksvertretung jetzt jedenfalls in greifbare Nähe gerückt; man sprach bereits von einem spezifisch »deutschen Parlamentarismus«.[196]

Dieser positive Eindruck verdankte sich freilich nur dem Verhandlungsgeschick, das der mit allen parlamentarischen Wassern gewaschene Hertling seit Beginn seiner Kanzlerkandidatur gegenüber den Reichstagspolitikern gezeigt hatte. Er war verbindlich und freundlich gegen jedermann, selbst gegen die ungeliebten Sozialdemokraten. Kaum ein Regierungspolitiker wusste besser, welcher Mittel es bedurfte, um seiner Kanzlerschaft einen *glaubwürdigen* parlamentarischen Anstrich zu verleihen. Dieser Erfolg kann freilich nicht darüber hinwegtäuschen, dass Hertling, so sein Sohn und enger Mitarbeiter Karl, »ein absoluter Gegner der von vielen heiß erstrebten Parlamentarisierung in Deutschland war«.[197] Außerdem war er nicht aus eigenem Antrieb oder politischem Ehrgeiz nach Berlin gegangen, sondern König Ludwig III. hatte den körperlich schon arg hinfälligen Greis dazu überreden müssen.[198] Immerhin war Gefahr im Verzug gewesen, denn mit Fürst Bülow drohte erneut die Kandidatur eines Mannes, von dem der Monarch nur mehr Schlechtes für sein Hoheitsgebiet befürchtete.[199] Hertlings Auftrag lautete: die Souveränität der Einzelstaaten gegenüber allen Zentralisierungstendenzen zu stärken; das Elsass endlich heim ins Bayern-Reich zu holen; die undurchsichtigen Machenschaften im Preußischen Staatsministerium, aber auch im Auswärtigen Amt zu kontrollieren. Natürlich war dieser Auftrag nirgendwo schriftlich fixiert worden. Aber warum hätte König Ludwig III. ausgerechnet sein bestes Pferd im Stall dem verhassten Preußen Wilhelm II. abtreten sollen, wenn er sich davon nicht ganz massive Vorteile für seinen Staat beziehungsweise seine Dynastie versprach?[200]

Im Übrigen war der politische Auftrag an den Kanzlerkandidaten im Prinzip kein anderer als im Juli 1917: Hertling sollte das autokratische Regime durch Disziplinierung der Reichstagsparteien vor demokratisch-parlamentarischen Übergriffen bewahren. Als Vertrauensmann des Königs, dem er weiterhin treu ergeben blieb, sollte er die Gunst des Berliner Amtes nutzen, um für Bayern aus diesem Krieg noch etwas Ersprießliches herauszuschlagen. Entsprechende Aktivitäten ziehen sich wie ein roter Faden durch Hertlings Amtszeit.[201] Dass er sich dafür auch um das Wohlwollen des deutschen Kaisers, nicht minder aber um das der Obersten Heeresleitung bemühen musste, versteht sich.

Nun gab es in Preußen-Deutschland, vor allem in konservativen und nationalistischen Kreisen, viele gewichtige Stimmen, welche die Reichskanzlerschaft des streng katholischen Ministerpräsidenten aus Bayern und vor allem ihren parlamentarischen Anstrich für ein politisches Verhängnis hielten.[202] Von einem »Akt der Erniedrigung für die Hohenzollern-Dynastie« war da die Rede, von einer »Verleugnung von Bismarck und Luther« und einem »Sieg des Ultramontanismus«. Auch Wilhelms Hofchargen und hohe Militärs stimmten in dieses Klagelied ein, nahmen selbst dem Kaiser und dem Kronprinzen gegenüber kein Blatt vor den Mund.[203] Am meisten echauffierte sich die Kaiserin, der die Ernennung der liberalen Parlamentarier Payer und Friedberg zu Hertlings Stellvertretern wie eine unerhörte Provokation vorkam. Sie ließ den Kabinettschef Valentini kommen und stellte ihn zur Rede. Dessen Argument, »dass ein gewisses Nachgeben gegen die Wünsche der Volksvertretung bei der Gespanntheit der Lage klug und nicht zu vermeiden sei, setzte sie schließlich die zornigen Worte entgegen: ›Eher will ich meinen Kopf auf das Schafott legen, ehe ich zugebe, dass irgend ein Recht der Krone geschmälert wird!‹«[204] Dabei hatte ihr Mann einige Tage lang tatsächlich versucht, sich als politisch starker Monarch zu gerieren. Den demokratischen Schwelbrand hatte er durch offenen Kampf gegen den Reichstag bis hin zu dessen Auflösung und durch eisernes Festhalten an seinem Reichskanzler Michaelis ein für allemal ersticken wollen.[205] Aber wie schon so oft war Wilhelm nach dieser Kraftmeierei sehr schnell wieder eingeknickt und hatte dem neuen Kandidaten Hertling anschließend bereitwillig sämtliche Handlungsfreiheiten eingeräumt, die dieser für eine erfolgreiche Kanzlerschaft meinte haben zu müssen.

Selbstverständlich wollte der Kaiser mit seiner Konzilianz gegenüber Hertling weder dem erklärten Willen des Reichstags nachgeben noch gar das monarchische Prinzip fahren lassen; doch der plötzliche Sinneswandel kam selbst für viele Insider überraschend. Wahrscheinlich hatte der Hinweis auf ein nicht auszuschließendes Bürgerkriegs-Szenario im Falle einer offenen Machtprobe dem Kaiser derart zugesetzt, dass ihn der Mut sehr schnell wieder verließ. So jedenfalls deutete der entlassene Michaelis sein eigenes schmähliches Ende: Der »Kampf mit den Arbeitervertretern, wo das Volk darbt und friert und wir seine Arbeitskraft zum Kampf unbedingt nötig haben«, bleibe »ein gefährliches Wagnis«. Man könne es nur eingehen, wenn man seines Kaisers so gewiss sei wie einst im preußischen Verfassungskonflikt Bismarck seines Königs.[206]

Diese deutliche Spitze gegen seinen ansonsten sakrosankten allergnädigsten Herrn zeigt mehr als nur die tiefe Enttäuschung eines kampfbereiten Staatsdieners gegenüber seinem matten Gebieter. Sie stellte die politischen Führungsqualitäten des Monarchen in Frage. Kritische Untertöne wie die des Ex-Kanzlers waren jetzt auch in anderen Kreisen königstreuer Funktionsträger vernehmbar. Als der Armeeführer Max von Gallwitz Anfang November in Berlin einen bestens informierten Hofbeamten aufsuchte, um sich über die innenpolitische Lage zu informieren, notierte er anschließend: »Darüber, dass wir auf der abschüssigen Bahn nach links weiter gleiten werden und die lachenden Erben vorläufig im Hintergrund warten, waren wir uns einig.« Betrüblicher empfand er indes »die Urteile, die ich über die Allerhöchste Person zu hören bekam – hier niederlegen mag ich sie nicht. Aber das ist wohl sicher, dass der Kaiser die inneren Verhältnisse nicht durchschaut, auch hier vielfach zu persönlich empfindet und leichthin urteilen mit Tatkraft verwechselt.«[207]

Konkreter Hintergrund dieser vagen Andeutung dürfte Wilhelms Ansprache an diverse Staatssekretäre, Minister und andere Spitzenbeamte gewesen sein, denen der Monarch am 27. Oktober 1917 im Neuen Palais ähnlich haarsträubenden Unsinn erzählt hatte wie im Juli den Parlamentariern: glänzende militärische Siege unter Seiner persönlichen Führung; Italien am Boden wie Russland; Zweiter Punischer Krieg mit Vernichtung Englands; der

Reichstag eine Schwatzbude; und so weiter und so fort.[208] Als der Zentrumspolitiker Erzberger dem Interfraktionellen Ausschuss von diesem Vorfall berichtete, soll die allgemeine Reaktion gewesen sein, »dass das Wort ›geisteskrank‹ den Zustand Seiner Majestät nur sehr ungenügend kennzeichne«. Der Sozialdemokrat Philipp Scheidemann meinte rückblickend: »Das Gescheiteste wäre vielleicht gewesen, wenn man ihn damals in ein Sanatorium gebracht hätte.« Neu war, dass nun auch Scheidemanns politische Erzfeinde ähnlich dachten und dabei aus ihrem Herzen längst keine Mördergrube mehr machten.

Wilhelm II. ging somit langsam, aber sicher auch der blinden Gefolgschaft seiner getreuesten Anhänger verlustig. Binnen kurzem steigerte sich die Missstimmung gegen ihn in monarchisch-konservativen Kreisen derart, dass erste Stimmen unverblümt seine Abdankung forderten.[209] Offenbar hatten manche Royalisten jetzt genug von einem Kaiser, der augenscheinlich nicht wusste, was er machtpolitisch wollen sollte; umso mehr, als Wilhelm mit seinen nassforschen Bemühungen um imagepolitische Schadensbegrenzung immer wieder in die Falle der Karikatur eines (verehrungswürdigen) Monarchen rannte. »Diese wirren Ausbrüche einer ungezügelten Phantasie erweckten in uns schwere Sorge, ob die höchste Stelle der Bedeutung des Augenblicks und der wirklichen Situation gewachsen sei«, meinte der Unterstaatssekretär im Reichsschatzamt Eugen Schiffer.[210]

Aber die Problematik dieses Kaisertums war komplexer. Das Problem waren nicht so sehr die unaufhörlichen Ausbrüche der kaiserlichen Phantasie; auch nicht, dass der Kaiser sich dazu uneingeschränkt berechtigt glaubte, sondern vielmehr, dass er es de facto und de jure auch tatsächlich immer noch war und dass es niemanden gab, der dieses Recht auf monarchische Unverantwortlichkeit grundsätzlich infrage stellte. Außerdem glaubte Wilhelm II. tatsächlich an das, was ihm seine Kritiker als »Ausbrüche einer ungezügelten Phantasie« auslegten. Niemals hätte er eingesehen, dass die von ihm zelebrierte Herrscher-Attitüde dem gemeinen Volk keinen Respekt mehr einflößte oder gar die Partei seiner eigenen, royalistischen Gefolgschaft vor den Kopf stieß. Im Übrigen hatte die innenpolitische Konstellation den Monarchen als regierenden Kaiser einfach schachmatt gesetzt. So blieb ihm gar nichts anderes übrig, als sich – wie er seinem ältesten Sohn gegenüber gestand – »auf den Boden der gegenwärtigen Lage zu stellen, so schmerzlich ich die Entwicklung dazu empfunden habe«. Es gelte jetzt eben, »den Krieg zu gewinnen und das Reich durch schwere Gefahren hindurch zu steuern, wozu Ruhe im Innern nötig ist«.[211] Genau das beteten ihm der Reichskanzler und der Chef seines Zivilkabinetts Tag für Tag vor.

In der radikal-nationalistischen Presse wurde dieses herrschaftspolitische Dilemma zwar zum »widerwärtigen Schauspiel« umdefiniert, das machtgierige und unmoralische Parlamentarier zum Schaden Deutschlands inszeniert hätten, doch gleichzeitig warf man die zuvor in diesen Kreisen noch niemals gestellte Frage auf, ob Wilhelm II. in diesen Tagen denn auch »das für ihn als Kaiser und König Gebotene« getan habe, »um Inhalt und Wert seines wunderbaren Amtes unangetastet zu erhalten«.[212] Die Frage so stellen hieß natürlich nichts anderes als sie mit Nein zu beantworten. Und so stand am Ende des Artikels die unverhohlene Warnung an den amtierenden Monarchen, »das geborene Führeramt des Kaisers und Königs« nicht weiter zu entwerten. »Wer wirklich deutsch ist und denkt und fühlt, will an der Spitze des Volkes den Träger deutschen Herrschertums als geborenen Führer und wird alles daran setzen, diese wunderbare Einrichtung zu erhalten.« Soll heißen: notfalls auch ohne den derzeitigen Throninhaber.

Nicht weniger bemerkenswert als diese bis dato unvorstellbare öffentliche Kritik, die das deutsche Kaiserpaar wohl auch nicht unberührt ließ[213], war, dass kurz danach ein weiterer Beitrag mit ähnlicher Impertinenz fragte: »Und die Bundesfürsten?«[214] Verfasst hatte ihn der politisierende Standesherr Otto Fürst zu Salm-Horstmar, ein Mann mit guten Beziehungen zu deutschen Herrscherhäusern und Mitbegründer der Deutschen Vaterlandspartei. Salms ebenbürtiger Rang gegenüber den Adressaten seiner Attacke verhalf dem Artikel zu erheblichem Gewicht. Was der Fürst seinen Standesgenossen ins Gewissen schreiben wollte, war, mehr politisches Engagement im »Kampf um die glückliche Zukunft des Vaterlandes« zu zeigen. Insbesondere forderte er sie auf, die direkte politische Aussprache mit dem beratungsbedürftigen Kaiser zu suchen oder ihre reichspolitischen Ansichten notfalls mittels ihrer Bundesratsbevollmächtigten direkt im Reichstag zur Sprache zu bringen. (Was nach Artikel 9 der Reichsverfassung tatsächlich jederzeit möglich war.) Er plädierte für eine aktivere Einflussnahme der Souveräne auf die Führung der Reichspolitik, weil jeder Verzicht auf dieses Recht nicht allein politisch fahrlässig sei, sondern auch aus bisher gleichberechtigten Bundesmitgliedern »mediatisierte Fürsten« machen würde. Es dürfte also, so sein Schlussappell, in deren ureigenstem Interesse liegen, wenn von der tatsächlichen Betätigung dieser bundesfürstlichen Pflichten »öfter etwas im Volk bekannt würde«.

Man kann in der unzeremoniellen Rhetorik dieser beiden rechtskonservativen Kundgebungen vom November 1917 durchaus schon etwas Menetekelhaftes für Deutschlands blaublütigen Herrscherstand erkennen. Umgekehrt war es die bereits eingesetzte Verfinsterung der monarchischen Welt, die den Artikelschreibern Angst vor einer allgemeinen Fürstendämmerung gemacht und sie provoziert hatte, so energisch wider den Stachel (der bundesfürstlichen Lethargie) zu löcken.

Wie aber sollten die Schalthebel der Machtzentrale jetzt bedient werden? Reichskanzler Hertling, der das Kaiserreich bis unmittelbar an die Schwelle seines definitiven Untergangs regieren sollte, musste mehr als einem Herrn dienen: seinem bayerischen König, dem er sich moralisch in erster Linie verpflichtet fühlte; seinen beiden Stellvertretern, die wiederum Geschäftsträger der Reichstagsmehrheit waren; der Obersten Heeresleitung, der er die Beteuerung abnahm, dem Reich noch einen Siegfrieden erkämpfen zu können; und schließlich auch dem Kaiser, den er in seiner Harmlosigkeit genau durchschaute und deshalb auch gut zu nehmen wusste. Damit gab seit Herbst 1917 definitiv nicht mehr der Wille des Trägers der Kaiserkrone politisch den Ausschlag, sondern ein Konglomerat von sich teilweise durchkreuzenden Willensäußerungen. Darin hatte die Stimme der bundesfürstlichen Mitsouveräne fast gar keine Bedeutung mehr.

Das Ergebnis dieser faulen Kompromisse war eine einjährige Stagnation in Deutschlands Entwicklung zur parlamentarischen Demokratie. Für die (konstitutionelle) Monarchie bedeutete sie eine lebensverlängernde Maßnahme, die aber so palliativ angelegt war, dass sie schließlich auf nichts anderes hinauslaufen konnte als auf ihren totalen Zusammenbruch. Denn die im Sommer 1917 eingeleiteten Bestrebungen, die auf mehr Demokratie in Deutschland abzielten, hatten bereits im Herbst des Jahres – nicht zuletzt durch Hertlings geschickte Rücksichtnahme auf den Parlamentsbetrieb – eine reformpolitische Schubkraft entwickelt, die irreversibel und nur noch mit diktatorischer Gewalt, also bürgerkriegsähnlichen Maßnahmen zu bremsen war. Doch davor schreckte selbst die Oberste Heeresleitung zurück. Der Autoritätsverlust des Kaisers war aber genauso wenig rückgängig zu machen und stürzte die Monarchie nur noch tiefer in die notorische Sinnkrise. So blieb die machtpolitische Konstellation in Deutschland in einem gefährlichen Schwebezustand. Fortan wurde das Kaiserreich weder konstitutionell noch parlamentarisch, weder monarchisch noch diktatorisch regiert. Und doch waren alle diese Elemente in der Welt der deutschen Politik präsent und wirksam – *relativ* wirksam. Daneben funktionierten Bürokratie und Militär, doch weitgehend maschinell, ohne politisch prospektive Vorgaben. Auch mit einem optisch wesentlich verbesserten parlamentarischen *Anstrich* war das konstitutionelle System nicht mehr zu retten. Seit der Reichsgründung von 1871 klafften Wahn und Wirklichkeit der Monarchie in Deutschland nie so weit auseinander wie 1917. Die Verheißung der Bismarck'schen Reichsgründung, wonach die als Staatsoberhäupter inthronisierten Fürsten zugleich Deutschlands geborene politische und militärische Führer sein sollten, war zur weltfremden Ideologie erstarrt.

Fassen wir zusammen. Bis 1917 hatte die Monarchie in Deutschland, strukturell betrachtet, noch zwei Überlebenschancen: entweder selbst den Übergang zur parlamentarischen Regierungsform einzuleiten oder aber alles auf die Karte des Populismus zu setzen, das heißt über den Weg von Heldentaten zum Volkskönigtum zu mutieren. Für beides besaß weder der amtierende Kaiser noch irgendein anderer Monarch das erforderliche politische beziehungsweise charakterliche Format.

Aber es fehlte den Souveränen auch an politischer Willenskraft und an Vertrauen zum eigenen Volk. Seinen parlamentarischen Vertretern politische Macht zu übertragen blieb tabu; den unmöglichen Kaiser aus dem Verkehr zu ziehen ebenso. Zwar schwante manchem königstreuen Politiker bereits, dass Wilhelm II. der Monarchie längst nicht mehr guttat. Doch die im Bewusstsein der herrschenden Klasse tief verankerte Dignität der Krone ließ sie davor zurückschrecken, der Selbstdemontage ihres aktuellen Trägers energisch Einhalt zu gebieten. Damit war die republikanische Überwindung des Deutschen Kaiserreichs sozusagen zu einer inneren Notwendigkeit geworden, an der kein Weg mehr vorbei führte, ganz unabhängig davon, wie republikanisch gesonnen die politische Opposition damals war.

Nicht allein die Personalität des deutschen Kaisers erwies sich als Unheil für die Monarchie; der ausgeprägte Unwille der übrigen Monarchen, ihr politisches Zugpferd zu zügeln, wirkte in die gleiche Richtung. Die einzig »rettende Tat« wäre natürlich die Enthronung dieses Reichsmonarchen und seine Ersetzung durch einen echten Hoffnungsträger aus den eigenen Reihen gewesen. Aber auch schon weniger radikale Steuerungsbemühungen, die ja aufgrund des engen Netzes der dynastischen Kommunikationswege jederzeit möglich und koordinierbar gewesen wären, hätten hier vielleicht noch als Korrektiv wirken können. Nichts dergleichen geschah, und so nahm die Selbstdemontage der deutschen Monarchie ihren Lauf.

Die rein militärische, das heißt regierungspolitisch kaum gedeckte Flucht der Obersten Heeresleitung in die Frühjahrsoffensive von 1918 versuchte den rapide fortschreitenden Verfall der reichsdeutschen Staatsräson, wie sie von Bismarck einst definiert und realpolitisch umgesetzt worden war, noch einmal aufzuhalten. Abwenden konnte auch sie ihn nicht mehr. Vielleicht war der Entschluss zum Angriff im Westen aus einem ganz einfachen Kalkül erwachsen: Wenn die Monarchie schon nicht zu retten war, dann vielleicht wenigstens die Ehre des Militärs. Die militärische Operation vermochte jedenfalls noch einmal Siegeshoffnungen zu wecken und dadurch von der unlösbaren Systemkrise abzulenken. Insofern kann man sie auch als einen Baustein zur damals in einigen Köpfen bereits Gestalt annehmenden »Dolchstoßlegende« verstehen.

Das deutsche Kaisertum am Ende

Der Kaiser, seine Schamanen und sein Maulheldentum

»Wenn diese Frau auch dem Geschehen ihrer Zeit rein zuschauend gegenüberstand, weder die Neigung noch die Fähigkeit hatte, sich in politische Probleme zu vertiefen, so hatte sie doch etwas, was vielleicht schwerer wog: den Instinkt für die Gefahren, die der Monarchie drohten, den Willen, jeder Minderung überkommener Rechte zu trotzen, und den großen edlen Stolz einer wahren Hohenzollernfürstin.« (Der militärische Berater des letzten deutschen Kaisers Alfred Niemann über dessen Gemahlin, Kaiserin Auguste Viktoria, in seinen Erinnerungen »Aus der Zeit des Niederbruchs 1918«, in: *Der Tag*, Nr. 186 vom 11. Mai 1922)

Die Frau an Wilhelms Seite

Als Kaiser Wilhelm II. am 9. November 1917 – wie vom Deutschen Reichstag gewünscht – die Ernennung von zwei Parteipolitikern zu Stellvertretern des deutschen Reichskanzlers beziehungsweise des preußischen Ministerpräsidenten unterzeichnete, sägte er damit den Ast ab, auf dem er seit fast dreißig Jahren als konstitutioneller Monarch von Gottes Gnaden saß. Seine Prärogative war nun dahin – nicht de jure, aber de facto. Dass er in der Folgezeit diesen eklatanten Machtverlust gar nicht realisierte, ja nicht einmal den harten Aufprall seines Sturzes spürte, lag an den Armen, die ihn damals auffingen und die unter Aufbietung aller Kraft bemüht blieben, den nunmehrigen Schattenmonarchen in Illusionen

Kaiser Wilhelm II. und Kaiserin Auguste Viktoria im Ersten Weltkrieg.

über seine politische Bedeutung zu wiegen. Diese Arme gehörten einer Frau namens Auguste Viktoria – ihres Zeichens deutsche Kaiserin und Königin von Preußen. Mehr als jede andere Persönlichkeit im inneren Zirkel der Macht bewirkte sie, dass ihr hoher Gemahl noch ein ganzes Jahr politisch durchhielt. Mit ihrer emotionalen Stabilität und ihrem moralischen Rigorismus stieg sie zur einflussreichsten Persönlichkeit im deutschen Kaiserhaus auf. Zugleich avancierte sie dort zur Bannerträgerin einer eisernen Arkandisziplin, während sie in der deutschen Innenpolitik zum Pol der Hoffnungen aller reaktionären Bestrebungen wurde.[1]

Entscheidungspolitisch betrachtet war Wilhelm zu diesem Zeitpunkt nur noch ein Marionetten-Kaiser, an dessen wichtigsten Strippen die Oberste Heeresleitung und bisweilen der Reichskanzler zogen. Zwar gab er dem Auftreten nach auch 1918 noch, und nun sogar wieder verstärkt, den Imperator Rex. Doch dazu bedurfte es des kontinuierlichen Beistands der deutschen Kaiserin. Deshalb wich sie jetzt auch kaum noch von seiner Seite, ließ den Gatten nicht mehr »aus der festen Burg des von Generalen und anderen Siegesgewissen durchgehaltenen Glaubens«.[2] Ihr inständiges Einwirken auf Wilhelm entfaltete auf der einen Seite ganz erstaunliche antidepressive Effekte, andererseits führte es mehr als vieles andere dazu, dass das Herrschaftsmodell der Monarchie immer tiefer in die Sackgasse geriet, in die es sich 1917 hineinmanövriert hatte. Denn die Einflussnahme Auguste Viktorias erfolgte durchaus in machtpolitischer Absicht, und zwar in einem extrem reaktionären Sinn, nicht selten voller Hass auf die von ihr ausgemachten Feinde der Hohenzollern-Dynastie, dabei ohne Staatsklugheit, dafür umso fanatischer. Im direkten Gespräch war sie gegen jedermann freundlich und verbindlich, im Übrigen aber so fromm wie sinister. Ernst Ludwig von Hessen trifft den Nagel auf den Kopf mit seinem Urteil, »dass die Kaiserin der böse Geist Wilhelms II. gewesen sei und einen außerordentlichen Einfluss auf ihn ausgeübt habe«.[3] Persönlich trotzig-stark, durchsetzungs- und manipulationsfähig, gelang es Auguste Viktoria in der Tat, ihren Ehemann so zu konditionieren, dass er Argumenten der politischen Vernunft nun dauerhaft unzugänglich blieb.[4]

Je weniger von der Herrscherautorität des Kaisers übrig blieb, desto krampfhafter wirkte seine Gemahlin darauf hin, sie gleichwohl zur Geltung zu bringen. Sie motivierte, genauer: sie nötigte ihn, den Eindruck eines machtvollen Monarchen aufrechtzuerhalten, obwohl er doch tief in seinem Innern längst resigniert hatte und unter schrecklichen Versagerängsten litt. Das Antidepressivum, das die Kaiserin ihm sein wollte, kaschierte seine Unsicherheit, machte ihn aber letztlich nur noch sprunghafter, als er ohnehin schon war. Wilhelms stärkste Eigenschaft war und blieb seine Schwäche. Deshalb sah Auguste Viktoria ihre wichtigste Aufgabe darin, ihren Mann konsequent vor unberechenbaren Einflüssen abzuschirmen. Ihr zentraler Verbündeter auf diesem Feld wurde im Januar 1918 Friedrich von Berg, ein konservativer Ultra und alter Duzfreund des Kaisers, der den Posten des Zivilkabinettschefs übernahm. Seinen Vorgänger Rudolf von Valentini, den Wilhelm eigentlich recht gern mochte, hatte die Kaisergemahlin nachgerade weggebissen, indem sie ihn den absurdesten Verdächtigungen aussetzte.[5] Nun nahm sie Berg in die Pflicht, alles besser zu machen. Kein Amt war für Hintertreppenpolitik vorzüglicher geeignet als das im Wortsinne Geheime Zivilkabinett. Denn einerseits gab es außer dem Kaiser keine Instanz, der gegenüber dessen Chef sich für sein Tun und Lassen zu rechtfertigen hatte, andererseits konnte er sich bei seinen Operationen stets auf tatsächliche (oder behauptete) Weisungen und Aufträge seines hohen Herrn berufen, was in der Regel bereitwilligstes Entgegenkommen garantierte. Durch seinen direkten Zugang zum Monarchen, den er fast täglich sah, konnte Berg aber auch sehr effektiv in die Ohren seines Gebieters flüstern und damit politischen Einfluss nehmen. Die Möglichkeiten, die ihm als verlängerter Arm der Kaiserin erwuchsen, sollten ebenfalls nicht unterschätzt werden.

Die politische Scharnierfunktion seiner Stellung wusste Berg auf vielfältige Weise zu nutzen, denn er war schlau.[6] Vor allem wusste er aus ganz persönlicher Erfahrung, wie außerordentlich leicht der Kaiser zu lenken war[7], und er hat im Zusammenspiel mit Auguste Viktoria in diesen Schicksalsmonaten der Monarchie das Menschenmögliche getan, um Wilhelm zu manipulieren und zugleich alles abzuwehren, was die Machtstellung des Monarchen oder der Dynastie auch nur ansatzweise zu gefährden schien. Durch seinen engen Schulterschluss mit der Obersten Heeresleitung, die ihrerseits vor allem in Gestalt Hindenburgs außerordentlich bemüht blieb, den Kaiser mit schönen Redensarten bei der Stange zu halten, konnte Berg besonders wirksam versuchen, den Willen des Monarchen im Sinne der deutschen Kaiserin zu beherrschen. Offenbar nicht ohne Erfolg, wie Berg in seinen Erinnerungen stolz vermerkt und wie Bergs damaliger Widersacher, der Marinekabinettschef Müller, gleichsam ex negativo in seinem Tagebuch festgehalten hat.[8]

Betrachtet man die bramarbasierenden Randbemerkungen, die dem Monarchen zu den politischen Ereignissen im Frühjahr 1918 einfielen, allerdings etwas genauer, so ist daran zunächst einmal nur Wilhelms narzisstischer Wahn auffällig.[9] Oder wie soll man die folgenden Weisheiten anders deuten: »Europa muß am deutschen Wesen, durch unser Schwert genesen. Ich kämpfe für alle meine [fürstlichen] Collegen.« – »Der deutsche Kaiser zerschmetterte die Bolschewistischen Revolutionierungspläne gegen Europas Fürstenthrone – auch gegen die seiner Feinde – und verhinderte einen ›demokratischen Frieden‹.«

Dabei war der militärische Zusammenbruch Russlands nicht zuletzt Folge jener leninistischen Revolution, die der militärische Geheimdienst des kaiserlichen Deutschland mit angezettelt hatte. Doch Wilhelms Einbildung war durch diese Entwicklung offenbar noch einmal derart beflügelt worden, dass er nun trotz Burgfrieden auch in der deutschen Sozialdemokratie wieder »Sozialistische Landesverräter« und in der demokratischen Presse »Judenhalunken« beziehungsweise »verfluchte Antigermanen« am Werke sah. Sogar die von ihm offiziell in Aussicht gestellte Wahlrechtsreform für Preußen drohte er nun wieder zu kassieren. Das alles war nicht nur Wortgeklingel, wie es seine Umgebung seit eh und je zu ertragen hatte.[10] Denn was der deutsche Kaiser da reklamierte, geht nicht zuletzt auf die Hybris zurück, mit welcher die Oberste Heeresleitung damals die Eroberungskraft des deutschen Heeres schönredete – militärische Machtphantasien, die der Monarch nur zu gern aufgriff, um »Sich Selbst« zum eigentlichen Eroberer solcher geträumter Imperien vor allem im Osten zu stilisieren.

Nicht weniger deutlich tritt aber auch hervor, dass Wilhelm diese Selbstzuschreibungen offenbar dringend nötig hatte, um sich auf dem Theater der politischen Welt überhaupt noch als kaiserlicher Kriegsherr gerieren zu können. Die kurzzeitige Rückkehr zu einer Art Hofleben, wie es der mehrwöchige Aufenthalt des Kaiserpaares in dem reizenden Schloss Homburg ermöglichte, diente wohl einem ähnlichen Zweck. Wilhelm sollte sich wieder einmal so richtig als Zelebrität fühlen – persönlich umsorgt und umhätschelt von seiner über alle Maßen verständnisvollen Auguste Viktoria. Die tönte natürlich nicht weniger laut in das Horn unbeirrbarer Siegesgewissheit als ihr Gemahl, wie aus ihrem Brief an die Lieblingsschwester Calma hervorgeht. Es wehe jetzt in der Heeresleitung wieder »ein frischer Wind«, schreibt sie. Es sei ja »für Wilhelm wahrhaftig nicht leicht, und ich habe auch manch schlaflose Stunde darüber zugebracht. Aber Gott steht noch im Regiment, er steht Wilhelm zur Seite.« Und »dass die Biester von Sozialdemokraten von Russland mal sehen, was aus ihrer Wirtschaft werden kann, ist doch gewiss lehrreich«.[11] Im Windschatten solcher Selbstagitation schien sogar kurzfristig wieder ein Leben wie in der Vorkriegszeit möglich. Über den Effekt dieser Kur urteilte der diensttuende Chef des Militärkabinetts Lyncker so: »Die Majestäten finden es nett und behaglich und genießen es. Alle anderen sind weniger erbaut vom hiesigen Dasein, und insbesondere an diesen entsetzlichen Abenden, an denen die ebenso ungetrübte wie unnatürliche Heiterkeit des Hofes in geradezu Abscheu erregendem Widerspruch zur krassen Wirklichkeit steht. Was soll diese Komödie, von deren Verlogenheit Jedermann überzeugt ist?«[12]

Drohte die Komödie in politischen Ernst umzuschlagen, so intervenierte der Reichskanzler. So geschehen am 3. April 1918, nachdem Hertling den Eindruck gewonnen hatte, als beabsichtige der Kaiser unter dem Einfluss Bergs »eine Abkehr von unserer jetzigen Politik zu Gunsten einer vom alldeutsch-annexionistischen Geiste getragenen reinen Machtpolitik«. Das – so beschied er den Chef des Zivilkabinetts – sei mit ihm als Reichskanzler nicht zu machen. Die »Erzwingung von Friedensbedingungen mit einer schroffen Siegesgeste« lehnte Hertling ab und formulierte aus gegebenem Anlass noch einmal unmissverständlich die politische Geschäftsgrundlage seiner Kanzlerschaft: »Es ist bisher gelungen, den grössten Teil des deutschen Volkes und seiner Vertretung zusammenzuhalten, Unruhen und Streiks zu vermeiden oder zum mindesten ungefährlich zu machen. [...] Die Regierung wird auch weiterhin in der Lage sein, diese Einheit festzuhalten und durchzuführen, wenn sie auf dem bisherigen Wege fortschreitend im

Einvernehmen mit dem Parlament im Volk den Glauben an ihre Absicht, einen für Deutschland ehrenvollen Frieden herbeizuführen, aufrechterhält.«[13]

Für einen solchen politischen Minimalkonsens – zu mehr war die Reichsregierung unter Hertling nicht mehr fähig – bedurfte es eigentlich schon keines regierenden Monarchen mehr; erst recht nicht eines Monarchen, der diese Geschäftsgrundlage nicht nur innerlich ablehnte, sondern auch noch in unverantwortlicher Weise zu stören suchte. Fazit: Dem Kaiser war ein weiterer Zacken aus der Krone gebrochen, ohne dass er politisch auch nur das Geringste bewirkt hatte.

So vertauschte Wilhelm den Hermelinmantel schnell wieder mit dem Feldgrau seiner Generalsuniform und verfolgte mit gebannter Aufmerksamkeit die letzten Großoffensiven seiner Armee an der Westfront, die von Ende März bis Ende Mai 1918 noch einmal die durch kleinere militärische Erfolge gestärkte Illusion nährten, das Reich könne diesen Krieg vielleicht doch noch siegreich beenden. Für militärisch Weitsichtige war diese Illusion bereits im Juni 1918 dahin[14], nicht aber für Ludendorff, den Kopf der militärischen Operationen, und für Hindenburg, den inzwischen zum Übervater der ganzen noch kriegsbereiten Nation aufgestiegenen Chef der Obersten Heeresleitung; beide verbreiteten bis in den Hochsommer hinein weiterhin unerschütterliche Siegeszuversicht. Kein Wunder, dass sich der Oberste Kriegsherr von diesem ungerechtfertigten Optimismus gerne anstecken ließ und in diesen Zeiten mehr denn je die Nähe der mutmaßlichen Triumphbringer suchte.

Dass Wilhelm mit diesem Zweckoptimismus unter den deutschen Monarchen nicht allein stand, zeigt der Bericht des deutschen Botschafters in Wien, Wedel, über einen Besuch König Ludwigs III. von Bayern beim österreichischen Kaiser Karl Ende Mai 1918. Der bayerische Monarch habe dem friedenssehnsüchtigen Verwandten klar gemacht: »Unsere Aufgabe sei, den Feind zu schlagen und abzuwarten, bis er in die ausgestreckt gebliebene Friedenshand einzuschlagen bereit sei.«[15] Ebenso wie Wilhelm hätte auch Ludwig zu gern teilgehabt an der gigantischen Siegprämie, die den Dynastien im Falle eines durchschlagenden Erfolges der Truppen in materieller wie symbolischer Hinsicht winkte.

Doch der heiß ersehnte Erfolg blieb bekanntlich aus, und so

kehrte der Kaiser Mitte Juni 1918 erst einmal ins Große Hauptquartier nach Spa zurück, wo zeitgleich auch seine Frau eintraf. Der Chef seines Militärkabinetts fand ihn in »sehr gehobener Stimmung, doch wohl etwas nervös« vor.[16] Auguste Viktoria war deshalb augenscheinlich die Aufgabe zugedacht, zu verhindern, dass ihr Mann in diesen Zeiten militärischer Ungewissheit die Nerven verlor. »Er kann sich Mal richtig aufknöpfen! Sonst hat Er ja leider Niemand, denn *ganz* schenkt Er sein Vertrauen allein *Ihr*«, so Wilhelms Generaladjutant.[17] Über das Ergebnis dieser wochenlangen Spezialbehandlung wird man aus den Aufzeichnungen der kaiserlichen Entourage nicht so recht schlau, da Wilhelm sich nach außen hin mehr oder weniger »aufgeräumt« gab. Doch diejenigen, die ihn gut kannten – wie etwa sein früherer Flügeladjutant Heinrich Prinz von Schönburg-Waldenburg –, sahen gleich, »dass unser Hoher Herr sich selbst aufzuputschen strebte«.[18]

Immerhin gelang es der Kaiserin und ihrem Frontmann Berg, noch vor Beginn der letzten deutschen Offensive im Westen Mitte Juli 1918 mit Paul von Hintze einen Mann an die Spitze des Auswärtigen Amtes zu hieven, der den alldeutschen Kreisen sehr, dem Reichskanzler aber erst einmal gar nicht und dem Interfraktionellen Ausschuss des deutschen Parlaments schon überhaupt nicht genehm war.[19] Hertling ließ sich schließlich breitschlagen. Andernfalls – so seine Befürchtung – »kommt die Militärdiktatur«.[20] Mit Verweis darauf brachte er sogar die Reichstagsmehrheit dazu, diese Kröte zu schlucken. Schließlich werde die Außenpolitik – so versuchte er kritische Stimmen zu beruhigen – nicht vom Staatssekretär, sondern vom Reichskanzler gemacht. Am 13. Juli 1918 bewilligte der Reichstag abermals die von der Regierung geforderten Kriegskredite und ging danach in die Ferien. Zeit für die deutsche Kaiserin, dem Großen Hauptquartier nach getaner Arbeit wieder den Rücken zu kehren; zumal es ihren Mann nun wieder auf den Kriegsschauplatz zog, wo die Oberste Heeresleitung dem Monarchen einen weiteren Durchbruchversuch versprochen hatte.

Der geschlagene Feldherr

Mit dem vorzeitigen Abbruch dieser letzten großen militärischen Offensivoperation trat in der zweiten Julihälfte dann im Westen der Wendepunkt des Krieges ein. Der Kaiser war maßlos enttäuscht, versuchte aber noch eine ganze Zeit lang, sich und anderen die militärischen Misserfolge schön zu reden. Er »phantasiert(e) mehr denn je«, so sein Militärkabinettschef.[21] Am 22. Juli 1918 musste Hindenburg den vollen Misserfolg der letzten Offensive zugeben. Prompt bezeichnete sich Wilhelm im Kreise seiner engeren Entourage so larmoyant wie pathetisch als »geschlagenen Feldherr[n]«, mit dem man »Nachsicht« haben müsse.[22]

Wenige Tage später schickte er seinen Zivilkabinettschef von Berg nach Brüssel zum Generalgouverneur von Belgien, Ludwig von Falkenhausen. Ob der Generaloberst sich vorstellen könne, Hertlings Nachfolger als Reichskanzler zu werden? Falkenhausen bejahte, stellte aber laut eigenen Angaben zugleich klar, »dass bei den jetzigen innerpolitischen Zuständen ein Handeln auf parlamentarischer Grundlage kaum möglich oder von Dauer sein könnte«. Unter Umständen würde sich »gleich oder bald die Notwendigkeit herausstellen, Gewaltmassnahmen anzuwenden: Auflösung des Reichstages, möglichst unter Vermeidung oder doch Hinausschieben der sehr bedenklichen und schwierigen Neuwahlen, scharfes Vorgehen gegen die zersetzenden Bestrebungen der Linksradikalen, schließlich Anwendung militärischer Gewalt«. Der Zivilkabinettschef »stimmte mir in allem zu, unsere Ansichten gingen wie immer zusammen. Er [Berg] sprach sogar die Absicht aus, den zuletzt bei der Ernennung der Reichskanzler eingeschlagenen parlamentarischen Weg zu verlassen und einfach zu mir nach Brüssel zu kommen und mir die Ernennung zum Reichskanzler zu überbringen.«

Da Berg Falkenhausen für die nächste Woche zum Kaiser nach Spa einlud, konnte der General davon ausgehen, dass Wilhelm II. »mit unserer Auffassung der Lage einverstanden war«. Ebenso durfte er seiner festen Überzeugung nach »auf die Unterstützung der Obersten Heeresleitung rechnen, die schon lange unter der schwächlichen Zügelführung der Staatsgewalt zu leiden hatte«.[23]

Als Falkenhausen sich am 4. August 1918 erwartungsvoll in Spa einfand, um die entsprechenden Marschbefehle des Kaisers entgegenzunehmen, hatte dieser es sich aber schon wieder anders überlegt. »Ob etwas dazwischengekommen war oder der Kaiser sich nur noch nicht irgendwie binden und entschließen wollte, habe ich damals und nachher nicht ergründen können.«

Nun waren auch die politischen Hardliner innerhalb der militärischen Elite um eine enttäuschende Erfahrung reicher beziehungsweise um eine Illusion ärmer, nämlich mit diesem Kaiser an der Spitze das neben der Obersten Heeresleitung zweite große Kraftfeld der deutschen Politik – den Reichstag und die Regierung Hertling – durch eine Art Staatsstreich ausschalten zu können. Nicht, dass Wilhelm dies für verwerflich gehalten hätte; es war das blanke Unvermögen, politisch überhaupt noch irgendetwas systematisch zu durchdenken, geschweige denn couragiert anzuordnen, das den deutschen Kaiser immer deutlicher Züge des Edlen Don Quijote von der Mancha annehmen ließ. Umso erstaunlicher, dass sich auch jetzt noch so viele Sancho Pansas um seine Krone scharten – eine Krone, die schon so sichtbar schief auf seinem Haupt saß. Immerhin spielte Wilhelm nun konsequent die Rolle dieses irrenden spanischen Ritters. Ungewiss blieb nur, von wem das Reich langfristig anstelle des dazu nicht mehr fähigen Monarchen geführt werden sollte.

Im Übrigen war Schicksals-Heilung angesagt. In den Worten des kaiserlichen Generaladjutanten von Plessen: »Es ist patriotische Pflicht eines Jeden, nach diesen Riesenerfolgen, mitten in Feindes Land stehend, voll Zuversicht alle Kleingläubigen aufzurichten und ihnen kräftig zuzureden, auch weiter auf Gott und unser gutes Schwert zu vertrauen.«[24] Auch dies lief auf reine Verschleppungs-Rhetorik hinaus, der allerdings auf unverantwortliche Weise dadurch Vorschub geleistet wurde, dass Ludendorff die gesamte politische Führung des Reiches wochenlang über den wahren Ernst der militärischen Lage im Unklaren ließ.

In der Zusammenschau lässt sich die machtpolitische Konstellation im Sommer 1918 folgendermaßen beschreiben: An der Spitze von Staat und Militär ein grotesk wetterwendischer Monarch, der de facto unter der Vormundschaft seiner Gattin stand, dem aber noch niemand seine Entbehrlichkeit für die Geschäfte des Reiches zu offenbaren wagte; eine Oberste Heeresleitung, die Deutschlands Kriegsniederlage nur mehr hinauszögern, aber nicht mehr abwenden konnte; eine Reichsregierung, die weder parlamentarisch noch autokratisch programmiert war; und schließlich ein Reichstag, dessen führende Politiker auf eine demokratische Reform des politischen Systems drängten – allerdings mit stark gebremstem Elan. Unter diesen Auspizien begann im August 1918 die Endzeit des Hohenzollernhauses. Endzeit deshalb, weil die Hiobsbotschaft der deutschen Kriegsniederlage sofort die Frage nach dem Anteil der (preußisch-deutschen) Monarchie an diesem Debakel in den öffentlichen Raum stellte – und auf diese Frage wussten der Dynast und die Seinen nicht nur keine Antwort, sie glaubten sogar, sie ignorieren zu können. Doch der Kaiser hatte schon viel zu lange über die wahren Machtverhältnisse gelebt, um dafür nicht über kurz oder lang bestraft zu werden. Die Illusion, sich trotz einer Kriegsniederlage seine Herrschaft ohne neue Legitimation erhalten zu können, hielt noch ganze drei Monate.

Menetekel des Umsturzes – Kriegsinvaliden vor dem Berliner Stadtschloss. Federzeichnung von Heinrich Zille, 1918.

Der Weg ins Aus

Endzeit 1

Die erste Phase der kaiserlichen Depression war gekennzeichnet durch den unaufhaltsamen Rück- und Niedergang des deutschen Westheeres.[25] An ihrem Ende stand im September 1918 ein dem Kaiser abgenötigter sogenannter Parlamentarisierungserlass, der in seiner Urfassung lautet: »Ich will, dass in dieser Schicksalsstunde Deutschlands das deutsche Volk mehr als bisher an der Bestimmung der Geschicke des Vaterlandes mitwirkt. Es ist daher Mein Wille, dass Männer aus der gewählten Volksvertretung teilnehmen an den Pflichten und der Verantwortung der Regierung. Die hierfür erforderlichen Maßnahmen müssen unverzüglich getroffen werden.«[26]

Durch die politische Brille seines Unterzeichners betrachtet, muss man hier zwar eher von einem Erlass zur Demokratisierungsverhinderung sprechen, gleichwohl verkehrten sich die politischen Konsequenzen dieser letzten Initiative von oben rasch in das Gegenteil dessen, was die geistigen Urheber im Sinn gehabt hatten.

Außen- und innenpolitischer Zusammenbruch

Zunächst und vor allem waren die Herrschenden im Spätsommer 1918 mit einer zutiefst defätistischen Stimmungslage in einem hungernden, ausgebluteten und zusehends opferunwilligen Volk konfrontiert. Nichts kennzeichnete die Lage der deutschen Nation besser als diese kollektive Befindlichkeit, die nur folgerichtig eine allgemeine Friedenssehnsucht hervorrief.[27] Seit den Januarstreiks 1918, als Hunderttausende aus der Rüstungs- und Munitionsindustrie die Arbeit verweigert und für Frieden und Brot demonstriert hatten, war die deutsche Politik außerdem mit Symptomen eines sozialen Massenprotestes konfrontiert, der nur zu leicht in offenen Widerstand gegen den Obrigkeitsstaat umschlagen konnte. Dies verstärkte das notorische Misstrauen der Machthaber gegenüber dem eigenen Volk – einem Stereotyp von Volk, das man für politisch unmündig und deshalb für Hetze jeder Art empfänglich hielt. Tatsächlich glaubten die Menschen jetzt vorzugsweise das, was den offiziellen Anschauungen widersprach. Das Volk drohte der Führung endgültig zu entgleiten.

Des Weiteren dräute die reale Gefahr eines totalen militärischen Zusammenbruchs an der Westfront – eine Katastrophe, welche die gesamte militärische Führung mitsamt der Hohenzollernmonarchie von heute auf morgen in den Abgrund hätte reißen können. Schließlich wurde im Innern des politischen Systems ein Reformstau spürbar, der so stark in Richtung parlamentarische Demokratie drängte, dass er sich als revolutionärer Alb auf die Brust vieler Protagonisten des alten Regimes legte.

In der Gesamtschau nahm sich das Szenario so beängstigend aus, dass die Verunsicherten zu den klassischen Verhaltensmustern griffen: Verdrängung, Abwehr, Überantwortung. Insbesondere blieben die militärischen und politischen Lenker davon überzeugt, dass niemand außer ihnen selbst die Wahrheit über den Kriegsverlauf vertragen könne und dass die Öffentlichkeit in gewisser Weise sogar bewusst getäuscht werden müsse. Aber so dumm war das deutsche Volk nicht mehr, als dass es nicht gemerkt hätte: Es ist etwas faul im Staate. Umso mehr, als von positiven, vorausschauenden Perspektiven weit und breit jede Spur fehlte. Stattdessen irrten die Herrschenden auf der Suche nach Auswegen aus der Sackgasse durch die unterschiedlichsten Aufgabenfelder: effektivere Kriegspropaganda nebst populistischer Selbstinszenierung; ein wirklich glaubwürdiges Waffenstillstands- und Friedensangebot, das von den Feinden aber nicht als militärische Bankrotterklärung und damit als Einladung zu einer verheerenden Großoffensive hätte gedeutet werden können; wirksame Einbindung der politischen Opposition in ein Überlebenskonzept für das überkommene System.

Das Kerngeschäft der Herrschaftssicherung bestand für die alten Eliten jetzt darin, sowohl die Oberste Heeresleitung und insbesondere Hindenburg als auch die Monarchie und insbesondere den Kaiser nicht noch um den letzten Kredit im Volk zu bringen. Denn das sich abzeichnende militärische Desaster war nur das eine; das andere – nicht minder prekäre – Problem war und blieb der Stimmungszusammenbruch in der Heimat. Weil beides bereits zu einem enormen Prestigeverlust für die Machthaber geführt hatte, mussten alle diktaturpolitischen Überlegungen vorläufig in den Hintergrund treten. Solche autokratischen Maßnahmen hätten die antiautoritäre Stimmung im Volke nur noch weiter angeheizt und das weitverbreitete Gefühl der Unterdrückung verstärkt.

Nichts kennzeichnet die existenzielle Betroffenheit von dieser fatalen Zuspitzung der Dinge besser als zwei schwere Krankheitsfälle, die im Spätsommer 1918 erst die deutsche Kaiserin und wenig später ihren Gemahl bis ins Mark erschütterten. Am 11. August erlitt Auguste Viktoria in Schloss Wilhelmshöhe einen Schlaganfall, drei Wochen danach brach Wilhelm II. am gleichen Ort nervlich zusammen. Zwei Katastrophen – eine Ursache. Welche?

Durch einen siegreichen Angriff alliierter Truppenverbände war am 8. August 1918 an der Westfront der endgültige Umschwung der Kriegslage erfolgt.[28] Zwei Tage später redete Ludendorff in Avesnes dem Kaiser gegenüber erstmals Klartext: Das Heer habe eine »schwere Niederlage« erlitten. Er provozierte damit beim Obersten Kriegsherrn das, was er sich selbst noch nicht zu sagen getraute: dass der Krieg (weil nicht mehr zu gewinnen) endlich beendet werden müsse. Hindenburg und Ludendorff widersprachen nicht. Auch nicht, als Wilhelm hinzufügte, er werde jetzt umgehend eine Friedensinitiative über den spanischen König lancieren. Es war – wie Wilhelms Generaladjutant von Plessen seinem Tagebuch anvertraute – »ein schwarzer Augenblick«.[29]

Kaiserliche Verfallserscheinungen und Wiederbelebungsversuche

Deutschlands Kriegsniederlage war jetzt besiegelt und dem Kaiser ein Schierlingsbecher in die Hand gedrückt worden. Dass er diese bitterste Bilanz von nunmehr fast fünfzig Kriegsmonaten nicht für sich behalten konnte, versteht sich. Dass seine Frau angesichts dieser Hiobsbotschaft der Schlag treffen würde, hat er gewiss nicht einkalkuliert. Und doch geschah genau dies.[30] Das Zusammentreffen von Schlaganfall und militärischem Katastrophen-Szenario war so evident, dass sofort alle Hebel in Bewegung gesetzt wurden, um die lebensbedrohliche Erkrankung zu verheimlichen. Nicht einmal die eigenen Kinder wurden eingeweiht, geschweige denn das kaiserliche Gefolge. Erst Ende August, nachdem sich die Kranke wieder leidlich erholt hatte, informierte ein stark verharmlosendes ärztliches Bulletin die Öffentlichkeit.

Während Wilhelms wichtigste seelische Stütze paralysiert in Kassel daniederlag, fanden sich die militärischen und politischen Spitzen in Spa zu einem Krisengipfel ein. Aber wieder schreckten alle Beteiligten davor zurück, aus der nun gar nicht mehr verleugneten verzweifelten militärischen Lage politische Konsequenzen zu ziehen. Neue Illusionen wurden genährt, namentlich von Hindenburg: Sei die feindliche Offensive erst einmal abgeflaut, so würde man das Frontheer in eine strategische Defensive in Feindesland überführen, um dann aus dieser sicheren Lage heraus allen Angriffen noch monatelang zu widerstehen.[31] Der Mensch glaubt, was er sich wünscht. Und so gaben sich die beteiligten Staatspolitiker vom Kanzler bis zum Chef des Zivilkabinetts noch ein paar Wochen der Vorstellung hin, dass durch diverse Maßnahmen zur Stärkung der Heeres- wie der Heimatfront das Reich in den Stand versetzt werden könnte, bis zur Erlangung eines ehrenvollen Friedens unbefristet weiterzukämpfen.[32] Der Kaiser mochte sich seinen Teil gedacht haben, gesagt hat er nichts. Allerdings wurde ihm nun gleich von mehreren Seiten dringend geraten, sich »angesichts der üblen Stimmung weiter Kreise gegen die Regierung und den Kaiser« dem Volk etwas näherzubringen.[33]

Wilhelm reagierte auf die ebenso gespannte wie ungeklärte Lage mit Rückzug. Am 18. August verabschiedete er sich aus dem Großen Hauptquartier in Belgien. Für drei Wochen bezog er ein Privatquartier, Schloss Wilhelmshöhe bei Kassel. Dort war seine Ehefrau zwar noch nicht wieder zu Kräften gekommen, doch schwebte sie nicht mehr in Lebensgefahr. Schon drei Tage nach seiner Ankunft telegrafierte der Kaiser an den Reichskanzler, dass die Genesung »erfreulich« voranschreite.[34] So konnte Wilhelm seine schweren Sorgen endlich wieder mit seinem – wie der Vertraute Berg die Kaiserin nannte – »besten, wohl einzigen Freund«[35] teilen. Gleichwohl blieb auch ihm nichts erspart. Am 2. September musste ihm sein Flügeladjutant Ilsemann schweren Herzens Meldung von feindlichen Einbrüchen in die deutsche Siegfried-Stellung machen, die eigentlich als uneinnehmbar galt. Da habe der Kaiser mit der Faust auf den Tisch geschlagen und wenig später in höchster Erregung gleichsam ex officio dem in Kassel versammelten Gefolge verkündet, »dass wir den Krieg verloren haben«.[36] Seiner konsternierten Gattin gegenüber soll Wilhelm später geklagt haben, jetzt sei »alles verloren«.[37] Die Auguren hatten aufgehört zu lächeln.

Doch so mitgenommen Auguste Viktoria selbst noch war, jetzt bäumte sie sich noch einmal mit der ganzen Kraft ihres stolzen Trotzes gegen das Schicksal auf, an der Seite eines depressiven Kaisers von der Bühne abtreten zu müssen. Im Verein mit Freund Berg gelang ihr das therapeutische Kunststück, den verzweifelten Monarchen innerhalb weniger Tage aus seiner »völligen Apathie«[38] zu reißen. Die fanatische Ausschließlichkeit, mit der die Kaiserin in allen Lebenslagen die Sache ihrer Dynastie vertrat, ließ sie auch jetzt wieder so stark werden, dass sie Wilhelm in die Rolle zurückzwang, aus der er herauszufallen drohte. Mit dieser Rettungsaktion tat sie offenbar auch der eigenen Gesundheit einen Gefallen, berichtete doch Berg am 4. September 1918 dem Reichskanzler in einem Telegramm, dass das Befinden der Kaiserin jetzt »wieder gut« sei.[39]

Der Kabinettschef selbst tat natürlich ebenfalls sein Möglichstes, um »energisch auf den Kaiser einzuwirken«. Als mit Albert Ballin am 5. September ein alter Freund des Hohenzollern-Hauses zu Besuch in Kassel erschien, fand dieser den Monarchen »in gehobener Stimmung« vor, was so gar nicht zu dem Bild passt, das Wilhelm noch zwei Tage zuvor abgegeben hatte. Die besondere Pointe dieser Begegnung[40] bestand darin, dass kein Geringerer als Ludendorff sie lanciert hatte, um seinem Obersten Kriegsherrn auf diesem Wege die Notwendigkeit nahezubringen, dass er innerhalb der nächsten vierzehn Tage Frieden schließen müsse, und zwar über den amerikanischen Präsidenten Wilson, weil andernfalls die Revolution ausbreche.[41] Allerdings verhinderten Berg und die Kaiserin ein Vier-Augen-Gespräch, so dass Ballin nur den geringsten Teil seiner Botschaften an die richtige Adresse bringen konnte. Tief enttäuscht über die Unzugänglichkeit seines kaiserlichen Freundes, dem er sich trotz des wankenden Thrones immer noch treu verbunden fühlte, reiste Ballin wieder ab. In einem Brief an den befreundeten Journalisten Maximilian Harden führte er den reaktionären Starrsinn des Kaisers auf den »außerordentlichen Einfluss« zurück, den Kabinettschef Berg auf den Monarchen ausübe. Im Übrigen warte man bei den Hohenzollern »auf ein Wunder, und das bekannte, aber nicht garantierte Glück des Herrscherhauses«.[42]

Geisterfahrer am Steuer des deutschen Monarchie-Modells

Auch aus der Distanz von nunmehr neunzig Jahren ist kaum nachvollziehbar, wie der entnervte Kriegsverlierer Wilhelm sich innerhalb kürzester Zeit in einen Exponenten neuer Zuversicht verwandeln konnte. Eine wahre Sternstunde der politischen Hypnotherapie erlebte die Welt am 10. September 1918, als derselbe Kaiser vor großem – wenn auch handverlesenem – Publikum in einer Werkshalle der Firma Krupp in Essen eine Propaganda-Rede zum Besten gab, in welcher er in der Pose des heldenmütigen Kriegsherrn weitere bedingungslose Gefolgschaft einforderte: »Werdet stark wie Stahl, und der deutsche Volksblock, zu Stahl zusammengeschweißt, der soll dem Feinde seine Kraft zeigen. Wer also unter Euch entschlossen ist, dieser Meiner Auffassung nachzukommen, wer das Herz auf dem rechten Fleck hat, wer die Treue halten will, der stehe jetzt auf und verspreche Mir anstelle der gesamten deutschen Arbeiterschaft: Wir wollen kämpfen und durchhalten bis zum Letzten.« Und dann der fulminante Schlussappell: »Es gilt nun für jeden von uns, die gelobte Pflicht auch zu erfüllen und an Geistes- und Körperkraft das Äußerste einzusetzen für das Vaterland. Jeder Zweifel muss aus Herz und Sinn gebannt werden. Jetzt heißt es: Deutsche, die Schwerter hoch, die Herzen stark und die Muskeln gestrafft zum Kampf gegen alles, was gegen uns steht. Und wenn es noch so lange dauert.«[43]

Friedrich von Berg hat in seinen Erinnerungen glaubwürdig überliefert, dass er es war, der Wilhelm II. zu diesem öffentlichen Auftritt motivierte und ihm eigens für diesen Anlass eine passende Rede verfasste. Der kaiserliche Agitator soll sich aber nur anfangs an diese Vorgaben gehalten, sodann aus dem Stegreif gesprochen und sich dabei so ereifert haben, »dass ihm das Wasser auf die Stirn trat«.[44] Dabei habe er, wie andere Anwesende vermerkten, häufig mit dem Säbel auf den Boden gestoßen.

Gerade dieses theatralische Beiwerk lässt indes eher auf eine letzte große Selbstinszenierung beziehungsweise -agitation schließen denn auf den selbstbestimmten Willen, noch einmal einen massenwirksamen politischen Coup zugunsten der Krone zu landen. Nichts anderes hatte Berg im Sinn gehabt, als er dem Monarchen riet, seinem Publikum Festigkeit und Härte, zugleich aber auch Verständnis und Sorgfaltspflicht zu demonstrieren. Dass sein König nicht anders konnte, als um sich selbst zu kreisen, dass ihm deshalb die Fähigkeit, eine Masse zu gewinnen, einfach nicht gegeben war und sein kraftmeierischer Voluntarismus wie Theaterdonner verpuffen musste, kümmerte Berg offenbar wenig. So nahm das Schicksal seinen Lauf.

»Ich blickte auf die Zuhörer«, schreibt ein kaisertreuer Begleiter. »Der innere Kontakt, den der Beginn der Ansprache hergestellt hatte, ging mehr und mehr verloren. Die Mienen erstarrten, und je mehr der Kaiser sich steigerte, umso offenkundiger wurde die Ablehnung.«[45] Am Ende hatten alle aus dem kaiserlichen Gefolge das Gefühl, dass Wilhelm seine Chance vertan habe und man seine Rede auf gar keinen Fall nach der stenographischen Niederschrift veröffentlichen könne. Wie Militärkabinettschef Müller in seinem Tagebuch festhielt, »hatte Berg schwere Arbeit mit dem Frisieren der Rede für die Presse«. Launig fügte er hinzu: »Die ›Genossen‹ unter den Zuhörern werden sich über diese Wandlung sehr gewundert haben.«[46] Zum Beispiel beim Lesen des eben zitierten Schlussappells der Rede, bei dem Wilhelm nach den Aufzeichnungen des damaligen Essener Oberbürgermeisters Hans Luther im Original einen nur halb so pathetischen, ja sogar etwas linkischen Ton anschlug: »Worin besteht unsere Pflicht? Unser Vaterland frei zu machen. Ihr an eurem Amboß, ich auf meinem Thron wollen kämpfen und durchhalten bis zum letzten. Dazu helfe uns Gott! Wer das will, der antworte mit Ja.«[47]

Sieht man sich den veröffentlichten Redetext genauer an, entdeckt man selbst in der frisierten Fassung noch zahlreiche Nachklänge weiterer kaiserlicher »Originaltöne«. Beispielsweise in der Selbstgefälligkeit, mit der Wilhelm für sich reklamierte, über »Not und Elend, die uns alle getroffen haben«, bestens Bescheid zu wissen. Und immer wieder Er Selbst: »Glaubt mir wohl, es ist für mich nicht leicht, jeden Tag die Sorge und Verantwortung für ein Volk von siebzig Millionen zu tragen.« Wenn jemand friedensbereit sei, dann Er, aber alle seine Friedensbemühungen seien vom Feind mit »ausgesprochenem Vernichtungswillen« beantwortet worden, der deshalb auch die alleinige Schuld an dem materiellen Elend in Deutschland trage. Die schlechte Stimmung im deutschen Volk deutete der Redner nur als den verzweifelten Versuch der Kriegsfeinde, »uns mürbe zu machen«, und zwar »mit Zersetzung im Innern durch falsche Gerüchte und durch Flaumacherei«. Wer auf solche Gerüchte höre, müsse »herber Strafe verfallen«. Die politischen Parteien schließlich hätten den kaiserlichen Aufruf zum Burgfrieden »nicht verstanden« und seien nicht »auf der Höhe« der Kriegszeit, da jetzt »keine Zeit für Parteiungen« sei.

Was der Kaiser in Essen *tatsächlich* sagte, muss noch weit drastischer ausgefallen sein als das, was Berg in stundenlanger Redaktionsarbeit für die Presse aufbereitete. Aber selbst der gefärbte Text zeigt, wie sehr Wilhelm inzwischen aus seiner Zeit gefallen war, genauer: wie aufgesetzt, ja heuchlerisch seine Appelle an vaterländische Pflichterfüllung und Opfermut, wie simpel die Strickmuster seines politischen Denkens waren; wie brüskierend seine Stigmatisierung vermeintlicher Vaterlandsverräter oder seine Herabsetzung der Parteien wirken musste; wie schlecht er hinter seiner selbstgefälligen Herrscher-Attitüde seine Ziellosigkeit verbergen konnte; wie sehr er seiner Popularität durch das altväterliche Gehabe mit dem unsäglichen Duzen seiner Landeskinder und durch den säbelrasselnden Offiziersjargon schaden musste. Schließlich das Festhalten an der Lebenslüge, die Lasten und Schrecken dieses Krieges seien sozial gerecht verteilt, weil sie niemanden verschont hätten – »weder das Fürstenhaus noch das schlichte Arbeiterhaus«. Kein Wunder, dass der Kaiser selbst seine eigene Entourage zutiefst enttäuschte: »Die Wirkung auf die große verhetzte Masse blieb aus.«[48] Und nicht allein dort verspielte der Monarch weiteren Kredit. Auch auf die Honoratioren, die das Ehepaar Krupp für den Vorabend der Kaiserrede zu einer Festtafel in die Villa Hügel geladen hatte, machte der hohe Besucher einen ungünstigen Eindruck, wie der Essener Oberbürgermeister vermerkt: »Nach dem

Essen, als ich in einem engeren Kreise mit dem Kaiser saß, sprach der Kaiser fast ausschließlich selbst und verhielt sich, als ob alles zum besten stünde – ja, er redete von Kronen, die er verteilen wollte.«[49]

Mit einem Wort, dieser Kaiser war in seiner fortschreitenden Selbstentkrönung offenbar nicht mehr aufzuhalten; er drohte jetzt nachgerade zu einem öffentlichen Ärgernis für die monarchische Idee in Deutschland zu werden. Und offenkundig gab es niemanden in seinem vertrauten Beraterkreis, der sich ihm dabei in den Weg stellte. Im Gegenteil, die einflussreichsten Mitglieder dieses Zirkels rechneten es sich anscheinend als Verdienst an, ihn in seinem Herrscherwahn nur noch weiter zu bestärken. Anders ist jedenfalls nicht zu erklären, dass sie zuließen, wenn Wilhelm sich an »reichlich byzantinischen« Artikeln über seinen Essener Auftritt berauschte und überhaupt alles gierig aufsog, was seiner Sicht der Wirklichkeit entgegenkam.[50] Die »Unwahrhaftigkeit im Hauptquartier«, stöhnte der Chef des Marinekabinetts, habe jetzt einen »Grad erreicht, der nicht mehr zu überbieten ist«.[51]

Zu mehr als zu einem bedenklichen Kopfschütteln darüber, »dass man dem Kaiser solche Beschönigungen vorsetze«, reichte es aber selbst bei den kritischsten Weggefährten nicht. Die Folge war eine »weitere Verkennung der Lage. Einmal will er [Wilhelm II.] den Reichstag mit einer Landsturm-Kompanie auseinanderjagen. Dann soll der Reichskanzler der Bewegung nach der Richtung einer parlamentarischen Regierung ›ein donnerndes Halt‹ gebieten«, so der Chef des Marinekabinetts. Nach seiner schweren Depression von Anfang September war der Reichsmonarch nun allem Anschein nach wieder manisch geworden.

In dieser Stimmung reiste Wilhelm am 23. September 1918 nach Kiel, wo ihn seine Geschwister Heinrich und Charlotte im Kieler Schloss ihre treue Verbundenheit spüren ließen.[52] Als der Kaiser am Tag darauf die Werftanlagen besichtigte, notierte sein Bruder: »Bester Verlauf.« Sein Begleiter Niemann gewann einen ganz anderen Eindruck: »Unter den Arbeitern sah man viele mürrische Gesichter, zum Teil deutlich zur Schau getragene Abweisung.«[53] Diesmal hielt Wilhelm II. seine unvermeidliche Ansprache vor sozusagen heimischem Publikum: Etwa vierhundert Offiziere der Torpedo-Division waren vor ihm angetreten, und zwar just auf jenem Exerzierplatz, auf dem nicht einmal sechs Wochen später der revolutionäre Schwelbrand des Matrosenaufstands gelegt wurde. Wilhelms Rede muss derart brunnenvergiftend gewesen sein, dass der zuständige Chef des Marinekabinetts ihre Veröffentlichung sofort verbot. »Das Ziel erkannt, die Muskete gespannt, die Flaumacher an die Wand.« Mit diesen und anderen Kalauern wollte Wilhelm den Soldaten Mut machen. Doch drei Stunden später im Hofzug war die kaiserliche Stimmungskanone schon wieder »selbst ganz mutlos. Es war die Nachricht vom Zusammenbruch der bulgarischen Armee gekommen«.[54] Wenig später gab mit der k. u. k. Monarchie Deutschlands wichtigster Verbündeter auf.

Wie man sieht, zeigte der sichtlich angeschlagene Monarch über den ganzen Betrachtungszeitraum hinweg die immer gleichen Reflexe: Er oszillierte zwischen aufreizendem Herrenmenschentum mit diktatorischen Anwandlungen und kleinmütigem Rückzug, zwischen Maulheldentum und Verzagtheit, zwischen großer Pose

Kiel am 24. September 1918: Der deutsche Kaiser besucht den Ort, von dem sechs Wochen später die deutsche Revolution ausgeht. Rechts sein Bruder Albrecht.

und hilfloser Bedürftigkeit. Da es in seiner nächsten Umgebung niemanden gab, der das Ego dieses Mannes auch nur etwas zurechtgestutzt hätte, war sein Kaisertum zu einem hoffnungslosen Fall geworden. Denn längst war das politische Tun und Lassen des ersten deutschen Monarchen nicht mehr dem undurchsichtigen Arkanbereich staatlicher Herrschaft vorbehalten, sondern öffentliches Feld geworden. Und auf diesem öffentlichen Feld war Wilhelm II. eine Katastrophe; schon deshalb, weil er immer noch glaubte, niemandem verantwortlich zu sein. Mit dieser unverrückbaren Einstellung musste der politisch irrlichternde Monarch aber de facto zum Geisterfahrer am Steuer des deutschen Monarchie-Modells werden.

Die dynastische Welt gerät in Brand

Während Wilhelm II. auf seiner kaiserlichen Bühne ein schlechtes Stück nach dem anderen gab und dabei immer wieder in die Falle des Prestigeverlustes lief, fing unmittelbar hinter diesem Theater die dynastische Welt zu brennen an. Noch schwelte der Brand, doch das allgemeine Unbehagen nahm jetzt in einigen Herrscherhäusern deutlich zu – vor allem bei der jüngeren Generation. Am besten ist dies für die bayerische Königsfamilie überliefert. Dort hatte Anfang August 1918 sogar Ludwig III. eingesehen, dass er Deutschlands Kriegsschicksal wohl zu optimistisch betrachtet hatte. Deshalb »werden wir unsere militärischen und politischen Ziele erheblich begrenzen müssen, wenn wir, was auch nach meiner Ansicht dringend anzustreben ist, in nicht zu ferner Zeit zu einem annehmbaren Frieden kommen wollen«.[55] Mit geradezu kindlicher Unbekümmertheit vertraute die Prinzessin Wiltrud von Bayern am 18. August ihrem Tagebuch an, wie »düster« man im Schoße ihrer Familie die politische Situation tatsächlich sah. Die bayerische Regierung, das Militär und vor allem ihr Bruder Rupprecht, der sich gerade auf Heimaturlaub befand, drängten alle auf Frieden. »Preußen wird angehasst.« Es könne jetzt durchaus dahin kommen, dass »Kaiser Wilhelm abdanken« und ein Stück »Lothringen an Frankreich gelassen« werden müsse. Man denke sogar »an die Wiederherstellung [des Königreichs] Hannover«.[56]

Das Tagebuch des Kronprinzen Rupprecht fügt diesem Stimmungsbild weitere Facetten hinzu. Der Namenstag seines Vaters am 24. August in München habe deutlich zu erkennen gegeben, wie sehr dieser an Beliebtheit beim Volke eingebüßt habe, natürlich hauptsächlich deshalb, »weil man ihm vorwirft, dass er in jeder Hinsicht die bayerischen Interessen Preußen gegenüber nicht hinreichend vertrat«. Ob das tatsächlich der Fall war, mag dahingestellt bleiben, wichtiger ist, dass der Königssohn sich keine Illusionen mehr über die höchst bedenkliche Stimmung »in weiten Volksschichten« machte, die sich nun unverkennbar auch gegen den Monarchen richtete. Im Volk, so der Kronprinz weiter, werde schon allgemein davon gesprochen, »dass mein Vater nach dem Kriege zu meinen Gunsten abdanken müsse«.[57]

Mitte August war der österreichische Kaiser Karl sehr frustriert von einem Besuch im Großen Hauptquartier in Spa nach Wien zurückgekehrt, weil er dort einmal mehr mit seinen Friedensbemühungen bei Wilhelm II. aufgelaufen war.[58] Deshalb begab er sich kurz danach noch einmal auf Reisen, zuerst nach Dresden, wo er mit dem Sachsenkönig über die Wettinischen Ansprüche auf den polnischen Thron konferierte, und im Anschluss daran am 28. August nach München zu Ludwig III. Dem habe er – schrieb er als Ex-Kaiser im Rückblick – »die verzweifelte Lage unserer Mächtegruppe« geschildert, was der Bayernkönig mit dem Satz quittierte: »Also wir haben diesen Krieg verloren!« Der Habsburger bat seinen bayerischen Verwandten nun »inständig in seiner Eigenschaft als ältester und mächtigster deutscher Bundesfürst, Kaiser Wilhelm die Lage klipp und klar zu schildern und kategorisch auf einen möglichst baldigen Friedensschluss zu drängen. König Ludwig war einverstanden.«

Ergänzend zu dieser Darlegung hielt Kronprinz Rupprecht, der damals ebenfalls ein intensives Gespräch mit dem Österreicher führte, in seinem Tagebuch fest, wie schlecht der österreichische Kaiser über den deutschen dachte; der »schwebe völlig in den Wolken und betrachte jede geglückte militärische Unternehmung als einen Sieg«. Ludendorff »sei zwar ein vorzüglicher General, verstehe aber nichts von Politik«, und Reichskanzler Hertling »sei zu alt für seinen Posten und so gut wie willenlos«.[59]

Natürlich hatte man in königlich-bayerischen Kreisen durchaus registriert, dass die Parlamentarisierung des Reiches auf dem Vormarsch war, umso mehr, als der Reichstag angesichts der Passivität von Kaiser und Reichsregierung mehr denn je im Begriff stand, friedens- und reformpolitisch initiativ zu werden.[60] In dieser Situation hielten es die Verantwortlichen in München für dringend angezeigt, reichsweit ein Zeichen zu setzen. Und so trat am 2. September der bayerische Regierungschef Dandl in Berlin im Auswärtigen Ausschuss des Bundesrates mit einem dringenden Appell vor die Vertreter der deutschen Bundesfürsten, der an Deutlichkeit nichts zu wünschen übrig ließ: »Es geht jetzt ums Ganze, es geht letzten Endes um die Krone unserer Souveräne. Wir müssen das Prävenire gegenüber dem Reichstage erzielen, um tiefgehenden Erschütterungen vorzubeugen, und wir müssen den ersten Moment, um zur Friedensanbahnung zu kommen, benützen.«[61] Aber schon bei Reichskanzler Hertling lief Dandl mit seiner Mahnung auf. Als er ihn noch am gleichen Tag zusammen mit seinem württembergischen Kollegen von Weizsäcker über Deutschlands militärische Lage zur Rede stellen wollte, erwiderte dieser, er halte es für besser, bei der Obersten Heeresleitung »nach militärischen Geheimnissen nicht zu fragen«.[62]

Spätestens im September 1918 jedoch dürfte dem gesamten deutschen Herrscherstand klar geworden sein, was die Stunde geschlagen hatte: die Fragwürdigkeit der militärischen Durchhalteparolen; die akute Gefährdung der konstitutionellen Monarchie in Deutschland; die völlige Desorientierung und Unzuverlässigkeit Wilhelms II.; die vielfache Infragestellung der preußischen Dominanz im Reich; schließlich die Notwendigkeit eines Arrangements mit den politischen Bestrebungen der Reichstagsparteien – all das waren unübersehbare Alarmzeichen. Was die politische Orientierung gleichwohl erheblich erschwerte, war der Mangel an zuverlässigen Informationen zur tatsächlichen Lage der Nation und zu den aktuellen politischen Zielvorgaben der Reichsregierung, wie sie nur von einer halbwegs präsenten Staatsführung hätten gegeben werden können. Doch von einer solchen Führung war im Spätsommer 1918 in Berlin nichts zu sehen. Der Kaiser befand sich in Kassel oder auf Reisen, der Kanzler in Spa, die hohe Regierungsbürokratie war desorientiert.

»Dass die Lage irgendwie bedrohlich sei«, schreibt der preußische Innenminister Drews in seinen Aufzeichnungen, sei damals in Regierungskreisen »mit keinem Wort angedeutet« worden, und die Oberste Heeresleitung habe sich noch Anfang September »durchaus zuversichtlich« gezeigt, »einen Frieden ohne Verluste für uns« herbeiführen zu können.[63] Viel mehr dürften die Gesandten der deutschen Bundesfürsten auch nicht gewusst haben, die sich denn auch überwiegend abwartend verhielten. Max von Baden, der Thronanwärter des gleichnamigen Großherzogtums, war offenbar der Einzige, der es mit direkter Intervention beim deutschen Kaiser versuchte. Mitte August beschwor er Wilhelm: »Das Volk sucht seinen Kaiser und muss ihn finden, soll schwerer Schaden nicht entstehen.« Es fürchte, »Ihm entfremdet zu werden, während es bereit ist, Seiner Führerschaft zu folgen, wenn es die Gewissheit haben darf, von Ihm verstanden zu werden«. Warnend fügte er hinzu, »dass es eine Solidarität der Fürsten gibt, die sie zu gemeinsamer Sorge um das Gesamtwohl des deutschen Volkes verbindet, und eine gemeinsame Pflicht, zu wachen, dass dem monarchischen Gedanken in Deutschland kein Abbruch geschieht«.[64]

Insgesamt fällt bei diesen politischen Verlautbarungen aus Deutschlands Fürstenhäusern dreierlei auf: die negative wie positive Fixierung auf den deutschen Kaiser, in dem man nach wie vor den zentralen Entscheidungsfaktor im reichspolitischen Kraftfeld sah; die durchweg antiparlamentarische und antidemokratische Stoßrichtung des politischen Denkens; und schließlich die letzten Endes ratlose Grundhaltung, die zwar auf eine bessere politische Führung drängte, aber dafür keine positiven Zielvorgaben formulierte. Das alles vor dem Bewusstseinshorizont einer akuten Bedrohung nicht allein des monarchischen Systems im Reich, sondern auch des eigenen territorialfürstlichen Besitzstandes.

Ein nervenstarker und entschlusskräftiger, in nationalstaatlichen Kategorien denkender Souverän hätte in dem sich ausweitenden Machtvakuum dieser Tage vielleicht politisch noch etwas bewegen können. Doch ein solcher Souverän fehlte. So dümpelte das kaiserlich beflaggte deutsche Reichsschiff weiter mehr oder weniger führerlos vor sich hin, auf der Brücke ein Kommandant, von dem noch für den 20. September 1918 der Ausspruch überliefert ist, er würde »wie Wilson regieren und tun, was ihm beliebt«.[65] Um ihn herum zutiefst frustrierte und unter vorgehaltener Hand schimpfende

»Offiziere« wie Kronprinz Rupprecht von Bayern, der einen Tag später in sein Tagebuch notierte: »Es ist, wie wenn die O. H. L. wie die Reichsleitung nicht glauben wollten, was sie wissen, eine Vogel Strauss-Taktik übelster Art [...] Während an der Front die Dinge bedrohlich stehen, braut sich in der Heimat ein Ungewitter zusammen.«[66]

Mit dem Ungewitter war nicht zuletzt die Reaktivierung des Deutschen Reichstags gemeint, dessen Mehrheit im Begriff stand, dem nicht nur wegen seines Alters schwachen Kanzler den Stuhl vor die Tür zu setzen. Jetzt merkten auch die Berater des deutschen Kaisers, dass die Tage der Regierung Hertling gezählt waren. Und der politische Kopf der Entourage, Friedrich von Berg, begab sich sogleich auf Sondierungsreise.[67] Zunächst machte er Ex-Kanzler Bülow seine Aufwartung. Der wäre zwar liebend gern wieder Regierungschef geworden, stimmte auch mit Berg darin überein, dass Hertlings Nachfolger mit weitergehenden Vollmachten ausgestattet sein müsste als die bisherigen Amtsinhaber. Aber Bülow blieb Realist genug, um klar zu erkennen, dass eine gegen den erklärten Willen des Reichstags und insbesondere gegen den Willen der Mehrheitssozialdemokratie aufgestellte Regierung keine Überlebenschance hätte. So nahm Berg innerhalb weniger Tage wieder Abstand von Bülow und kam auf sein altes Diktatur-Modell mit dem Generalgouverneur von Belgien, Generaloberst von Falkenhausen, zurück. Alternativ wurde General Max von Gallwitz für ein solches Bürgerkriegskommando gehandelt.

Mit Kronprinz Rupprecht von Bayern stellte nun allerdings erstmals ein politisch profilierter Königssohn die Zukunftsfähigkeit der konstitutionellen Monarchie – jedenfalls auf Reichsebene – *prinzipiell* in Frage. Zwar nur privat in einem vertraulichen Brief an Max von Baden, den ebenfalls große Sorgen um die Zukunft des Kaiserreichs umtrieben.[68] Prinz Max wollte seinerseits verhindern, dass der Deutsche Reichstag sich »als Retter des deutschen Volkes« profilierte und dadurch »seine Machterweiterung« dauernd befestigte. Sein Vetter Rupprecht dürfte diese antiparlamentarischen Bedenken im Prinzip geteilt haben. Dennoch machte er einen bemerkenswerten Einwand: »Ob nach all den Geschehnissen der letzten Jahre und des Krieges sich eine Parlamentarisierung der Reichsregierung auf die Dauer wird aufhalten lassen, ist mir fraglich, ja sogar, ob der Übergang zum parlamentarischen System noch vermeidbar ist.« In seinem Tagebuch fragte Rupprecht sich sogar, ob eine solche Parlamentarisierung »nicht unter den gegebenen Verhältnissen das einzige Mittel ist, um aus den inneren wie äußeren Schwierigkeiten heraus und zum Frieden zu gelangen«.[69] Das war eine späte, aber doch bemerkenswerte Einsicht für einen angehenden Monarchen.

Mit dem Gedanken einer *echten* Parlamentarisierung des politischen Systems und damit eines freiwilligen Rücktritts der Noch-Souveräne ins zweite Glied konnte sich innerhalb des Dynastiekartells niemand sonst anfreunden. Vorherrschend blieb hier selbst jetzt noch die Ansicht, mit einer Art von Schein-Parlamentarisierung eine echte Reform verhindern zu können. So erklärte zum Beispiel der in diesem Lager als Vordenker hoch angesehene württembergische Ministerpräsident Karl Hugo Freiherr von Weizsäcker dem österreichischen Gesandten von Nemes am 24. September 1918 in Stuttgart, dass man »das Schlagwort der Parlamentarisierung« staatsseitig wohl am besten mit der Heranziehung einiger sozialdemokratischer Führer zur Regierungsgewalt in den Griff bekäme. Schließlich sei es »besser, einen dieser Herren jetzt aufzunehmen, als sich später mehrere aufzwingen zu lassen«.[70] Wie Weizsäcker, so rieten auch zahlreiche andere Regierungschefs ihren jeweiligen Monarchen, die politische Entscheidungsgewalt nicht aus der Hand zu geben, und sie suchten in alle Reformschritte die nötigen Sicherungen einzubauen, um zu verhindern, dass allzu viele Rechte der Krone auf der Strecke blieben.

Der militärische Offenbarungseid der OHL

In diese bis zum Äußersten angespannte Lage fiel am 28. September 1918 mit der ultimativen Forderung nach einem sofortigen Waffenstillstandsgesuch seitens der Reichsleitung, verbunden mit einer glaubhaften Manifestation für einen Verständigungsfrieden à la Wilson, der militärische Offenbarungseid der Obersten Heeresleitung. Diese allseits schockierende Kehrtwendung der militärischen Halbgötter Ludendorff und Hindenburg hat in der Geschichtsschreibung eine breite Würdigung erfahren[71], auf die hier nicht näher einzugehen ist. Das politische Konzept der Militärs lief jetzt jedenfalls darauf hinaus, die unabweisbare deutsche Kriegsniederlage voll und ganz einzugestehen und die Bewältigung der Konsequenzen den zivilen Instanzen der Politik zuzuschieben.

Mit dieser Strategie sollten zwei Dinge vermieden werden: erstens die finale militärische Katastrophe an der Front, das heißt die Vernichtung der deutschen Armee durch einen siegreichen Vorstoß der feindlichen Truppen, welche die militärische Führung selbst für alle Zeiten mit in den Abgrund gerissen hätte; und zweitens die Übernahme eigener politischer Verantwortung für das militärische Debakel. Die Frage lautet nun, welche Konsequenzen die regierenden Häupter – allen voran der deutsche Kaiser – aus diesem Dilemma zu ziehen bereit waren, einem Dilemma, das Ludendorff zutreffend in die Worte fasste, »nunmehr ginge es in der Heimat nicht mehr um den Krieg, sondern um seinen und des Kaisers Kopf«.[72] Später sickerte durch, Wilhelm II. selbst habe damals die Ansicht geäußert, dass es wohl besser sei, »wenn er die Liquidierung des Krieges seinen Erben überlasse«.[73]

»Ich will...« – nicht

Die zentrale politische Vorgabe der Militärstrategen war die Notwendigkeit einer Umbildung der Reichsregierung, und zwar im Sinne einer Einbeziehung prominenter Vertreter der (linken) Mehrheitsparteien in die Staatsgeschäfte.[74] Eine solche Verbreiterung der parlamentarischen Basis erklärte Ludendorff kategorisch für unabweisbar. Er spekulierte darauf, dass damit die einzuleitenden Staatsaktionen – insbesondere das Friedensgesuch, aber auch Maßnahmen im Innern – den notwendigen Anschein von Aufrichtigkeit und Glaubwürdigkeit erhielten. Ob und inwieweit das geplante Revirement auf eine echte Parlamentarisierung hinauslaufen sollte, ließen die geistigen Urheber dieses Plans Ende September 1918 offen. Es hat aber den Anschein, dass die innere Bereitschaft zu einem wirklichen Systemwechsel eher gering war. Nur eines schien nun obsolet: ein diktatorisches Regime, sodass der Befürworter dieser Strategie, Friedrich von Berg, erst einmal zurückgepfiffen wurde.[75] Was ihn allerdings nicht daran hinderte, weiterhin eine gewichtige politische Rolle im Arkanbereich der Macht zu spielen. Für den immer mehr unter Zugzwang geratenen Reichsmonarchen wurde Berg zur wichtigsten Bezugsperson überhaupt; ohne Berg – so meinte man im Hoflager – bräche der Kaiser jetzt zusammen.[76]

Aus der relativ dichten Überlieferung zu den Entscheidungsprozessen[77], die Anfang Oktober 1918 noch einmal Bewegung in die deutsche Regierungspolitik brachten, geht denn auch eines ganz deutlich hervor: Wilhelm II. hat dabei *keine* maßgebliche Rolle gespielt. Bei den wichtigen Besprechungen im Großen Hauptquartier, wo in den Tagen zwischen dem 28. und dem 30. September die Weichen gestellt wurden, führte Berg für ihn das große und lautstarke Wort, die strategische Idee einer sogenannten Revolution von oben, welche die Hohenzollern-Dynastie in letzter Minute vor dem drohenden Ende bewahren sollte, kam von Paul von Hintze, dem Staatssekretär im Auswärtigen Amt, den Parlamentarisierungserlass entwarfen beziehungsweise redigierten der Chef der Reichskanzlei Wilhelm von Radowitz und Kanzler Hertling. Der hatte allerdings schon vor seiner Abreise nach Spa gegenüber seiner Gattin durchblicken lassen, er sei bereit, »ohne Ranküne (zu) gehen, wenn die von mir festgehaltene monarchische Politik nicht mehr zum Siege gebracht werden kann«.[78]

So erinnert die formelle Hauptfigur dieser letzten großen Staatsaktion der Herrschenden mehr an den sprichwörtlichen Hund, der zum Jagen getragen werden muss, als an einen agilen Kämpfer um entschwindende Macht. Auch die Metapher einer Revolution von oben ist eigentlich zu hoch gegriffen für das, was da an Krisenmanagement im belgischen Spa tatsächlich geboten wurde: endlose Debatten eines exklusiven Zirkels hoher Funktionsträger, die sich im Wesentlichen als Verlierer fühlten und am liebsten vor dem dräuenden Desaster davongelaufen wären. Was sie noch zusammenhielt, waren gemeinsame Ängste: vor militärischer Kapitulation, politischem Umsturz und – vor der Zerstörung ihrer eigenen Biografien. Zur Bekämpfung dieser Ängste beziehungsweise der ihnen zugrunde liegenden schlimmsten Eventualitäten schien jedes Mittel recht – selbst der Pakt mit dem Teufel: der Sozialdemokratie. Wie schon mehrfach in der preußischen Geschichte sollte eine Initiative der Krone zu politischer Reform die Rettung bringen.

Das Problem war dieses Mal nur, dass der Monarch, der die neuen Parolen ausgab, nicht hinter dieser Politik stand, weil er zu Recht Weiterungen für das politische System insgesamt befürchtete. Das Äußerste, wozu er sich verstehen mochte, war eine ephemere Rettungsaktion zugunsten der Monarchie, die aber als etwas weit Höheres verkauft werden musste. Schon die Tatsache, dass die Parteien, von denen sich die Köpfe des Regimes »Rettung« erhofften, in keiner Weise in die Willensbildung des 30. September 1918 einbezogen wurden, spricht Bände. Hier sollte eben *keine* demokratisch ausgerichtete Neuordnung auf den Weg gebracht, sondern lediglich eine Fassade errichtet werden, hinter der die alten Machtstrukturen kurzzeitig versteckt werden konnten, aber keineswegs verschwinden sollten.[79] Äußerst heikel blieb das Unternehmen allemal.

Ein Anschein von Parlamentarisierung

Form und Sprache der vorgeblichen Reforminitiative spiegeln wider, wie fremd den intellektuellen Urhebern das Wesen der Demokratie war. »Ich will, dass in dieser Schicksalsstunde Deutschlands das deutsche Volk mehr als bisher an der Bestimmung der Geschicke des Vaterlandes mitwirkt.« So lautete die Formel, mit der die höchsten Berater des Monarchen offenbar glaubten, Autokratie und Demokratie ganz voluntaristisch miteinander versöhnen zu können, jedenfalls eine Schicksalsstunde lang. Die Art der Ansage dokumentiert zunächst und vor allem die anhaltende Befangenheit der höchsten Beamten gegenüber dem Träger der Krone. Dennoch, dem deutschen Volk im Herbst 1918 noch vorzugaukeln, die von seinen Repräsentanten allseits eingeklagte Parlamentarisierung des Reiches verdanke sich zuallererst der höheren Einsicht seines amtierenden Herrschers und könne insofern ausschließlich von ihm ins Werk gesetzt werden, dieses Konstrukt einer ebenso plötzlichen wie hochmütigen Vermengung von Volks- und Fürstensouveränität lässt sich schon nicht mehr auf Voreingenommenheit zurückführen. Es war entweder eine bewusste Lüge oder ein Täuschungsmanöver in betrügerischer Absicht – oder beides. Ein weiteres (letztes) Mal sollten die Staatsbürger für Untertanen verkauft werden, allein um den Dämmerzustand des führenden deutschen Monarchen durch das künstliche Licht eines historisch-politischen Verdienstes zu kaschieren.

Hätte es sich bei den Krisenmanagern von Spa wenigstens um so etwas wie Vernunftdemokraten gehandelt, die die Notwendigkeit einer innenpolitischen Wende schweren Herzens zwar, aber doch als fait accompli akzeptiert hätten, so würde ihr Vorgehen heute in dem milderen Licht politischer Kosmetik erscheinen. Weil die Männer um Reichskanzler Hertling es aber durchweg für falsch hielten, dass die Krone dem Volk etwas Substanzielles von ihrer Souveränität opferte[80], lief der Parlamentarisierungserlass letztlich auf die Fortsetzung des Polittheaters hinaus. Weil das Berliner Regierungsensemble nichts anderes gelernt hatte, musste es das Stück spielen, bis der letzte Vorhang fiel.

Dies galt natürlich auch für Wilhelm II.: »Es ist daher Mein Wille, dass Männer aus der gewählten Volksvertretung teilnehmen an den Pflichten und der Verantwortung der Regierung.« Wir wissen, wie schwer sich der kaiserliche Hauptdarsteller damit tat, diesen Satz damals zu unterschreiben. Nicht, weil er Skrupel wegen weiterer Lügen hatte; auch nicht, weil er die Wortwahl des Erlasses monierte. Nein, er sträubte sich, weil er nicht vor sich selbst und seinen Standesgenossen als Opportunist und Schwächling dastehen wollte. Hatte doch gerade »Er« in den langen dreißig Jahren seiner Regentschaft unermüdlich und in allen nur denkbaren Varianten »Sich Selbst« als die kampfbereite Speerspitze gegen demokratische beziehungsweise parlamentarische Allüren schlechthin ausgegeben. Ja, er glaubte auch 1918 immer noch, genau dies zu sein.

Zur Erinnerung: Als ihm sieben Jahre zuvor sein Gesandter in Stockholm von resignativen Tendenzen des schwedischen Königs gegenüber der Parlamentarisierung des dortigen Regierungssystems berichtete, beschimpfte der Kaiser seinen skandinavischen Kollegen nicht nur als »elenden Schlappschwanz«, sondern notierte: »Wer von uns seine Privilegien und Rechte nicht selbst wahrt, ist verloren; unsere Minister thun es nicht, die schielen nur nach dem Kommando!« Und geradezu euphorisch (»sehr gut gesagt«, »vorzüglich«) begrüßte er, was der deutsche Diplomat an politischen Schlussfolgerungen aus der Entwicklung in Schweden zog: »Um so dringender würde es mir daher im Interesse der Krone geboten erschienen sein, dass deren *legitimen Sonderrechte* [von Wilhelm II. unterstrichen!] der Öffentlichkeit durch den Druck der Tatsachen ins Gedächtnis zurückgerufen und wenigstens der ernste Versuch gemacht worden wäre, das Recht der freien Ministerwahl den Übergriffen eines überwuchernden Parlamentarismus gegenüber durchzusetzen; denn das tatkräftige, mutige Verteidigen eines guten Rechtes wirkt erfahrungsgemäß immer mit werbender Kraft, und dem Rechte auf die Königliche Prärogative entspricht die Pflicht für sie zu kämpfen.«[81]

Man muss solche Passagen trotz ihres schlechten Deutsch im Wortlaut zitieren, um zu begreifen, was Deutschlands letzter Kaiser tatsächlich dachte: dass es die höchste Pflicht der gesamten königstreuen Welt sei, die Privilegien und Rechte der Krone mutig und tatkräftig, das heißt kämpferisch zu verteidigen – und natürlich auch die eigenen. An dieser Einstellung hatte sich auch im September 1918 grundsätzlich nichts geändert. Noch sieben Tage vor dem Parlamentarisierungserlass hatte Wilhelm diese innere Überzeugung nach außen gekehrt, als er den Deutschen Reichstag mit einem Landsturm-Bataillon auseinanderjagen wollte. So muss er sich gerade für dieses »Ich«-Dekret geschämt haben, daran konnte auch die herrschaftliche Diktion nichts ändern. Er wollte eben *nicht*! Wie sollte er jetzt noch in den Spiegel schauen?

Die Vollmacht für einen Diktator zu unterschreiben und damit die politische Reaktion auszurufen, wie sein Kabinettschef Berg dies bis dato noch in Berlin als kaiserliche Absicht ausgegeben hatte[82], wäre seiner Selbstachtung wahrscheinlich sehr viel besser bekommen. Aber woher den Mut dafür nehmen? So hatte selbst Berg – der vielleicht letzte Freund des Kaisers – am Ende für den Monarchen nur noch Ablehnung übrig, auch wenn er selbst in seinen Aufzeichnungen verklärend von »Mitleid« spricht. Er hatte nach seiner Rückkehr aus Berlin in Spa einen am Stock gehenden, weinenden Kaiser gesehen, der »der schwierigen Situation auch jetzt nicht gewachsen war, der nie wirklich führte, immer geschoben wurde und nur in Worten stark war«.[83] So übernahm der Chef des Zivilkabinetts an des Monarchen Statt die Bürde eines letzten Versuchs, das vielleicht doch noch nicht ganz Verlorene zurückzugewinnen. Bereits am 30. September brach er wieder nach Berlin auf, um hierfür den richtigen Kanzler zu finden. In der Tasche hatte er eine Generalvollmacht des Kaisers zur Bildung einer neuen Regierung, die aber – wie er bald erfahren musste – politisch nichts mehr wert war. Vorerst spielte er jedoch den starken Mann. Der Kaiser werde das tun, was er (Berg) ihm vorschlage, beschied er die mitreisenden Staatssekretäre.[84]

Wilhelm II. ließ er in dem Hoffnungsschimmer zurück, durch den besagten Erlass vielleicht doch nur das Phantom einer parlamentarischen Monarchie installiert zu haben, mit dem sich die akutesten Krisensymptome kurieren ließen, um anschließend ganz schnell wieder zu den alten Zuständen zurückzukehren. Mit einer solchen zweckoptimistischen Ausdeutung muss Wilhelm II. am 30. September Hans von Gontard, quasi der Generalvertraute der kaiserlichen Familie[85], von Spa nach Kassel geschickt haben, um der Kaisergemahlin den politischen Hintersinn dieses überraschenden Schwenks persönlich zu erklären. Entsprechend gelassen, ja sogar »wie eine Heldin«, soll die Kaiserin ihrer Hofdame zufolge reagiert haben.[86] In ähnlicher Weise wurde der deutsche Kronprinz instruiert.[87]

Am selben Tag beschrieb Wilhelm in einem privaten Brief an seine Gattin, dessen Authentizität nicht vollständig gesichert ist, die Lage im Inneren wie folgt: »Nichts als Zank und Unfrieden und Verdrossenheit«, weshalb jetzt beschlossen worden sei: »1. Zur Erhaltung des Inneren Friedens Erweiterung der Regierung zur Mitübernahme der Verantwortung durch Eintritt einiger Männer aus den verschiedenen Parteien. 2. Nach Außen Friedensangebot mit Waffenstillstand, das demnächst erfolgen soll. Der alte Graf Hertling hat um Ablösung gebeten. Berg und ich sind wieder auf der Suche nach einem Nachfolger!« Der liebe Gott habe »für uns den Weg des Leids und Trübsals bestimmt. Wir unterwerfen uns seinem heiligen Willen und gehen ihn, mit der Hoffnung und Bitte, Er möge uns Allen die Kraft Seines Geistes geben, diese furchtbare Zeit fest zu durchwandern im Glauben, dass Er uns doch immer zu unserem Besten führen will, wenn Seine Wege auch schwer und uns unverständlich dünken. Er wolle uns den Glauben stärken, Allen, und mein armes Volk und Vaterland nicht verlassen, sondern uns ein Retter in der Not sein, ohne seine Hilfe wird es schlimm um uns stehen. Ich werde weiter meine Pflicht thun, Ihm und meinem Vaterlande gegenüber nach besten Kräften, solange mir Gott sie lässt.«[88]

Dies war das Gesicht, das der Kaiser seiner gestreng-frommen Gemahlin gegenüber aufsetzte: das Gesicht eines leidgeprüften, aber gottergebenen und vor allem pflichtschuldigen Vaterlandsverteidigers – ganz so, wie Auguste Viktoria sich ihren Gemahl wünschte. Theater auch hier, im Privaten. Denn dem scheidenden Kanzler Hertling gegenüber ließ Wilhelm bereits wieder ganz andere Seiten erkennen. Am 1. Oktober 1918 bekannte er ihm gegenüber, dass er die Neuorientierung am liebsten nicht mitmachen würde.[89] Verstärkt wurde diese Haltung noch dadurch, dass er sich für keinen der vorgeschlagenen Kanzlerkandidaten erwärmen mochte. Noch am selben Tag beriet er sich darüber mit dem scheidenden Amtsinhaber – ohne Ergebnis. Während der Unterredung – so Hertlings Sohn – »betrat auf einmal Ludendorff unangemeldet das Zimmer und sagte sofort im Tone größter Erregung: ›Ist die neue Regierung jetzt noch nicht gebildet?‹, worauf der Kaiser ziemlich barsch erwiderte: ›Ich kann doch nicht zaubern!‹ Daraufhin Ludendorff: ›Die Regierung muss aber sofort gebildet werden, denn das Friedensangebot muss noch heute heraus.‹ Der Kaiser: ›Das hätten Sie mir vor vierzehn Tagen sagen sollen!‹«[90]

Ein prinzlicher Kanzlerkandidat

Nichts ist bezeichnender für das Dilemma des Krisenstabes von Spa, als dass er ausgerechnet die Kardinalfrage der ganzen Staatsaktion nicht klären konnte, nämlich wer eigentlich an die Spitze jener Regierung treten sollte, die man auf derart stark vermintes politisches Gelände schicken wollte. Aus der Sicht des Kaisers gab es einen solchen politischen Kopf nicht, jedenfalls keinen, dem er die kurzfristige Versöhnung von Autokratie und Demokratie hätte zutrauen und von dem er Rücksichtnahme auf seine Person hätte erwarten können. Diese erneute Zögerlichkeit machten sich nun sofort die Reformkräfte um Vizekanzler Payer in Berlin zunutze, indem sie eine dezidiert parlamentarisch-demokratische Lesart des kaiserlichen Erlasses proklamierten und zur Richtschnur für ihr Vorgehen machten. Nach dieser Lesart erforderte die katastrophale militärische Lage die sofortige Einleitung von Friedensverhandlungen, die aber nur von einer Regierung geführt werden könnten, die das volle Vertrauen der Mehrheit des Volkes hinter sich habe, das heißt von einer echten parlamentarischen Regierung.[91] Dass in dieser Richtlinie die speziellen Interessen der Hohenzollern-Dynastie wenig Berücksichtigung finden würden, lag auf der Hand. Noch am späten Abend des 30. September 1918 beschwor Oberst von Haeften, der als Repräsentant der Obersten Heeresleitung im Auswärtigen Amt in Berlin diese Vorgänge beobachtete, seinen Vorgesetzten Ludendorff am Telefon: Die Krone müsse sich nun endlich über ihren Kanzlerkandidaten schlüssig werden, da inzwischen die politischen Parteien aus eigener Machtvollkommenheit handelten. Das bisher eingeschlagene Verfahren bei der Regierungsbildung stehe im Begriff, zur »Revolution« zu werden, »da es an Stelle der Souveränität der Krone die Souveränität der Mehrheitsparteien setze«.[92]

Andere Regierungsstellen forderten die sofortige Rückkehr des Kaisers nach Berlin, weil er sonst über kurz oder lang politisch überflüssig werde.[93] Auch Bergs hektischer Versuch, dieser Entwicklung am Tag darauf durch besonders forschen Royalismus – die Parteiführer empfing er gar in kniehohen Offiziersstiefeln – ein autoritäres Ziel zu setzen, bewirkte eher das Gegenteil.[94] In dieser verfahrenen Situation übernahm einmal mehr die Oberste Heeresleitung das politische Kommando, indem sie im Verlauf des 1. Oktober 1918 den badischen Thronfolger Prinz Max von Baden als Kanzlerkandidaten der Krone beim Kabinettschef und beim Kaiser durchdrückte und zugleich den Marschbefehl ausgab, der Monarch müsse unverzüglich nach Berlin reisen.[95] Um alle Eventualitäten auszuschließen, reiste Feldmarschall von Hindenburg gleich mit.

Max von Baden, der seit Monaten bei der Obersten Heeresleitung, beim Reichskanzler, bei Staatssekretären und bei diversen Parteiführern mit politisch-strategischen Optionen antichambriert und auch durch sonstige öffentliche Verlautbarungen Reklame für sich gemacht hatte, war schon beim Krisengipfel in Spa als ein möglicher Kandidat gehandelt worden. Aber gekürt wurde er dort nicht.

Dafür hatte namentlich Berg mit seinem leidenschaftlichen Veto gesorgt.[96]

Mit dieser strikten Zurückweisung stand Berg nicht allein. Sie wurde von diversen hohen Militärs geteilt[97], vor allem aber vom kaiserlichen Vetter des Prinzen, Wilhelm II. Schon 1917, als der Name des badischen Verwandten im Zusammenhang mit der damaligen Kanzlerkrise erstmals lanciert worden war, hatte der Kaiser den Prinzen abgelehnt.[98] Und auch jetzt hatte er sich wieder gegen den abermaligen Vorschlag gesperrt, obwohl der Kandidat sich ihm diesmal ganz persönlich in diversen Privatbriefen als Vaterlandsretter angedient hatte.[99] Als Graf Siegfried von Roedern den Prinzen Max am 29. September 1918 in Spa empfahl, fand er »nicht die geringste Zustimmung beim Kaiser, der seinen Vetter als einen Mann von weichem, schwankendem Charakter bezeichnete, der weder militärisch noch sonst im Leben etwas geleistet habe«.[100]

Das brennende Interesse des Prinzen Max, eine wichtige politische Rolle in Deutschland zu spielen, hat in der Tat eine lange Vorgeschichte, die bis an die Wende vom 19. zum 20. Jahrhundert zurückreicht. Sie ist komplex und überaus verworren, weil sich hier intime persönliche Probleme mit dynastischen Interessen und ideologischen Prägungen zu einem schwer entwirrbaren Knäuel verwickelten. Drei Facetten sind von besonderem Interesse: Welche Zielvorgaben verfolgte dieser angehende Bundesfürst mit seiner Bewerbung um das höchste Regierungsamt im Reich? In welchen Abhängigkeiten und Loyalitätszwängen befand er sich, als er seinen Hut in den Ring warf? Und: Welche politischen Erfahrungen, Kompetenzen und Qualitäten konnte er in das Wagnis einer Kanzlerschaft einbringen, die eine Katastrophe vom Deutschen Kaiserreich abwenden sollte?

Die letzte Frage ist vergleichsweise rasch beantwortet, da Prinz Max bis dato in einem Stand politischer Unschuld gelebt hatte. Als langjähriger Berufsoffizier und Grandseigneur hatte der 1863 geborene Seitenspross des Hauses Zähringen der Staatspolitik bis ins 20. Jahrhundert hinein eher ferngestanden, und auch als er 1907 das Präsidium der Ersten Kammer im Großherzogtum Baden übernahm und wenig später den ungeliebten Militärberuf an den Nagel hängte, begann damit noch keineswegs eine Politikerkarriere. Dafür interessierten ihn andere, genauer: ästhetische und lebensreformerische Fragen viel zu sehr – von seinen privaten und dynastischen Problemen einmal ganz abgesehen. Erst seine Unfähigkeit zum aktiven Kriegsdienst im Herbst 1914 ließ ihn ersatzweise Bewährung an der politischen Front suchen: in der Gefangenenfürsorge, als Geheimdiplomat und als nomineller Verfasser von politischen Denkschriften für die drei Kriegskanzler. Allerdings handelte es sich bei dem, was er bislang an programmatischen Willensäußerungen kundgetan hatte, eher um wolkige Ansichten ideologischen Inhalts, die zumeist nicht einmal auf eigenen Gedanken basierten.[101]

Jene Angehörigen des politischen Establishments, die er bis zum Sommer 1918 für sich einnehmen konnte, hatte Max vorzugsweise sympathetisch erobert, weniger durch politische Überzeugungskraft. Überhaupt soll er als Prinz und Mensch von sehr liebenswürdigem Wesen, attraktiv und vornehm gewesen sein. Golo Mann hat dieser Wesensart ein dichterisches Denkmal gesetzt, das man wegen seiner hagiographischen Einfärbung zwar nicht ganz wörtlich nehmen darf, das aber erkennen lässt, wie einnehmend dieser Mann auf andere ihm zugewandte Männer wirken konnte.[102] Hier – und nicht auf dem durch staatsmännische Erfahrungen befruchteten Feld aktiver politischer Gestaltung – lagen seine Stärken. Zwar hatte er sich bis 1918 auch mancherlei politisches Insiderwissen angeeignet und manches Vokabular auswendig gelernt, aber wie er diese politischen Kenntnisse erfolgreich in die Praxis umsetzen sollte, das wusste er letztlich nicht.

Fragt man nach den im engeren Sinne politischen Motiven seiner Bewerbung, so geben seine Privatbriefe aus den Monaten August/ September 1918 eine recht klare Antwort. Er wollte die Demokratisierung des Reiches verhindern, insbesondere, dass dem Deutschen Reichstag ein irreversibles Gewicht im politischen Kräftefeld der Reichspolitik zufiel. Am meisten fürchtete er in dieser Hinsicht den Zentrumspolitiker Matthias Erzberger. Der habe, so schrieb Max am 27. August 1918 an Kronprinz Rupprecht von Bayern, einen gefährlichen Plan, der starke Resonanz bei den Mehrheitsparteien finde, nämlich dem Reichskanzler »neue Majoritätsfesseln« anzulegen. Diese aufmüpfige Reichstagsmehrheit wollte der Prinz »wieder in ihre wohlverdiente Ohnmacht zurücktreiben«.

Als noch »viel schlimmer« empfand er, dass Erzberger angeblich eine Kampagne für die Friedensvorschläge des amerikanischen Präsidenten Wilson plante und eine entsprechende Reichstagsresolution vorbereitete. Eine solche Manifestation, so die Sorge des Zähringers, »wird in der ganzen Welt wie ein ›Händehoch‹ des deutschen Volkes vor der Amerikanischen Idee wirken. Ein Desaster, denn es bedeutete eine Aufgabe des Deutschthums für alle Zeiten, eine in Jahrhunderten nicht auszulöschende Schande. Hier, fürchte ich, kann Hertling nicht mehr rettend wirken. Ich glaube aber, dass ich es kann. Ich genieße das nothwendige Vertrauen im Volk und die Majorität wird nicht wagen, mir mit diesen Dingen zu kommen aus Angst mich zu verlieren.«[103]

Das waren für einen politischen Debütanten starke, ja überhebliche Worte. Doch dahinter steckte – wie der Autor selbst freimütig bekannte – sein »Herzblut«, also Leidenschaft, ja Obsession. Gegenüber dem Freund und Lebensberater Johannes Müller äußerte Prinz Max nur drei Tage nach seinem Brief an Rupprecht den Wunsch, »in eine die Reichsleitung bestimmende Stellung« gebracht zu werden, um aus dieser Position heraus »das Vaterland zu retten«.[104] Als Fluchtpunkte dieser Rettungsaktion galten ihm der »Führergedanke«, die »Vaterlandsliebe« und der »Opfergeist«, die es zu erneuern gelte. Außerdem müsse »die Friedensbeflissenheit« im Heer und in der Heimat bekämpft werden; »sie führt uns zu schmachvollem Ende. Erzberger-Scheidemann-Frieden. Würdelos, deutschen Geist ebenso schändend und entwürdigend wie deutschen Machtanspruch demütigend.« Am meisten beunruhigte den Anwärter der immer weiter um sich greifende Gedanke, »dass unsere Politik führerlos ist«; denn damit stehe man »an der Schwelle des Abgrunds«.[105] Er hatte auch schon dem Kaiser in diesen Tagen geschrieben und »Wege zur Heilung« angedeutet.[106]

Diesen Brief an den Reichsmonarchen, der sich leider weder im Original noch in Abschriften erhalten hat, würde man gern studieren, da es sich hier wohl um ein Schlüsseldokument zum tieferen Verständnis der Kanzlerschaft Max von Badens handelt. Aber durch die zeitgleich aufgesetzten Schreiben des Prinzen an Leute seines Vertrauens lassen sich die politischen Eckpunkte jener verschollenen (oder vernichteten) Epistel doch einigermaßen zuverlässig rekonstruieren: den Deutschen Reichstag in die »wohlverdiente Ohnmacht« zurücktreiben – das musste in den Ohren des kaiserlichen Vetters ebenso gut klingen wie die offensive Bekämpfung der Friedensideen Wilsons; vom Volk noch größere Kriegsopfer verlangen – auch das konnte bei Wilhelm II. nicht auf taube Ohren stoßen. Blieben als letzter Punkt die Rechte der Krone, speziell die der Hohenzollern-Dynastie. Auch hier positionierte sich der badische Prinz einem anderen Standesgenossen gegenüber so eindeutig, dass er dem Kaiser kaum etwas anderes geschrieben haben dürfte. Er stehe für eine autonome Staatspolitik, heißt es in einem Brief an Kronprinz Rupprecht vom 15. September 1918. Die Initiative dazu falle heute mehr denn je dem »freien Entschluss« des Fürsten zu, denn »wir stehen unmittelbar vor dem parlamentarischen Staatsstreich«.[107] Dabei setzte er auf die monarchische Tradition, die er immer noch für so wirkungsmächtig hielt, »dass heute eine rettende Tat des Kaisers, selbst wenn sie den Reichstag verblüfft und überrascht, ja gerade weil sie verblüfft und überrascht, im Volk dankbar begrüßt werden würde«.

Wilhelm konnte seinem badischen Vetter nur antworten, er arbeite mit entsprechenden Weisungen und Vorbereitungen genau in dem von Max umrissenen Sinne. Das war am 11. September 1918. Gut zwei Wochen später, so möchte man meinen, hätte der verzweifelte Monarch doch gut und gerne von dem Angebot »selbstloser Treue«, wie er selbst den Prinzenbrief bezeichnete, Gebrauch machen und den Verwandten für sich ins Feuer schicken können. Programmatisch sprach jedenfalls nichts gegen den Kandidaten aus Baden, der die dringende Notwendigkeit eines politischen Systemwechsels ja nicht einmal abstrakt einsah. Aber Wilhelm II. weigerte sich weiterhin, und noch am 1. Oktober erhob er »schärfsten Widerspruch« gegen eine solche Kanzlerschaft.[108] Am gleichen Tag beschwor sein jüngster Sohn Joachim, das Lieblingskind der deutschen Kaiserin, den Prinzen Max in Dessau persönlich, seine Kandidatur zurückzuziehen.[109] Vergeblich. Der Zähringer war inzwischen derart auf seine historische Mission fixiert, dass er sich über seine Mittelsmänner bei der Obersten Heeresleitung gegen alle Widerstände durchzusetzen wusste. Mit deren Intervention beim Kaiser konnte dessen Widerwille schnell gebrochen werden. Am Nachmittag des 1. Oktober traf Max von Baden in Berlin ein.

Dort geriet er sogleich in den Strudel jener Verhängnisse, die seine Kanzlerschaft von Beginn an zu einer politischen Totgeburt machten. Eigentlich hatte es ihn ja nach Berlin getrieben, um politisch zu »führen«, nicht um Regierungsgeschäfte zu erledigen. Und die deutsche Monarchie wollte er neu erfinden. Doch diese erträumten Heldentaten zerstoben, kaum dass er die Wilhelmstraße betreten hatte. Mehr noch: Die Erdenschwere der politischen Tagesgeschäfte zog ihn mächtig herunter. Zum einen ließ er sich überreden, schon zwei Tage später seine Unterschrift unter genau jene Art von Friedens- und Waffenstillstandsersuchen zu setzen, deren entschiedene Bekämpfung, ja Prävention er selbst noch vor Tagen zum Eckpfeiler seines Regierungsprogramms erklärt hatte. Zum anderen riskierte er den politischen Spagat, die Vorrechte der Krone vor demokratischen Übergriffen zu schützen, ohne jene Kräfte zu verprellen, denen er schließlich seine Akzeptanz durch die Mehrheitsparteien verdankte. Diese Kräfte wollten die definitive Überwindung der Autokratie durch mehr Demokratie. Max von Baden wollte Deutschland retten – durch die Monarchie und einen dafür prädestinierten Kopf, für den er sich hielt. Praktisch aber begab er sich in antagonistische Loyalitätszwänge, die ihn von vornherein in eine unmögliche Lage brachten und innerlich zerrieben. Dabei verfügte er nicht einmal über zwei politische Seelen in seiner Brust, sondern nur über die Naivität eines Möchtegern-Staatsmannes, der nicht konsequent bedacht hatte, worauf er sich da eigentlich einließ. Den Preis dafür musste er mit notorischer Doppelzüngigkeit zahlen. So wurde der schmucke Prinz zu einer Art Kanzler-Ross, das von anderen geritten und dabei – zeitgleich – in ganz unterschiedliche Richtungen gelenkt wurde.

Unter Druck gesetzt

Der Erste, der dies recht erfolgreich tat, war der politische Mandatar des Kaisers Friedrich von Berg. Der hatte gleich nach der Ankunft des Prinzen in Berlin eine Unterredung mit dem Kanzlerkandidaten. »Ich konnte von ihm mit einer gewissen Beruhigung scheiden. Ich hatte auch die Hoffnung, dass er als Prinz und zukünftiger Bundesfürst die Rechte des Kaisers wahren würde, einer zu starken Demokratisierung Widerstand leisten würde.«[110] Nach den oben zitierten politischen Glaubenssätzen Max von Badens klingt das, was Berg über den erzielten Konsens überliefert hat, nicht unlogisch. Andernfalls hätte Berg auch wohl kaum den Hofzug Wilhelms II. in Köln anhalten lassen, um in verbindlicher Absprache mit dem Monarchen das Prozedere zur Ernennung des Bewerbers zu beschleunigen. Hier galt es vor allem, die schweren Skrupel des regierenden Großherzogs Friedrich II. von Baden, dem Chef des Hauses Zähringen, zu überwinden, ohne dessen Zustimmung sein Vetter Max nicht deutscher Kanzler werden konnte. Dies geschah durch ein kaiserliches Bittgesuch in Karlsruhe, das bei kritischer Betrachtung auf eine Nötigung des süddeutschen Bundesfürsten hinauslief. Denn der Regent des Großherzogtums – so hörte es der Kanzlerkandidat jedenfalls deutlich aus einem Telefongespräch mit ihm am nächsten Morgen heraus – »hasste den Gedanken, dass ein badischer Prinz mit der Liquidierung des verlorenen Krieges beauftragt würde. Er warnte vor den bösen Folgen für mich und unser Haus.«[111] Auch dieser Kraftakt wäre unterblieben, wenn der Kaiser sich nicht am Ende doch noch etwas von einem Kanzler Max von Baden versprochen hätte.

Leider handelt der normalerweise episch breit erzählende Prinz in seinen Erinnerungen die erste Begegnung mit Wilhelm II. seit seiner Nominierung, am 2. Oktober in der Reichskanzlei, so auffällig lakonisch ab, dass man den Eindruck gewinnt, die beiden hätten sich gar nichts zu sagen gehabt. Wahrscheinlich war aber eher Verdrängung im Spiel. Denn der Kaiser war nicht in die Wilhelmstraße gekommen, um dort einen Kronrat abzuhalten, der nach Meinung des Prinzen »nur formalen Charakter« trug. Er war vor allem gekommen, um die Ernennungsurkunde für den neuen Reichskanzler zu unterzeichnen. (Was er auch tat, nur das Datum blieb offen.[112])

Vor seinem Erscheinen in Berlin hatte Wilhelm sich im Neuen Palais in Potsdam, wo inzwischen auch die Kaiserin eingetroffen war, eingehend mit Berg und dem Minister seines königlichen Hauses Graf August zu Eulenburg über die Lage beraten.[113] So muss es am 2. Oktober in Berlin zu einem Vier-Augen-Gespräch zwischen Kaiser und Kanzlerkandidaten gekommen sein, bei dem Wilhelm seinen Vetter in die Pflicht genommen haben wird, als

Kanzler nach jenen Vorgaben zu handeln, die der Prinz ihm brieflich als seine politischen Maximen umrissen hatte. Wahrscheinlich nahm er ihm sogar das Ehrenwort ab, die Rechte der Krone unbedingt zu wahren und sich schützend vor ihn, den deutschen Kaiser, zu stellen. Auch dass der äußerlich um souveräne Gelassenheit bemühte Monarch die Mitglieder des Kronrates wissen ließ, dass Max von Baden sich selbst als Nachfolger Hertlings »angeboten« habe[114] (will sagen: nicht von ihm, dem Kaiser, als Wunschkandidat auserwählt worden sei), lässt tief blicken. Wilhelm wiegte sich scheinbar in der Sicherheit, den badischen Verwandten zumindest moralisch an der Kandare zu haben. Damit war die Falle, in welcher der designierte Kanzler saß, nach der einen Seite zugeschnappt. Nicht übersehen werden darf dabei freilich auch die Feigheit aller anderen Politiker, die den Kaiser einmal mehr in dem Irrglauben beließen, er könne weiterhin so »regieren« wie bisher. Mit dem Ausruf: »Was für eine Nervosität muss ich hier in Berlin finden?«, soll er in die Sitzung gepoltert sein. Das Protokoll über diese Konferenz wurde übrigens später vom damaligen Chef der Reichskanzlei, von Radowitz, vernichtet.[115]

Parallel zu dieser fatalen Bindung der eigenen Person an die dynastischen Interessen des deutschen Kaiserhauses brachte Max von Baden es aber auch zuwege, das Vertrauen eines so vielseitig erprobten und durchaus nicht unkritischen demokratischen Politikers wie Friedrich Ebert, des Führers der Mehrheitssozialdemokratie, zu finden.[116] Auch darüber, was hier im Einzelnen verabredet und vereinbart wurde, sucht Max von Baden in seinen Erinnerungen mit Belanglosigkeiten hinwegzukommen. Der MSPD-Vorsitzende ließ indes in seinem Bericht an den Fraktionsvorstand über seine erste Begegnung mit dem Prinzen am Morgen des 2. Oktober keinen Zweifel daran, dass er sich von dem Kanzlerkandidaten sehr viel für die sozialdemokratische Sache versprach.[117]

Auch der eher skeptische Philipp Scheidemann musste nach einer persönlichen Begegnung mit dem Prinzen noch am gleichen Tag einräumen, dass Max von Baden sich »sehr weit entgegenkommend« über seine politischen Absichten als Reichskanzler geäußert habe, insbesondere was die »entschiedene Demokratisierung« des Reiches anlangt. Mit Scheidemann als designiertem Minister ohne Portefeuille für ein Kabinett Max von Baden wurde diese Akzeptanz sogleich personal- wie symbolpolitisch festgeschrieben, denn gerade dieser Name hatte auf der Rechten den politisch denkbar schlechtesten Klang.[118] Kein Wunder, dass man den Prinzen im preußisch-konservativen Parteienlager bereits frühzeitig in der Hand skrupelloser demokratischer Reformer sah.[119] Das war gewiss übertrieben, weil sicher auch Ebert bei seinen Geheimverhandlungen mit dem designierten Kanzler Zusagen machte.[120] Aber frei war der angehende Kanzler am Vorabend seiner Ernennung auch gegenüber der demokratischen Seite ganz gewiss nicht mehr. Eine weitere Beobachtung notierte ein versierter Kenner der Berliner Politikszene – der ehemalige Staatssekretär Karl Helfferich – als denkwürdig: Die sich damals jedem »aufdrängende Wahrnehmung, dass der liebenswürdige und wohlmeinende Prinz alles eher sei als eine Kraftnatur, hat wohl nicht unwesentlich dazu beigetragen, die Begeisterung für seine Kandidatur bei gewissen Führern der Mehrheitsparteien zu erhöhen«.[121] Auch die deutsche Kaiserin, die zu ihrem großen Bedauern keinen Einfluss mehr auf die Ernennung des Kanzlers nehmen konnte, soll vorausgesehen haben, »dass dieser schwache Mann nur eine Puppe des radikalisierten Kriegskabinetts sein würde«.[122]

Und die Bundesfürsten?

Am 3. Oktober 1918 trat Max von Baden offiziell sein Amt als (letzter) Kanzler des Deutschen Kaiserreichs an, das sich als Staatswesen weiterhin in einer unmöglichen Lage befand. An seiner Spitze ein Herrscherhaus, das politisch nicht mehr überleben konnte, aber auch nicht in Würde sterben mochte; mit einem Chef, der zwar führungsunfähig war, sich aber weiterhin als Herrscher fühlte. Ihm zur Seite eine Kaiserin, die in heroischem Trotz noch gar nichts verloren gab. Daneben Berg, dem der Kaiser »durch Handschlag das Versprechen abnahm, ihn nicht zu verlassen«, und den auch die Kaiserin inständig bat, nicht fortzugehen.[123] Ein Triumvirat also, bei dem der Wille zum Machterhalt ebenso stark ausgeprägt war wie der Unwille zu politischer Erneuerung.

Aber immer noch gab es in den Reihen der hohen Regierungsbürokratie niemanden, der es gewagt hätte, dem Monarchen zu sagen, dass die Tage der konstitutionellen Monarchie gezählt waren. In der Reichskanzlei amtierte ein angehender Bundesfürst und enger Verwandter der Hohenzollernfamilie, der wider alle politische Vernunft und Klugheit von seiner Mission besessen blieb, er könne den Machtanspruch des Deutschen Kaiserreiches in eine neue Zeit retten und ihm seine vermeintliche Lebenswurzel erhalten, die (halbkonstitutionelle) Monarchie, der aber schon vor Amtsantritt allen Seiten einander ausschließende Versprechungen gemacht hatte, die seiner souveränen Handlungsfreiheit sogleich den Boden entzogen. Und die Kulisse bildete ein zutiefst deprimiertes Land, das nach einem mehr als vierjährigen Opfergang vor der definitiven Kriegsniederlage stand, mit einem murrenden Volk, dem die Obrigkeit mehr denn je misstraute – zu Recht.

Am Ende bleibt die Frage, wie denn die anderen Repräsentanten des deutschen Herrscherstandes die dramatischen Vorgänge im Regieraum der Reichspolitik wahrnahmen und beurteilten. Allem Anschein nach hatten sie erst Ende September 1918 den vollen Ernst der Lage erkannt. Im Tagebuch der sächsischen Königstochter Prinzessin Margarete kann man unter dem 29. September lesen: »Wir stehen in schwerster Zeit. Im Westen holen die Feinde zu einem einheitlichen Massenstoß aus, im Innern wogt es von Demokratie und Reichskanzlersturz, von Parlamentarisierung usw. Tausende von Flugschriften vergiften die Volksseele und mit den Verbündeten kracht es auch.« Einen Tag später notierte sie: »Der Kaiser gibt die Parlamentarisierung zu! Die ganze Westfront brennt! Heute traf uns das alles wie ein Schlag.«[124] Auch im Schoße der Familie Wittelsbach ging man von einer »äußerst ernsten« Krise aus.[125]

Aber so richtig im Bilde über die politischen Vorgänge in Berlin scheint kaum jemand gewesen zu sein, nicht einmal die beiden Kronprinzen von Preußen und Bayern, wie Rupprecht am 4. Oktober 1918 seinem Tagebuch anvertraute: »Nachmittags hatte ich den Besuch des deutschen Kronprinzen, der über die jüngsten Vorgänge in Berlin und den Inhalt des Friedensangebots eben so wenig weiss wie ich. Der Kaiser, so sagte er, sei über die tatsächlichen Verhältnisse mangelhaft orientiert worden.« Aus anderer Quelle wissen wir, dass dem Kronprinzen die Persönlichkeit des neuen Reichskanzlers angeblich nicht näher bekannt war, er sich gleichwohl vom »Zusammenwirken eines deutschen Fürsten mit den demokratischen Elementen im Reiche eine Stütze für den monarchischen Gedanken« versprach.[126]

Vor allem aus Letzterem darf man schlussfolgern, dass das akute Krisenbewusstsein, das nun zweifellos allseits anzutreffen war, im deutschen Herrscherstand noch immer keinen Willen zu politischer Eigeninitiative erzeugt hatte. So irritierend die Aktionen der Obersten Heeresleitung zur Übertragung der politischen Verantwortung beziehungsweise der Parlamentarisierungserlass des deutschen Kaisers zunächst auch erscheinen mochten, man akzeptierte sofort deren Notwendigkeit und wollte in ihnen jetzt gar eine weitere Hoffnung sehen. Nach dem Credo des Großherzogs von Mecklenburg-Schwerin zum Beispiel war die neueste »innenpolitische Umwälzung« ganz allein auf den »völlig unerwartet eintretenden Zusammenbruch der Armee und die dadurch veranlasste Unterwerfung unter den Siegeswillen der Feinde« zurückzuführen: »Ein derartiges Zukreuzekriechen nach allen vergeblich gebrachten Opfern konnte die Monarchie, konnte das Kaiser-Szepter nicht vertragen, dazu bedurfte es der Übernahme der Verantwortung *vor* dem Volke *durch* die Volksvertreter.«[127] Auch eine Art von Dolchstoßlegende. Herzog Bernhard von Meiningen äußerte einer Freundin gegenüber zur politischen Lage am 9. Oktober, »dass nur äusserste Noth unsere Regierung hat veranlassen können, die Schritte zu thun, welche sie gethan. Näheres darf ich jetzt nicht sagen.« Zur Kanzlerschaft des Prinzen Max gehöre »ein collossaler moralischer Muth und eine Selbstverleugnung ersten Ranges. So unsympathisch uns auch das Pactiren mit der Demokratie ist, es musste sein und war nicht zu ändern.«[128]

Deutungsmuster wie die angeführten zeigen, dass das politische Urteilsvermögen dieser Herrschaften nicht weniger einfältig war als das jenes Dynasten, der sich in seinem Palais in Potsdam immer noch einbildete, an politisch zentralen Fäden zu ziehen. Selbst dem weltklugen Berater des Königs von Württemberg fiel im Oktober 1918 nicht viel mehr als der Vorschlag ein, durch »nähere Fühlungnahme mit den Herren der Zweiten Kammer« Vorsorge dafür zu treffen, dass »je nach Entwicklung der Dinge« eventuell kurzfristig »ein parlamentarisches Ministerium für die Sicherung des Thrones« gebildet werden könnte.[129] Dabei war an ein Moratorium für die souveräne Herrschaft der deutschen Bundesfürsten schon längst nicht mehr zu denken.

Die publizistischen Verfechter der autoritären Monarchie machten sich da schon sehr viel weniger vor. In der nationalistischen *Deutschen Zeitung* beispielsweise erschien am 4. Oktober 1918 ein Leitartikel, der in der Art eines offenen Brandbriefes an die deutschen Bundesfürsten verfasst war. Der soeben ernannte Reichskanzler, so heißt es dort, bekenne sich doch »offen als Vertrauensmann des sozialistisch-freisinnig-zentrümlichen Volksteiles«. Dies müsse zwangsläufig die Stellung der Monarchen im Reich drücken, denn diese hätten sich bislang immer als überparteilich und als Träger der Einheit ihrer Völker verstanden. »Wir fragen die deutschen Bundesfürsten, mit deren Rechten eine wildgewordene Reichstagsmehrheit heute Fangball spielt, ob sie diese Entwürdigung ihres hohen Berufes ruhig hinnehmen können?«[130]

Hier wurde allerdings schon weitgehend tauben Ohren gepredigt, wie die Versammlung der fürstlichen Bevollmächtigten zum Bundesrat vom Vortag zu erkennen gegeben hatte.[131] Dort war den verbündeten Regierungen von Vizekanzler Payer erstmals reiner Wein über die militärische und politische Lage eingeschenkt worden. Das hatte zwar insofern für böses Blut gesorgt, als man sich hier vor vollendete, genauer: vor »schreckliche« Tatsachen gestellt sah, aber die Empörung darüber reichte nicht aus, um sich fortan als Verfassungsorgan selbst in die Reichspolitik einzumischen. Nur die Rechte der Einzelstaaten sollten vom neuen Reichskanzler ungeschmälert gewahrt werden. Dies sicherte Max von Baden den Bevollmächtigten dann auch persönlich am 5. Oktober zu, indem er sich selbst als den berufenen Garanten für die Wahrung der Bundesstaatlichkeit des Reiches bezeichnete.

So konnte eine politische Grundsatzdebatte abermals unterbleiben. Ob dies die Sorgen der Souveräne über ihre politische Zukunft verringerte, mag bezweifelt werden. Vom deutschen Kronprinzen ist überliefert, dass er sich am gleichen Tag erstaunt und entrüstet über die neue Regierung und deren Friedensnote an den US-Präsidenten Wilson äußerte. Dessen Forderung würde nun bestimmt die Absetzung der Hohenzollern sein. Auch glaubte der Kaisersohn zu wissen, dass sein Vater eigentlich »habe abdanken wollen, er [Kronprinz Wilhelm] danke aber dafür, die Sache zu übernehmen, S. M. möchte die Suppe selbst auslöffeln, die er uns eingebrockt hätte.«[132]

So hält man am Schluss im deutschen Herrscherstand vergebens Ausschau nach einem Willen zur Selbstüberwindung, mithin zu Neuem. Dabei stieg allen das Wasser langsam bis zum Halse. Vor allem die Ablösung Wilhelms II. als souveräner Herrscher war inzwischen nicht nur eine »Staatsnotwendigkeit« (Meinecke) geworden, sondern auch eine Monarchienotwendigkeit. Und dennoch gab es immer noch keinen Bundesfürsten, der die eklatante Unfähigkeit dieses Kaisers auch nur thematisiert hätte, von politischen Konsequenzen gar nicht zu reden. Das gilt nicht weniger für den professionellen Beraterkreis dieser Souveräne. Auch hier herrschte tiefes Schweigen, und es gab nicht einmal politische Planspiele, um beispielsweise die Monarchen auf das Format zu reduzieren, das dem öffentlichen Leben vielleicht noch hätte nützlich sein können: das Format eines ansehnlichen Requisits auf der Theaterbühne der großen Politik. Eines Requisits, mit dem sich nostalgische Bedürfnisse im Volk hätten bedienen lassen, mit dem sich noch ein wenig Staatstheater, aber auf keinen Fall mehr große Politik machen ließe. Dass und wie so etwas funktionierte, hätte man in Holland, Schweden und Großbritannien eingehend studieren können. Doch ein größeres Tabu als die Frage nach dem tieferen Sinn der Monarchie für Deutschland scheint es damals nicht gegeben zu haben. Aber, um mit Nietzsche zu sprechen, man büßt es teuer, unsterblich sein zu wollen.

Endzeit 2

Die Antrittsrede, die der neue Kanzler am 5. Oktober 1918 im Reichstag halten sollte, bedeutete die endgültige Desavouierung jenes politischen Programms, mit dem Prinz Max von Baden vor nicht einmal drei Wochen seine Bewerbung um das höchste deutsche Regierungsamt begründet hatte. Die Rede enthielt ein unmissverständliches Bekenntnis zur parlamentarischen Demokratie im Reich und auch in den Einzelstaaten, hieß ausdrücklich die Friedensresolution des Deutschen Reichstags vom Sommer 1917

5. Oktober 1918: Der neue Reichskanzler Max von Baden (x) verliest im Reichstag eine Rede, die ihm nicht behagt.

gut und nahm das Friedensprogramm des amerikanischen Präsidenten Wilson vorbehaltlos an.[133]

Das alles war gar nicht im Sinne des Verkünders, der gern mit einer leidenschaftlichen vaterländischen Proklamation im Sinne früherer Denkschriften an die Öffentlichkeit getreten wäre. Doch das hatten ihm gestandene Berufspolitiker wie Vizekanzler Payer und Staatssekretär Wilhelm Solf noch in letzter Minute ausreden können, wobei auch viel Druck und Intrige im Spiel gewesen war. Solf meinte später, die energische Intervention »rettete das Kabinett Max von Baden vor dem sofortigen Zusammenbruch und vor dem ewigen Fluch der Lächerlichkeit«.[134] Der Ex-Kanzler schrieb dagegen im Rückblick, er bereue den Verzicht auf die ursprünglich intendierte Rede. Deutschlands Schicksal hätte sich wahrscheinlich zum Besseren gewendet, wenn er damals zu seiner »eigenen Politik zurückgefunden hätte«.[135] Doch Anfang Oktober 1918 ließ er sich sogar überreden, seine Jungfernrede im Reichstag nicht in Uniform, sondern im schlichten Bürgerrock zu halten. Die Konsequenz war, wie er rückblickend ganz richtig schrieb, »auf dem unseligen Weg weiterzugehen, den ich nun einmal beschritten hatte«. Dabei hielt ihn offenbar allein die illusionäre Hoffnung aufrecht, den Krieg demnächst mit einer letzten Mobilisierung nationaler Verteidigungskräfte vielleicht doch so lange fortsetzen zu können, bis Deutschlands Kriegsgegner sich zu annehmbaren Friedensbedingungen verstehen würden. Hinter dem Rücken seines Kabinetts lancierte er überdies eine direkt an Wilson adressierte Warnung, sich nicht in die inneren Angelegenheiten des Deutschen Kaiserreichs einzumischen. Möglicherweise wollte er damit die »Schwäche« seines regierungsoffiziellen Waffenstillstandsgesuches wieder wettmachen.[136]

Auf verlorenem Posten

Das Debakel des offiziellen Regierungsauftakts bedeutete mehr als ein schlechtes Omen; es hatte etwas Symptomatisches – insofern, als es dem düpierten Reichskanzler für den Rest seiner sechswöchigen Amtszeit nicht mehr gelingen sollte, eigene Zielvorgaben für die Arbeit seiner Regierung zu formulieren oder auch nur echte Richtlinienkompetenz zu erlangen. Die Reformpolitik der Regierung Max von Baden, die den Übergang des Kaiserreichs zu einer parlamentarischen Monarchie bewirkte, ist tatsächlich zum allergeringsten Teil als das genuine Werk ihrer Galionsfigur anzusehen. Wäre es nach Prinz Max gegangen, hätten innenpolitische Reformen lediglich darauf abgezielt, die überkommene Staatsform zu sichern, das heißt das monarchische System in seinem Grundbestand zu erhalten. Auch die Außenpolitik, insbesondere den Notenwechsel mit Wilson, betrieben andere Kräfte.[137]

Die Einzelheiten dieser Regierungsgeschäfte sollen uns hier nicht weiter beschäftigen, zumal sie gut erforscht und wiederholt historisch-kritisch dargestellt worden sind.[138] Bis auf einen Punkt, der jene Politik-Domäne betrifft, die dem Kanzler aufgrund seiner bundesfürstlichen Herkunft, aber auch kraft eigenen, eigensinnigen Engagements verblieben, ja geradezu auf den Leib geschnitten war: die Platzierung des deutschen Kaisers beziehungsweise seiner Dynastie in dem neu austarierten Kräftefeld der Macht in Deutschland.

Damit war zugleich die Frage nach einer neuen Funktionsbestimmung der Monarchie überhaupt aufgeworfen, da sich das politische Schicksal Wilhelms II. über ungezählte sichtbare wie unsichtbare Fäden mit dem seiner Hohen Verbündeten verknüpfte. Diese Frage drängte sich der Politik mehr denn je auf, hielten doch viele Beobachter die Abdankung des Kaisers für eine fast unvermeidliche Folge der Kriegsniederlage. Erschwerend kam hinzu, dass Wilhelm II. und seine Familie seit Sommer 1918 einem rapiden öffentlichen Ansehensverlust ausgesetzt waren.[139]

Nur einen Tag nach seiner demokratischen Antrittsrede gab Max von Baden im Kabinett die royalistische Parole aus: »Wir müssen alles tun, um [die] Krone im Volk zu verankern.«[140] Zum selben Zeitpunkt scheint sich Wilhelm II. im benachbarten Potsdam ernsthaft mit dem Gedanken an Abdankung getragen zu haben. Das hat selbst der unverwüstliche Kabinettschef Berg zu erkennen gegeben, als er – wahrscheinlich im Auftrag der Kaiserin – am Morgen des 7. Oktober 1918 im Garten der Reichskanzlei den Prinzen Max ins Gebet nahm. Er erklärte die verbliebenen Rechte der Krone für unantastbar; der Kanzler »dürfe unter keinen Umständen über die Abdankung des Kaisers auch nur mit sich reden lassen«. Die Folgen wären katastrophal.[141]

Auch anderen Quellen zufolge muss die Stimmung im deutschen Kaiserhaus in den ersten Oktobertagen düster gewesen sein.[142] Als der scheidende Ex-Kanzler Hertling sich von ihm verabschiedete, sagte Wilhelm zu ihm: »Ich würde am liebsten mit Ihnen gehen.« Auch aus den sonstigen Äußerungen Hertlings über diesen Abschiedsbesuch in Potsdam folgerte der bayerische Gesandte Lerchenfeld: »Wenn etwa der Frieden von der Abdikation abhängig gemacht werden sollte, so würde der Kaiser ohne Zweifel in den Schritt willigen. Selbst in den königstreuesten Kreisen der Hauptstadt wird die Abdikation als ein unter Umständen nicht abwendbarer Schritt besprochen.«[143]

Und was tat der »demokratische« Reichskanzler, um die Gunst dieser Stunde zu nutzen? Er tat alles in seinen Kräften Stehende,

Wie die New York Times *den Anfang vom Ende des deutschen Kaiserreiches sah: »Das Erwachen. – Kellner: ›Zeit für die Rechnung, Sir‹.«*

um den resignierenden Monarchen aus seinem Tief herauszuholen, indem er ihm neue Versprechungen machte. Zunächst holte er sich von seinem Kriegskabinett ein einstimmiges Votum, sich allen eventuellen Abdankungsforderungen des Auslandes gegenüber strikt ablehnend zu verhalten.[144] Dann fuhr er nach Potsdam ins Neue Palais, wo es ihm gelang, am Krankenbett des Vetters das wohl »einzige ruhige Gespräch während meiner Kanzlerzeit« zu führen und dem Kaiser dabei zu einer optimistischeren Einschätzung seiner politischen Perspektiven zu verhelfen. Max von Baden versicherte Wilhelm, dass die neue Regierung ihn allen öffentlichen Angriffen zum Trotz »decken« würde, dass auch die parlamentarischen Minister erklärtermaßen auf dem Boden der Monarchie stünden und dass das deutsche Staatsoberhaupt »wieder festen Boden finden würde, sobald die Hindernisse entfernt wären, die zwischen ihm und dem Vertrauen des Volkes stünden«.[145]

Dies sind die wenigen Bruchstücke, die von der mehrstündigen Unterredung überliefert sind. Das heißt, Max wird Wilhelm noch mit sehr viel mehr politischen Zusicherungen umworben haben; jedenfalls nahm er den »zuversichtlichen Eindruck« mit nach Berlin, dass sein Vetter »loyal« mit ihm zusammenarbeiten wollte. Diese Loyalität – so die Bitte des Kanzlers – sollte Wilhelm durch die alsbaldige Entlassung seines Duzfreundes Friedrich von Berg unter Beweis stellen und an dessen Stelle wieder den Vorgänger Valentini zum Kabinettschef berufen. Gut möglich, dass Max von Berg gar nicht wegen dessen ultrakonservativer Reformgegnerschaft für politisch untragbar erklärte, sondern weil er in ihm eine Gefahr für die Monarchie sah.[146] Der Kaiser schluckte die Kröte – einige Tage später war er auch schon »wieder Herr der Situation«.[147]

Was sich Max von Baden da vielleicht als raffinierten politischen Schachzug anrechnete, sollte sich schon bald als kapitaler Fehler erweisen. Ein Fehler, der wiederum nur mit Naivität und Unwissenheit zu erklären ist. Denn erstens gab es an diesem Monarchen schon lange nichts mehr, was dem Gemeinwohl in Deutschland hätte dienlich sein können. Jeder Tag ohne diesen Kaiser auf der Kommandobrücke wäre dem schlingernden Reichsschiff zugute gekommen. Die Gelegenheit, ihn in der Stunde innerer Anfechtung tatsächlich zur Abdankung zu bewegen, war niemals davor oder danach günstiger. Sie wurde vertan. (Heute wissen wir, dass es eine historische Chance war. Denn die freiwillige Abdankung des Kaisers, die in den kommenden Wochen die innenpolitische Diskussion dominieren sollte, hätte einzig und allein *vor* Einleitung der Reformen einen Sinn ergeben und Wilhelm einen passablen Abgang von der welthistorischen Bühne verschafft. Es spricht für seinen Instinkt, diese Chance gewittert zu haben – und es spricht für seine Unfähigkeit und die seines Beraters, dass sie nicht ergriffen wurde.)

Zweitens konnte man auf Wilhelms Loyalitätserklärung gegenüber einer von ihm nicht gewollten und innerlich sogar verachteten parlamentarischen Regierung so gut wie nichts geben. Schon morgen mochte die kaiserliche Sympathie ins genaue Gegenteil umschlagen und den Kanzler Kopf und Kragen kosten. Über diese notorische Schwäche war gerade Max von Baden besser im Bilde als viele andere.[148] Wie sollte man einen solchen Träger der Krone noch in einem Volk verankern, das sein Vertrauen in die überkommene Führung großenteils verloren hatte?

Drittens schließlich trug sein einziger erfolgreicher Manipulationsversuch dem badischen Prinzen die tödliche Feindschaft von Auguste Viktoria ein, die sich vor allem durch die Entfernung Bergs persönlich getroffen fühlte: Am Abend des 7. Oktober, berichtete später ein Adjutant des Kaisers, »fand ich die Kaiserin in Tränen und stolz aufbäumender Entrüstung. Sie allein begriff im vollen Umfange, was der Prinz ihrem kranken Gemahl soeben angetan. Der Kaiser hatte nicht allein einen treuen uneigennützigen Berater, sondern den engsten Vertrauten seiner täglichen Herrschersorgen verloren.«[149] Und – so muss man ergänzen – Auguste Viktoria nicht minder; sie hatte den verschlagensten Drahtzieher in ihrem Privatkrieg gegen die vermeintlichen Feinde des Hauses Hohenzollern verloren. Berg fand sie denn auch »ganz aufgelöst« vor. Aber, so fügte er vielsagend hinzu, »die Kaiserin hat noch an demselben Abend an den Prinzen Max einen Brief geschrieben, der ihm zu lesen nicht angenehm gewesen sein wird«.[150] In der Tat, »stolz aufbäumend« sollte die Monarchengattin fortan ins politische Geschehen eingreifen und dem verhassten Max das Leben schwer machen – weiterhin sekundiert von dem ebenfalls schwer gekränkten Berg, der seine Wühlarbeit hinter den Kulissen nach dem Rauswurf noch verstärkte. So war dem Prinzen auch auf diesem, seinem ureigensten politischen Feld eine unlösbare Aufgabe erwachsen.

An eine Tabuisierung der Kaiserfrage war trotz anhaltender Pressezensur nach dem Bekanntwerden der Wilson'schen Antwort auf das deutsche Friedensersuchen weniger denn je zu denken, da der amerikanische Präsident selbst die Frage angeschnitten hatte, ob der Kanzler mit seiner Politik denn eigentlich für mehr stehe als für den Obersten Kriegsherrn und dessen Heeresleitung.

Etwa zeitgleich wurde durch eine gezielte Indiskretion ein Privatbrief des Prinzen von Anfang 1918 publik, dessen Inhalt seine Reichstagsrede vom 5. Oktober als abgefeimte Heuchelei entlarvte. In diesem Brief hatte er die Reichstagsresolution vom Sommer 1917 eine »Dummheit«, ja »Gemeinheit« genannt und auch das Konzept einer Parlamentarisierung beziehungsweise Demokratisierung des politischen Systems schwer diskreditiert.[151] Dass die Mitglieder seiner Regierung dem blamierten Kanzler jetzt nicht den Laufpass gaben, war weniger dessen Rechtfertigungsbemühungen zu verdanken als vielmehr dem taktischen Kalkül vor allem der Sozialdemokraten – der richtigen Überlegung nämlich, durch zweckloyales Verhalten politisch noch leichteres Spiel mit dem angeschlagenen und verunsicherten Regierungschef zu haben. Im Interfraktionellen Ausschuss hatte Ebert noch erklärt: »Prinz Max von Baden ist und bleibt für alle Zeit gerichtet.« Und: »Wenn die Arbeiter von diesem Brief Kenntnis erhalten, so verliert die Regierung ihren ganzen Einfluss.« Deshalb müsse der Kanzler gehen.

Doch schon einen Tag später setzte der Sinneswandel ein; der Prinz habe sich eben politisch weiterentwickelt. So konnte man es sehen. Und in der Tat kostete die sich über mehrere Tage hinziehende Briefaffäre Max von Baden nicht allein substanzielle Kraft und weiteres Selbstvertrauen, sondern zwang ihn endgültig unter das kaudinische Joch einer Kabinettsdisziplin, die jede politische Eigenmächtigkeit im offiziellen Bereich der Staatspolitik unterband und ihn hier zum waschechten, wenn auch nicht überzeugten Demokraten machte.[152] Der Gerettete lobte indes den Herrgott dafür, »dass ich in den Sozialdemokraten Männer auf meiner Seite habe, auf deren Loyalität wenigstens gegen mich ich mich vollkommen verlassen kann«.[153] An den politischen Preis dafür mochte er lieber nicht denken. In den Worten von Otto Braun: »Nachdem der Mann uns diese Schwäche gezeigt hat, stärkt er unsere Position. Der Mann kann getrieben werden.«[154]

Die Hohenzollern noch einmal im Aufwind

Unterdes scheint auch die Hohenzollern-Dynastie in ihrem krampfhaften Bemühen, an der Macht zu bleiben, durch die Kanzlerkrise Aufwind bekommen zu haben. Wilhelm II. wollte jetzt wieder mitregieren. Vom 11. bis zum 13. Oktober erschien er täglich zu Unterredungen beim Kanzler in der Wilhelmstraße.[155] Und gleich beim ersten Mal redete er dem Prinzen die Personalie Valentini mit Verweis auf das Veto seiner Gemahlin wieder aus. Neuer Kabinettschef wurde stattdessen der frühere Vizekanzler Clemens von Delbrück, dessen Amtsführung aber weiterhin deutlich die Handschrift des allgegenwärtigen Berg trug. Durch das von der Kaiserin dirigierte Gespann Delbrück/Berg war ein Gegengewicht zum Einfluss des Kanzlers geschaffen worden.

Im Übrigen suchte Wilhelm II. sein Heil jetzt offenbar verstärkt in einer meritokratischen Politik. Nun wollte er plötzlich als der Impulsgeber und Garant der Reformen des politischen Systems dastehen, ja womöglich als der führende Kopf der neuen Regierung. Gleichzeitig begann er wieder zu schwadronieren; halböffentlich zwar erst, aber doch verantwortungslos genug, um dem Leiter des Auswärtigen Amtes einen Schrecken einzujagen. Dem hatte er nämlich bei einem seiner Berlin-Besuche auf offener Straße *coram publico* verkündet, sein tapferes Heer werde Deutschlands Feinde noch »in die Pfanne hauen«.[156]

Ein weiterer Vertreter des Kaiserhauses tauchte in diesen Tagen im politischen Berlin auf. Es war der dreißigjährige Prinz August Wilhelm, der als vertrautester Sohn der Kaiserin galt.[157] Ihm wurde offenkundig die Rolle eines Zwischenträgers zugewiesen – aufgeschlossen gegenüber den neuen Männern in der Reichskanzlei, aber bedingungslos ergeben nur der Mutter. Was diese Frau in den Oktobertagen 1918 gegenüber dem »Obersten Kriegsherren für eine große Mission für Volk und Vaterland erfüllt hat« – so bekannte er Jahre später –, habe er damals nur »ahnen« können.[158] Zwar ängstigte sich auch August Wilhelm vor »dem Furchtbaren, was sich über uns zusammenzieht«, aber er ließ keinen Zweifel daran, worauf er seine Hoffnung setzte: »Gott gebe, dass der Kaiser durchhält, meine geliebte Mutter ist wieder *beispiellos* in ihrer Überwindung und der Große Gott schenke ihr weiter Kräfte.«[159]

Ob der Herrgott ihn erhörte, können wir natürlich nicht wissen. Dass aber ein eifriger Gottesdiener maßgeblich an dieser Art von Kraftzufuhr beteiligt war, ist kein Geheimnis. Es handelt sich um den ultrakonservativen Monarchisten Ernst von Dryander, seines Zeichens kaiserlicher Hofprediger und persönlicher Seelsorger der deutschen Kaiserin.[160] Wie man sich das Verhältnis der beiden in diesen Tagen konkret vorzustellen hat, zeigt ein Handschreiben Auguste Viktorias an den Pastor aus dem Neuen Palais in Potsdam vom 10. Oktober 1918: »Danke Ihnen für Ihren trostreichen Brief in dieser schweren Zeit. Die schwarzen Wolken werden sich auch einmal teilen und Gott seine Sonne wieder scheinen lassen. Könnten Sie am Sonntag den 13. um 10 Uhr hier bei uns den Gottesdienst abhalten – *nur für den Kaiser und für mich*? Ich würde Ihnen sehr dankbar sein. Ein Auto würde ich Ihnen schicken.«[161] So entsteht Wagenburg-Mentalität.

Mit Prinz August Wilhelm war jetzt jedenfalls ein weiterer absolut zuverlässiger Fahnenträger der Hohenzollern-Dynastie ganz nahe am Geschehen der großen Zeitenwende[162] und wurde sogar selbst in den Strudel der Ereignisse hineingezogen. Als Mitte Oktober die Option einer Abdankung des Kaisers zugunsten eines weniger kompromittierten Agnaten für Diskussionsstoff sorgte, wurde folgerichtig auch der Name August Wilhelm genannt.[163] Offenbar hatte diese bemerkenswerte Option etwas mit dessen Image als vermeintlich einziger »Zivilprinz« aus dem preußischen Herrscherhaus zu tun. Einen solchen Hohenzollern glaubten einige Politiker vielleicht noch am ehesten den notorisch kaiserfeindlichen Amerikanern als neues deutsches Staatsoberhaupt schmackhaft machen zu können. Jedenfalls schickte die Kaiserin den plötzlich zum Thronprätendenten aufgewerteten Prinzen zu Sondierungsgesprächen in die Reichskanzlei – allerdings nicht allein, sondern in Begleitung von dessen älterem Bruder Adalbert. Der – so erinnert sich Max von Baden – habe ihn »geradezu« gefragt: »Soll ich zu Papa gehen und ihm die Notwendigkeit [einer Abdankung] vorstellen?«

Doch auf dieses Glatteis ließ sich der Kanzler nicht führen. »Ich sagte, dass ich einen solchen Schritt nicht für geboten hielte, ich hoffte, dass es mir gelingen würde, solange ich Kanzler wäre, eine Situation zu vermeiden, die die Abdankung des Kaisers notwendig mache.«[164]

Dass er tatsächlich noch fest daran glaubte, »den Kaiser und die Dynastie Hohenzollern zu retten«, wie er in einem Privatbrief an seinen Vetter, Großherzog Friedrich II. von Baden, am 15. Oktober schrieb, darf man ihm getrost abnehmen. Genau darin bestand ja sein Verhängnis. Zwar sah er inzwischen deutlich, dass das Reich »mitten in einer Revolution« stand, und verkannte auch kaum mehr die verzweifelte Lage der friedenssüchtigen Bevölkerung. Dennoch ging er fest davon aus, diese Revolution mit Hilfe der Sozialdemokraten »friedlich zu gestalten«, und das hieß für ihn zunächst und vor allem, »den Kaiser zu retten«.

Einen Tag später traf die zweite Wilson-Note ein, die mehr oder weniger verklausuliert die Entmachtung der Hohenzollern-Dynastie als Voraussetzung für die Einleitung von Friedensverhandlungen forderte. Wieder einmal stand Max von Baden auf verlorenem Posten.

Das Reich im Zustand »latenter Revolution«

Seit Mitte Oktober 1918 war die Frage nach den Überlebenschancen des Kaisers beziehungsweise der Monarchie das beherrschende Thema in Deutschland. Die Zensur sorgte allerdings dafür, dass darüber nicht öffentlich diskutiert wurde. Dennoch konnte jeder halbwegs politische Kopf damals ermessen, dass dieser Kaiser als regierender Monarch in keine neue Zeit mehr hinüberzuretten war, hatte er doch inzwischen nirgendwo mehr in der reichsdeutschen Gesellschaft einen festen Rückhalt. Während in allen politischen Lagern bis in die extreme Rechte hinein schon heftig über ganz konkrete Lösungsmöglichkeiten (Abdankung zugunsten des Kronprinzen, eines anderen Sohnes oder eines Enkels, Regentschaft etc.) diskutiert und entsprechende Schritte sondiert wurden, gab sich die Regierung Max von Baden unbeeindruckt, ja erweckte geradezu den Eindruck, von alledem nichts wissen zu wollen.

Anders dagegen die Regierungen der Bundesstaaten, deren Vertretern in Berlin bereits Schlimmes schwante. Als sich der bayerische Ministerpräsident Otto von Dandl am 12. Oktober mit seinen Kollegen aus Sachsen, Württemberg, Baden und Mecklenburg zu einem informellen Gedankenaustausch traf, wurde deutlich, dass man der politischen Entwicklung allseits »mit großer Sorge« gegenüberstand. Es hieß, man befinde sich schon »im Zustande einer ›latenten Revolution‹«. Obwohl man die fortschreitende Parlamentarisierung der Staatspolitik zutiefst beklagte, hielten es alle Vertreter für »verhängnisvoll, wenn im gegenwärtigen Augenblick die Sozialdemokratie nicht für die Regierung festgehalten werden könnte«.[165] Mehr noch, in der Regierungsbeteiligung der Sozialisten sah der württembergische Ministerpräsident von Weizsäcker jetzt geradezu »eine Gewähr gegen katastrophale Umsturzbewegungen«.[166] Auch nach Ansicht des Großherzogs von Mecklenburg war nun nicht mehr zu erwarten, dass die »demokratische Welle überhaupt oder gar etwa bald abebben sollte, vielmehr können wir uns freuen, wenn mit Hilfe des besonnenen Teils der Sozialdemokratie eine weitere Radikalisierung der deutschen Verhältnisse vermieden [wird]«.[167]

Nicht die Regierung des bundesfürstlichen Reichskanzlers sollte es also jetzt richten, sondern die an ihr beteiligten Sozialdemokraten. Dazu muss man allerdings wissen, dass nun auf einmal auch andere, bis dato weitgehend ignorierte Zeiterscheinungen ins Blickfeld der außerpreußischen Staatsmänner gerückt waren. So heißt es beispielsweise im Lagebericht des thüringischen Bevollmächtigten zum Bundesrat Arnold Paulssen aus Berlin vom 12. Oktober, dass die Ereignisse sich dort überstürzten und nicht absehbar sei, wohin das alles führen werde. In Bezug auf die innere Entwicklung sei die Stimmung »sehr ernst«. Einerseits gebe es Staatsstreichgelüste auf der extremen Rechten, andererseits – noch »gefährlicher als das« – machten die Unabhängigen Sozialdemokraten (USPD) zur Zeit »außerordentliche Fortschritte«. Selbst »in sehr ernsthaften bürgerlichen Kreisen rechnet man beinahe sicher mit revolutionärer Bewegung«.[168] Je größer die Angst vor sozialen Unruhen wurde, desto mehr richteten sich die Hoffnungen jetzt auf die früheren politischen Feinde, namentlich auf die gemäßigten Führer der Mehrheitssozialdemokratie.

Einige gingen sogar noch weiter, beispielsweise die gebürtige Engländerin Evelyn Fürstin Blücher von Wahlstatt, die mit ihrem Mann, einem Angehörigen des Preußischen Herrenhauses, in der Reichshauptstadt ein großes Haus führte. Sie richtete in ihrem Berliner Tagebuch vom 16. Oktober 1918 den Blick nicht allein auf die »schreckliche Niedergeschlagenheit« ihrer Kreise über den Zusammenbruch und auf die »allgemeine Demoralisation des Volkes«, sondern mehr noch auf den »armen Kaiser«, der nur noch Gegenstand des Mitleids sei: »Warum ließ er es so weit kommen? Warum hat er nicht schon abgedankt, ehe man ihn dazu zwingt? Jedes Kind auf der Straße sagt: ›Der Kaiser muss fort.‹ Er scheint sich absolut an seinen Schattenthron anklammern zu wollen, und seltsamerweise soll es die Kaiserin sein, die ihn zu bleiben bittet.«[169]

So war die bedrückende politische Wirklichkeit inzwischen selbst in das Bewusstsein jener Kreise gerückt, die es eher gewohnt waren, sie sich möglichst lange schönzufärben. Auf den Kaiser als Schutzschirm vor revolutionären Unruhen wurde längst nicht mehr gebaut. Und es ist bezeichnend, dass ausgerechnet die ultrarechte *Deutsche Zeitung* als erstes Presseorgan ihm sogar öffentlich den Stuhl vor die Tür setzte: »Wer sich das Zepter aus der Hand winden lässt, der kann es nicht führen. Für uns gibt es nur die Frage: was wird aus unserem Reich?«[170] Dahinter stand – wie aus internen Verlautbarungen bekannt – die grenzenlose Enttäuschung darüber, dass der Kaiser sich durch »internationale Gruppen« einfach habe entrechten lassen. »Die Bundesfürsten haben sich ebenso behandeln lassen. Sollen wir die Monarchie noch verteidigen, nachdem sie sich selbst überall aufgegeben?«[171]

Die übrigen deutschen Zeitungen hielten sich bis Ende Oktober an das politisch unsinnige Verbot, nichts über Rücktrittsforderungen an den Kaiser zu berichten, sodass der Kesseldruck auch in dieser Hinsicht noch einmal verstärkt wurde.[172] Die Beobachtung der Fürstin Blücher, dass der Kaiser sich absolut an seinen »Schattenthron« klammern wolle, traf im Übrigen ins Schwarze. Es war allein dem Mut beziehungsweise dem Auftrag des bayerischen Gesandten in Berlin Graf Lerchenfeld zu verdanken, dass durch seine Anwesenheit bei einer Unterredung Wilhelms II. mit Max von Baden in der Reichskanzlei am 19. Oktober das Thema wenigstens einmal vertraulich angeschnitten wurde. Der Monarch meinte, »dass er nie daran denken könne, fahnenflüchtig zu werden. Er wisse auch, dass wenn für Ihn als Kaiser und König von Preußen Gefahr drohe, sein Volk und seine Armee sich um ihn scharen würde[n].« Lerchenfeld brachte immerhin den Mut auf, darauf hinzuweisen, »dass es auch andere Elemente im Reiche gäbe«.[173]

Wer nun meint, der Reichskanzler habe seinen offenbar vollkommen realitätsblind gewordenen kaiserlichen Vetter mit seinem hartnäckigen Schweigen einfach ins wohlverdiente Unglück laufen lassen, wird durch die Quellen eines Besseren belehrt. Gleich am nächsten Tag trug Max von Baden nämlich dem Minister des Großherzogs von Mecklenburg-Schwerin, Adolf Langfeld, bei einer Unterredung auf: »Sagen Sie meinem Schwager: Nur deshalb bin ich Reichskanzler geworden, um die Dynastie zu retten. Ich sehe deshalb auch meine vornehmste Aufgabe darin, die Abdankung des Kaisers zu verhindern.«[174] Dem Generaladjutanten des Monarchen versicherte der Prinz einmal mehr, »er stünde vor dem Kaiser, um ihn zu schützen«.[175]

Für den 21. Oktober hatte Max von Baden mit dem neuen Chef des Zivilkabinetts, von Delbrück, eine persönliche Ansprache des Kaisers an die neuen Minister seines Kabinetts im Schloss Bellevue verabredet. Der Nachfolger Bergs hatte dem Monarchen dafür eine zeitgemäße Rede aufgesetzt, an deren Wortlaut Wilhelm II. sich diesmal auch tatsächlich hielt.[176] Der Text beginnt mit einer kaiserlichen Hommage an das deutsche Volk, das im Krieg eine »wahrhaft erhabene Größe« bewiesen habe. Den »entscheidende[n] Schritt« zur Herbeiführung einer neuen Ordnung in Deutschland reklamierte Wilhelm für sich. Das deutsche Volk sei jetzt berufen, an der Gestaltung seiner Geschicke mitzuwirken, »an politischer Freiheit keinem Volk der Erde nachstehend«. Er selbst wolle alles daran setzen, um »mit Ihnen [der parlamentarischen Regierung] und der Volksvertretung« dieses Ziel zu erreichen.

Dass Kaiser Wilhelm II. jemals solche Worte sprechen würde, hätte er selbst wohl vier Wochen zuvor noch für tief unter seiner Würde erklärt. Jetzt dachte er gar an ihre sofortige Veröffentlichung. Doch das wusste der Kanzler zu verhindern. Zum einen, weil er spürte, dass die Öffentlichkeit dem Monarchen diese Kehrtwende nicht abnehmen würde. Zum anderen, weil die kaiserliche Verlautbarung gar nicht für die Öffentlichkeit bestimmt war, sondern als Versuch, die Minister für den Monarchen einzunehmen. Dabei setzte Max von Baden wohl nicht zuletzt auf die Eitelkeiten der frischgebackenen »Exzellenzen«, auf die es tiefen Eindruck machen musste, vom Kaiser des einst so großmächtigen Deutschen Reiches mit Handschlag begrüßt, in ihrer Eigenschaft als höchste

Staatsbeamte willkommen geheißen und in ihrer politischen Arbeit ausdrücklich ernst genommen, ja sogar gewürdigt zu werden. An Polittheater mochte man in einer solch feierlichen Stunde nicht denken. Und doch war es genau das: ein Akt royaler Selbstverleugnung, der aber für das politische Überleben des fast überall schon totgesagten Monarchen als ehernes Gebot der Stunde ausgegeben und von ihm dressurgemäß in die Tat umgesetzt worden war[177] – nicht ohne Kurzzeitwirkung.

Man merkt es noch den zehn Jahre später veröffentlichten Memoiren des Sozialdemokraten Philipp Scheidemann an, wie sehr er sich im Nachhinein dafür geschämt hat, als Komparse an dieser bewusst inszenierten Selbstaufwertung Wilhelms II. mitgewirkt zu haben.[178] Dahinter stand aber *damals* seine politische Überzeugung, dass dieser Kaiser nicht gestürzt werden durfte. Der deutsche Gesandte in den Niederlanden Friedrich Rosen hat Scheidemann in jenen Tagen gefragt, »ob er mir zusichern könne, dass er und seine Parteifreunde den Kaiser halten würden, wenn dieser aufrichtig sich auf den Standpunkt der neuen Ordnung stellte und das Kabinett tatkräftig unterstützte. Nach kurzer Überlegung gab mir Scheidemann diese Zusicherung, die, glaube ich, durchaus ehrlich gemeint war.«[179]

Aber auch andere Regierungsmitglieder, Matthias Erzberger etwa und andere spätere Herzens-Republikaner, waren dem viel zitierten Königsmechanismus noch einmal ins Netz gegangen[180] und hatten ihrem Kanzler abermals die dringend benötigte Schützenhilfe geleistet bei dessen verzweifeltem Bemühen, ein dem sicheren politischen Tod geweihtes Kaiserleben zu verlängern. Da sich die Regierung ängstlich wegduckte, konnte Wilhelm II. seinen opportunistischen Kurs eines Reformkaisertums, das enge Verbindung zur parlamentarischen Regierung suchte, noch eine ganze Woche lang fortsetzen. Bestärkt durch einige Einflüsterungen, wie die seines neuen Kabinettschefs von Delbrück oder seines Gesandten in Den Haag Friedrich Rosen, wollte er jetzt mit Aplomb verkündet wissen, »dass ich an der Spitze der neuen Regierung stehe«, weil das, wie er hoffte, »vielem Geschwätz und Intrigen auch gegen mich persönlich sofort die Spitze abbrechen würde; und Böswillige oder Laue an uns heranziehen wird«.[181]

Immer wieder kam Wilhelm in den folgenden Tagen auf die Veröffentlichung seiner Ansprache zurück. In die gleiche Richtung zielte seine Entlassung Ludendorffs am 26. Oktober, die ihm von verschiedenen Seiten – nicht zuletzt durch Max von Baden – als unumgänglich nahegelegt worden war.[182] Der Kaiser folgte der Anregung in dem Glauben, dass ihn die Reichsregierung im Augenblick besser vor der herannahenden Welle von Abdankungsforderungen schützen könne als eine Oberste Heeresleitung, deren Stern innerhalb der letzten drei Wochen rapide gesunken war. Aber nach dieser mutigen »Operation« verlangte er von seinen Ministern auch sogleich kategorisch, »dass Ihr Euch hinter Euren Kaiser stellt«. So hat es jedenfalls der Chef des Auswärtigen Amtes Wilhelm Solf überliefert, als er den Monarchen noch am selben Tage sprach. Zugleich qualifizierte dieser das Verlangen nach seiner Abdankung einmal mehr als »Unsinn« ab. Denn: »Das deutsche Volk steht treu hinter mir.«[183] In seinem Überschwang wollte Wilhelm sich jetzt gar mit Hilfe der Sozialdemokratie ein neues Reich aufbauen[184] – sozusagen mit Ihm als erstem Sozialdemokraten.

Aus einem kleinen Detail im überbordenden Protokoll jener dramatischen Oktobertage geht jedoch hervor, wie wenig sicher man sich im Hause Preußen dieser vermeintlichen Königstreue des ganzen deutschen Volkes einschließlich der Sozialdemokratie tatsächlich noch war. Für den 22. Oktober hatte Hofprediger Dryander zur Feier des 60. Geburtstags der deutschen Kaiserin einen Festgottesdienst im Berliner Dom vorgesehen, zu dem die kaiserliche Familie ihr Erscheinen zugesagt hatte.[185] Auch das politische Berlin war eingeladen, sodass man mit einem spektakulären Auftritt vieler Zelebritäten und entsprechender öffentlicher Aufmerksamkeit rechnen konnte. Bei der politischen Einstellung des Predigers und seiner privatseelsorgerischen Tätigkeit im Kaiserhaus kann man sich gut vorstellen, dass hier noch einmal der religiös verbrämte Versuch ins Haus stand, das weithin beschädigte Ansehen des Kaisers mithilfe des vermeintlich unbefleckten Erscheinungsbildes seiner Gemahlin demonstrativ zu reparieren und der Dynastie somit größere Loyalität (auch seitens der Regierung) einzuwerben.

Doch dann traute die Kaiserfamilie sich schließlich doch nicht, dieses politische Heilbad in der Menge zu suchen, sodass auch der Kanzler absagte. Dem Risiko etwaiger Gegendemonstrationen oder gar öffentlicher Herabsetzungen wollten sich die Hohenzollern wohl nicht aussetzen. Den Hofprediger hat das allerdings nicht daran gehindert, den Gottesdienst auch ohne Prominenz abzuhalten und Auguste Viktoria in seiner Predigt zur »Herrin des deutschen Volkes« zu stilisieren.[186] So diente die dann doch eher privat abgehaltene Geburtstagsfeier, welche die kaiserliche Familie am 22. Oktober noch einmal im Neuen Palais zusammenführte[187], eher der innerdynastischen Disziplinierung und der Abnahme eines Treuegelöbnisses aller Erbberechtigten gegenüber dem Familienchef.

»Ergreifend« sei dieser Geburtstag gewesen, hielt die Hofdame der Kaiserin, Gräfin Mathilde von Keller, fest, nicht zuletzt durch den »überaus schönen Gottesdienst« im Sterbezimmer Kaiser Friedrichs. Dergestalt eingeschworen, gaben sich die Hohenzollern wieder kämpferisch. »Nun hat er die Maske fallen lassen«, mit diesen Worten tat der Kaiser die dritte Note des amerikanischen Präsidenten Wilson vom 23. Oktober ab, und er fügte drohend hinzu: »Da soll er aber was erleben.« Dass »der Kerl« implizit seine Absetzung verlangte, schien Wilhelm eine ungeheuerliche Frechheit, und für ihn stand nunmehr fest, dass sein Kanzler »den Verhältnissen nicht gewachsen« sei und nötigenfalls durch einen Militärdiktator ersetzt werden müsse. Ja, er spielte sogar mit dem Gedanken einer Mobilisierung der Bevölkerung für einen totalen Krieg.[188] Auch der Alb dynastischer Verschwörungen gegen sein Haus bedrückte ihn, als deren Drahtzieher er wiederum den Kanzler vermutete.[189] Bittersüß telegrafierte seine Gemahlin indes auf die Glückwünsche von Vetter Max: »Gern gäbe ich meine Gesundheit her, könnte ich dafür unser Vaterland wieder erstarken sehen nach allen schweren Kämpfen. Dass es immer fester zu seinem Kaiser stehe, das gebe Gott.«[190]

Am Abgrund

Die dritte Wilson-Note wurde im deutschen Herrscherstand allgemein als kollektive Bedrohung des eigenen politischen Besitzstandes empfunden. Nach dem prägnanten Tagebuch-Eintrag des Kaiserbruders Prinz Heinrich vom 24. Oktober 1918 verlangte der Amerikaner als Bedingung für einen Waffenstillstand »Abdikation bisheriger Machthaber«. Doch Monarchensolidarität löste selbst dieses Menetekel nicht aus. Schon der einige Tage zuvor gestartete Versuch des Großherzogs von Mecklenburg, seine bundesfürstlichen Kollegen für einen gemeinsamen Aufruf an ihre Völker zu gewinnen, »welcher diesen zu Bewusstsein bringt, dass die Fürsten die Führung noch nicht aus der Hand gegeben haben«, hatte wenig Gegenliebe gefunden.[191] Friedrich Franz IV. stand allein mit seiner Vorstellung, dass man sich gegen alle Abdankungsforderungen in Gestalt einer persönlichen Stellungnahme »energisch wehren« müsse, damit die Bevölkerung nicht den Eindruck gewinne, »die Bundesfürsten seien durch die Entwicklung unserer inneren Politik ganz ausgeschaltet«. So musste jeder Souverän jetzt selbst herausfinden, mit welchen Maßnahmen er seine Stellung als Monarch fortan am besten wahren konnte.

In einer Hinsicht wirkte die Wilson-Note dann aber doch wie ein Fanal, und zwar im Sinne einer Absetzbewegung einiger Monarchen vom Primus inter Pares, der nun keineswegs mehr als sakrosankt galt. Den Anfang machte die königlich-bayerische Regierung, die dem preußischen Gesandten in München schon unmittelbar nach Bekanntwerden der Demarche aus Washington ihren Wunsch signalisierte, Wilhelm II. solle auf die Kaiserwürde verzichten.[192] Die Wittelsbacher scheinen ernstlich besorgt gewesen zu sein, durch die »wahrhaft klägliche Rolle«, die der Preuße auf dem deutschen Kaiserthron derzeit spielte, in Mitleidenschaft gezogen zu werden. »Dass die anderen Bundesstaaten durch die in Preußen bestehende Gärung gleichfalls gefährdet werden und das Beispiel ansteckend wirkt, liegt nahe«, befürchtete Kronprinz Rupprecht.[193]

Zeitgleich plädierte Fürst Ernst zu Hohenlohe-Langenburg, ein enger Verwandter der Kaiserfamilie, der damals an der deutschen Botschaft in Bern diplomatisch tätig war, für die »Resignation des Kaisers«. Nur dadurch würde die Erhaltung der Hohenzollern-Dynastie gesichert, die widrigenfalls »ebenso wie letzten Endes alle deutschen Dynastien gefährdet wäre«. Man erachtete also die Überlebenschancen der eigenen Dynasten – und damit der Monarchie als Staatsform – ohne den ungeliebten Doyen des fürstlichen Ensembles für wesentlich höher. Wilhelm aber wollte es augenscheinlich gerade andersherum und seine gesamte fürstliche Vetternschaft in Mithaftung für sein politisches Versagen nehmen. Die Bundesfürsten hingegen schienen mehrheitlich zu ahnen, dass jede ostentative Kaisertreue jetzt zwangsläufig die traditionelle Anhänglichkeit ihrer Völker an das angestammte Herrscherhaus nur noch weiter schwächen musste.

Der Diplomat Harry Graf Kessler, der ebenfalls von Bern aus die Vorgänge im Reich betrachtete, notierte: »Dass der Kaiser fort muss, wird jetzt so gut wie allgemein anerkannt; nur er selbst tut noch immer so, als ob er Nichts merkte; vielleicht merkt er in der Tat Nichts von der Wut und Verachtung, die gegen ihn emporsteigen.«[194] Nun gab es aber auch noch andere Betroffene, die nichts merkten oder nichts merken wollten. Namentlich Max von Baden, der nach eigenem Bekunden immer noch »von der Aufgabe erfüllt [war], den Kaiser mit dem Volk wieder zusammenzuführen«, und auch Ende Oktober »die Hoffnung nicht aufgeben [wollte], das Volk werde sich zurückhalten lassen, von sich aus die Abdankung zu verlangen«.[195]

Eine solche Politik hätte vielleicht noch einen Funken Sinn ergeben, wenn Wilhelm II. tatsächlich zu seinem notleidenden Volk und der parlamentarischen Regierung hätte stehen wollen. Der Monarch wollte aber umgekehrt, dass Volk und Regierung zu ihm, dem gesalbten Herrscher stünden. Auch wenn er die politischen Neuerungen verbal akzeptierte, hatte er sie innerlich niemals gebilligt. Er wollte sich unter den geänderten Rahmenbedingungen lediglich einen neuen Befähigungsnachweis für die Fortführung seines hohen Amtes ausstellen und von der Regierung bestätigen lassen. Demokratisch regieren wollte er nicht. Möglicherweise geht sein politischer Fassadenwechsel auch einfach nur auf sein narzisstisches Bedürfnis zurück, von möglichst vielen Deutschen geliebt zu werden. Gleichviel, im Endeffekt konnte er durch seine politischen Eiertänze weder Vertrauen noch Ansehen und Würde zurückgewinnen. Mit einem Wort: Hier gab es nichts mehr zusammenzuführen.

Die Hofkreise um die Kaiserin, den Ex-Kabinettschef Berg, den Generaladjutanten von Plessen und andere merkten eher als der Kaiser selbst, dass die Rückgewinnung einer solchen Loyalität, wie sie ihnen vorschwebte, durch fortgesetztes Gutheißen des neuen politischen Kurses im Reich nicht zu erlangen war. Selbst in konservativ-aristokratischen Kreisen setzte sich der Ansehensverlust unaufhaltsam fort.[196] Bis zum 27. Oktober hatte sich daher bei der kaiserlichen Kamarilla die Meinung verfestigt, dass dieser neue Kurs »Deutschland unzweifelhaft ebenso ins Verderben führen wird, wie er den Hohenzollern die Krone kosten wird«.[197]

Um hier Abhilfe zu schaffen, wurde General Max von Gallwitz, ein Heeresgruppenführer an der Westfront, ins Neue Palais nach Potsdam zitiert.[198] Er war als Kandidat für den jetzt aufs Neue belebten Plan ins Auge gefasst worden, die Monarchie notfalls mit Waffengewalt vor etwaigen Übergriffen zu schützen oder sogar eine offene Diktatur zu errichten.[199] Etwa um die gleiche Zeit schickte die deutsche Kaiserin ihren Bruder, Herzog Ernst Günther von Schleswig-Holstein, zu diversen Mitgliedern des preußischen Herrenhauses, um diese für eine kämpferische Kundgebung zugunsten des Kaisers zu gewinnen. Die Wirkung, die der Herzog sich von einer solchen Aktion versprach, zielte erklärtermaßen »auf die Festigkeit des Kaisers selbst«.[200] Mit anderen Worten: Nach einer Woche populistischer Liebäugelei mit der parlamentarischen Monarchie sollte jetzt offenkundig wieder ein neues Bild des Kaisers, nämlich das des starken, mit dem Schwert um seinen Thron kämpfenden Herrschers, in die Welt gesetzt und eine entsprechende Prätorianergarde rekrutiert werden. Denn Gefahr war im Verzug, wie der Kabinettschef der Kaiserin Lothar von Spitzemberg seinem Freund Harry Graf Kessler anvertraute: Freiwillig werde der Kaiser »nie gehen, weil die Kaiserin dann widerstehen würde. Wenn aber der Reichskanzler zum Kaiser gehe und ihm sage, jetzt sei es Zeit, dann werde er in fünf Minuten einwilligen«.[201] Vor nichts aber hatte die Entourage Wilhelms II. mehr Angst als vor einem solchen Anflug von Nachgiebigkeit – schon aus Eigennutz.

Doch als Gallwitz dann in Potsdam zu konkreten Verhandlungen über die Aussichten eines gewaltsamen innenpolitischen Umschwungs nach rechts eintraf, zeigte sich, dass eine solche rückwärtsgewandte Politik schon viel zu riskant geworden war. Dennoch soll Prinz August Wilhelm seinen Vater am 28. Oktober »kniefällig« gebeten haben, den General »zum Diktator zu machen«.[202] Was sich der Kaisersohn dabei dachte beziehungsweise wie man familienintern die Dinge sah, kann man der wüsten Polemik gegen die verhasste Regierung Max von Baden entnehmen, die August Wilhelm einige Wochen später zu Papier brachte: »Wenn man an die Spitze eines im kritischsten Stadium eines Existenzkampfes stehenden Volkes ein Bündel Männer zusammenklaubt, das aus überreizten Nerven, Angst, feigster Angst, Selbstsucht, Eitelkeit und Landesverrat – ganz abgesehen von Eidbruch gegen Monarchen und Kriegsherrn – zusammengebacken war, so konnte daraus keine Rettung für Volk und Vaterland entstehen.«[203]

So ungefähr hat man sich die politische Einstellung der höfischen Fronde vorzustellen, die den Kaiser in Potsdam umgab – eine veritable Clique, die mit dem Chef des Militärkabinetts Marschall, der grauen Eminenz des Zivilkabinetts Berg, dem Hausminister Eulenburg, dem Generaladjutanten von Plessen sowie der Kaiserin nebst Söhnen über einflussreiche Drahtzieher gebot. Diese Korona blieb innerlich auf Staatsstreich und Diktatur programmiert, auch um den Preis bürgerkriegsartiger Konsequenzen. Ihre politische Macht lag darin, dass sie gleichermaßen die notorische Schwäche des Kaisers wie des Kanzlers ausnutzen konnte und dies auch tat. Dem einen redete sie ein, er könne immer noch aus eigenem Recht verfügen, dem anderen leistete sie mit Boykott und Einschüchterung Widerstand. Bis zum 28. Oktober saß sie fester im Sattel als die sogenannte Volksregierung in Berlin.

Doch der Kaiser schreckte wieder einmal vor Entschlüssen zurück. Anderntags soll er allerdings ausgesprochen »übernächtigt« ausgesehen haben, was darauf schließen lässt, dass es im Schoße seiner Familie zu langen und heftigen Auseinandersetzungen gekommen war. Dem Chef seines Marinekabinetts entwarf Wilhelm beim morgendlichen Vortrag ein wirres Zukunftsbild, wie sein Reich vielleicht doch noch »einen ganz guten Frieden« bekommen könne: »Verständigung mit England, was eine Verständigung mit Japan einschließt, gemeinsames Hinauswerfen der Amerikaner aus Europa.«[204]

Flucht aus Berlin

Kein Wunder, dass die Hofkamarilla diesen irrlichternden Kaiser erst einmal schnell aus dem Verkehr ziehen wollte. Noch am gleichen Abend wurde er Knall auf Fall ins Große Hauptquartier nach Spa geschickt. »Dort würde er vielleicht vor sich selbst geschützt sein«, hat Berg sein Drängen später begründet.[205] Nicht minder ausschlaggebend für diese Evakuierungsmaßnahme war die (vorher eingeholte) Gewissheit, »dass die Oberste Heeresleitung ihr Möglichstes tun werde, um einer Abdankung des Kaisers entgegenzuwirken, die ihm offenbar nahegelegt wurde«.[206] Als der bayerische Kronprinz und Heerführer Rupprecht diese vertrauliche Information in sein Tagebuch schrieb, hatte er selbst Wilhelm II. bereits verloren gegeben: »So bedauerlich es hinsichtlich des monarchischen Ansehens ist, wenn ein Fürst zur Abdankung genötigt wird, scheint mir die Stellung des Kaisers eine ganz unhaltbare geworden zu sein, da er beim Volke jedes Vertrauen und Ansehen verloren hat und täglich heftigere Angriffe in der Presse – nicht bloß in der socialistischen – gegen ihn erfolgen.«

Die nächsten Angehörigen des Hohenzollern sahen das jedoch ganz anders. Sie glaubten, in der Obhut »seiner« Armee könne dem Kaiser nichts passieren. Um elf Uhr nachts brachte Auguste Viktoria ihren Mann zur Bahn. »Mit Tränen in den Augen nahm sie ihn fest in ihren Arm und drückte ihm still eine Rose in die Hand.«[207] Er sollte nie wieder nach Deutschland zurückkehren.

Auf seine Reise konnte Wilhelm nicht nur die Rose seiner Frau – ihre Mahnung zur Festigkeit – mitnehmen, sondern auch das mit Unterschriften besiegelte Versprechen aller seiner Söhne, im Falle seiner Abdankung niemals eine Regentschaft oder gar die Thronfolge zu übernehmen.[208] In dieses hausinterne Schutz- und Trutzbündnis wurde gleich nach der Ankunft des Kaisers in Spa auch der Kronprinz, der als Armeeführer noch im Felde stand, zwangsintegriert. Bei seiner niedrigen Meinung von den Führungsqualitäten des Vaters hatte dieser Kaisersohn nämlich als Einziger so etwas wie palastrevolutionäre Eigeninteressen zu erkennen gegeben.

Hintergrund war womöglich der Tenor von Briefen aus der Heimat, wie beispielsweise dem seines Schwagers »Fritzi« (Friedrich Franz IV. von Mecklenburg-Schwerin) vom 28. Oktober 1918, der ihn »*inständigst* [bat], sollte der Kaiser wirklich dahin gebracht werden, im Interesse der Zukunft des Deutschen Volkes die Kaiserkrone abzulegen, *nicht* seinem Beispiel zu folgen, sondern alles daran zu setzen, die Kaiserkrone, wenn auch leider in sehr veränderter Form, aufzusetzen! Ich hielt mich für verpflichtet, diesen Zusatz zu machen, denn es ist mir nach der jüngsten Entwicklung der Dinge klar, dass Du nur als demokratischer Kaiser Aussicht hast, die Geschicke des Reiches zu dessen Segen zu lenken, oder mit anderen Worten, dass Du *nicht gegen* die jetzige Reichstagsmehrheit und der aus ihr hervorgegangenen Regierung, sondern nur *mit ihr* würdest handeln können! Ich weiß, welch unendlich großes Opfer an innerer Überwindung dieser Schritt für Dich bedeuten würde, aber Du würdest Kraft und Mut für ihn in dem Bewusstsein finden, damit dem Vaterlande in ernstester Stunde einen unnennbaren Dienst zu erweisen und die dynastischen Interessen Deines Hauses am besten zu wahren!«[209]

Gegenüber einem hohen Militär spielte der Kronprinz jedenfalls am 29. Oktober ganz ungeniert »mit dem Gedanken, dass, wenn der Kaiser abdanken sollte, er für sich wenigstens die preußische, wenn vielleicht auch nicht die Kaiserkrone retten könne. Er wollte mit solchen Ideen auch nach Berlin fahren, und zwar während der Abwesenheit des Kaisers.« Nur mit Mühe konnte General von Einem den Thronanwärter von solchem Aktionismus abhalten, und zwar mit dem Argument, »dass er sicher mit fällt, wenn der Kaiser fällt, und dass dann höchstens sein Sohn unter August Wilhelms Regentschaft folgt«. Er hatte Wilhelm junior übrigens »völlig hilflos« und »in bejammernswerter Stimmung« angetroffen; »seine Art, diese ernsten Dinge zu behandeln, war leider nicht würdig«.[210] Gleichviel, der Kaiser setzte sich – vermutlich mit Unterstützung seiner Frau – auch gegen diesen potenziellen Ausbrecher durch.[211] Damit war das politische Schicksal der Hohenzollern besiegelt.

Die überstürzte Flucht Kaiser Wilhelms aus Berlin bedeutete im Endeffekt seine Flucht aus der politischen Geschichte jenes Reiches, dessen Kaiserkrone er nach wie vor trug. Zunächst sollte sich sein zehntägiger Aufenthalt in Belgien nur als Zwischenstation auf dem Weg ins holländische Exil erweisen, da nicht einmal mehr seine höchsten Offiziere und treuesten Gardeeinheiten den Obersten Kriegsherrn schützen oder gar todesmutig verteidigen mochten. Darüber hinaus düpierte er mit diesem voluntaristischen und von »seinem« Kanzler missbilligten Akt die parlamentarische Regierung in Berlin so sehr, dass auch diese jetzt den Monarchen zum politischen Abschuss freigeben musste, wenn sie sich nicht selbst um alles Vertrauen bringen wollte. Schließlich dokumentierte Wilhelm mit seinem Weggang beziehungsweise dem Verkriechen unter die Militärmäntel seiner Generäle vor aller Welt, dass er weder die politische Verantwortung für das Desaster, das dieser Weltkrieg angerichtet hatte, übernehmen noch sich einer wirklichen Kontrolle durch zivile Instanzen unterstellen wollte.

Wilhelm II. hatte aus der Existenzkrise des nach ihm benannten Reiches nichts gelernt außer ein paar Drehbuchtexte, war weder Herr der Situation noch seiner selbst gewesen. Eine Träne wird ihm deshalb kein Politiker mit Verstand nachgeweint haben, aber auch keiner seiner Untertanen, für die ein Monarch vor allem Würde, Selbstachtung und Entschlussfähigkeit verkörpern sollte. Mit seinem unwürdigen Lavieren hatte Wilhelm den Beruf des Monarchen gleichsam entheiligt und damit zugleich all jene verprellt, die nach wie vor auf monarchischem Boden standen. Auch die Hofkamarilla, die ja die Evakuierung des Kaisers bewirkt hatte, tat sich mit diesem Coup letztlich keinen Gefallen, da sie ihre Galionsfigur auf ein politisch totes Gleis schob, von dem aus diese das Geschehen in Deutschland überhaupt nicht mehr zu beeinflussen vermochte. Somit hatte auch sie ausgespielt. Kurzum: Nachdem der kaiserliche Hofzug in der Nacht zum 30. Oktober 1918 die Grenze des Deutschen Reiches passiert hatte, gab es für diesen Monarchen kein Zurück mehr.

Dynastiepolitisches Nachspiel

Bis zu Wilhelms brüskierendem Abgang hielt sich das Kabinett des Prinzen Max loyal, ja fast schon sklavisch an das selbst auferlegte Verbot, den deutschen Kaiser politisch anzugreifen oder gar zu demontieren. Eine entsprechende Instruktion der Presse blieb sogar bis Anfang November 1918 in Kraft, auch wenn diese Repression die erhoffte Wirkung schon einige Tage vorher nicht mehr erzielen konnte. So hatten beispielsweise die liberalen *Münchener Neuesten Nachrichten* schon am 28. Oktober in einem Leitartikel »Der Kaiser und die neue Zeit« betont, dass die neuen politischen Verhältnisse doch eigentlich »alle Grundlagen seiner Auffassung vom Herrscherberuf über den Haufen« geworfen hätten. Daraus sollten jetzt »die Folgerungen gezogen werden. Sonst entsteht ein innerlich unwahrer Zustand, der über kurz oder lang zu Konflikten führen muss.«

Erst volle drei Tage später kam die Kaiserfrage zum ersten Mal auf die Tagesordnung einer Kabinettssitzung. Es kann nicht deutlich genug herausgestrichen werden, dass diese auffällige Zurückhaltung seitens mit vielen politischen Wassern gewaschener Regierungsmitglieder nicht einer Zwangsverpflichtung, sondern innerer Überzeugung entsprang. Sie hielten sich bedeckt, weil sie den Kaiser tatsächlich politisch nicht preisgeben mochten, sich im Gegenteil bis zuletzt von der Ausübung seines erhabenen Amtes etwas versprachen.

Bei Max von Baden lagen die Dinge schon etwas anders. Bis in die letzte Oktoberwoche hinein wollte er die parlamentarische Regierung als eine Art Schutzwall vor das Kaiserhaus stellen und wusste alle Entschließungen, die auf Abdankung hinausliefen, zu verhindern. Beim Spekulieren auf die überwiegend monarchische Gesinnung des deutschen Volkes war er seinem Wunschdenken gefolgt, aber keiner nüchternen Analyse der tatsächlichen Stimmung. Dieser Kanzler neigte eben prinzipiell mehr dem weitestgehenden Erhalt als der demokratischen Transformation des monarchischen Systems zu. Die dem Kaiser nahegelegte Weigerung abzudanken und die regierungspolitische Schützenhilfe dafür hatten aber noch im Laufe des Oktober der antimonarchischen Strömung in allen Teilen der Gesellschaft und (fast) allen politischen Lagern so mächtigen Auftrieb gegeben, dass der Ruf nach Entthronung inzwischen eher noch lauter und radikaler geworden war.[212]

Als Prinz Max diese Folgen seiner kolossalen Fehleinschätzung erkannte, fühlte er sich für Tage wie gelähmt. Eine Grippe-Erkrankung tat ein Übriges. Die Situation war deshalb desolat für ihn geworden, weil er, der als dilettierender Kanzler für jede seiner Regierungshandlungen stets mehr oder weniger professioneller Handlangerdienste bedurfte (und diese auch in Anspruch nehmen konnte), mit Blick auf die prekäre Kaiserfrage zu einer eigenen Entscheidung kommen und eigenverantwortlich handeln musste. Die ebenso lästige wie unabweisbare Pflicht, Vetter Wilhelm persönlich einen Thronverzicht abzuringen, konnte ihm niemand abnehmen. Oder vielleicht doch? Schließlich war das einzige politische Metier, das der Prinz von Hause aus perfekt beherrschte, das innerdynastische. Was lag deshalb näher, als mit Hilfe von Vertrauten aus dem fürstlichen Herrscherstand, also gleichsam privatpolitisch, einen Ausweg aus dem Dilemma zu suchen?

Max von Baden und das Dilemma der Abdankung des Kaisers

Bevor Prinz Max von Baden sich am 22. Oktober für mehr als eine Woche aufs Krankenlager begab, hatte er im Garten des Reichskanzlerpalais eine eingehende Unterredung mit dem einflussreichen Chefredakteur des *Berliner Tageblatts* Theodor Wolff.[213] Der Pressemann ließ bei dieser Gelegenheit keinen Zweifel daran, dass er – wie auch das deutsche Volk insgesamt – die Abdankung des Kaisers für unumgänglich, aber auch den deutschen Kronprinzen für keinen geeigneten Thronfolger hielt. Das war offenbar die Geburtsstunde der Idee, entweder einen Bundesfürsten zum Nachfolger Wilhelms II. zu küren oder aber einen Kaiserenkel zu designieren, dem dann bis zur Volljährigkeit ein Regent vorangehen müsste. Für eine solche sogenannte Verweserschaft, so Wolff, käme nicht zuletzt Seine Großherzogliche Hoheit, der Kanzler selbst, infrage. Wolff scheint es auch gewesen zu sein, der dem zögerlichen Regierungschef die absolute Notwendigkeit rascher Entschlüsse bewusst machte, da der Regierung andernfalls das Heft aus der Hand genommen werde.

Noch am selben Abend dachte Max in seinem Krankenbett darüber nach, wie und mit welcher Begründung er um seine nunmehr wichtigste politische Aufgabe herumkommen konnte. Alle, die er in den nächsten Tagen Hilfe suchend ansprach oder ansprechen ließ, versagten sich: Kabinettschefs, Hofprediger, Hausminister, Generäle. So blieb am Ende nur der Gang in die Höhle des Löwen in Gestalt eines weiteren Besuchs beim Kaiserpaar in Potsdam, bei dem er alles hätte widerrufen müssen, was er dort erst vor drei Wochen vollmundig suggeriert hatte. Diese hochnotpeinliche Aktion (die möglicherweise das Ende seiner politischen Karriere bedeutet hätte) ist Max von Baden dann durch die Flucht des Kaisers erspart geblieben.

Was den prinzlichen Reichskanzler so über alle Maßen lähmte und an der Durchführung der ihm obliegenden Aufgabe hinderte, waren nun aber weder die heillose Vertracktheit der politischen Lage noch die engen Verwandtschaftsbande, und auch keine dynastischen Sentimentalitäten beziehungsweise Taktgefühle. Es war vielmehr die Angst, von dem schwer angeschlagenen und deshalb ganz unberechenbaren Kaiserpaar öffentlich angegriffen, persönlich bloßgestellt und dadurch am Ende vernichtet zu werden. Für eine solche Anprangerung barg die private Lebensgeschichte des Prinzen genügend Geheimnisse.[214] Und genau diese »Leichen im Keller« waren es, die Max von Baden so übervorsichtig machten und auf alle Versuche, ihn in der Kaiserfrage unter Druck zu setzen, geradezu neurotisch reagieren ließen.

Natürlich ging es den Feinden des Reichskanzlers am Hofe bei ihrer Obstruktion nicht um Ranküne, sondern um den eigenen Machterhalt. Deshalb war ja auch die Kaiserin der Kopf dieser Hofclique, fühlte sie sich doch durch das Abdankungsansinnen am meisten von allen herausgefordert. Nicht der schon seit September 1918 politisch nicht mehr zurechnungsfähige Kaiser erwies sich als das Haupthindernis einer Rettung zumindest der monarchischen Staatsform vor dem Untergang. Auguste Viktoria und die von ihr befehligten informellen Hilfstruppen waren es, an denen Max von Baden letztlich scheiterte – scheitern *musste,* weil er im Unterholz der Hofintrigen aufgrund seiner Vergangenheit als ein waidwundes Tier galt.

Den eigenen Kabinettskollegen entzog Max sich am 31. Oktober durch Verlesen eines Zettels, auf dem geschrieben stand, er werde den Kaiser über die Frage der Abdankung fortwährend in geeigneter Form aufklären, müsse sich dafür aber Handlungsfreiheit ausbedingen. Die Thronentsagung könne und dürfe auf alle Fälle »nur eine freiwillige sein«. Dass der Kanzler des Deutschen Reiches dafür einen Zettel brauchte, ist schon komisch genug. Dass er sich aber nicht einmal die Zeit nahm, der anschließenden Debatte beizuwohnen, macht vollends klar, dass hier auf jeden Fall etwas faul war. »Er werde jetzt durch dringliche Pflichten abgerufen«, so seine Begründung, nachdem Scheidemann ihm noch versichert hatte, die MSPD werde ihm auch fernerhin keine Schwierigkeiten machen.[215] Die dringlichen Pflichten waren in Wahrheit eine Art

Komplott, das er mit einigen Standesgenossen zu schmieden gedachte, die er zum Besuch nach Berlin eingeladen hatte. Hier die Vorgeschichte.

Ein Unglücksbote wird gesucht

Wie schon erwähnt, hielt besonders die königlich-bayerische Regierung die Abdankung Wilhelms II. für unumgänglich. Über den königlichen Gesandten in Berlin Graf Lerchenfeld war der deutsche Reichskanzler im Bilde. Bald zogen die beiden an einem Strang. Nur ein Problem gab es. Im Falle einer Thronentsagung wollten die Wittelsbacher den neuen Regenten im Königreich Preußen nicht automatisch als Verweser des Reiches anerkennen. Um dieses Problem zunächst einmal staatsrechtlich zu klären, gab Max von Baden Expertisen beim Reichsamt des Innern in Auftrag. Vielleicht fände ein auf seine Person zugeschnittenes Modell ja die Zustimmung der Bundesfürsten.

In der Münchener Residenz war man unterdessen schon unsicher geworden, »ob das Kaisertum überhaupt gerettet werden soll«. Diese Zweifel gründeten sich auf die Überzeugung, »dass ein preußischer Prinz, der eine geeignete Persönlichkeit zur Führung der Regentschaft im Reiche wäre, nicht vorhanden ist«. Zur Aufrechterhaltung der deutschen Kaiseridee müsse deshalb »ein Regent präsentiert werden, der dem ganzen deutschen Volk, auch außerhalb Preußens sympathisch [ist]«.[216] Dieses stark partikularistisch angehauchte Votum versuchte ein enger Mitarbeiter des Kanzlers noch am gleichen Tag personalpolitisch umzusetzen. Seine Idee: »August Wilhelm Regent in Preußen, Prinz Max Reichsverweser.« Staatssekretär Conrad Haussmann, ein enger Freund des Kanzlers, der dieses pikante Detail überliefert hat[217], riet Max von Baden dringend davon ab, sich darauf einzulassen. Wohl umso mehr, als in diesen Tagen auch andere Lösungen gehandelt wurden. Unter anderem sollte der älteste Enkel des Kaisers Thronfolger und bis zur Volljährigkeit durch einen Regenten vertreten werden. Für diese Regentschaft hatte Ex-Kanzler Bethmann Hollweg, der sich damals als politischer Berater der Regierung in Berlin betätigte, den Prinzen Friedrich Karl von Hessen-Kassel ins Spiel gebracht. Dieser Jugendfreund Max von Badens war mit einer Schwester des deutschen Kaisers verheiratet und galt als ein politisch aufgeschlossener Vertreter des deutschen Herrscherstandes.[218]

Als Lerchenfeld am Vormittag des 30. Oktober, es war ein Mittwoch, den Kanzler erneut an dessen Krankenlager aufsuchte, hatte sich die Situation zumindest in einem Punkt geklärt: Auch Max von Baden hielt nun endlich die Abdankung des Kaisers für notwendig und wollte in diesem Sinne auf ihn einwirken. Allerdings nicht persönlich: »Er denke daran, den Großherzog von Hessen zu Seiner Majestät zu schicken, der in der Lage sei, ganz offen mit seinem Kaiserlichen Vetter zu sprechen.« Gleichzeitig plädierte er »*für* die Verbindung der Regentschaft im Reich und in Preußen in einer Person«.[219] Noch am selben Tag rief der Kanzler Ernst Ludwig von Hessen mit der Bitte um freundschaftlichen Rat telegrafisch nach Berlin.[220]

Dass Max von Baden sich unter den deutschen Bundesfürsten ausgerechnet den hessischen Monarchen zum Verbündeten wählte, hat vor allem mit dessen aufmunterndem Beistand in der leidigen Briefaffäre zu tun. Die Solidaritätsadresse aus Darmstadt hatte den verunsicherten Prinzen tief gerührt und wohl auch in dem Glauben bestärkt, dass Ernst Ludwig politisch ganz ähnlich eingestellt war wie er selbst.[221] Der folgte nun tatsächlich dem Hilferuf des Kanzlers, drängte aber den gerade bei ihm zu Besuch weilenden Prinzen Friedrich Karl, ihn nach Berlin zu begleiten. Sein Schwager galt auch dem Kaiser als kluger Kopf, und er hielt ihn gar für befähigt, Reichskanzler zu werden.[222]

Bevor die beiden Fürsten am Donnerstag, den 31. Oktober, gegen 18 Uhr im Reichskanzlerpalais eintrafen, hatte Max von Baden noch eine »geheime Beratung« mit einigen seiner Lieblingsmitarbeiter. Was er darüber in seinen Memoiren veröffentlicht hat[223], stellt diesem Konsilium – natürlich ungewollt – ein politisches Armutszeugnis aus, wie es vernichtender gar nicht ausfallen könnte. So viel Borniertheit, Wankelmut, Realitätsverweigerung und verantwortungslose Phantasmagorie waren wohl selten in einer politischen Runde versammelt; am gespenstischsten war die Debatte, ob ein regierungsseitiger Aufruf zur letzten Verteidigung des Reiches mit dem Kaiser an der Spitze noch den nötigen Rückhalt finden werde. Den einzigen halbwegs klaren Gedanken äußerte der preußische Innenminister Drews. Für ihn waren »die Dynastie und die Monarchie als solche auf das Ernsteste gefährdet«, wenn Kaiser und Kronprinz im Amt blieben. Zwar sollte der Kaiser nicht unter Druck gesetzt, aber unbedingt »über den Stand der Bewegung bezüglich seiner Abdankung und über den großen Ernst der Lage genau und erschöpfend informiert werden«. Er riet dem Kanzler, zu »diesem Zweck sofort zum Kaiser [zu] fahren«.[224]

Dagegen behauptete der Regierungschef allen Ernstes, dass noch »Millionen im Lande fest zu seiner Majestät halten« und dass deren Abdankung überhaupt nur sinnvoll wäre, »wenn sie ganz freiwillig geschieht«. Er selber weigerte sich nach wie vor, hier als berufener Berater des Reichsmonarchen die Initiative zu ergreifen. Drews' Aufforderung lehnte er wegen seines »gespannten persönlichen Verhältnisses zum Kaiser« ab. Gebannt wie das Kaninchen auf die Schlange starrte dieser Kanzler auf die Hydra seiner größten politischen Herausforderung. Er hätte sich wohl eher die Zunge abgebissen als endlich den Pflichten seines Amtes zu genügen: dem Kaiser in eigener Person klaren Wein einzuschenken und ihn aufzufordern, dem Thron zu entsagen. Da er dies aus ganz subjektiven Motiven heraus nicht wagte, hat er das höchste Regierungsamt politisch entwertet, ja beschädigt.

Mehr Zeit als für seine Kabinettskollegen nahm er sich dann für den Großherzog Ernst Ludwig, seinen vermeintlichen Rettungsanker. *Ihn* wollte er zum Kaiser nach Spa schicken, zusammen mit Graf Lerchenfeld, der mit einem Mandat des Königs von Bayern ausgestattet werden sollte. In den politischen Grundsatzfragen konnte zwischen dem badischen Prinzen und dem hessischen Großherzog schnell Übereinstimmung erzielt werden. Auch Ernst Ludwig hielt die rasche Abdankung Wilhelms II. für unabwendbar; auch er plädierte dafür, die Dynastie der Hohenzollern zu »retten« und sie insbesondere nicht von der Regentschaft im Reich auszuschließen. Und er machte auch gleich einen entsprechenden Personalvorschlag: Prinz August Wilhelm von Preußen. Begründung: »Er sei nicht Militär, ein liebenswürdiger Mann, nicht unbegabt.«[225]

Aber es gab auch eine schlechte Nachricht, eine sehr schlechte sogar. Der Großherzog erklärte sich nämlich für außerstande, nach Spa zu reisen und dort den »Mittelsmann« zu spielen. Warum, sagte er nicht; jedenfalls ist es nicht überliefert. Von Graf Lerchenfeld, der zeitweilig zu den Beratungen im Reichskanzleramt hinzugezogen wurde, erhielt der Kanzler ebenfalls einen Korb. Der bayerische Regierungschef hatte den willfährigen Diplomaten zurückgepfiffen, und zwar mit der aufschlussreichen Begründung, er könne König Ludwig nicht zumuten, in der Abdankungsfrage eine offizielle Initiative zu ergreifen, weil zum einen »Rücksichten auf monarchische Empfindungen« dagegen sprächen, zum anderen im Fall einer Ablehnung des königlichen Rates »ein unmögliches Verhältnis« zwischen Preußen und Bayern geschaffen würde, mit den »bedenklichsten Folgen« für die zukünftigen Beziehungen zwischen beiden Staaten. Nach Ansicht von Dandls war »allein der Reichskanzler« berufen und sogar »verpflichtet, die Initiative zu ergreifen«.[226]

Diese Absagen waren für Max von Baden ein herber Schlag, zumal er verlässlich wusste, dass der bayerische König ein entschiedener Befürworter der Abdankung des Kaisers war.[227] Zu seiner Erleichterung hatte der Großherzog angedeutet, dass eventuell Prinz Friedrich Karl, der mitgereiste Schwager des Kaisers, für die ihm zugedachte Mission infrage käme. Sogleich ließ der Kanzler ihn zu Tisch bitten. In seinem Tagebuch schildert der Hessen-Prinz die »völlige Ratlosigkeit« an der Kanzlertafel und wie »elend und angegriffen« insbesondere Prinz Max ausgesehen habe. Friedrich Karl erklärte sich grundsätzlich bereit, den Auftrag zu übernehmen.[228] Über die Einzelheiten seines Himmelfahrtskommandos sollte der Unglücksbote am kommenden Morgen durch einen vertrauten Ministerialbeamten des Kanzlers, Geheimrat Walter Simons, unterrichtet werden.[229] Max von Baden nahm daraufhin den armen Minister Drews in seine preußische Beamtenpflicht und nötigte ihn, gleichsam als Vorauskommando nach Spa zu fahren, um dem Kaiser die Situation darzulegen, »da eine andere Persönlichkeit nicht vorhanden und die Frage selbst überaus dringlich sei«.[230] Drews soll in einen »erschütternden Weinkrampf« ausgebrochen sein.[231] Abends um halb zehn fuhr er ab, um am nächsten Tag im Großen Hauptquartier sein blaues Wunder zu erleben.

Am Freitagmorgen empfing Max von Baden zunächst den ehemaligen deutschen Botschafter in Washington Graf Johann Heinrich von Bernstorff, den er eigens von seiner neuen Wirkungsstätte

Konstantinopel nach Berlin zitiert hatte.[232] Der bestätigte ihm auf Nachfrage, dass die Wilson-Noten eindeutig die Abdankung des deutschen Kaisers forderten. An die zweite Frage des Kanzlers erinnerte der Diplomat sich genau: »Wer soll es dem Kaiser sagen? Worauf ich erwiderte: Das müssen Sie tun. Darauf schüttelte der Prinz den Kopf und lehnte kategorisch ab, mit den Worten: das kann *ich* als badischer Thronfolger und deutscher Fürst nicht tun, worauf ich schnell sagte, dann hätten Sie auch nicht Kanzler werden dürfen.«

Dann kam Prinz August Wilhelm. Max von Baden hatte ihn vor der Zusammenkunft zu Geheimrat Simons in die Reichskanzlei geschickt, wo schon fleißig an der Ausformulierung von Abdankungsurkunden gearbeitet wurde. Auch ihm wollte der Kanzler deutlich machen, »dass der Kaiser handeln sollte, ehe ein peinlicher Druck des Parlaments vorläge«. Er fand aber – wie es wieder auffällig lakonisch in seinen Erinnerungen heißt – »kein Verständnis«.[233] In einer anderen Darstellung des Gesprächs, die aus der Feder des Kaiseradjutanten Alfred Niemann stammt und sich auf das Tagebuch des Kaisersohnes beruft, kann man ergänzend lesen, Zweck der Zusammenkunft sei gewesen, »den Prinzen zu überreden, seinem kaiserlichen Vater sofort nachzureisen und mit der Abdankungsurkunde zurückzukommen, ein Ansinnen, das selbstverständlich abgelehnt wurde. Darauf hingewiesen, dass der verantwortliche Kanzler allein die Persönlichkeit sei, dem Kaiser einen solchen Rat zu unterbreiten, erklärte Prinz Max, dies als ›Verwandter und Freund‹ nicht tun zu können, auch fühle er sich viel zu krank, um derartige Aufregungen zu ertragen.«[234]

Etwas Wesentliches unterschlugen auch diese Aufzeichnungen, nämlich dass Max von Baden den Prinzen August Wilhelm am liebsten als Regenten zumindest für Preußen, wenn nicht sogar für das Reich gewonnen hätte – und ihm dies wohl auch schmackhaft zu machen versuchte. Aber auch das musste schiefgehen, weil August Wilhelm die ganze Zeit unter der Fuchtel seiner dominanten Mutter stand, die ihn sogar zu seinen Gesprächen mit der Reichsleitung nach Berlin begleitet hatte.[235] Mehr noch, auch beim Kaiser in Spa, dem dies natürlich sofort hinterbracht wurde, und bei dessen Entourage war Max von Baden fortan in Acht und Bann.[236] So war das Tischtuch zwischen den Hohenzollern und dem Verwandten aus dem Hause Zähringen jetzt definitiv zerschnitten, der »verfluchte« Reichskanzler hatte sich eben als »Schuft« entlarvt.[237]

Weiteres Ungemach dräute aus der eigenen Dynastie des Prinzen. Der badische Minister hatte ihm vom Chef des Hauses, dem badischen Großherzog Friedrich II., ausgerichtet: »In dieser Stunde gehören die deutschen Fürsten hinter den deutschen Kaiser.«[238] So schien das Chaos jetzt perfekt: ein Kaiserhaus, das jedes Vertrauen in den amtierenden Kanzler verloren hatte, ja auf dessen Sturz hinarbeitete; daneben die deutschen Bundesfürsten, von denen einige energisch die Abdankung ihres obersten Repräsentanten (nebst Kronprinz) forderten, ohne selbst aktiv werden zu wollen, während andere Solidarität mit dem streitbaren Preußen einklagten; an der Spitze der Reichsregierung ein Mann, der immer neue, teils widersprüchliche Gründe dafür ins Feld führen musste, sich um seine politische Hauptaufgabe, die direkte Intervention beim Kaiser, zu drücken. Doch einen Strohhalm besaß der in seiner eigenen Unfähigkeit ertrinkende Kanzler noch: Prinz Friedrich Karl von Hessen – ein persönlicher Freund aus alten Jugendtagen. Als Schwager und Mensch musste der dem Kaiser doch konvenieren; und kaiserlichen Respekt erheischen konnte er allein schon deshalb, weil er der Einzige aus dem deutschen Herrscherstand war, der im Krieg seine beiden ältesten Söhne verloren hatte.

Bevor der Hessen-Prinz am Freitagnachmittag in die Wilhelmstraße kam, hatte Max von Baden noch einen kurzen Auftritt vor Vertretern der deutschen Bundesfürsten, zumeist Diplomaten, die er dafür eigens in die bayerische Gesandtschaft einbestellt hatte. Hier mochte er offener sprechen als vor seinem Kabinett. Denn er ließ deutlich erkennen, dass er im Thronverzicht von Kaiser und Kronprinz beziehungsweise in der Bestellung eines preußischen Prinzen zum Regenten für Preußen und das Reich die einzige Lösung für die unaufschiebbare Kaiserfrage sah. Er selbst wollte allerdings in dieser Angelegenheit nach wie vor »nichts tun«, weil er immer noch der Fiktion anhing, nur dann könne Seine Majestät »frei sprechen«. Allerdings sei heute schon ein »Vertrauensmann« von ihm zur Information des Monarchen in Spa, und morgen werde sich noch »ein anderer hinbegeben«. Der Zweck der

Abdankung sei im Übrigen, allen republikanischen Bestrebungen das Rückgrat zu brechen.

Die Schuld an dem ganzen »Verhängnis« der Situation gab der Prinz der Obersten Heeresleitung, denn ohne deren Druck hätte er niemals das fatale Waffenstillstandsangebot gemacht, das jetzt so schreckliche Folgen zeitige. Schließlich erbat er von allen bundesfürstlichen Souveränen eine kurze Stellungnahme, ob sie mit der Thronentsagung von Kaiser und Kronprinz einverstanden seien.[239] Mehr als die eine oder andere Nachfrage kam von den Gesandten nicht; ein politisch motivierter Diskussionsbedarf war nicht zu erkennen. Am Ende ließen zumindest die Vertreter der drei außerpreußischen Königreiche durchblicken, dass ihre Souveräne wohl eher für einen Thronwechsel im Reich und damit in Preußen seien.

Als Prinz Friedrich Karl gegen 14 Uhr in die Reichskanzlei kam[240], hatte er sich zuvor durch Geheimrat Simons über die Details seiner Mission informieren lassen und sogleich unsicher ob des Erfolges der ihm zugedachten Aufgabe gezeigt. Max von Baden reagierte, indem er Simons hereinrief und mit den Bedenken des Prinzen konfrontierte. Den Kanzler-Erinnerungen zufolge sagte der Beamte daraufhin dem Prinzen Friedrich Karl sehr erregt ins Gesicht, wenn er nicht vor den Kaiser hintreten könne wie Luther vor den Reichstag in Worms, dann entfiele die Reise besser. Der Hessen-Prinz blieb dabei, vom Erfolg seiner Mission noch nicht wirklich überzeugt zu sein. In seinem Tagebuch steht, dass sein alter Freund Max bei dieser »Szene« schon »eigentlich willen- und wortlos« gewesen sei. Der entnervte Kanzler habe nur noch seine schwere Sorge vor sozialen Unruhen in Berlin zum Ausdruck gebracht, die unmittelbar bevorstünden, weshalb die Reise nach Spa aufs Äußerste zu beschleunigen sei, »damit die Antwort des Kaisers vorher komme«.

Friedrich Karl bat um Bedenkzeit und zog sich in sein Hotel zurück. Dort machten ihm persönliche Ratgeber endgültig klar, dass eine »freiwillige« Abdankung des Kaisers beim gegenwärtigen Stand der Dinge überhaupt keinen Sinn mehr ergebe, da ein Rücktritt zum jetzigen Zeitpunkt von aller Welt nur noch als Absetzung Wilhelms II. durch Wilson gedeutet würde. »Als ich abends halb acht Uhr zum Reichskanzler ging«, schreibt der Hessen-Prinz in seinem Tagebuch, »überlegte ich noch bei mir, wie ich ihm am schonendsten eröffnen könnte, dass ich entschlossen sei nicht zu reisen. Aber er schlug mir selbst die Brücke, indem er – ohne mich zu Wort kommen zu lassen, von dem Drewsschen Desaster anfing und mir den Widerstand malte, dem ich mich gegenüber finden würde.« Drews'sches Desaster?

Scheitern auf der ganzen Linie

Wir wissen nicht genau, wann Max von Baden an diesem schwarzen Freitag von dem totalen Fiasko der Unterredung mit dem Kaiser in Spa erfuhr, zu der er den preußischen Innenminister Drews verpflichtet hatte. Sie fand zwischen 14 und 16 Uhr statt.[241] Wir wissen aber von einem sich daran anschließenden Telefonanruf Wilhelms II. in der Reichskanzlei, »der den Prinzen seelisch so mitnahm, dass er in einen Zustand krankhafter Erregung geriet«.[242] In diesem Zustand traf ihn zunächst der Fürst Max Egon zu Fürstenberg an, ein alter Bekannter, der auch mit dem Kaiser gut befreundet war: »vollständig gebrochen und entschlusslos«.[243] Auf den drei Stunden später eintreffenden Prinzen Friedrich Karl wirkte der Kanzler bereits »buchstäblich hin- und herschwankend«. Gleichzeitig gewann er den Eindruck, »dass es gar keine Regierung mehr gab, sondern nur noch ratlose Regierungsstellen«. Sein Fazit: »Es war die Auflösung, was ich aber dem kranken Mann nicht sagen konnte.«

Friedrich Karl lag richtig: Am 1. November war Max von Baden auf allen Ebenen definitiv gescheitert: als deutscher Reichskanzler, als umtriebiger Dynastiepolitiker, als badischer Thronfolger, als einnehmende Führungspersönlichkeit, als vermeintlicher Heilsbringer für Monarchie und Volk und auch als Mensch. Sein physischer und psychischer Zusammenbruch an diesem Abend, der ihn für mehrere Tage in einen »schlafartigen, völlig apathischen Zustand« versetzte, brachte das in elementarer Weise zum Ausdruck. Der Zusammenbruch des Kanzlers stand für den Zusammenbruch seiner Politik.

Als er aus seiner komatösen Verfassung wieder halbwegs zur Besinnung kam, hatte die Revolution bereits unüberhörbar an die

Türen des Wilhelminischen Staatsgebäudes geklopft. Der Kieler Matrosenaufstand entwickelte sich seit dem 3. November zum Fanal nationaler Unruhe, die eine Stadt nach der anderen erfasste. Selbst wohlwollende und treue Weggefährten wie Oberst von Haeften mochten dem Kanzler für die restlichen sechs Tage seiner Amtszeit nur noch »völliges Versagen« bescheinigen, also weit weniger als krankheitsbedingte Geschäftsunfähigkeit. Jetzt sei es nur mehr darum gegangen, dem Versager einen »ehrenvollen Abgang« zu sichern.[244]

Bliebe noch zu klären, was denn Wilhelm dem unbotmäßigen Vetter so Schlimmes am Telefon gesagt hatte, dass Max daraufhin kollabierte. Es gibt kein Wortprotokoll darüber. Was es aber gibt, ist eine Aufzeichnung, die sehr wirklichkeitsnah erzählt, wie sich der Kaiser noch am Sonntag, den 3. November 1918, über die Zumutung der Drews'schen Mission echauffierte. Und zwar gegenüber seinem Feldseelsorger Johannes Vogel, der ihm gerade in Wilhelms Villa Frainense eine erbauliche Predigt gehalten hatte. Diese Niederschrift wirft nicht nur ein Licht auf die mehr denn je überspannte mentale Verfassung des geflohenen Monarchen, sondern hilft auch, sich vorzustellen, was er dem Vetter aus Baden zwei Tage zuvor angetan haben muss. Hier der weitgehend ungekürzte Text:

> »Also vorgestern war Drews bei mir, um mir von der Regierung aus Berlin, von dieser sogenannten Regierung, nichts Geringeres als meine Abdankung nahezulegen! Na, ich hab' ihn erst herauskommen lassen und dann hab' ich mir den Mann gekauft, ihn angefahren – so – und gesagt: ›Was, Sie als preußischer Beamter und Untertan, der Sie Ihrem König den Eid der Treue geschworen haben, Sie wagen es, Sie unterstehen sich, vor mich hier hinzutreten mit solch einem Angebot!‹ Sie hätten bloß sehen sollen, wie der Mann zusammenfuhr. Das hatte er nicht erwartet – einen tiefen Diener machte er gleich vor mir. ›Aber gut, es sei‹, sage ich, ›wie stellen Sie sich nun das Weitere eigentlich vor? Sie sind ja Verwaltungsbeamter, Sie müssen's also doch verstehen und übersehen können. Wie denken Sie sich die Sache, was wird? Meine Söhne haben mir in die Hand versprochen, dass keiner von ihnen meine Stelle annimmt. Also mit mir tritt das ganze Haus Hohenzollern zurück.‹ Den Schreck hätten

Sie sehen sollen. Das hatte er nämlich wieder nicht erwartet, er und die ganze kluge Regierung in Berlin auch nicht. Und wer soll dann die Regentschaft für das 12-jährige Kind, für meinen Enkel übernehmen? Etwa der Reichskanzler? Von München hab' ich Nachricht, die denken gar nicht daran, ihn als so etwas anzuerkennen. ›Also, was wird?‹ frage ich – ›Chaos‹, sagt er und macht wieder einen Diener. Sehen Sie, man muss solche Wirrköpfe nur fragen, immer fragen, dann kommt die ganze Verworrenheit und Hohlköpfigkeit heraus! ›Na also‹, sage ich, ›und nun werde ich Ihnen sagen, wie dies Chaos näher aussieht. Also, ich danke ab, ich und mein ganzes Haus. Umgehend stürzen sämtliche Dynastien Deutschlands. Das Heer hat keinen Führer, die Front löst sich auf und flutet über den Rhein zurück. Die Untreuen rotten sich zusammen, sengen, morden und plündern, die Feinde helfen ihnen dabei. Die Treuen gehen vielleicht nach Berlin und stürzen Sie und die ganze Regierung, die sich nicht zu helfen weiß. Und darum: Ich denke gar nicht daran abzudanken. Der König von Preußen darf Deutschland nicht untreu werden und in dieser Stunde am allerwenigsten; ich habe auch meinen Eid geschworen und den werd' ich halten. Ich denke gar nicht daran, den Thron zu verlassen wegen der paar Hundert Juden oder 1000 Arbeiter – das sagen Sie Ihren Herren in Berlin! [...]‹

Mag ich nun regiert haben, wie ich will, ob gut oder schlecht davon jetzt mal abgesehen, das Meiste soll natürlich schlecht gewesen sein. Aber ich bin doch nun mal 60 Jahre alt und sitze 30 Jahre auf dem Thron, Eines muss man mir doch lassen – die Erfahrung! Die Erfahrung steht mir zur Seite wie Keinem. Und dann, wer soll denn bloß um Alles in der Welt jetzt an meine Stelle treten. Etwa der famose Max v. Baden, der Regentschaft oder Präsidentschaft erstrebt? Und er weiß nicht, dass er der erste ist, der von seiner eigenen Regierung weggefegt wird. Jetzt sitzen sie zusammen in Berlin und beraten und beraten, kriegen immer dickere Köppe und keiner weiß, was er eigentlich will. Natürlich sind gute Köpfe darunter. Da ist z. B. der David, ein ganz gescheiter Mann – kein Jude, nein, nein, denkt gar nicht daran, Kassellaner [?], Pastorensohn, bei einem Superintendenten erzogen, aber voll von Menschenverbrüderung und kosmopolitischen Ideen – aber ein guter Kopp ist er! Da ist der Giesberts, der Führer der katholischen Arbeitervereine – für solche Leute kann man nur dankbar sein, mit denen lässt sich doch arbeiten – aber die andern! An der Spitze Max v. Baden, und der traurigste von allen, der jämmerlichste, weibischste Kerl, der mir je begegnet ist – dieser Solf! – Ich habe neulich zu ihnen gesprochen, zu all' den neuen Herren; jedes Wort habe ich mir überlegt und abgewogen und die ganze Sache dargestellt. Ich wollte nun, dass diese meine Ansprache gedruckt wurde als Aufruf an das Volk – nein, das geschieht nicht, ist nicht möglich, bis heute nicht! Nun, wir werden ja sehen, was bei dem allem herauskommt. Es ist immer mein Grundsatz gewesen, abwarten, ruhig erst mal gewähren lassen; wie der Herr im Gleichnis vom Unkraut unter dem Weizen sagt: Lasset beides miteinander wachsen. Auch jetzt mag sich diese ganze Bewegung auswachsen, dass jeder im Volk deutlich sieht, wohin sie kommen. [...]

Jetzt verlangen sie, ich solle nach Berlin kommen. Sechs Wochen hab' ich dagesessen, vollkommen nutzlos. Ich habe telephoniert an Max: Was soll ich hier? Bei all' Euren Noten, die Ihr erstellt, ich werde ja nicht einmal gefragt, es geht alles an mir vorbei; ¾ Stunden habe ich an der Strippe gehangen – ja, ich müsste dableiben! Aber ich denke gar nicht daran; als Oberster Kriegsherr gehöre ich hierher zu meinem Heere, und ich werde auch heute wieder an die Front fahren. Das ärgert sie natürlich, weil sie ganz genau wissen, dass sie ohne Heer nichts machen können. Linsingen ist in Berlin mit treuen Truppen und ebenso sind die anderen Großstädte besetzt. Wir schicken auch noch mehr hin. Und das sag ich Ihnen, wenn mir das Geringste passiert, dann schreib ich denen die Antwort aufs Pflaster, und wenn ich mir mein eigenes Schloss zerschieße, aber Ordnung soll bleiben! – Ich weiß nicht, wo Gott mit mir hinauswill, aber das weiß ich, dass der Höchste will, dass ich meine Pflicht tue und auf dem Wege des Gewissens gehe. Die ganze Sache geht überhaupt bloß von diesem Berlin aus, das Volk denkt gar nicht daran, Revolution zu machen. Tausende von Briefen krieg' ich täglich, ganze Stöße von Telegrammen, die mir Ergebenheit und Treue bezeugen.«[245]

Man kann diese kaiserliche Suada nur als groteske Herrscherrhetorik eines politisch Todgeweihten zu verstehen, der noch einmal mit Imponiergehabe und Einschüchterung versucht, sich selbst und seine Entourage für eine halbe Stunde von seiner furchtbaren Misere abzulenken. Wenn er nicht unter Medikamenten stand – wir wissen es nicht –, dann dürfte ihm vor allem der Mut der Verzweiflung die Kraft zu einem solchen Auftritt verliehen haben, genauer: der unbedingte Wille, wenigstens noch sein hochstilisiertes Ansehen und seine erhabene Stellung über die Zeit zu retten, von der auch er wohl ahnte, dass sie abgelaufen war. Da ihm der souveräne Edelmut eines weisen Fürsten dafür nicht zu Gebote stand, musste er eben in die ewige Trickkiste seiner Impertinenz greifen und den Unbedingten, zu allem Entschlossenen geben.

Die jüngst vertretene Hypothese, dass bei dieser Manifestation wieder einmal Wilhelms »hemmungsloser Egozentrismus« beziehungsweise seine »geradezu verblüffende Selbstgerechtigkeit« zum Vorschein gekommen sei[246], greift zu kurz. Denn das Verhalten des letzten deutschen Kaisers auf den letzten Metern seiner staatspolitischen Wegstrecke erklärt sich weniger aus den zweifellos vorhandenen charakterlichen Mängeln als vielmehr aus den kleinen Karos seines herrschaftlichen Formats. Konkret: Auch bei seiner Gardinenpredigt gegenüber Drews schrieb sich Wilhelm II. vor allem als Zerrbild des hochherzigen, klar denkenden monarchischen Führers in die Geschichte ein, der unbeirrbar hehre politische Ziele verfolgt. Was er zum wiederholten Male gab, war der Bramarbas.

Viel beängstigender als diese aus Verzweiflung geborene Agitation in eigener Sache ist indes die Wirkung, die der Kaiser damit bei gestandenen Spitzenkräften aus Militär und Bürokratie nach wie vor erzielen konnte. Dabei trug Wilhelm II. im Jahr 1918 bereits durchaus Züge eines politischen Zombies, wie man ihn aus dem Voodookult kennt. Dennoch wurde er mit seinem Reden und Handeln von diversen Zeitgenossen in unbelehrbarer Sturheit bis zum bitteren Ende als vitale politische Potenz sui generis angesehen und entsprechend behandelt. Es war genau dieses Zuviel an Demut auf Seiten der politischen Funktionseliten, das den wilhelminischen Hochmut züchtete. Die Behandlung der politischen Klasse durch den Monarchen war schlimm, aber die Behandlung des Herrschers durch seine Spitzenbeamten stand ihr nicht nach. Der Charakter zersetzende und Rückgrat brechende Einfluss dieses monarchischen Systems auf die hohe Regierungsbürokratie in Preußen-Deutschland war beängstigend.

Fast überflüssig zu sagen, dass Minister Drews der Nachwelt eine gänzlich andere, stark versachlichte Version seiner Konfrontation mit dem Kaiser überlieferte, der man allzu deutlich das Bemühen ansieht, nicht nur sich selbst, sondern vor allem den Kaiser in besserem Licht erscheinen zu lassen.

Einen Menschen, der, wie Wilhelm, mit dem Gedanken eines Staatsstreichs spielt und sich zugleich mit Hilfe der Sozialdemokratie ein neues Reich errichten will, der vor seiner eigenen Regierung die Standesgenossen und überkommenen Funktionseliten als total unfähig verhöhnt, während er seine eigene Anwesenheit im Regierungszentrum für nutzlos erklärt, einen solchen Menschen kann man nicht anders denn als gemeingefährlichen Wirrkopf bezeichnen. Aber wie soll man diejenigen charakterisieren, die um diese geistige Verfasstheit ihres Monarchen wussten und den Mann trotzdem gewähren, ja ihre Nation, ihr Reich, ihre Regierung dadurch Schaden nehmen ließen? Welche Skrupel veranlassten diese Elitetruppe an verantwortlichen und unverantwortlichen Ratgebern des Monarchen, die ja keineswegs dumm waren, so lethargisch und apathisch zu bleiben? Wodurch gerieten sie in den Bannkreis dieser geistigen Trägheit? War es eine Handlangermentalität? Permanenter Selbstbetrug? Sentimentale Verbundenheit mit dem kaiserlichen Fabeltier? Oder wussten sie einfach keine Antwort auf die hochnotpeinliche Frage, wo und was der »entsorgte« Monarch denn schlussendlich bleiben sollte?

Die Selbstauflösung des Monarchenverbundes

All das muss offenbleiben. Und dennoch ist über den Einsturz des deutschen Kaiserhauses – soweit es um die große Politik geht – fast alles Wesentliche erzählt. Seine Rolle als Handlungsbevollmächtigter des deutschen Nationalstaats hatte Kaiser Wilhelm II. am 1. November 1918 jedenfalls ausgespielt und das Schicksal seines Hauses damit in die Hände anderer, vor allem Hindenburgs gelegt. Der ließ ihn noch eine Weile zappeln – vielleicht in der Hoffnung, der Monarch werde sich am Ende noch zu einer heroischen Aktion aufraffen – und schob ihn dann klammheimlich nach Holland ab.[247]

Aus dem überbordenden Schrifttum über Wilhelms letzte Woche im Amt darf nicht gefolgert werden, hier hätte sich noch einmal Großes abgespielt. Gerade weil es so extrem peinlich war, wie unspektakulär der einst so großmächtige deutsche Heldenkaiser fern der Heimat einfach aus der Geschichte fiel, wurde diesem Abgang im Nachhinein angedichtet, was den Geschichtsschreibern an emotionalisierender Dramatik, an wüster Polemik und politischer Sophistik zu Gebote stand. Doch da ging es bereits um die Geschichtspolitik der Weimarer Republik.

Zu berichten ist an dieser Stelle nur noch, wie denn nun die Antworten der deutschen Bundesfürsten auf die Kanzlerfrage, ob sie eine Abdankung ihres höchsten Verbündeten für angezeigt hielten, ausfielen. Max von Baden hatte die Gesandten am 1. November nicht ohne Grund ausdrücklich gebeten, diese Sache »absolut geheim zu halten und dies auch ihren hohen Souveränen und Regierungen besonders ans Herz zu legen«.[248] Denn diese Frage überhaupt in den Raum zu stellen – und sei es noch so geheim – war eigentlich bereits ein Sakrileg. Wurde damit doch die Ungültigkeit gerade jener Herrschaftsideologie vorausgesetzt, mit der das deutsche Monarchie-Modell seit der Reichsgründung von 1871 immerfort legitimiert worden war: der unverbrüchliche Solidar- und Freundschaftspakt der von Gott begnadeten einzelstaatlichen Souveräne und die Unantastbarkeit der jeweiligen Thronberechtigung.

Nach streng konservativer Auslegung dieser Ideologie hätten sich die deutschen Monarchen schon bei Ausbruch der Systemkrise im Frühherbst 1918 geschlossen und kampfbereit vor ihr fürstliches Alphatier stellen müssen. Doch, wie wir gesehen haben, rief eine entsprechende Initiative des Großherzogs von Mecklenburg nur stummes Kopfschütteln hervor. Nun hatte also Max von Baden die Fürstensolidarität mit seiner Umfrage einer echten Probe unterzogen, und man durfte gespannt auf deren Ausgang sein. Interessant, dass er die (telegrafischen) Antworten an sich persönlich adressieren ließ und später verhinderte, dass diese historisch so wichtigen Dokumente zu den Akten genommen wurden.[249] Auch in seinen Erinnerungen ist er auf die Voten der Bundesfürsten an keiner Stelle zurückgekommen. Diese Geheimniskrämerei gibt bereits einen Vorgeschmack auf die Brisanz dieser im Kern intriganten Aktion, die eben nicht auf einen kollegialen Meinungsaustausch der Souveräne über eine Lebensfrage ihrer Herrschaft zielte, sondern eher auf die Verhinderung von Fürstensolidarität.

Vom bayerischen König Ludwig haben wir bereits gehört, dass er gegen die Abdankung des ungeliebten Kaisers nicht den geringsten Einwand hatte. »Wir erleben die schwersten Zeiten und die bevorstehenden Entscheidungen verlangen das höchste Maß von Verantwortung«, so Ludwig am 29. Oktober 1918 in einem Brief an seinen Bruder Leopold.[250] Da war es naheliegend, dass sein Sohn ihn noch am 1. November inständig bat: »Könntest Du nicht den Kaiser aufsuchen und ihn zu einem Entschlusse bewegen oder ihm doch wenigstens Deine Auffassung der Lage brieflich mitteilen.« Das Ansehen Wilhelms und seines Ältesten war nach Ansicht des bayerischen Kronprinzen »völlig erschüttert«, und er forderte deren sofortigen Thronverzicht. Doch dieses heiße Eisen wollte der greise Monarch partout nicht mehr anfassen, und so blieb es seitens der Wittelsbacher bei der passiven Befürwortung einer Abdankung.[251]

Schon weniger skrupulös scheint da der König von Sachsen gewesen zu sein. Nach den Erinnerungen seines damaligen Innenministers Walter Koch war Friedrich August nämlich »durchaus dafür, den Kaiser erforderlichenfalls zum Thronverzicht zu drängen. Dass ein solcher Schritt auch die Throne der Einzelstaaten gefährdete, schien ihm damals überhaupt nicht in den Sinn zu kommen.«[252] Erst wenige Monate zuvor hatte der Wettiner Wilhelm II. indes noch »in Freundschaft und Liebe« versichert: »Was uns aber auch Gott noch schicken möchte, ich stehe treu und unentwegt an Deiner Seite.«[253]

Eine ähnliche Argumentation wie der Sachse vertrat auch der württembergische Ministerpräsident von Weizsäcker gegenüber seinem König Wilhelm II., als er meinte, dass von einem eventuellen Thronverzicht des Kaisers der Monarch in Stuttgart gar nicht berührt werde – schon allein wegen seiner großen Popularität im Schwabenlande. Selbst in einem deutschen Bundesstaat »ohne monarchische Spitze« könnten einzelstaatliche Fürsten wie er auf ihrem Thron verbleiben.[254] Somit vermochte sich auch der dritte außerpreußische König mit einem Thronwechsel auf Reichsebene durchaus einverstanden zu erklären.

Von den deutschen Großherzögen waren sowohl Ernst Ludwig von Hessen als auch Wilhelm Ernst von Sachsen-Weimar und Eisenach unbedingt für des Kaisers Abdankung.[255] Von Friedrich August von Oldenburg weiß man es nicht so genau, aber den oben zitierten Verlautbarungen aus dem Jahr 1916 lässt sich wohl eher Zustimmung entnehmen.[256]

Entschiedener Widerspruch kam dagegen von den Großherzögen von Baden und vor allem von Mecklenburg-Schwerin. Letzterer soll sogar unter Beteiligung seines Onkels, Herzog Johann Albrecht, eine Art Gegenaktion gestartet und alle Bundesfürsten telegrafisch beziehungsweise telefonisch bestürmt haben, einstimmig *gegen* die Abdankung zu votieren. Doch nur wenige »Kollegen« seien dieser Entschließung beigetreten, schreibt sein damaliger leitender Minister Langfeld in seinen Erinnerungen.[257]

Auf der Ebene der Kleinstaaten war das Meinungsbild ebenso zwiespältig. Vom Herzog in Sachsen-Altenburg kam ein »Einverstanden« zur Abdankung des Kaisers, ebenso vom Herzog von Braunschweig, während die Herzöge von Anhalt sowie von Sachsen-Coburg und Gotha mit »nicht einverstanden« antworteten.[258] Den Herzog von Meiningen hatte der Kanzler auf dem eingeschlagenen Wege gar nicht ansprechen wollen, weil der ein Schwager des deutschen Kaisers war. Statt des Bundesratsbevollmächtigten übernahm der Großherzog von Hessen die Vermittlung der Anfrage. Herzog Bernhard antwortete mit »Zustimmung«, wie eine Aktenmarginalie bezeugt. Er habe dem Kanzler »alles anheimgegeben« und sogar eine gemeinsame »Kundgebung« der deutschen Souveräne in dieser Frage angeregt.[259] Also eine Art Gegenkundgebung zu dem, was dem Kollegen von Mecklenburg vorschwebte. Konnte sich der Fürst von Schwarzburg weder dafür noch dagegen entscheiden, so war Fürst Reuß wiederum dafür.[260]

Das mag als Überblick genügen, um einige Schlussfolgerungen zu ziehen. Tatsache ist, dass sich der überwiegende Teil der deutschen Bundesfürsten bereits bis Ende Oktober 1918 von seinem Oberhaupt distanziert hatte, darunter auch enge Verwandte des Kaiserhauses. Ein epochales, von der historischen Forschung offenbar übersehenes Ereignis. Doch warum epochal?

Die heimliche Desavouierung des deutschen Reichsmonarchen durch die Mehrzahl seiner Hohen Verbündeten bedeutete de facto eine Aushebelung des 1871 von Bismarck begründeten Herrschaftssystems. Denn dessen Konstruktionsprinzip setzte ganz selbstverständlich die Verständigungsbereitschaft aller Bundesfürsten über Grundsatzfragen der Reichspolitik voraus, schließlich hatte die Reichsverfassung genau diese Monarchen (und die Senatspräsidenten der drei Hansestädte) zu den alles entscheidenden Trägern der Souveränität des deutschen Machtstaates gemacht. Was am 1. und 2. November 1918 geschah, lief aber auf nichts anderes hinaus als die Selbstauflösung des Monarchenverbundes als eines politisch kommunizierenden Gremiums.

Die offensichtliche Verletzung der Monarchensolidarität verriet außerdem das monarchische Prinzip noch an einem anderen substanziellen Punkt, da sie ausgerechnet den Kaiser selbst, also den Primus inter Pares, von der monarchischen Willensbildung über dessen Zukunft ausschloss. Sodann offenbart die ganze Aktion in Form und Inhalt ein sehr merkwürdiges Verhältnis der Bundesfürsten zu ihren politischen Pflichten gegenüber den Belangen des Reiches: Erstens taten sie aktiv nichts, um das schlingernde Schiff der Reichsmonarchie vor dem drohenden Untergang zu retten. Zweitens demontierten sie ihren höchsten Verbündeten, ohne personelle Alternativen vorzuschlagen. Drittens verzichteten sie auf eine offene und kollegiale politische Verständigung untereinander, obwohl ihre »Verbündeten Regierungen«, sprich: der Bundesrat, doch die letztendliche Verantwortung für das Schicksal ihres Repräsentanten an der Reichsspitze, sprich: des Bundesratspräsidenten, hatten. Die Frage eines Thronverzichts des deutschen Kaisers hätte vor das Verfassungsorgan Bundesrat gehört, nicht aber vor eine halboffizielle Versammlung von diplomatischen Vertretern der Einzelstaaten in der bayerischen Gesandtschaft.

Somit hatte die mit der Umfrage hinter dem Rücken des Kaisers in Gang gesetzte Meinungsbildung unter den Bundesfürsten auch etwas von einem Komplott – das jedoch halbherzig war, weil sich durch die Art seiner Einfädelung auch intern niemand zu seiner persönlichen Animosität gegenüber Kaiser und Kronprinz bekennen musste. Der Bundesrat als politischer Willensträger der verbündeten Landesherren hatte jedenfalls aufgehört zu existieren. Aufschlussreich daran ist, wie sich die Verfassungstreue der meisten Bundesfürsten schon aufgelöst hatte, bevor das durch sie begründete Reich untergegangen war. Sie glaubten allen Ernstes, mit der Verleugnung ihrer Pflichten gegenüber Kaiser und Reich vielleicht noch am ehesten einer Gefährdung der eigenen Dynastie entgegenwirken zu können. Aber wie sollte die Rettung eines auf die eine oder andere Art noch souveränen Territorialfürstentums ohne Anbindung an das Reich und vor allem ohne angestammten »Präsidenten« aussehen? Verließen hier nur die sprichwörtlichen Ratten (im Purpurmantel) ein sinkendes Schiff oder steckte mehr dahinter?

Natürlich war dieser in vieler Hinsicht unmögliche Kaiser Wilhelm II. ein im deutschen Herrscherstand schon seit langem ungeliebter, von einigen sogar gehasster Vetter. Aber in seiner Eigenschaft als wichtigster symbolischer Repräsentant des »Systems« Monarchie war er bis zum Herbst 1918 unter allen Dynasten unumstritten. Zwar war der Bundesrat zusehends funktionsuntüchtig geworden, aber sein Präsident, der König von Preußen, blieb in seiner Eigenschaft als deutscher Kaiser nach wie vor die alternativlose Vertretung bundesfürstlicher Macht auf Reichsebene. Schließlich hatte kein einziger Souverän hinter den föderativen Schutzmauern seines Einzelreiches einen politisch zeitgemäßeren Monarchie-Prototyp entwickelt und erprobt, der jetzt zusammen mit seinem besten politischen Kopf auf dem deutschen Kaiserthron hätte zum Zuge kommen können.

Keiner der fürstlichen Befürworter eines Thronverzichts durch den Chef des Hauses Hohenzollern hatte sich in seinem (reichs-) politischen Denken und Handeln als klüger, weitsichtiger, fortschrittlicher oder demokratischer erwiesen als der preußische Obermonarch. Zwar traten die meisten Bundesfürsten weniger exaltiert in Erscheinung, auch weniger sprunghaft und großsprecherisch, aber nach einem überzeugenden Alternativangebot für den zu räumenden Kaiserthron hält man unter den Bundesfürsten vergeblich Ausschau. Ein besseres »System« als das in der Tat abgewirtschaftete preußisch-deutsche hielt niemand bereit, auch nicht als gedankliche Option. Insofern entpuppt sich das Votum für die Thronentsagung Wilhelms II. auch als Bankrotterklärung des deutschen Monarchie-Modells durch die deutschen Monarchen selbst.

Dass sich die Befürworter der Abdankung über die Tragweite ihres Votums gar nicht im Klaren waren, verstärkt noch den Eindruck der unbewussten Selbstentkrönung in ganz großem Stil. Der Rückzug auf das eigene partikulare Reich, die Auffassung, dass die monarchiefeindliche Bewegung in der reichsdeutschen Gesellschaft auf Wilhelm II. fixiert bleiben und den eigenen Thron niemals tangieren würde, ganz besonders aber das Spekulieren darauf, mit der Preisgabe der Kaisertreue die Monarchentreue der eigenen Landeskinder noch einmal neu zu beleben – all dieses verdeutlicht hinlänglich, wie weit auch die deutschen Bundesfürsten aus der politischen Wirklichkeit herausgefallen waren. Und gleichzeitig konnte in dieser Frage monarchischen Seins oder Nichtseins die politische Differenz zwischen ihnen und dem Reichsmonarchen gar nicht größer sein, der zutiefst davon überzeugt war: »Meine Abdankung würde der Anfang vom Ende aller deutschen Monarchien sein.«[261] Der Kanzler beließ den Reichsmonarchen in dem Glauben, dass seine Hohen Verbündeten dies genauso sähen. Erst am Abend des 8. November sagte er ihm eher beiläufig am Telefon: »Auch die deutschen Fürsten können sich nicht mehr vor den Kaiser stellen.«[262]

Selbst das ist noch nicht alles. Denn monarchisch-prinzipiell gedacht, machte das Geheimkommando »Abdankung« aus schlechten Freunden des deutschen Kaisers unversehens verkappte Hochverräter, denen das partikulare Interesse am Erhalt des eigenen Thrones und an der Rettung der eigenen Dynastie wichtiger geworden war als die Ehrenpflicht einer gemeinsamen Verteidigung der Reichskrone. Einer Reichskrone, deren Träger immer noch unwidersprochen für sich reklamieren durfte, als Einziger verhindern zu können, dass die deutsche Streitmacht auseinanderfällt und die Reichseinheit zerbricht. Als Wilhelm II. ein Jahr später in seinem holländischen Exil von dieser »ungeheuerlichen« Aktion seines letzten, »hundsföttischen Kanzler[s]« durch eine (allerdings in der Darstellung aufgebauschte) Denunziation erfuhr, fühlte er sich gleich erinnert an »das alte Spiel aus dem Mittelalter – Heinrich der Löwe und Barbarossa contra die Fürsten, die sich gegen den Kaiser wenden!«[263] So ganz unrecht hatte Wilhelm nicht. Fürstliche Absetzbewegungen von Kaiser und Reich in Zeiten schwerster Krisen aus dynastischem Eigeninteresse hatte die deutsche Geschichte schon viele erlebt.

So lautet das Fazit, dass Otto von Bismarck sein Kaiserreich genau dort auf Sand gebaut hatte, wo er sich eigentlich den solidesten Baugrund versprochen hatte: beim natürlichen Solidaritätsgefühl der Träger aller Kronen, deren Rechte, deren Macht und deren Autorität zu bewahren das politische Versprechen der Verfassungsurkunde war. Auch 1918 lag die Souveränität des Deutschen Reiches »verfassungswirklich« immer noch bei den deutschen Fürsten und nicht beim deutschen Volk. Auch 1918 wurde noch behauptet, die Deutschen seien vorzugsweise durch den Zusammenschluss ihrer Fürsten zur Reichsnation geworden. Da aber die Idee der politisch geeinten deutschen Nation von keinem der Einzelmonarchen wirklich verinnerlicht worden war und weil sie nicht gelernt hatten, in nationalstaatlichen Kategorien zu denken, nicht verstanden hatten, politische Verantwortung für die Nation zu übernehmen, wurden aus ihren Streitäpfeln am Ende Sprengsätze, die einer monarchisch garantierten Reichseinheit den Boden entzogen.

Wir erinnern uns: Beim Regierungsjubiläum des deutschen Kaisers fünf Jahre zuvor hatte der König von Sachsen im Namen aller Bundesfürsten Wilhelm II. noch feierlich versprochen, »dass wir und unsere Länder in guten und bösen Tagen treu zu Kaiser und Reich stehen«.[264] Als es dann aber zum Schwur kommen sollte, konnten sich nur mehr zwei deutsche Fürsten an diese Zusage erinnern, fast alle anderen wurden fahnenflüchtig. Zugegeben, der heillos überforderte Reichsmonarch hatte es seinen Hohen Verbündeten mit seinen überspannten Eigenmächtigkeiten nicht leicht gemacht, ihm die Treue zu halten. Und auch unter seinen zahlreichen Söhnen gab es keinen, der sich vom politischen oder charakterlichen Format her als Nachfolger für das Amt des Kaisers aufgedrängt hätte. Aber solange sie ihrerseits keinen Besseren aus den eigenen Reihen auf den Schild hoben, hatten die deutschen Monarchen streng genommen kein Recht, der Leitdynastie der Hohenzollern die Gefolgschaft zu verweigern. Schließlich waren ihnen in der Konstruktion des Reiches als Fürstenbund nicht allein enorme Privilegien zuerkannt, sondern auch staatserhaltende Pflichten auferlegt worden. Dass die Pflichten nun keiner mehr wahrnehmen wollte, konnte auch die Rechte nicht unberührt lassen.

Und so war es auch. Nachdem sie die monarchische Solidarität aufgekündigt und damit die monarchische deutsche Nation verraten hatten, mussten die Fürsten jeder für sich allein den Weg gehen, der auch dem Reichsmonarchen vorgezeichnet war: den Weg des über kurz oder lang erzwungenen Thronverzichts. Vorgezeichnet deshalb, weil man hätte wissen können, ja wissen müssen, dass die öffentliche Meinung das, was sie dem augenblicklichen Spitzenrepräsentanten des monarchischen Herrschertums nicht mehr zutraute, nämlich staatsmännische Führungsqualitäten oder doch zumindest politischen Nutzen, demnächst auch dem ganzen Rattenschwanz der einzelstaatlichen Souveräne absprechen würde. Durch Sprach- und Tatenlosigkeit hat noch kein Monarch dem Zug zur Republik widerstehen können. Und nach wie vor stand die Souveränität der meisten dieser Fürsten für die Beschneidung staatsbürgerlicher Rechte. Die hier und da vielleicht immer noch anzutreffende Beliebtheit des einen oder anderen wertete noch keineswegs das Monarchische als solches auf, ja nicht einmal die politische Autorität der Fürsten. Das deutsche Volk wollte sich nicht von einzelnen Potentaten befreien, sondern von den Fesseln des Systems, das diese verkörperten.

Wie republikanisch war die demokratische Linke im Herbst 1918?

Nachdem Kaiser Wilhelm II. von seinen staatsmännischen Pflichten desertiert, der fürstliche Reichskanzler Prinz Max von Baden am 1. November kollabiert war und sich etwa zeitgleich die meisten deutschen Monarchen in ihre einzelstaatlichen Schneckenhäuser zurückgezogen hatten, blieb von den überkommenen Akteuren in der Reichspolitik so gut wie niemand mehr übrig. Eine dynastische Lösung der System- und Sinnkrise des Deutschen

Kaiserreichs war damit eigentlich unmöglich geworden. Im Schaltraum der zivilen Macht saßen nur noch Kräfte, die an der Erhaltung der Monarchie ein *genuines* Interesse nicht mehr haben konnten. Denn ihre maßgeblichen Vertreter hatten ihre Karriere als entschiedene Verfechter der parlamentarischen Demokratie in der Parteipolitik gemacht. Dennoch engagierten gerade sie sich ausgerechnet in dieser politischen Situation *für* die Beibehaltung der monarchischen Staatsform[265] – allen voran führende Sozialdemokraten, denen damals eine Schlüsselrolle zufiel, die sich dem Masseneinfluss verdankte, den sie über ihre mächtige und sozial fest verankerte Parteiorganisation ausüben konnten.

Wie wurde in dieser Partei über den Kaiser, die Bundesfürsten und das monarchische System überhaupt am Vorabend der deutschen Revolution gedacht? In Ermangelung systematischer Forschungen hierzu muss sich die folgende Betrachtung auf die beiden Männer beschränken, die – jeder auf seine Weise – als politisch meinungsbildend, ja durchaus maßgebend für die Positionierung ihrer Partei angesehen werden können: Philipp Scheidemann als Mitglied der Reichsregierung und Friedrich Ebert als Führer der Mehrheitssozialdemokraten. Beide hatten große Scheu davor, die legitimen Gewalten des monarchischen Zeitalters vorschnell kaltzustellen – nicht, weil sie der deutsche »Wille zur Ohnmacht« (Max Weber) beherrschte, sondern weil sie in diesen Gewalten Stabilisatoren in einer unübersichtlich turbulenten Zeit sahen. Doch wer nicht A sagt, darf auch B nicht sagen, und so konnten sich die beiden ebenso wenig dazu durchringen, die dynastische Legitimität politischer Herrschaft generell anzuzweifeln. Das heißt: Sie hielten bis zuletzt an einer monarchischen Lösung der Systemkrise fest. Allerdings gingen sie aufgrund ihrer unterschiedlichen Temperamente und politischen Moralvorstellungen dabei verschiedene Wege. Einmal äußerlich – der eine wurde als Staatssekretär Regierungsmitglied und damit tagespolitisch aktiv, während der andere die Freiheit behielt, im Hintergrund und mit Bedacht an größeren Rädern zu drehen. Aber auch taktisch.

Friedrich Ebert

Der MSPD-Vorsitzende hat aus seinem monarchischen Herzen nie eine Mördergrube gemacht, weder gegenüber Parteigenossen noch gegenüber nichtsozialdemokratischen Zeitgenossen, sodass wir über seine Meinung zur Abdankungsfrage Ende Oktober 1918 gut im Bilde sind. Er sei dafür, bekannte Ebert damals freimütig in einer Runde hoher Staatsbeamter, »dass die deutsche Monarchie bestehen bleibt«. Deutschland sei »nicht reif für eine Republik«. Doch um die Monarchie zu erhalten, müsse der jetzige Monarch zurücktreten, und zwar ganz einfach deshalb, »weil er diesen Krieg verloren und damit Bankrott erlitten hat. Die Firma aber kann und muss erhalten bleiben.« Allerdings nicht durch den zu Recht so unpopulären Kronprinzen. Ebert dachte »an eine Reichsverweserschaft durch eine Persönlichkeit wie Prinz Max« und im Königreich Preußen an eine Regentschaft durch die deutsche Kronprinzessin Cecilie bis zur Volljährigkeit eines nachgeborenen Prinzen. Gegenüber dem liberalen Staatssekretär Eugen Schiffer plädierte Ebert vor allem deshalb für den Fortbestand der Monarchie, weil »das Volk noch nicht fähig sei, sich selbst zu regieren. Hierzu müsse es erst unter einer demokratischen Monarchie erzogen werden.«[266]

Eberts politisches Denken war einfach und klar: Um seine volle politische Souveränität zu erhalten, sollte das deutsche Volk staatsbürgerlich umerzogen werden. Und dafür eignete sich seiner Ansicht nach als Herrschaftssystem die Monarchie immer noch am besten, allerdings eine parlamentarisch-demokratisch modernisierte. Diese Transformation der Monarchie konnten indes nur die demokratischen Mehrheitsparteien des Reichstags zum definitiven Staatszustand machen. Deshalb verbot es sich von selbst, diese lebensnotwendige Reform-Koalition durch republikanischen Voluntarismus zu gefährden.

Aber in dem amtierenden Monarchen und dessen ältestem Sohn sah Ebert zwei für sein Monarchie-Modell ganz ungeeignete Protagonisten, die er deshalb baldmöglichst aus dem Verkehr ziehen wollte. Für den zukünftigen Reichsmonarchen hatte Ebert ein staatspolitisches Pädagogikum unter der Ägide zweier Repräsentanten des deutschen Herrscherstandes vorgesehen, denen er offenbar großes politisches Vertrauen entgegenbrachte. Vor allem wohl Vertrauen in die Kraft und die Fähigkeit zur demokratischen Überwindung ihrer autokratischen Sozialisation.

An dieser Grundauffassung hielt der sozialdemokratische Parteiführer bis zur Revolution – vielleicht sogar darüber hinaus – unerschütterlich fest. Auch die Reichstagsfraktion und den Parteivorstand schwor er auf diese Linie ein und erreichte, dass abweichende Meinungsträger stets in der Minderheit blieben. Dies hat der freisinnige Politiker Georg Gothein, der damals als Mitglied des Interfraktionellen Ausschusses diese Dinge genauestens beobachten konnte, mit eindringlichen Worten bezeugt. »Unsagbar« sei die Mühe gewesen, die sich Ebert, Scheidemann und andere führende Mehrheitssozialdemokraten damals gegeben hätten, um die Vertrauensmänner ihrer Partei von revolutionären Aktivitäten abzuhalten und an ihrem unbedingten Ziel einer »verfassungsmäßige[n] Fortbildung« des überkommenen Systems festzuhalten.[267]

Das Zentralorgan der SPD, die Tageszeitung *Vorwärts,* blieb ebenfalls auf diesem Kurs und forderte bis zum 9. November 1918 nicht ein einziges Mal die Einführung der Republik. Erst eine Woche vor diesem historischen Schwellendatum brachte das Blatt zum ersten Mal überhaupt einen als Stellungnahme zur Kaiserfrage deklarierten Leitartikel[268], der jedoch, statt Klartext zu reden, äußerst gewunden, ja rabulistisch daherkam: »Gegen eine demokratische Regelung hätten wir selbstverständlich nicht das geringste einzuwenden, und wenn man sich auf der Linie einigen wollte, die Angelegenheit [der Monarchie] sobald wie möglich zum Gegenstand einer Volksabstimmung zu machen, so wären wir durchaus einverstanden.«

Das war natürlich *keine* Positionierung in der Kaiserfrage, sondern eine Mischung aus Attentismus und Spiegelfechterei. Man spürt förmlich den Maulkorb, den Ebert seiner Presse verordnet hatte. Die Auswirkungen waren bis nach Dresden, München, Stuttgart und Karlsruhe spürbar, wo die Mehrheitssozialdemokraten sich gleichfalls für die Beibehaltung der monarchischen Staatsform stark machten.[269] Noch am 5. November druckste das Parteiorgan herum und sprach von der Möglichkeit, durch einen Thronwechsel eine weitergehende Bewegung in Richtung Republik »abschnüren zu können«. Dann hieß es, dass auch die Sozialdemokratie keine Neigung habe, »sich in einer jungen Republik vielleicht dreißig Jahre lang mit royalistischen Don Qichotes herumschlagen zu müssen und dadurch notwendige, innere Entwicklungen gestört zu sehen«. Und schließlich: Würde »die Frage der Staatsform in Deutschland akut, so wird niemand daran zweifeln, wo die deutsche Sozialdemokratie ihrer ganzen Vergangenheit nach ihre Stellung nehmen wird«.[270]

Bis zum Schluss also Inkonsequenz, Uneindeutigkeit, ein Sich-Winden und Nicht-festlegen-Wollen. Ein wahres Vexierbild des Prinzen Max von Baden. Dahinter standen natürlich die Ebert'schen Verdikte, dem die Republik nicht geheuer war, der aber gleichzeitig die Genossen bei der Stange halten und deshalb sein Heil in der Quadratur des Kreises suchen musste. Um der Monarchie willen sollte der amtierende Monarch gehen, und wenn er das partout nicht wollte, dann hatte Ebert sogar noch, wie Eugen Schiffer schreibt, einen letzten Vorschlag in petto: »Der Kaiser solle in einer Proklamation erklären, dass er bis zum Friedensschluss bei seinem Volk ausharren wolle, und dann möge eine Volksabstimmung über sein Schicksal entscheiden.«[271] Die Sprengung der kaiserlichen Regierung erschien dem sozialdemokratischen Führer am Ende noch gefährlicher als der Verbleib des unsäglichen Wilhelm auf dem Thron.

Einige Erklärungen für diesen sozialdemokratischen Royalismus bei einem Mann, der als Politiker vor allem wegen seiner sachlichen Nüchternheit und ruhigen Abgeklärtheit so hohes Ansehen genoss, finden sich in Eberts Bild von der politischen Welt, in der er agierte. So blieb sein Politikverständnis zeitlebens von obrigkeitsstaatlichen Mustern geprägt. Parteipolitischer Voluntarismus oder gar plebejischer Aktionismus war ihm völlig fremd. Stattdessen erschien ihm die Zusammenarbeit aller Demokraten über Partei- und Milieugrenzen hinweg unabdingbar – schon um die SPD nicht wieder zurück in die politische Isolation der Vorkriegszeit abdriften zu lassen.

Sodann verlangte sein fast schon dogmatisch ausgeprägtes Ordnungsdenken, alles daran zu setzen, um einen geordneten, auf Stabilität angelegten Übergang des autokratischen Regimes zu demokratisch-parlamentarischen Verhältnissen zu gewährleisten. Dies verband sich bei Ebert mit dem Ehrgeiz, die alten Eliten durch großes Entgegenkommen mit der politischen Neuordnung auszusöhnen und sie damit den Machtverlust weniger spüren zu lassen. Schließlich wollte er nicht nur Reformen durchsetzen, sondern zugleich eine vermeintliche Katastrophe größten Ausmaßes verhindern: den Bolschewismus. Auch diese Zielvorgabe ließ es geraten erscheinen, den alten Gewalten mehr Macht zu belassen als realpolitisch vertretbar. Die Furcht, die Proklamation der Republik könne womöglich als Einladung zu radikaleren Forderungen aufgefasst werden, gebot äußerste Zurückhaltung.

Es gab aber wohl noch einen weiteren Umstand, der hier als Erklärung herangezogen werden muss: das persönliche Verhältnis des sozialdemokratischen Parteiführers zum letzten Kanzler des Deutschen Kaiserreichs. Diese Beziehung ist mit dem Wort loyal nur unzureichend beschrieben. Für den Sozialdemokraten scheint der zu höchsten politischen Ämtern gekommene badische Landsmann im Herbst 1918 nachgerade der wichtigste Verbündete gewesen zu sein. Die Nibelungentreue, die er dem unsicheren Kantonisten bis zum 9. November bewahrte (und die der Begünstigte ihm noch zehn Jahre später in seinem Erinnerungswerk mit Dankbarkeit vergolt), lässt nur den Schluss zu, dass die beiden eine Art Geheimpakt geschlossen hatten, und zwar schon am 2. Oktober 1918. Programmatische Grundlage könnte gewesen sein, dass Max von Baden Ebert in die Hand versprach, das autokratisch regierte Kaiserreich in eine moderne parlamentarische Monarchie zu überführen. Und dass Ebert dem Prinzen umgekehrt verbindlich zusagte, eine solche Monarchie zu erhalten und sich sozialen Unruhen mit seiner ganzen Macht als Arbeiterführer zu widersetzen. Sollte eine Systemtransformation mit dem amtierenden Kaiser nicht möglich sein, müsse eine Regentschaft oder Verweserschaft angestrebt werden. Im äußersten Notfall sollte Ebert Reichskanzler und Max von Baden Reichsverweser werden, bis eine verfassunggebende Nationalversammlung die definitive Entscheidung über alle staatsrechtlichen Fragen herbeiführe.

So könnte es gewesen sein. Gut möglich, dass die beiden Partner dieses Geheimabkommens, der fürstliche Prinz und der Sattlersohn, sich als politisch prinzipiell gleichberechtigt fühlten. Wahrscheinlicher jedoch ist, dass beide glaubten, ihre strategischen Ziele ohne den anderen nicht erreichen zu können. An dieser Stelle muss man jedenfalls ansetzen, um zu begreifen, dass Ebert im Herbst 1918 alles andere als einen nüchternen Sachpolitiker mit Weitblick und guter Menschenkenntnis abgegeben hat. Stattdessen dachte und handelte er als Gefühlspolitiker, wie er im Buche steht. Politisch klug war es jedenfalls nicht, den gestrauchelten Kanzler noch endlos mitzuschleppen. Erklären lässt es sich allenfalls mit dem gemeinsamen Vorrat an politischen Defiziten, der hier ins Spiel kam: Wie des Prinzen war auch Eberts politische Haltung mehr von idealistischen Hoffnungen als von Realitätssinn geprägt. Das Vertrauen der beiden Verbündeten in das Prinzip uneingeschränkter Volkssouveränität war eher gering, sodass die Abschaffung obrigkeitlicher Instanzen beiderseits unerwünscht war. Und was schließlich die Fähigkeit zu regieren anlangt, waren beide Dilettanten.

Philipp Scheidemann

Auch der frischgebackene sozialdemokratische Staatssekretär trug die abstruse Politik des Reichskanzlers zur Rettung von Monarchie und Kaiser bis Ende Oktober 1918 loyal mit, wenn er sie vielleicht auch nicht billigte. So diktierten ihm am 29. Oktober angesichts der krisenhaften Zuspitzung der Lage seine Skrupel einen persönlichen Brief an Max von Baden, in dem er den Regierungschef höflich aufforderte, sich vom Kabinett ermächtigen zu lassen, dem Kaiser im Namen seiner Regierung die freiwillige Abdankung zu empfehlen.[272] Durch einen solchen Thronwechsel würde sich Deutschland vielleicht die Chance auf einen besseren Frieden eröffnen.

Der so Bedrängte bat in einem persönlichen Gespräch um Aufschub, und Scheidemann gab nach. Als der Sozialdemokrat dann zwei Tage später im Kabinett überraschenderweise vom Kanzler doch mit der Thematik konfrontiert wurde – ein taktischer Schachzug, um Scheidemann zu isolieren –, gab er sich ausgesprochen zahm, ja monarchistisch angehaucht.[273] Er erklärte, dass nicht in erster Linie die sozialdemokratischen Arbeiter den Rücktritt des Kaisers verlangten, eher noch sei diese Forderung im Bürger- und Bauerntum sowie bei Offizieren, und nicht zuletzt bei den bayerischen Partikularisten anzutreffen. Scheidemann wollte das Deutsche Reich »in seiner ganzen Größe und Wucht erhalten«. Und er wollte nicht, »dass der Kaiser in eine unwürdige Rolle gedrängt wird«. Stattdessen könne Wilhelm II. »sich einen glänzenden Abgang verschaffen, wenn er aus Liebe zum Volk zurücktritt«.[274] Obwohl Scheidemann einen solchen Rückzug des Kaisers für eine »historische Notwendigkeit« erachtete, wollte er sie nicht erzwingen. Er war »ganz einverstanden damit, was der Herr Reichskanzler sagt: wir dürfen keinen Druck auf den Kaiser ausüben, auch nicht vom Kabinett aus.« Das klang wenig kämpferisch, und revolutionär schon gar nicht.

Dies ausnutzend, schickte Max von Baden gleich am nächsten Tag einen Vertrauten zu Scheidemann, der ihn weiter in dieser Richtung bearbeiten sollte. Ergebnis dieser »sehr langen Unterredung« war, dass der Sozialdemokrat keinen Zweifel an seiner Bereitschaft ließ, »die Revolution zu verhindern«. Er forderte »die Abdankung des Kaisers zugunsten seines Enkels als Conditio sine qua non für die Erhaltung der Monarchie, die er dann aber mehr oder weniger garantierte«. Scheidemanns damaliger Wunsch, in einer parlamentarischen Monarchie zu leben, sei durchaus »aufrichtig« gewesen, schreibt ein Zeitzeuge.[275] Auch der preußische Innenminister Drews, der das sozialdemokratische Kabinettsmitglied im Verbund mit Vizekanzler Payer am 2. November in die Pflicht nahm, »die Kaiserfrage zu vertagen, bis der Friede geschlossen sei«, gewann bei einem Gespräch den Eindruck, dass Scheidemann hier mitziehen wollte, sodass bis zum 7. November tatsächlich Ruhe an dieser politischen Front herrschte.[276]

So wurde auch der Mann, der zwei Tage später durch sein Hoch auf die deutsche Republik in die Geschichte eingehen sollte, noch in den Tagen unmittelbar davor durch tausend Rücksichten, durch sichtbare und unsichtbare Gängelbänder davon abgehalten, einer bankrotten Staatsform die politische Gefolgschaft aufzukündigen. Wie sehr ihn das im Rückblick gewurmt hat, kann man in seinen Memoiren nachlesen, wo er bemüht war, den politisch verkorksten Kampf von damals noch einmal – auf weniger blamable Weise – durchzukämpfen, durch Neuerfindung seiner selbst und durch gnadenlose Desavouierung seines damaligen Weggefährten und Mitmonarchisten Friedrich Ebert, der bereits tot war und sich nicht mehr wehren konnte.

Republikaner wider Willen

Wenn die deutsche Monarchie am Ende ihre treuesten Stützen ausgerechnet bei den sozialistischen Gründungsvätern der Weimarer Republik fand, so sollte man dies allerdings nicht als Treppenwitz der Geschichte missverstehen. Wie Deutschlands Weg von den Hohenzollern zu Hitler zeigt, war das demokratisch-monarchische Lösungsmodell für die eklatante politische Jahreskrise des Reiches, das Ebert & Co. bis zum Jahrestag der deutschen Revolution verfolgten, keineswegs Unsinn oder gar Verrat an den Zielen der Freiheitsbewegung. Vielleicht war es sogar die zukunftsträchtigere systempolitische Alternative zum ungeliebten und letztlich nicht mehrheitsfähigen Nachkriegsstaat von Weimar. Aber der Plan ging von Voraussetzungen aus, die der empirischen Grundlage entbehrten.

Unhinterfragt blieb erstens, ob denn die Mehrheit des deutschen Volkes sich Ende 1918 tatsächlich noch der Monarchie beziehungsweise deren Trägern verbunden fühlte. (Anscheinend schloss Ebert hier wunschbedingt von sich auf andere und fürchtete außerdem zu sehr, dass eine vorschnelle Proklamation der Republik dem Linksradikalismus nur weiter Vorschub leisten würde.) Ignoriert wurde zweitens das Ausmaß des moralischen, aber auch des symbolischen Substanzverlustes der Monarchie als sinnstiftende politische Leitkultur in Deutschland. Und übersehen wurde drittens, dass es im gesamten deutschen Herrscherstand gar kein geeignetes fürstliches Personal, mithin gar kein Potenzial für die glaubwürdige und Vertrauen erweckende Repräsentanz eines demokratisch-monarchischen Staatswesens gab. (Auch hier könnte sein positives Vorurteil über Max von Baden Ebert den Blick auf die Realitäten verstellt haben.) So musste Eberts Modell letztlich eine schöne politische Illusion bleiben – und die deutsche Republik konnte *keine* genuin sozialdemokratische Hervorbringung werden. Womöglich noch fataler sollte sich auswirken, dass es die MSPD in ihrer monarchistischen Voreingenommenheit bis zum Zusammenbruch des Kaiserreichs nicht schaffte, ein weithin sichtbares Zeichen dafür zu setzen, dass sie sich in einem *fundamentalen* Gegensatz zu ebendiesem politischen System befand.

Dass Deutschland im November 1918 eine Republik wurde, das

hat noch Ende Oktober kein maßgeblicher Repräsentant der politischen Klasse gewollt, ja nicht einmal ernsthaft ins Kalkül gezogen. Übrigens auch kein scharfsichtiger Analytiker von Politik und Gesellschaft, wie das Beispiel Max Weber zeigt.[277] Bis zum 9. November 1918 blieb sie sogar eine Art Anathema. Allerdings hat auch niemand die Entwicklung zur Republik aufhalten oder kanalisieren können, am wenigsten die politische Kraft mit dem breitesten Masseneinfluss. Mit dem ganzen Potenzial ihrer Führungskräfte stemmte sich die MSPD dem politischen Projekt einer solchen Staatsform zunächst entgegen, sodass man fast geneigt ist, das wenig später in Weimar aus der Taufe gehobene politische Gebilde als ihr untergeschobenes Kind zu bezeichnen.

Ursache dafür war und blieb nicht allein, dass die Sozialdemokratie die ordnungspolitische Stärke der Monarchie in Deutschland maßlos überschätzte, sondern auch und vielleicht mehr noch, dass in ihrer Führungsspitze mit Friedrich Ebert, Eduard David und anderen überzeugte Monarchisten saßen. Keine reaktionären oder radikalnationalistischen Monarchisten, aber doch solche, die seit 1917 ganz ehrlich und zielstrebig für die behutsame Überführung des Bismarckreiches in eine parlamentarische Monarchie kämpften; nicht als kleineres Übel, sondern weil sie darin für Deutschland ein systempolitisches Ideal erblickten. Dass sie ab dem 10. November 1918 mit den republikanischen Wölfen heulten, heulen mussten, damit die politischen Ereignisse nicht über sie hinwegrollten, ist ein anderes Kapitel.

Der Einzige aus dem sozialdemokratischen Lager, der im Herbst 1918 die politische Entwicklung halbwegs realistisch voraussah und entsprechend zu beschleunigen trachtete, war der USPD-Vorsitzende Hugo Haase. Der hatte schon am 23. Oktober den Mut gehabt, im Deutschen Reichstag unter dem Wutgeheul mancher Abgeordneter klar und deutlich auszusprechen, dass Deutschland sich einen »Kronenträger« nicht mehr leisten könne, einen solchen ebenso wenig brauche wie die »Träger vieler Kronen oder Krönlein«. Die ganze Verfassung möge »von Grund aus geändert« werden: »Es muss zur Republik kommen.«[278] Und es kam zur Republik.

Umsturz-Szenarien

»Der Einsturz der Burgen war nicht einmal das Werk aufbrüllenden Zornes, gewaltig sich bäumender Wut, sondern nur schlichter Gemeinerkenntnis, nur des milden Empfindens: ›Ja, Kinder, Ihr habt längst nichts mehr geleistet, seid wertlos geworden, habt im Krieg völlig versagt und könnt aufhören, unnützlich zu thronen.‹« (Maximilian Harden am 16. November 1918 in einer öffentlichen Rede in Berlin)

»Dieser Sturz aus allen Himmeln wird ewig unvergessen bleiben.« (Ulrich Prinz von Schönburg-Waldenburg am 26. November 1918 an seine Schwester Anna Luise Fürstin von Schwarzburg-Rudolstadt-Sondershausen)

»Niemals und nirgends sind abgedankte Fürsten so anständig, ja dummfreundlich gutmütig behandelt worden wie in Deutschland nach der Revolution.« (Der Finanzexperte der SPD Kurt Heinig 1926 in seiner Schrift »Fürstenabfindung?«)

Das Ende der Monarchie in Bayern und Preußen

Die Wittelsbacher

»Dein schönes Bayern, das ich so liebe, war mir eine furchtbare Enttäuschung. Nie hätte ich es für möglich gehalten, dass es seine Wittelsbacher verjagen würde. Die bayerische Revolution nahm mir die letzte Hoffnung, die Monarchie wenigstens südlich des Mains zu retten.« (Prinz Max von Baden in einem Brief an Kronprinz Rupprecht von Bayern am 17. Februar 1919)

Während der bayerische Ministerpräsident Otto von Dandl einer der ersten Regierungspolitiker überhaupt war, der auf Reichsebene schon Anfang September 1918 vor einer akuten Gefährdung der Monarchie durch revolutionäre Unruhen gewarnt hatte, scheint er mit Blick auf sein eigenes Territorium eher ahnungslos, ja blau-(weiß)äugig gewesen zu sein. Dabei unterschieden sich die materielle Notlage und auch die Antikriegsstimmung der bayerischen Bevölkerung nicht sonderlich von der Befindlichkeit, die man jetzt überall in Deutschland antreffen konnte.[1] Erschwerend trat hier noch das schlechte Image des Königs Ludwig hinzu, dem der Volksmund neben einem Wohlleben als »Millibauer« eine für manchen Bayern schwer erträgliche Langmut gegenüber dem preußischen Kaiserhaus unterstellte.[2]

Theoretisch betrachtet, hätten die politischen Zustände in Bayern durch zwei beherzte Initiativen vor weiterer Eskalation bewahrt werden können: durch eine rechtzeitige und zügige Verfassungsreform im Sinne einer echten Demokratisierung des Herrschaftssystems und durch die Abdankung Ludwigs III. zugunsten von Kronprinz Rupprecht, der allem Anschein nach im

Volk wesentlich besser gelitten war als der schwerblütige Monarch. Den Eindruck gewann zumindest der Thronfolger selbst, als er Ende August 1918 zur Feier des königlichen Namenstages in München weilte. In seinem Tagebuch liest man: »Die Verstimmung gegen meinen Vater macht sich durch die gegen sonst auffallend geringe Beflaggung der Häuser erkenntlich sowie die geringe Beteiligung an der abendlichen Serenade, bei der gewissermaßen demonstratif [!] nach dem Hoch auf meinen Vater auch ein Hoch auf mich ausgebracht wurde, was mir umso peinlicher war, als im Volke allgemein davon gesprochen wird, dass mein Vater nach dem Kriege zu meinen Gunsten abdanken müsse.«[3]

Auf die politische Agenda gelangte die Frage nach dem »richtigen« König für Bayern allerdings nicht mehr. Geringfügig besser kam die Verfassungsreform voran. Immerhin stand die königliche Regierung seit Mitte Oktober in diesbezüglichen Verhandlungen mit den Fraktionen des Landtags. Doch was die Unterhandlungen nach mehr als zwei Wochen erbrachten, war nur ein zögerlicher Schritt in Richtung Parlamentarisierung, der auf der Linken viel Kritik erntete.[4]

Kurt Eisner will den König stürzen

Den größten politischen Gewinn aus der prekären Lage zog im Oktober 1918 die USPD, die bis dahin in Bayern eher einflusslos geblieben war. Dieser Erfolg ging nicht zuletzt auf das entschiedene Engagement ihres Vorsitzenden Kurt Eisner zurück. Der gelernte Journalist und begnadete Rhetoriker war erst am 14. Oktober aus dem Gefängnis entlassen worden, wo er wegen seiner führenden Beteiligung an den Januarstreiks einsaß, in denen sich zum ersten Mal sozialer Massenprotest gegen die Kriegsherrschaft der Obrigkeit manifestiert hatte. Als Kandidat der Linkssozialisten für die Nachwahl zum Deutschen Reichstag im Wahlkreis München II besaß er einen für sein agitatorisches Talent hervorragenden Aktionsradius, und er wusste diesen besser zu nutzen als sein Konkurrent Erhard Auer von der MSPD.

Die unbefriedigende Lösung der Verfassungsfrage in Bayern und die unsicheren Friedensaussichten im Reich gaben Eisner überdies

Gelegenheit, politische Grundsatzfragen mit einer Radikalität aufzuwerfen, wie das zuvor noch kein Politiker öffentlich gewagt hatte, beispielsweise die Frage nach dem Nutzen der Monarchie oder nach einem wirklichen Bruch mit den Mächten der Vergangenheit. Das machte Eindruck, wie der wachsende Zulauf zu seinen Versammlungen dokumentiert. Überhaupt gelang es der USPD unter Eisner binnen kurzem, sich als politischer Resonanzverstärker vielfältiger Protestpotenziale zu profilieren, die damals in Bayern für Unruhe sorgten. So wurde das Gesetz des politischen Handelns in der Residenzstadt den herrschenden Gewalten mehr und mehr entwunden. Eisner hatte den Vorteil, dass er genau wusste, was er wollte und auch gar kein Hehl aus diesem radikalen Wollen machte. Diese unkonventionelle Direktheit verschaffte ihm einen historischen Augenblicksvorteil, den er äußerst gradlinig nutzte, um vollendete Tatsachen zu schaffen – nachhaltige Tatsachen.

Was wollte Kurt Eisner? Er wollte den rigorosen Bruch mit dem politischen System des Deutschen Kaiserreichs und mit dessen Trägern, sprich: die restlose Beseitigung der Monarchie beziehungsweise der Monarchen im Reich *und* in den Bundesstaaten. Dieser Herrschersturz sollte die Voraussetzung schaffen erstens für eine konsequente Demokratisierung von Staat und Gesellschaft und zweitens für einen sofortigen Friedensschluss. Auf der Basis dieser revolutionären Absichtserklärung mobilisierten Eisner und seine Kampfgenossen seit dem 30. Oktober mit unermüdlichem Eifer und zunehmendem Erfolg in München die Massen, sodass sich bald eine Kundgebung an die nächste reihte. Seit Anfang November verstärkten sich sichtbar die antimonarchischen Impulse, die von solchen Massenversammlungen ausgingen. Sie profitierten von dem rasanten Ansehensverfall des Königs, der nun immer mehr zur Zielscheibe öffentlicher Diffamierungen wurde.[5] Vor der Münchener Residenz tauchten die ersten Demonstrationszüge auf, deren Teilnehmer die Entthronung des Wittelsbachers forderten.

Aus der gemeinsamen Friedenskundgebung von MSPD, Gewerkschaften und USPD auf der Theresienwiese heraus setzte Eisner dann am 7. November mit einer kleinen Schar Gleichgesinnter zum handstreichartigen Sturm auf die Münchener Kasernen an und brachte die Soldaten tatsächlich hinter sich. Die Folgen sind bekannt: Der immer mehr anschwellende Zug der Revolutionäre schüchterte die alten Gewalten dermaßen ein, dass sie noch am gleichen Abend kapitulierten. Die königliche Familie floh aus München, und da sich keine Hand zur Rettung der Monarchie rührte, konnte Eisner am nächsten Morgen die Republik ausrufen. Obwohl die Umsturzaktion vom 7. November eher eine Überrumpelung war, fand sie bei der Münchener Bevölkerung sogleich erstaunlich große Akzeptanz. Diese Erkenntnis motivierte Eisner, die Dynastie der Wittelsbacher noch am selben Tag für endgültig beseitigt, das heißt die Monarchie zum sogenannten Freistaat zu erklären. Und tatsächlich, ein Königreich Bayern sollte es fortan nicht mehr geben.

Das Schlimmste verhindern

Szenenwechsel. Obwohl sich schon im Oktober 1918 die Gefahr abzeichnete, dass die politische Lage in München aus dem Ruder laufen könnte, glaubten die Lenker der königlich-bayerischen Staatsgeschäfte noch Anfang November, die Entwicklung von oben steuern zu können. Diese Sicherheit scheint ihnen vor allem Erhard Auer, der führende Kopf der bayerischen MSPD, eingegeben zu haben, der in jenen Tagen besonders eng mit der Staatsregierung kooperierte, da auch die gemäßigte Sozialdemokratie keinerlei Interesse an einer revolutionären Zuspitzung der Krise hatte.[6] Als der Königliche Staatsrat am 4. November zu seiner letzten Sitzung zusammenkam, um über den Fortgang der Verfassungsreform zu beraten, stellte sich den (noch drei Tage) Herrschenden die Situation folgendermaßen dar: Innenminister Maximilian Friedrich von Breitreich wollte etwaige Bedenken gegen die Notwendigkeit einer Parlamentarisierung »unter der Wucht der Ereignisse zurückgestellt« wissen, da die »Wellen« einer revolutionären Bewegung nun auch auf Bayern »übergegriffen« hätten. In gleichem Sinne äußerte sich Regierungschef von Dandl: Er hätte den demokratischen Parteien so »weitgehende Zugeständnisse« gemacht, weil allein damit in dieser Situation dem »Staatswohl« und der »Monarchie« gedient werden könne. Man müsse eben jetzt dafür sorgen, »dass unter dem Volk kein Zwiespalt herrsche« und die »öffentliche Ruhe« aufrechterhalten werde.

König Ludwig III. schloss sich dieser Auffassung ausdrücklich an und knüpfte noch ein paar grundsätzliche Bemerkungen daran. Für ihn trug nicht Bayern Schuld am schlechten Ausgang des Weltkrieges, sondern »die unglückselige Politik« der Reichsleitung und mehr noch der Obersten Heeresleitung, »die keinen Maßstab hatte für die Grenzen der eigenen Kräfte«. Die bittere Bilanz: »Nach mehr als vierjährigen unerhörten Leistungen und Opfern stehen wir vor einer Niederlage Deutschlands, die es seit Napoleon nicht mehr gegeben hat.« Diese »traurigen Ereignisse der Gegenwart« hätten bedauerlicherweise auch in den Hintergrund gerückt, dass Bayern »eigentlich« schon lange parlamentarisch regiert werde, jedenfalls »nicht gegen den Willen des Volkes«. Gleichwohl gab der König sich einsichtig: »Jetzt besteht allerdings die Aufgabe darin, die Ruhe im Land aufrecht zu erhalten und Friedensbedingungen zu erzielen, die möglichst wenig drückend sind.«[7] Also Zustimmung zu weiteren Reformschritten.

Fünfundsiebzig Stunden nach dieser denkwürdigen Sitzung trafen sich die höchsten Beamten des Königreichs erneut zu einer Lagebesprechung, diesmal im bayerischen Kriegsministerium. Ihr Beschluss: »Da nach den vorliegenden polizeilichen Meldungen damit gerechnet werden musste, dass die Revolutionäre in der Nacht außer den Ministerien auch die Residenz besetzen und den König sowie die kranke Königin behelligen und versuchen werden, den ersteren zur Abdankung zu zwingen, waren alle Minister der Ansicht, dass der König mit seiner nächsten Familie vorerst bis zur Klärung der Lage München verlasse.« Als Otto von Dandl diesen staatsministeriellen Rat wenig später Ludwig III. persönlich überbrachte, erklärte sich dieser damit »ohne Weiteres einverstanden«.[8]

Die wichtigste Erkenntnis aus einem Vergleich dieser beiden zeitnahen Ereignisse ist die Tatsache, dass der Souverän in Bayern über kein selbstständiges politisches Urteil mehr verfügte. Erst krebst er mitsamt seinem Ministerium artig vor dem ihm eigentlich unerklärlichen Reformstau im Lande, dann lässt er sich von seinen Lordsiegelbewahrern gleichsam ins Ungewisse abschieben, sobald er mit handfestem Protest gegen seine Herrschaftsansprüche konfrontiert wird. Diese Lenkbarkeit des greisen Monarchen geht sicher großenteils auf sein Unverständnis der unbändigen Zeiten und Zustände um ihn herum zurück, aber auch auf sein geradezu peinliches Bemühen, politisch nur ja nichts verkehrt zu machen, wie sich schon bei seinem merkwürdigen Verhalten gegenüber Kaiser Wilhelm II. gezeigt hatte, dessen Abdankung er dringend wünschte, ohne dafür aber einen Finger zu rühren. Um diese Einstellung angemessen zu bewerten, empfiehlt sich ein Blick in das Tagebuch, das Ludwigs Tochter Wiltrud geführt hat.[9]

Aus den Einträgen der Prinzessin geht hervor, dass die königliche Familie seit ungefähr Mitte Oktober 1918 mit diversen Symptomen konfrontiert war, die ihre Hoheitsgewalt in Frage stellten. Unmittelbar nach der Flucht aus München fielen der Königstochter jedenfalls Begebenheiten wieder ein, die sie zunächst nicht notiert, mithin wohl verdrängt hatte, in denen sie aber im Nachhinein deutliche Vorboten des Umsturzes zu erkennen glaubte. Schon damals, schreibt sie, habe man manches gehört und gesehen, »was schwer zu denken gab«. Zum Beispiel den lauten Zuruf eines Arbeiters am 17. Oktober gelegentlich einer Ausfahrt, die sie mit ihrem Vater machte: »Dank ab«! Oder eine als Bettelbrief getarnte üble Schmähung des Königs, die in der Drohung gipfelte: »Gehenkt gehört Ihr«! Das alles habe sie durchaus »erschüttert«.

Einer immer wiederkehrenden öffentlichen Invektive hätten die Wittelsbacher allerdings gern selbst auf demonstrative Weise die Spitze genommen, nämlich ihrer angeblichen Preußenfreundlichkeit. »Tag um Tag schien es uns dringlicher, dass Papa etwas öffentlich sagen sollte, dass er zu den Preußen nicht so gut stehe wie man dummerweise in München meint. Wir standen in Spannung vor einem drohenden Etwas, dem nur noch mit einem partikularistischen Gewaltakt abzuhelfen sei.« Ein solcher Befreiungsschlag entsprach in der Tat einem in der ganzen bayerischen Königsfamilie empfundenen Bedürfnis, das sich gerade in diesen Krisentagen bei internen Zusammenkünften immer wieder ungehemmt Bahn brach. So prophezeite Wiltruds Mutter: »Ihr werdet sehen, Bayern wird noch von Preußen gefressen.«[10] Und als Wiltruds Bruder Franz am 4. November zu Besuch in München weilte, notierte sie: »Franz hatte eine Wut eine düstere auf die ›Sau Preußen‹, ›das populärste wäre jetzt ein Krieg gegen die Preußen‹ – natürlich das darf man nicht fügte er bei.« Es scheint in der Tat dieser Wald an politischen Verbotsschildern gewesen zu sein, der den König erst immer mehr im Kreis und dann in die Irre laufen ließ. Prinzessin Wiltrud notierte derweil: »Die Lage ist zum verzweifeln, geschieht nicht bald etwas, ein Druck von Bayern auf Berlin, so haben wir Revolution.«

Aber nichts dergleichen geschah, und auch die monarchischen Konzessionen an den reichsweiten Trend hin zu einer Parlamentarisierung der überkommenen Herrschaftsstrukturen kann man nicht als originelle politische Tat bezeichnen. Die königliche Untätigkeit konnte die Massen deshalb nur in dem Gefühl bestärken, dass ihr Staatswesen führerlos war. Und weil dieser Monarch für das bayerische Volk nun auch keinerlei andere Hoffnungen auf eine Verbesserung seiner Lage mehr verkörperte, wandte es sich folgerichtig alternativen Heilsversprechen und deren wichtigstem Verkünder, Kurt Eisner von der USPD, zu.[11]

Prinzessin Wiltrud blieb diese Wendung nicht verborgen, als sie am 1. November in ihr Tagebuch schrieb: »Wenn die unabhängigen Sozialdemokraten noch mehr Zuwachs und Macht bekommen, dann kann auch Bayern die Republik drohen.« Aus dem fernen Lille an der Westfront warnte am gleichen Tag ihr Bruder Rupprecht vor dem außerordentlichen Ernst der Lage und sah ebenfalls »Schlimmes voraus«, nämlich ein Übergreifen der (revolutionären) »Bewegungen, die in Norddeutschland sich vorbereiten«, auf seine engere Heimat.[12] Doch der König bewegte sich nicht. Schlimmer noch, er versuchte seine Ohnmacht durch familiäre Tyrannei zu kaschieren. Im Tagebuch des Kronprinzen Rupprecht findet sich unter dem 2. November ein Eintrag, der keinen anderen Schluss zulässt: »Damit zu den Sorgen der Ärger nicht fehlt, ließ mir mein Vater mitteilen, dass sowie wieder normale Verhältnisse einträten, ich die mir zugewiesenen Räume in der Residenz zu verlassen und in das – baulich völlig heruntergekommene – Leuchtenberg Palais umzuziehen hätte! Diese niedrige, auf purer Rachsucht gegründete Rancune empfand ich mit großer Bitterkeit. All seinen Groll lässt mein Vater stets an mir aus.«[13]

Zu kompensieren hatte dieser König in der Tat einiges. Denn mit Blick auf seine politische Rolle im Staate Bayern muss man in Ludwig III. geradewegs den Gegenentwurf zu einer aktiven Herrschergestalt sehen. Er war nur noch eine Art Aushängeschild für die monarchische Staatsform, aber ohne jede Strahlkraft, und auch subjektiv ohne jeden Anspruch auf souveräne Entscheidungs- und Gestaltungskompetenz, ohne seine professionellen Ratgeber geradezu hilflos. So hatte er am Ende alle politische Nützlichkeit eingebüßt und sich insbesondere als Werbeträger des monarchischen Prinzips selbst überflüssig gemacht.

Die Revolution vor Augen

Fast hat es den Anschein, als hätte Ludwig III. sich Anfang November 1918 bereits in das unvermeidbare Schicksal seiner demnächst anstehenden Entfernung aus München gefügt. Denn anders lässt sich kaum erklären, dass der Hofstaat seit Ende Oktober im Begriff stand, für den Notfall einer Flucht umfassend vorzusorgen. Persönliche Papiere wurden in Sicherheit gebracht, Geldmittel besorgt, Schmuck und andere Schätze verpackt – kurzum, die Fluchtvorbereitungen waren schon in vollem Gange, bevor sich die politische Hochspannung am 6./7. November entlud. Seit dem 1. November war Prinzessin Wiltrud jedenfalls »auf die Revolution gefasst«. Womit sie aber keineswegs individuelle Panik zum Ausdruck bringen wollte, sondern die allgemeine Stimmung bei ihr zu Hause. Dazu gehörte auch, den Folgen einer möglichen Revolution ins Auge zu sehen: »Bei einer Umwälzung im Lande ist Civilliste und Apanagen futsch, und wenn die [Wittelsbacher] Privatgüter zerstört und verteilt werden, so sind wir sehr arm, denn Barvermögen ist sehr wenig da. In so einem Aufstand kann man froh sein, wenn man mit dem Leben davon kommt.«

Die Schlichtheit dieser Überlegungen spiegelt die eigentümliche Befindlichkeit ihres Elternhauses wider, das sich ebenso entgeistert wie ahnungsvoll verzagt einfach gehen ließ. Auch Wiltruds Kommentar zu einer Massenversammlung der USPD am 3. November auf der Theresienwiese deutet in diese Richtung: »Was noch alles werden wird, vielleicht sind wir auch in einiger Zeit abgesetzt.« Dazu muss man wissen, dass sich aus dieser Kundgebung für sofortigen Frieden und die *Absetzung* (nicht mehr Abdankung!) des deutschen Kaisers heraus erstmals ein mehrhundertköpfiger Demonstrationszug formierte, der nicht allein vor dem Gefängnis in Stadelheim lautstark die Befreiung einsitzender Genossen verlangte, sondern auch vor dem Wittelsbacher Palais mitten in München antimonarchische Parolen *brüllte*. Zwar weilte

König Ludwig zum Zeitpunkt der Protestaktion nicht in seinem Lieblingswohnsitz, sondern im Residenzschloss, dennoch hatte man eine solche direkte und ungehinderte Provokation eines regierenden Monarchen in Deutschland seit 1848 nicht mehr erlebt. Der bayerische König sollte eben endlich »die Stimmung des Volkes kennenlernen«, resümierte der badische Gesandte in München den politischen Hintergedanken dieser letztlich für alle deutschen Bundesfürsten bedrohlichen Manifestation.[14] Wie ein anderer Zeitzeuge überliefert hat, erklärte Eisner noch am gleichen Tag: »Ich setze meinen Kopf zum Pfande: in zweimal vierundzwanzig Stunden ist Bayern eine Republik!«[15]

Angesichts solcher Sturmzeichen fragt sich, ob man das amtliche Protokoll der schon erwähnten Staatsratssitzung vom Folgetag wörtlich nehmen darf. Wahrscheinlich ging es dort wesentlich dramatischer zu, als die offizielle Version der Debatte glauben machen wollte. Oder die eigentliche Diskussion fand außerhalb der Tagesordnung statt. Aber selbst wenn es ein Wortprotokoll gäbe, würde man darin gewiss keinen Masterplan zur Behauptung des bayerischen Königtums entdecken; vielleicht nicht einmal einen Konsens über zu ergreifende Maßnahmen, wie denn das schlingernde Staatsschiff trotz der öffentlichen Anfeindungen auf monarchischem Kurs zu halten sei. Aller regierungsinternen Kopflosigkeit zum Trotz wurde jedenfalls der Schein der Normalität bis zum Ende gewissenhaft aufrechterhalten. König Ludwig erging sich wie gewohnt im Englischen Garten, die Prinzessinnen besuchten Musikkonzerte, Verlobungspläne wurden geschmiedet, und die schwerkrank daniederliegende Königin wollte man auch nicht der Ruhe eines abgeschiedenen Hospizes anvertrauen und ihr damit Aufregung ersparen.

Die gespielte oder gelebte Contenance, mit der die Wittelsbacher die schon laut vernehmbare Umsturzbewegung an sich herankommen ließen, verdient Beachtung. War es verbissenes An-sich-Halten? War es Defätismus? Entkräftung? Oder einfach nur die Aporie der politischen Verhältnisse? Völlige Ratlosigkeit? Das Einzige, was die Königsfamilie einen Tag vor ihrer Vertreibung aus München definitiv wusste, war: »Jetzt wird's ernst!« So schrieb Prinzessin Wiltrud in einer Tagebuchnotiz. Und tatsächlich wurden jetzt, am 6. November, berittene Gendarmen sowie andere Schutzleute und Soldaten in der weitläufigen Residenz zusammengezogen, denn für den kommenden Tag war eine Großdemonstration unter Führung der inzwischen wieder halbwegs liierten Sozialdemokratie angekündigt.

Flucht aus München

Von der Reaktion der königlichen Familie auf diese Massenkundgebung vermittelt einmal mehr die Königstochter in ihrem Tagebuch einen lebhaften Eindruck. Noch auf der Flucht ließ sie am 9., 11. und 17. November 1918 die dramatischen Geschehnisse vom 7. November Revue passieren.[16]

> »Am Donnerstag, den 7. November ungefähr ½ oder 5 Uhr standen wir an den Fenstern in der Residenzstraße. Es war aber nicht viel zu sehen, ziemlich viele Menschen, hie und da ein Zug mit einer roten Fahne. ›Weitergehen‹, ›Ruhe‹ kommandierten bei einer Stockung die Demonstranten Führer. Ohne unser Souper anzurühren, gingen wir dann zur Mama in den Königsbau hinüber. Man sagte uns, der Hauptzug sei schon vorüber. [...] Wir beruhigten Mama über Papas Heimkehr [vom Spaziergang im Englischen Garten] und gingen dann wieder in unsere Zimmer [...], *wo unter den Fenstern der Rummel auf den Straßen erneut losging*. Dichte schwarze Volksmassen drängten durch die Residenzstraße, pfeifend, in Mistönen, Gruppen ein Lied singend, der viereckigen roten Fahne nach. Dazwischen Gemurmel, Geschrei, Hochrufe. Wie die Zeitungsverkäufer in Antwerpen ihre Blätter ausschreien, so die Rädelsführer ›Hoch die Republik‹ vom ›Hoch‹ der Massen acclamiert.
>
> Stundenlang ging es so fort, ich sah auch vom Königsbau hinter den Vorhängen hinunter, wenn ich nicht bei Mama drinnen war, wo Papa in einem Fauteuil saß, [Adjutant] Hößlein sich ins Gespräch mischte und Papa verbot, an die hohen Fenster zu gehen, deren Vorhänge zufälligerweise heute zurückgezogen waren. Der Platz wurde immer voller, der Sozizug ging anfangs ziemlich in Ordnung von [der] Residenzstraße nach der Maximiliansstraße, als aber die Menge vom Zuge ausbrach und am

Denkmal [König Ludwigs I.] vorbei gegen die Residenzfront sich richtete, da sah es schon unheimlich aus. Die Leute schrieen unentwegt, meist waren es Fabrikmädln und halbgewachsene Burschen, die noch Knabenstimmen hatten, Männer wenige. ›Der Kaiser soll abdanken‹, ›nieder mit Wilhelm‹, ›nieder‹ tönte das Menschenecho. ›Nieder das Haus Wittelsbach‹, ›nieder mit der Dynastie‹, ›nieder das Haus Habsburg‹, ›Kronprinz Rupprecht soll leben‹, ›nieder mit Ludwig‹, so tönten die Ansichten durcheinander, ›die Republik soll leben, hoch, hoch, hoch‹. Vom ›Milibauern‹ schrieen sie auch etwas, das ist Papas Spitzname. – Es wurde der Lärm immer bedrohlicher, die Massen größer, ein Teil stand vor dem Königsbautor und schrie. – Wir schlossen die Läden und rieben das elektrische Licht auf. Im roten Salon sah ich noch lange auf die traurige Stadt, die Volksmengen, das Drängen, Ziehen, Wandern derselben, die begeisterten Rufe, es wurde immer bedrohlicher. [Schwester Helmtrud] Helmi und ich sahen dann von unseren Kronprinzenzimmern auf neue herankommende Sozizüge hinunter.

Bei der Feldherrnhalle hielt einer (ich bilde mir ein Kurt Eisner) eine Rede um die andere, leider für uns unverständlich, von begeisterten Revolutionsrufen unterbrochen. Es wogte und schrie, die bekannten ›Republik‹ und ›Nieder‹ Rufe, uns wurde es hinter dem halboffenen Fenster im dunklen Zimmer ungemütlich, weil's zu gar keinem Ende mehr kam. Einmal war's wie ein Schuss, den wir zu hören meinten, dann wieder wie ein Andrängen an das Residenztor. Die Wahrheit war, dass die Sozia zuerst zwei Mann und Gewehre aus der Wache nahmen, der Zugführer aber [die] 2 Gewehre und die Leiber [Soldaten des sog. Leibregiments] zurückbringen ließ. Später wurde das Wachlokal ersprungen [?] und ca. 10–12 Mann herausgeholt und mit den sämtlichen Waffen der Wache mitgeschleppt. Den Offizier und einige Mann ließen sie laufen oder zurück. So war die Residenz ohne Leiberschutz. […]

Dann zum Souper in das sogenannte Nordappartement, wo endlich, endlich nichts von dem aufreibenden Lärm zu hören war. Eine Pause in einem aufregenden Leben, eine Pause von Viertelstunden! Im Tronsaal waren die Läden zu, sodaß man nichts von draußen hereinhörte. Als ich mich zu Tisch setzte, rechts von Mama in dem pompejanischen Speisesaal, dachte ich mir: vielleicht ist das die letzte Malzeit hier und mitsammen. Es gab Erbsen, Kartoffelnudeln und Hirschkalbbraten. Ich nahm 2 Stücke denkend: es ist gut, wenn man bei Kräften ist, wer weiß, wann wir wieder ein solches Essen bekommen. [...] Wir standen, während Papa und B. Bodmann ihre Zigarren fertig rauchten in dem Thronsaal und dem Saal daneben mit den roten Stühlen. Papa ging dann in sein Appartement, ich glaube mit B. B[odmann], der ja vortragender Generaladjutant und Cabinettschef für Walther Spreti ist. [...] Mama war auch schon fortgegangen, Schwestern und Damen standen beisammen, als Exc[ellenz] von Dandl der Ministerpräsident und Exc[ellenz] von Brettreich der Minister des Innern hereinkamen, Brettreich sehr bleich, Dandl verstört und grau im Gesicht. Wir hatten Zeit, sie zu begrüßen, mehr nicht, dann gingen sie zu Papa hinein.

Wir begaben uns zu Mama hinüber, die auf dem Frisierstuhl saß und eben fürs Bett ausgekämmt wurde. Ich dachte daran, bald für kurz in mein Zimmer zu gehen, um nach den Demonstranten zu sehen und meine Gebete, die ich vorher nicht machen konnte, zu verrichten. Ich kann mich nicht mehr recht erinnern, ob ich in dem Theesalon, wo das Bild des deutschen Kaisers hängt, geholt und ob es [Kammerzofe] Elisabeth Kesling oder [Schwester] Hildegard war, die mir sagten, wir müssten wahrscheinlich fort, und möchten mit Mama zu Papa kommen und Mama sich nicht mehr fürs Bett richten. Mama begriff es gleich, hatte aber nicht Zeit viel zu erschrecken. Als wir Kinder zu Papa kamen, war Mama schon in dem kleinen Salon, wo Papa mit den Ministern stand. ›Wir müssen fort‹, sagte Papa, ›und zwar gleich‹. ›Es wird besser sein, wenn die Majestäten gehen‹, sagte Dandl, ›nur die k[öni]gl[iche] Familie‹. ›Die Damen und Jungfern muss man zurücklassen, holt Eure Sachen, so schnell als möglich, und dass Niemand etwas sagt, wohin und wie, auch den Damen nicht – so jetzt geht.‹

Wir stürzten hinüber, d. h. wir gingen so gemäßigt, als wir konnten. Zwei Sachen hatte ich bei den Ministern Papa gegenüber noch aufgeschnappt: ›Das Standrecht ist erklärt‹ und ›nach Wildenwart‹ [Privatschloss der Wittelsbacher im Chiemgau]. Ich durfte davon aber keinen Gebrauch machen. *Nach hastigen Reise-*

Antimonarchische Demonstration vor der Münchener Residenz am Abend des 7. November 1918. Zeitgenössische Zeichnung.

vorbereitungen in den eigenen Schlafgemächern Rückkehr zum Vater in den Königsbau des Schlosses ... Papa bekam von [Kammerdiener] Untersteger seinen Pelzmantel um und stand vor den aufliegenden kostbaren Zigarrenschachteln, sich besinnend, ob er welche mitnehmen könne. ›Ich hab noch ein paar Stück bei mir‹, sagte Papa und ließ die Importen stehen. Ob wir mit Mama oder Papa weitergingen ist mir entfallen. Ich sehe erst wieder die Eltern [...] den Lakaiensaal durchschreiten und miteinander die Thronsaaltreppe hinabgehen. [...] an den grüßenden Hatschieren [königliche Leibwächter] vorbei. Es wäre ein historisches Bild gewesen, von schwachem elektrischem Licht beleuchtet.

Nach kurzer Wartezeit in der Adjutantur ging man in Gruppen zu zweit möglichst unauffällig zum Bosquet [richtig Boskett: Heckenbereich der Schlossanlage] und in den Marstallhof hinüber, wo die Garage ist, dort im Schatten von Pfeilern uns nach Verstecken umsehend, dann wieder in einem schwarzen Winkel stehend, bei jedem Passanten in Angst, von einem Sozi entdeckt zu werden (es waren aber nur Hofbauern oder Leute vom Hof). Der Abend war mild, die Sterne beruhigend schön und derweil knatterten schon Maschinengewehre und tönten von voran und ferne die Laute der Menge, in der Marstallstraße

> aber gingen nur harmlose Passanten vorüber. Was mochte sich in der Stadt abspielen! Schreckensgedanken an Varennes [wohin 1791 der französische König Ludwig XVI. mit seiner Familie vor den Revolutionären geflohen war], denn die Eltern kamen nicht; endlich [...] kamen nach und nach alle Flüchtlinge in den Hof und wir stiegen in 3 Autos ein«.[17]

Alles in allem stimmt das Genrebild, das die bayerische Prinzessin Wiltrud hier von einem wahrhaft historischen Ereignis zeichnet, mit der Berichterstattung der Lokalpresse überein.[18] Zu ergänzen ist lediglich, dass es sich bei der Belagerung der Münchener Residenz nicht um eine spontane Protestaktion einer radikalen Minderheit handelte, sondern um eine gezielte Manifestation republikanischer Gesinnung, an der sich viele tausend Menschen beteiligten. »Hoch die Republik!« war hier tatsächlich die zentrale Parole.

Das Ende des Königreichs Bayern

Die Massendemonstration verlief im Wesentlichen gewaltfrei, selbst die Übergriffe auf die Residenzwache trugen eher karnevaleske denn mörderische Züge. Dies bestätigte auch Graf von Preysing-Lichtenegg-Moos, der spätere Ehemann der Königstochter Gundelinde, der sich in der Menge befand. Er hörte die Leute rufen: »Wir holen uns den König, setzen ihm eine Zipfelmütze auf und ziehen ihm Holzpantoffel an und tragen ihn so auf den Marktplatz.«[19] An die Besetzung des Schlosses oder gar die Arretierung der königlichen Familie im Sinne einer revolutionären Kampfaktion scheint niemand ernsthaft gedacht zu haben, viele aber wohl durchaus daran, den Wittelsbachern einen Denkzettel zu verpassen, ihnen jedenfalls den Volkszorn ins Bewusstsein zu schreien. Nichts dokumentiert dies besser als die vielen »Niada«-Rufe. Man hatte in München offenbar genug von einem König, der seinen Untertanen nur mehr als Inbegriff von Einfalt, Schwerfälligkeit und politischem Pantoffelheldentum galt. Von »gekrönten Schlafmützen« war übrigens bereits in den antimonarchischen Pamphleten aus der Zeit der Revolution von 1848 die Rede.

Kurt Eisner muss ein sehr feines Gespür für das schwer beschädigte Ansehen des bayerischen Königs(hauses) gehabt haben und wusste wohl auch um dessen notorische Tatenunlust, sonst hätte er einen solchen antimonarchischen Frontalangriff kaum gewagt. Königstreue Gegendemonstrationen waren in München offenbar nicht zu befürchten. Die handstreichartige Gewinnung des Militärs war also nur das eine, die rücksichtslose Ausnutzung einer Stimmung gegen eine an sich harmlos-mediokre Figur des öffentlichen Lebens, die sich um fast allen monarchischen Kredit gebracht hatte, das andere, nicht minder wichtige Kennzeichen der Münchener Revolutionsmacherei. Das Wichtigste aber war das eklatante Machtvakuum, in das die Revolutionäre hatten vorstoßen können.

Bei den Belagerten selbst erweckten die in Bewegung geratenen »dichten schwarzen Volksmassen«, wie die Prinzessin schreibt, Vorstellungen von »Aufruhr«, aber auch von »Rummel«. Es gab den »Sozizug«, aber auch eine »ausbrechende Menge«. Die »Rädelsführer« skandierten, die Massen »acclamierten«. Kurzum, bei dieser unfreiwilligen Entdeckungsreise das eigene Volk betreffend gab die Herrscherfamilie zu erkennen, wie fremd ihr diese Menschen waren und wie argwöhnisch sie deren Aktivitäten gegenüberstand. Nicht ein Gedanke, was sie wohl bewegt haben mochte, ihrer doch von Gott eingesetzten Obrigkeit zu Tausenden die Gefolgschaft aufzukündigen, sie einfach abzustrafen.

Derweil machte der Chef des Hauses Wittelsbach im Innern des umlagerten Palastes eine ziemlich blasse Figur: Er soupierte recht bürgerlich im Kreis der Familie, er rauchte, unterhielt sich mit dem Personal, empfing Minister, die ob ihrer schlechten Nachrichten ganz »grau im Gesicht« waren, und gab dann schließlich seiner Familie das Zeichen zum sofortigen Aufbruch »nach Wildenwarth«. Von Fassungslosigkeit keine Spur, nur ein wenig »Angst, von einem Sozi entdeckt zu werden«. Ganz höflich und korrekt wurden die Wittelsbacher bewogen, sich aus ihrem jahrhundertealten Stammsitz zu verabschieden, woraufhin sie sich artig aus dem Staub machten.

Natürlich hätte der König auch zum bewaffneten Kampf gegen die Aufrührer blasen oder eine Deputation der Demonstranten empfangen können. Es hätte ihm freigestanden, die gescheiterten Minister zu entlassen und neue, im Volk populäre Männer zu ernennen. Er hätte versuchen können, eine Ansprache an sein Volk zu halten, um bei dieser Gelegenheit Fehler zuzugeben und Besserung zu geloben. Er hätte auch seinen Thronverzicht zugunsten von Kronprinz Rupprecht verkünden oder gar dem deutschen Kaiser die bayerische Gefolgschaft aufkündigen können. All dies war prinzipiell möglich, all dies war machbar. Aber es wurde nicht vorgeschlagen, vielleicht nicht einmal erwogen. Der König wollte einfach nicht belästigt werden, er wollte dem Entscheidungsdruck ausweichen, die Zeit des politischen Nichtstuns verlängern. Dafür irrte die Königsfamilie bei Nacht und Nebel unter widrigsten Bedingungen drei Tage und Nächte von einem Versteck zum nächsten, bis man schließlich in Schloss Anif bei Salzburg, also jenseits der bayerischen Grenzpfähle, eine vorläufige Bleibe fand.[20] Dort holte die leidige Politik die Flüchtigen aber sogleich wieder ein. Die formelle Abdankung stand ins Haus. Doch bereits die Flucht selbst dürfte als eine Art Abdankung bewertet worden sein, weil sie offenkundig machte: Dieser König besaß keine Macht mehr.

Gewonnen war mit dem Reißausnehmen also nichts, es führte nur zu wachsendem Verdruss über die entwürdigende Zumutung, die sich der königliche Greis bei etwas mehr politischer Einsicht hätte ersparen können. Aber selbst sein ältester Sohn Rupprecht, der über solchen Verstand durchaus gebot, mochte dem Vater in seiner aussichtslosen Lage nicht mehr unter die Arme greifen. Nach der Niederlegung seines Armee-Kommandos am 10. November begab sich der Kronprinz noch am gleichen Abend auf die spanische Botschaft in Brüssel, um dort um Asyl zu ersuchen.[21] Einen Tag später schickte er ein forsches Telegramm an die Regierungszentrale in München, in dem er für »das bayerische Volk und das seit Hunderten von Jahren mit ihm verbundene Fürstenhaus« das Recht verlangte, »dass über die Staatsform durch eine verfassungsgebende Nationalversammlung entschieden wird«. Damit sollte vor allem in der Schwebe gehalten werden, wie sich die Bayern prinzipiell »zur Frage weiterer Zusammenarbeit mit ihrem Fürstenhause stellen wollen«. Zudem forderte Rupprecht für die »im Felde stehenden Mitglieder des Hauses Wittelsbach ungehinderte Rückkehr und freie Meinungsäußerung«.[22]

Der Ministerrat des Volksstaates Bayern glaubte sich inzwischen stark genug, solche papiernen Ermahnungen erst einmal ignorieren zu können.[23] In der Nacht vom 12. auf den 13. November setzte der Kronprinz sich dann im Auto des spanischen Gesandten über die Grenze nach Holland ab, wo er in Amsterdam bei einem Schweizer Arzt für einige Wochen untertauchte. Mit hoher Wahrscheinlichkeit hat er vorher noch seinen Vater telefonisch beschworen, auf seine monarchischen Ansprüche auf gar keinen Fall formell zu verzichten.

Nun wusste umgekehrt der über Nacht auf den Schild gehobene Präsident der »Volksrepublik Bayern« natürlich nur zu gut, dass er für die Etablierung definitiver Staatszustände noch die Trophäe einer rechtswirksamen Abdankungsurkunde benötigte. Erst ein solches Dokument schrieb den symbolischen Tod Ludwigs III. als Herrscher mit seinen Machtbefugnissen endgültig fest. Mit einer entsprechenden »Erklärung«, die allerdings erst drei Tage nach der Münchener Revolution aufgesetzt wurde, ließ er deshalb Otto von Dandl, den vormaligen Regierungschef, dem flüchtigen Monarchen hinterherreisen. Darin hieß es: »Die neuen Zeiten veranlassen mich, für meine Person und alle Familienmitglieder des Hauses Wittelsbach dem Throne und allen dynastischen Ansprüchen zu entsagen. Ich verpflichte mich, in meinem und meiner Familie Namen, nichts zu unternehmen, was die friedliche und gedeihliche Entwicklung des jungen Volksstaates stören könnte.« Schließlich sollte Ludwig die Beamten, Militärs und sonstigen Bürger noch von ihrem Untertanen-Eid entbinden.[24]

In die mehrstündige Begegnung, die der entschwundene Noch-Monarch mit seinem Ex-Staatsminister in der Nacht vom 12. auf den 13. November auf Schloss Anif hatte, ist viel hineingeheimnisst worden.[25] Tatsache ist, dass Herr von Dandl eine Erklärung des Wittelsbachers nach München zurückbrachte, mit der beide Seiten leben konnten und wollten. Ihre Präambel knüpfte an die Diktion des letzten königlichen Erlasses vom 5. November 1918 an und diente unverkennbar der Gesichtswahrung des Monarchen: »Zeit meines Lebens habe ich mit dem Volk und für das Volk gearbeitet. Die Sorge für das Wohl meines geliebten Bayerns war [!] stets mein höchstes Streben.« Sodann erklärte sich Ludwig aber »infolge der Ereignisse der letzten Tage nicht mehr in der Lage, die Regierung weiterzuführen«, entband alle Militärs und Beamten ihres Treueides und stellte ihnen »die Weiterarbeit unter den gegebenen Verhältnissen frei«. Obwohl dieses Dokument starke Züge eines dilatorischen Formelkompromisses aufweist, besiegelte es de facto den Verzicht des Dynasten auf die Herrschergewalt in Bayern. Zwar hatte er seinen Kopf aus der (Eisner'schen) Schlinge einer bedingungslosen Abdankung ziehen und eine gewisse Würde wahren können, aber weder wurde der Anspruch seines Hauses auf die Krone aufrechterhalten noch die Beibehaltung der monarchischen Staatsform reklamiert.

Um aller politischen Sophisterei von vornherein einen Riegel vorzuschieben, veröffentlichte der Ministerrat des Freistaates Bayern die besagte Erklärung am 14. November 1918 zusammen mit einer Art Quittung, die von allen seinen Mitgliedern (auch vom bayerischen MSPD-Chef Auer) unterschrieben war. Der Ministerrat nehme »den Thronverzicht Ludwigs III. zur Kenntnis« heißt es dort, und weiter: »Es steht dem ehemaligen König und seiner Familie nichts im Wege, sich wie jeder andere Staatsbürger frei und unangetastet in Bayern zu bewegen, sofern er und seine Angehörigen sich verbürgen, nichts gegen den Bestand des Volksstaates Bayern zu unternehmen.«[26]

Damit hatte das über siebenhundert Jahre alte Herrscherhaus politisch ausgedient – jedenfalls in den Augen der neuen Machthaber. Die Regierung Eisner konnte zur Tagesordnung übergehen. Vor einer Restauration der Monarchie brauchte sie sich nicht mehr zu fürchten. Das war das eine. Das andere und vielleicht noch folgenreichere war: Diese neue Regierung fand ungeachtet ihrer umstürzlerischen Selbsterfindung von Tag zu Tag mehr Anerkennung als legitime Staatsgewalt in Bayern, während die Entthronung der Wittelsbacher als faktisch irreversibel betrachtet wurde.[27] Damit war der »uneigentliche« Thronverzicht zu einem eigentlichen geworden. Verantwortlich dafür blieb in den Augen der Münchener Öffentlichkeit besonders »die Art, wie das alte System unterging«. Dessen Widerstandskraft hatte, so die *Münchener Neuesten Nachrichten,* »im Augenblick des ersten ernsthaften Ansturms so kläglich [versagt], dass bei denjenigen, die ihm aus Überzeugung oder Gewohnheit bisher anhingen, ein Gefühl tiefer Enttäuschung – um nicht zu sagen: tiefer Beschämung – entstand«.[28]

Die Tatsache, dass Ludwig mit seiner Familie schon am 18. November ganz offiziell in sein Privatschloss nach Wildenwarth zurückkehrte und dort nicht zuletzt durch Unterhaltsbeträge der neuen Staatsführung in München wieder ein halbwegs standesgemäßes

Leben führen konnte[29], lässt gleichfalls auf eine Art Agreement zwischen dem Entthronten und dem neuen Regime schließen, das konterrevolutionäre Aktivitäten seitens der Wittelsbacher möglichst ausschließen sollte. Bald wurde auch in Wildenwarth die Abdankung als Fait accompli angesehen – tiefbedauerlich zwar und schmerzlich, aber nicht mehr zu ändern. Was die Ausdeutung seines Debakels anlangt, so scheint der Ex-König von Bayern an den Verdikten festgehalten zu haben, die er schon auf der letzten Sitzung des Königlichen Staatsrates am 4. November in den Raum gestellt hatte. Fast in den gleichen Worten wie damals schrieb er drei Wochen später an seine Schwester Therese: Wir sind »der Übermacht unterlegen in Folge von Fehlern der Obersten Heeresleitung und der mangelhaften Führung der äußeren Politik der Reichsleitung. Wir in Bayern müssen die Folgen mittragen, obwohl wir wahrlich nicht das Geringste dafür können. Die Revolution vom 7. November war zum mindesten sehr überflüssig, da es ein freieres Volk als das bayerische nicht gegeben hat.«[30]

Für sein eigenes Versagen als König von Bayern nahm er sein Ministerium in Haftung, das »kein[en] Schuss Pulver wert« gewesen sei; die Regierung hätte ihn »schmählich im Stich gelassen«, schimpfte er, »die Hunde, mit der Gesellschaft habe ich gebrochen, von den Kerlen kommt mir keiner mehr, wenn ich zurückkomme«. Immer wieder musste die fleißige Chronistin von Wildenwarth diese Zornesausbrüche ihres Vaters über jene »Schweinehunde« mit anhören.[31] Dass die beamteten Oligarchen ihn nicht aus bösem Willen hatten im Regen stehen lassen, sondern weil sie politisch total entkräftet und kopflos waren – diese Einsicht von dem restlos enttäuschten alten Mann zu erwarten, wäre wohl zu viel verlangt gewesen.

Gleichviel, dem kritischen Historiker stellt sich Ludwig III. von Bayern als politisch hoffnungsloser Fall dar, als tragische Figur, als Kronenträger, der sich weder vor noch nach dem Verlust seines Thrones jemals zu mehr als einem ganz schlichten und bajuwarisch-einseitigen Verständnis der hochkomplexen Vorgänge seiner Zeit aufschwingen konnte. In der sehr kleinen Welt seiner politischen Vorstellungen gab es keinen Raum für Selbstbesinnung oder gar Selbstkritik; immer waren es andere, die er haftbar machen konnte, wenn etwas missriet. Seine diesbezüglichen Schuldzuschreibungen hatten allerdings insofern über den reinen Reflex

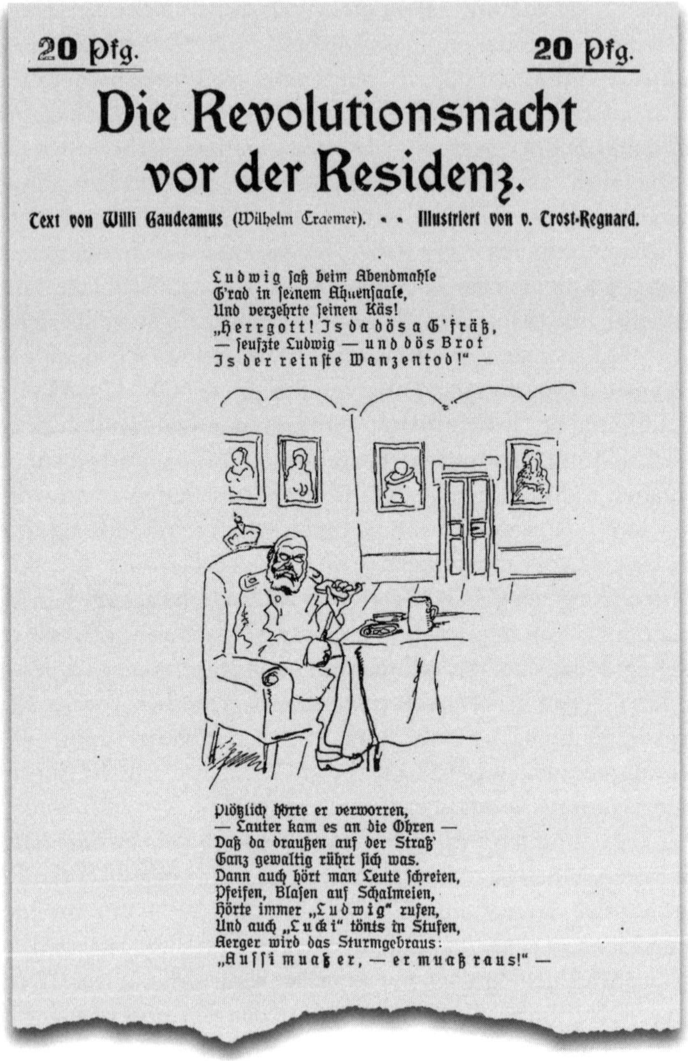

20 Pfg. 20 Pfg.

Die Revolutionsnacht
vor der Residenz.

Text von Willi Gaudeamus (Wilhelm Craemer). • • Illustriert von v. Trost-Regnard.

Ludwig saß beim Abendmahle
G'rad in seinem Ahnensaale,
Und verzehrte seinen Käs!
„Herrgott! Is da dös a G'fräß,
— seufzte Ludwig — und dös Brot
Is der reinste Wanzentod!" —

Plötzlich hörte er verworren,
— Lauter kam es an die Ohren —
Daß da draußen auf der Straß'
Ganz gewaltig rührt sich was.
Dann auch hört man Leute schreien,
Pfeifen, Blasen auf Schalmeien,
Hörte immer „Ludwig" rufen,
Und auch „Lucki" tönts in Stufen,
Aerger wird das Sturmgebraus:
„Aussi muaß er, — er muaß raus!" —

Illustriertes Spottgedicht auf Bayerns letzten König.

hinaus eine gewisse innere Berechtigung, als Ludwig in der Politik tatsächlich niemals etwas auf eigene Faust unternahm oder kraft eigenen Geistes anregte. Noch in seinen letzten Überlegungen wurde er durch die Ratschläge anderer bestimmt. Die traumatische Erfahrung, die ihm seine spontane Willensbekundung in Moskau im Jahr 1896 eingetragen hatte, erwies sich als ein irreparabler Flurschaden. In der Politik konnte und wollte er selbsttätig nichts mehr unternehmen – bis zum bitteren Ende.

Die Rechnung wurde Ludwig und seinem Herrscherhaus am 7. November 1918 präsentiert. Es war der eigentlich sehr königstreue bayerische Dichter Ludwig Thoma, der seinem Freund Conrad Haussmann nur zwei Monate später diese Rechnung wie folgt beschrieb: »Er verschwand, begleitet von verächtlichem Hohn, dem sich rein nichts an Mitleid, Achtung, Dank entgegenstellte. ›Milliwucherer, Ochsensepp, Millibauer‹ waren die offiziellen Titel; der Mann ist heute, mitten in seiner getreuen Provinz Oberbayern, nicht die Spur von Autorität und Mittelpunkt. Ich glaubte zuerst, dass der Kronprinz Anhänger habe, bin aber von dem Glauben abgekommen. Auch bei unsern Bauern ist keine Spur von ›angestammter Treue‹ zu merken. Ich gestehe Dir offen, dass der Vorgang im ganzen, wie in jeder Einzelheit mich völlig unvorbereitet traf, und doch glaubte ich, das Volk zu erkennen.«[32]

Ein redlicher Bankrotteur

Eine Freistatt allerdings vermochte sich dieser Unglücksdynast halbwegs unbeschädigt in die neue Zeit hinüberzuretten, nämlich den Binnenraum seines Herrscherhauses, in dem nach wie vor er allein das Sagen haben wollte. Um diesen Anspruch sicherzustellen, wandte er sich gut einen Monat nach seiner (halben) Thronverzichtserklärung mit einem Rundschreiben an alle Prinzen und Prinzessinnen des Hauses Wittelsbach und nahm diese zunächst in die moralische Pflicht, sich »in dieser schweren Zeit mit Mir als dem Haupt der Familie ebenso wie in guten Tagen eins [zu] fühlen«. Er reklamierte »die Mir als dem Haupte Unseres Hauses nach den Familiengesetzen übertragenen Rechte und Pflichten«, um dann aus dieser Machtbefugnis heraus die eindringliche Mahnung an seine Verwandten zu richten, »den Zusammenhalt der Familie nach Kräften zu wahren und alles zu vermeiden, was auch nur den Anschein von Uneinigkeit nach aussenhin erwecken könnte«. Zur Begründung verwies er auf aktuelle Vorkommnisse in anderen Dynastien,

»welche einen ungemein traurigen Eindruck hervorriefen und den betreffenden Fürstenhäusern zu offenbarem Nachteil gereichen«.[33]

Ludwig warnte alle Wittelsbacher ausdrücklich davor, etwaige »Schritte nach außen zu unternehmen, ohne vorher eine Verständigung mit Mir herbeigeführt zu haben«. Nur auf diesem Wege glaubte er sich in der Lage, das Ansehen der Familie »ungeschmälert durch die Drangsal dieser Zeiten hindurch für eine hoffentlich bessere Zukunft zu sichern und zu wahren«.[34] Dass dieser Appell an die Gehorsamspflicht den Kronprinzen Rupprecht zum Hauptadressaten hatte, musste dieser gleich bei seinem ersten Besuch der Eltern in Wildenwarth am 23. Dezember 1918 erfahren. Seine sterbenskranke Mutter – so hielt er in seinen Lebenserinnerungen fest –, die gewusst habe, »dass viele Leute auf mich ihre Hoffnung setzten, nahm mir das Wort ab, nichts auf eigene Faust zu unternehmen und überhaupt alles zu vermeiden, was mein Vater als eine Zurücksetzung empfinden könne«.[35]

Dieser Vorgang zeigt, dass der Umsturz zwar die staats- von der privatpolitischen Funktion des Herrschers getrennt und ihn der ersteren kurzerhand enthoben hatte, dass dem vormaligen König als Chef eines nach wie vor privilegierten Fürstenhauses aber durchaus herrschaftliche Funktionen verblieben, deren Bedeutung man nicht unterschätzen sollte. Indem der Volksstaat Bayern sich verpflichtete, für einen standesgemäßen Unterhalt der eben erst vom Thron gestürzten Herrscherfamilie zu sorgen, das heißt einen angemessenen Ausgleich für den Wegfall von Zivilliste und Apanagen zu leisten, schrieb er in gewisser Weise die Vorrechte des ehemaligen Königshauses fort – und zwar sowohl in vermögens- wie in hausrechtlicher Hinsicht.[36]

Insofern hatte die monarchische Rechtslage in Bayern auch nach der Revolution noch Bestand. Dies wiederum beließ Ludwig III. Machtmittel, mit denen er innerfamiliär weiterhin sehr effektiv herrschen konnte. Schon allein psychologisch war dies von einigem Wert: für die an sich nicht vorhandene Ausstrahlung des Mannes; als Kompensation für das Stigma der schmählichen Entthronung; am meisten jedoch, weil es Ludwig erlaubte, sich gegenüber dem politisch ambitionierten Kronprinzen zu behaupten und ihn an die Kandare zu nehmen. Außerdem enthob die Belassung gewisser Hoheitsrechte den politisch Gescheiterten der Notwendigkeit, sich innerfamiliär für sein Verhalten zu rechtfertigen. Das erklärt sein ausgesprochen autokratisches Regiment und die Unduldsamkeit, die seine Politik im Binnenraum des Fürstenhauses auch nach 1918 noch stark prägten. Nicht einmal das hohe Alter bescherte ihm den Gleichmut eines Grandseigneurs. Es hilft aber auch zu verstehen, was die vormalige Prinzessin Wiltrud meinte, wenn sie nach einem weiteren Besuch des Kronprinzen in Wildenwarth am 2. Februar 1919 in ihr Tagebuch schrieb: »Rupprecht anzuschauen, seinen lederartigen Teint und die fast weißen Haare und den Ausdruck von Gram ist herzzerreißend.«[37]

Auch sie selbst mochte ihres nachrevolutionären Daseins nicht recht froh werden, dafür hielt es zu viele Verdrießlichkeiten bereit. Vor allem erzürnte sie die Art und Weise, wie Bayern jetzt im neuen Deutschen Reich dastand. »Solange Papa und Rupprecht etwas zu sagen gehabt hatten«, notierte sie am 22. März 1919, »wäre es nie soweit gekommen. Die Saubande von Juden-Preußen in München hat uns um unser Vaterland gebracht, wir werden jetzt eine Art Provinz des Reiches.« Auch für Kronprinz Rupprecht hatte der Aufenthalt in der Heimat bald »jeglichen Reiz verloren. Man lebt nicht mehr, sondern man vegetiert.«[38]

Knapp zwei Jahre nach dem Umsturz – inzwischen war die Mutter gestorben, und die Familie hatte sich nur durch erneute Flucht vor den Wirren des bayerischen Bürgerkriegs vom Frühjahr 1919 retten können – zog Wiltrud eine Art Bilanz, die eine subjektive Sicht der Zäsur von 1918 für das Haus Wittelsbach vermittelt:

> »Wo sind die Zeiten hin, wo ich vor Fantasie und Schaffensdrang kaum einschlafen konnte, wo Hohes und Schönes mir den Schlaf nahm, wo ich nachts weinte vor Glück, wo ich tagsüber in glücklichen Träumen lebte oder stundenlang schriftstellerte und mit glänzenden Augen zu Tisch kam, Feuereifer zur Arbeit in mir! Gut, dass ich nicht in die Zukunft schauen konnte, dass ich 20 Jahre hoffte und glaubte. Wenigstens liegt ein Zauber über so vielen Tagen der Vergangenheit. – Und jetzt sehe ich nur Grau vor mir, das Leben gab nicht, was es mir zu versprechen schien. – Ich bin lau oder kalt in meinem Herzen, besser gesagt abgestumpft, hoffnungs- und freudearm. Ich kann mich noch nicht darein finden, dass nun mein Leben abgeschlossen ist und ich im

Gleichen weitermachen muss bis ins hohe Alter. Am Leben selbst hänge ich wenig – was bietet es mir noch?«

Und dann ganz unvermittelt der kritische Blick auf das Familienoberhaupt: »Sehr schwer war uns das Ertragen der Charakterverschiedenheit der Eltern. Beide nervös geworden, Papa leicht aufgebracht, vor allen Anwesenden bei Tisch sich vergessend und gegen Mama zornig oder auch gegen irgend jemand, der Papa zu widersprechen wagte. [...] Hat man Papa einmal etwas Unangenehmes, weil der Wahrheit gemäß gesagt, so wird das fast nie vergessen und kommt die Bitterkeit bei Tisch z. B. heraus. Papa kann verletzend, vernichtend urplötzlich in seinem Zorne sein – ich hüte mich, ihn zu erregen, daher trifft es mich selten. [...] Auf geschichtlichem Gebiet ist Papa besonders empfindlich, wenn z. B. ein Herr zu preußisch-deutsch ist, dann ist Papa großdeutsch gesinnt, für das Römisch-Deutsche Reich, für eine Art Rheinbund eingenommen. Papa ist schwerfällig, [...] ist sein Leben lang in seinen Hoffnungen getäuscht worden, das macht auch schwerblütig [...] Die Zornausbrüche über [die letzten Staatsminister] Dandl, Brettreich, Hellingrath [...] sind jetzt mehr in Melancholie übergegangen. ›Ich sehe gar nichts mehr Gutes voraus, der Albrecht [ältester Sohn von Kronprinz Rupprecht] ist noch die Hoffnung, der kann noch einen Umschwung zum Besseren erleben.‹ Papa war zu viel Selbstherr in der Familie gewesen, dann Herr im ganzen Land, und konnte bestimmen, wie er wollte – um diese Kaltstellung überwinden zu können. Manchmal ist der Zorn ein Ausbruch von Verzweiflung.«

Schließlich gleichsam erschrocken über so viel Kritik: »Man hat Papa in ein Nulldasein hinabgestoßen – dieses Land, für dessen Wohl er gelebt, dessen Aufschwung er beförderte! [...] Man kann nur warmes Mitleid mit Papas Schicksal haben und muss über Nervosität und Zorn hinwegsehen.«[39]

Aus heutiger Sicht muss man wohl aber auch »warmes Mitleid« mit dem Bayernvolk haben, das sich einen solchen König ungefragt gefallen lassen musste – einen Herrscher, der seinem hohen Amt weder physisch noch psychisch, weder intellektuell noch emotional, weder politisch noch repräsentierend und letztlich auch charakterlich nicht gewachsen war. Die Liquidation der Monarchie in Bayern hat sich insofern in Gestalt eines echten Bankrotteurs monarchischen Kapitals vollzogen. Die Tragik liegt darin, dass es sich hier nicht um einen betrügerischen Bankrott handelte, sondern um den Konkurs eines monarchischen Unternehmens, das einem subjektiv redlichen Erben zugefallen und von ihm im Geiste dieser seiner Unschuld in den Ruin getrieben worden war.[40]

Ein wesentliches Element dieses Vorgangs scheint das gestörte Verhältnis dieses Königs zum Reich, zum deutschen Nationalstaat von 1871 gewesen zu sein, in dem er einerseits als bayerischer Erzpartikularist nie angekommen war, zu dem er sich aber andererseits bis zum Schluss permanent öffentlich bekannt hat. Obwohl ein persönlicher Feind der Hohenzollern-Dynastie und ihres Chefs, des Königs von Preußen, ließ er diesen in seiner Eigenschaft als deutscher Kaiser aber selbst dann noch kritiklos gewähren, als er schon im Begriff stand, alle seine Mitmonarchen ins Verderben zu ziehen. Am 18. Oktober 1921 ist Ludwig III. im Alter von 76 Jahren auf seinen Gütern in Ungarn verstorben.

Die Hohenzollern

> »Dass es die Kaiserin mit allen Fasern ihres Herzens zu dem unglücklichen Mann zog, ist menschlich nur zu verständlich. Welche Frau hätte anders gehandelt! Vielleicht hätte sie mehr als Kaiserin, weniger als Frau fühlen sollen; dann hätte sie die schweren Bedenken, die auch gegen ihre Abreise ins Ausland zu erheben sind, mehr gewürdigt. Das Verhängnis liegt aber in des Kaisers Abreise, die ihm die Herzen unzähliger Königstreuer so furchtbar entfremdet hat.« (Der letzte Kabinettschef der deutschen Kaiserin, Lothar Freiherr Hugo von Spitzemberg, im Dezember 1918)

Bis in den November 1918 hinein irrte Kaiser Wilhelm II. mit einem politischen Januskopf umher. Einerseits stellte er sich auf den Boden der parlamentarischen Regierungsform und bat eindringlich darum, in der Öffentlichkeit als politischer Reformer respektiert zu werden. Andererseits setzte er auf die Option, seinen Kaiserthron notfalls mit militärischer Gewalt vor demokratischen und anderen Übergriffen zu retten. Dass sich beide Wege prinzipiell ausschlossen, scheint er nicht einmal realisiert zu haben. Fataler aber war, dass weder der eine noch der andere jetzt noch eine reale politische Handlungsmöglichkeit bot, geschweige denn eine Überlebenschance für seinen Kaiserthron.

Vergebliche PR-Maßnahmen in letzter Minute

Die erzwungene Abreise des Monarchen aus dem traditionellen Zentrum seiner Macht hatte Ende Oktober 1918 zu einer neuen Arbeitsteilung innerhalb des Herrscherhauses geführt. Während der Oberste Kriegsherr vom Großen Hauptquartier im belgischen Spa aus seine Zeit mit militärischen Planspielen für einen Marsch auf Berlin vertat und sich dabei ununterbrochen stark und kampfbereit redete, fiel seinen Familienangehörigen in der Heimat die Aufgabe zu, sein öffentliches Ansehen nach allen Richtungen zu heben. Noch in den letzten Tagen des Deutschen Kaiserreichs wurde diese Imagepolitik mit unglaublicher Umtriebigkeit, ja Professionalität ins Werk gesetzt, wobei sich einmal mehr die Kaiserin als treibende Kraft betätigte. Diese politische PR-Arbeit sollte indes nicht nur dem galoppierenden Ansehensverfall Wilhelms II. allgemein entgegenwirken, sondern auch dem krisenanfälligen Monarchen im fernen Spa ganz persönlich den Rücken stärken.

So verabschiedete das Preußische Herrenhaus am 31. Oktober 1918 einstimmig eine vom Bruder der Kaiserin lancierte[41] Entschließung, die seine Mitglieder verpflichtete, »allezeit zu seinem angestammten Herrscherhause als Schutzwehr vor dem Thron [zu] stehen«.[42] Doch schon den damaligen Berichterstattern – und zwar speziell den monarchistischen – fiel auf, dass der ganzen Sitzung das »Temperament« fehlte: »Von einem leidenschaftlichen Aufflammen des monarchischen Gefühls war keine Rede.«[43] Auch die zur Hofgesellschaft zählende Marie von Bunsen, die von der Tribüne des Herrenhauses aus das Geschehen beobachten konnte, äußerte sich einem »rechtsstehenden Gesandten« gegenüber enttäuscht über die vorgetragenen »nüchternen Selbstverständlichkeiten«. Woraufhin dieser entgegnete: »Wie konnten Sie mehr von uns verlangen? Wer von uns hätte heucheln wollen? Fast alle von uns stehen auf monarchischem Boden, aber für den Kaiser begeistert sich jetzt nicht einer.«[44]

Ob und inwieweit den politischen Urhebern dieser letztlich nicht besonders ermutigenden Aktion überhaupt klar war, dass Wilhelm II. nicht einmal mehr seine Standesgenossen und natürlichen Verbündeten für sich einnehmen konnte, ist nicht überliefert. Belegt ist hingegen, dass die Kaiserin keine Skrupel hatte, ihre Fangnetze auch nach den alles andere als streng konservativen politischen Richtungen auszuwerfen. Als Köder fungierte hierbei eine vom Chef des Zivilkabinetts, von Delbrück, schon am 27. Oktober aufgesetzte kaiserliche Erklärung, in der sich der Monarch mit schönen Worten vorbehaltlos auf den Boden der demokratischen Verfassungsreformen stellte und allen Ernstes verkündete: »Das Kaiseramt ist Dienst am Volk.«[45]

Delbrück hatte vergeblich beim Reichskanzler auf die sofortige Veröffentlichung gedrungen, war aber bis zum 1. November damit immer wieder aufgelaufen, weil Max von Baden in diesen Tagen noch auf die baldige Abdankung des Kaisers spekulierte. Erst nachdem ihm Auguste Viktoria in einem persönlichen Handschreiben die Pistole auf die Brust gesetzt hatte, gab der Prinz den Text frei, sodass er am 4. November in allen Zeitungen stand.[46] Wie sehr der bedrängte Kanzler auch jetzt noch die Kaiserin gefürchtet haben muss, zeigt sein Antwort-Telegramm, in dem er sich beeilte, »Dir für Deinen gütigen [!] Brief meinen ergebensten Dank auszusprechen. Ich bin sehr glücklich über die Veröffentlichung des Erlasses und hoffe auf eine gute Wirkung. Die Lage bleibt aber ungeheuer ernst und schwierig. Mit gehorsamem Handkuss – Max.«[47]

So verlogen diese Courtoisie auch war, so zeigt sie doch, auf welch absurde Weise noch in den letzten Tagen des Kaiserreichs unter dessen höchsten Repräsentanten kommuniziert beziehungsweise intrigiert wurde, mit der Folge, dass für zweckrationales politisches Handeln schließlich jeder Raum fehlte. Auch die erzwungene Veröffentlichung der »demokratischen« Willensäußerung des

Monarchen verfehlte die zweifellos erhoffte Wirkung. Für die bürgerliche Linke war sie »nur ein Buchstabe, der schon in dem Augenblick kein Leben mehr hat, wo er das Licht der Welt erblickt«.[48] Für die bürgerliche Rechte handelte es sich um eine »öffentliche Demütigung des Kaisers«, ja um einen »völlig grund- und restlosen Akt seelischer Erpressung«.[49] Und auf linksliberale Aristokraten wie Harry Graf Kessler wirkte »diese plötzliche Bekehrung würdelos und lächerlich. Wer soll einem solchen Manne überhaupt noch glauben? Ein mit Entlassung bedrohter Lakai würde sich nicht anders benehmen.«[50]

Aus ganz anderen Gründen ging der erzkonservativen *Kreuzzeitung* die fortschrittliche Positionierung des Kaisers sichtlich gegen den Strich. Denn sie hatte erst wenige Tage vor dieser Veröffentlichung ihre Leserschaft aufgefordert, »unseren König bis zum letzten zu verteidigen gegen den inneren und den äußeren Feind«, wobei sie unter die inneren Feinde auch die »süddeutsche Demokratie« subsumierte, »die im Bunde mit der Sozialdemokratie handelt«. Statt an der vollen Verwirklichung der demokratischen Reformen loyal mitzuarbeiten, wie Wilhelm II. es nun öffentlich versprochen hatte, lautete das Credo der Zeitung: »Wiedergewinnung einer kraftvollen Führung unter Betonung des monarchischen Gedankens«, die auch den entschiedenen Kampf gegen die Sozialdemokratie nicht scheuen sollte.[51] Diktatur also, nicht Demokratie war in diesen Kreisen jetzt angesagt. Am meisten frohlockten daher die Sozialdemokraten über den Erlass des Kaisers, die darin die feierliche Anerkennung der Tatsache erblickten, dass die »Zeit des Gottesgnadentums vorbei ist«. Wenn es in Deutschland zukünftig überhaupt noch einen Kaiser gäbe, hätte er »keinen wesentlichen Einfluss auf die Führung der Regierungsgeschäfte«.[52]

So konnten die imagepolitischen Initiativen der Kaiserin nur mehr wenig zur Rettung ihres Gatten beitragen. Zwar gab es im deutschen Blätterwald vereinzelt auch Stimmen, die in dem letzten offiziellen Kaiserwort die endlich präparierte »wirksamste Waffe im Kampf um die Erhaltung der Monarchie« sehen wollten[53], aber insgesamt mangelte es ihm doch überall an Glaubwürdigkeit. Die Politisierung der deutschen Öffentlichkeit war inzwischen zu weit fortgeschritten, als dass man solche Deklamationen noch wörtlich nahm. Hätte Kaiser Wilhelm II. das, was er am Ende von anderen aufschreiben und verkünden ließ, politisch tatsächlich gewollt, dann hätte er damit anderthalb Jahre früher und am besten in engem Schulterschluss mit einem so erfahrenen Berufspolitiker wie Bethmann Hollweg auf den Plan treten müssen. Jetzt, wo sein Vertrauensvorschuss verbraucht war, konnte das Projekt eines demokratischen Reformkaisertums nur zu leicht als das erkannt werden, was es tatsächlich war: eine leere Fassade.

Es blieb Ex-Kanzler Bernhard von Bülow vorbehalten, am 5. November 1918 öffentlich das letzte gute Wort für den zusehends isolierten Monarchen einzulegen, und zwar in der offiziösen *Norddeutschen Allgemeinen Zeitung:* »Ich habe dem Kaiser neun Jahre als Berater zur Seite gestanden. Ich glaube ihn genau zu kennen. Ich bin überzeugt, dass er es mit seinen Zusicherungen ehrlich meint, und dass er mit ganzer Hingabe bestrebt sein wird, gemeinsam mit dem deutschen Volk am Werden einer neuen Zeit zu arbeiten und gemeinsam mit ihm die schwere Last zu tragen, die die Vorsehung auf unsere Schultern gelegt hat.«[54]

Überzeugt war Bülow vom genauen Gegenteil, wie man in seinen Memoiren nachlesen kann.[55] Aber nimmt man die Scheinheiligkeit seines Plädoyers als symptomatisch für die Haltung der Politprominenz der zu Ende gehenden Wilhelminischen Epoche, so kann man sagen, dass sie an einer offenbar notorischen Unzulänglichkeit litt und daran mitsamt ihrem Herrscherstand zugrunde ging: der Unfähigkeit zu Klartext und Wahrheit, die sie im Kern als Gesinnungslumpen entlarvte.

Ein Bürgerkriegsszenario

Noch bevor Bülows Wortgeklingel ungehört verhallt war, hatte sich die Hohenzollernfamilie innerlich bereits wieder auf Bürgerkrieg eingestellt. Der Oberste Kriegsherr hatte am 2. November angeordnet, dass seine Familienangehörigen geschlossen in das Neue Palais umziehen, sich also gleichsam schützend um die Kaiserin scharen sollten.[56] Für den militärischen Schutz machte er seinen zweitältesten Sohn Eitel Friedrich verantwortlich, der als Regimentskommandant bis Mitte Oktober im Felde gestanden hatte, sich nun aber offenbar an der Heimatfront bewähren musste. Dafür wurden ihm gleich mehrere Kompanien mit schweren Maschinengewehren zur Verfügung gestellt. Mit den Befehlshabern verabredete der Kaisersohn dann auch gleich einen umfassenden Verteidigungsplan, der nicht allein die weiträumigen Parkanlagen von Sanssouci einbezog, sondern auch die Potsdamer Bahnhöfe und andere strategisch wichtige Punkte.

Hier wurde also auf Befehl des Kaisers, der sich von Belgien aus brieflich und telefonisch immer wieder persönlich in die Operation einschaltete, ernsthaft ein veritables Bürgerkriegsszenario ins Auge gefasst. Dieser voluntaristische Kraftakt des Obersten Kriegsherrn verfehlte indes bei den militärischen Befehlshabern vor Ort den erhofften Eindruck. Besonders wütend waren die Hohenzollern über die große Zurückhaltung, die der kommandierende General der Gardekorps Alexander von Linsingen gegenüber diesem Himmelfahrtskommando an den Tag legte, indem er sich hinter seinem Vorgesetzten, dem preußischen Kriegsminister Heinrich Scheuch, versteckte. Der wiederum fühlte sich an die Vorgabe der kaiserlichen Regierung gebunden, jede Eskalation von Gewalt im Innern zu vermeiden. In den Worten von Eitel Friedrich: »Also das Militär war in der Zeit, wo Durchgreifen noch möglich war, von der herrlichen Regierung machtlos gemacht.«

Auch seine Mutter führte noch zwei Jahre später im holländischen Exil lebhaft Klage darüber, wie »furchtbar schlapp« von Linsingen, der »Mann mit der grossen hängenden Nase«, im November 1918 gewesen sei. »Sie hätte mehrmals zu ihm geschickt, aber kaum eine Antwort erhalten.« Das alles sei »ein großes Unglück« gewesen, erzählte sie ihrem Leibarzt Dr. Hähner, in dessen Aufzeichnungen es weiter heißt: »Die Kaiserin, die zu Bette lag, richtete sich dann auf und mit erhobener Stimme sagte sie: in solchen Momenten möchte man ein Mann sein. Das Schießverbot sei ihr auch unbegreiflich gewesen. Wie anders wäre alles gekommen, wenn man damals mit allen Mitteln Berlin gehalten hätte, dann wären wir jetzt nicht in Holland.«[57]

Eine ganze Woche lang blieb das Kaiserhaus tatsächlich auf das Projekt einer bewaffneten Auseinandersetzung im Innern mit von der Westfront abgezogenen Truppen fixiert. »Die Söhne müssen Deine Verteidigung übernehmen, bis wir von hier zu Hilfe kommen«, beschied Wilhelm noch am 7. November seine Gattin. An alledem war natürlich nur der »Schuft von Max« schuld, der »uns in eine schandbare Situation gebracht [hat] durch seine total willenlose Revolutionsregierung«.[58]

Nichts charakterisiert die Demoralisierung dieser Herrscherfamilie so treffend wie diese ungenierte Option für Gewalt gegen das eigene Volk, die natürlich auch die »ganze Chose« der amtierenden Staatsmacht »fortfegen« sollte. Mittendrin in diesem Hohenzollern-Komplott die gottesfürchtige Kaiserin, die bei jeder Gelegenheit mit den christlichen Geboten der Nächstenliebe und Barmherzigkeit hausieren ging. Um sie herum und buchstäblich Gewehr bei Fuß standen ihre Söhne Eitel Friedrich, August Wilhelm, Oskar und Joachim; an ihrer Seite die vier Ehefrauen und schließlich die deutsche Kronprinzessin. Neun erwachsene Menschen der jüngeren Generation – aber nicht eine Stimme erhob sich, um der Kaiserin zu bedeuten, was die Uhr geschlagen hatte; nicht eine, um das Planspiel Bürgerkrieg für groben Unfug zu erklären.[59] Nicht auszudenken, was passiert wäre, wenn die zuständigen Militärs die Befehlsgewalt ihres Kaisers nicht unterlaufen hätten.

Mit ihrem dynastischen Kadavergehorsam selbst Zumutungen gegenüber, welche die Grenze zum Gemeingefährlichen deutlich überschritten, nahmen die Hohenzollern sich gleichsam selbst in Sippenhaftung für den tiefen politischen Fall, der dann am 9. November folgen sollte. An diesem Tag ließ Prinz Max von Baden unautorisiert die Abdankung von Kaiser und Kronprinz verkünden und übertrug dem Führer der Mehrheitssozialdemokraten Friedrich Ebert die Regierungsgeschäfte. Als Lothar von Spitzemberg, der Kabinettschef der Kaiserin, am frühen Nachmittag von Berlin zum Neuen Palais nach Potsdam eilte, fand er seine Herrin »in Tränen aufgelöst vor, zum ersten Male«. Allenthalben herrschte »lebhafte Erregung«, »da niemand ahnte, wie die Vorgänge in Berlin auf Potsdam rückwirken würden, und ob irgendeine Gefahr für die Sicherheit der Kaiserin und ihrer Familie vorhanden sei«. Tatsächlich war es so, dass den Hohenzollern rein gar nichts passierte. Die große Politik schien jetzt Wichtigeres zu tun zu haben als sich für Zelebritäten zu interessieren, die gleichsam über Nacht zum Strandgut einer urplötzlich versunkenen Welt geworden waren. Vielleicht auch deshalb, weil nicht die neuen Machthaber den preußischen Reichsmonarchen politisch endgültig versenkt hatten, sondern dessen eigene Generäle. Noch wusste man freilich im Schoße seiner Familie nichts Genaueres, wie Spitzemberg notierte: »Keinerlei Nachricht vom Kaiser, von seinem Verbleib, von den Gründen der plötzlichen Schwankung.«

Rückzug ins Private

Nachdem sich am 10. November 1918 auch in der Stadt Potsdam ein Arbeiter- und Soldatenrat konstituiert hatte, wählte noch am gleichen Tag auch die Stabswache im Neuen Palais einen Soldatenrat, holte die Standarte der Kaiserin ein, stellte aber gleichzeitig die hohe Frau nebst Familienanhang unter ihren Schutz.[60] Mehr Erfahrung mit dem Schreckgespenst der Revolution mussten die Hohenzollern zunächst einmal nicht machen. Wohl fand Kabinettschef Spitzemberg den Anblick der Posten, die nun vor dem prächtigen Schloss »ohne Kokarde in der Mütze, mit umgehängtem Gewehr in lässiger Haltung« herumstanden, befremdlich, aber an der völligen Sicherheit der Schlossinsassen bestand für ihn kein Zweifel. Sogar Auguste Viktoria sprach laut *Kreuzzeitung* einem Vertreter der Wache persönlich ihren Dank aus und vertraute »sich dem weiteren Schutz des Soldatenrates« an.[61] Täglich kam Spitzemberg von Berlin herüber, um die Hohenzollern mit Informationen zu versorgen und um Aufträge entgegenzunehmen; auch vom Zivilkabinett des Ex-Kaisers fand sich sogleich ein beflissener Geheimrat in Potsdam ein. Die Telefonleitung blieb ebenso intakt wie der Kurierdienst; selbst das zahlreiche Dienstpersonal vom Neuen Palais war weiterhin im Einsatz.[62]

Wie es im Innern der entthronten Herrscherfamilie aussah, erfuhr als Erster Auguste Viktorias Seelsorger, der Berliner Domprediger Ernst von Dryander, der am 10. November ins Neue Palais nach Potsdam fuhr und dort lange mit der vormaligen Kaiserin sprach.[63] Darüber verlauten ließ er später lediglich, dass seine Schutzbefohlene von der Exilierung ihres Mannes erst an diesem Abend erfahren habe. Den allerletzten Brief, den Wilhelm seiner Gattin aus dem Großen Hauptquartier am 9. November nachmittags geschrieben hatte, hielt sie wohl schon vorher in Händen. Darin hieß es:

> »Max hat seinen Verrath voll durchgeführt, den er seit Wochen mit Scheidemann gesponnen. Ohne mich zu fragen oder ohne einen Schritt von mir zu erwarten, hat er mich abgesetzt.« Berlin sei »in der Hand der Bolschewiken«, und wenn die Fronttruppen »nicht mehr halten wollen, dann muss ich nach Holland hinüber«. Es sei »zweifelhaft, wem man noch trauen kann! Was ist aus Großpapas herrlicher Armee geworden! Was aus dem Preußischen und Deutschen Volk. Welch ein furchtbarer Zusammenbruch nach solchen Siegen. Welch eine gemeine und niederträchtige Untergrabung durch Juden und Socialisten unseres herrlichen Heeres und lieben alten preußischen Staates! Ebert haust in Bismarcks Zimmer, vielleicht bald im Schloß.« Sollte es ihm nicht beschieden sein, »hier inmitten der letzten Treuen zu fallen, dann werde ich als Pensionär in einem neutralen Staate, Holland oder sonst wo mit Euch, die der Himmel gnädig durchführen möge, das Brot in der Verbannung essen müssen! Gottes Hand liegt schwer auf uns. Sein Wille geschehe!« Seit einem Jahr sei die »Organisation des Bolschewismus« in Deutschland nun schon im Gange, und zwar in der Russischen Botschaft »unter der Nase der Regierung, vielleicht unter ihrer stillschweigenden Duldung«; alle seine Warnungen davor seien »in den Wind geschlagen« worden. »Geführt und geschürt durch die ausländischen (auswärtigen) Jüdischen Freimaurer Logen des Großorients in Paris und durch unsere von dort aus inspirierten Frankfurter und sonstigen Juden – mit ungeheuren Geldmitteln.« Hindenburg hätte heute Nachmittag erklärt, »für meine Sicherheit in der Truppe nicht mehr bürgen zu können, so verlasse ich auf seinen Rath das Heer nach furchtbar schweren Kämpfen«.[64]

Mit dieser extrem ideologischen Deutung seines katastrophalen Scheiterns hatte der letzte deutsche Kaiser sich und den Seinen jeden Zugang zu einer halbwegs realistischen Beurteilung der Lage von Anfang an zu verbauen gesucht. Einen wie auch immer gearteten Neuanfang konnte es unter diesen Auspizien nicht geben. Und es waren in der Tat diese bereits im Untergang von 1918 bemühten Erklärungsmuster, die Wilhelms Weltanschauung fortan über 23 lange Exiljahre hinweg prägen und ihn damit für den Rest seines Lebens politisch disqualifizieren sollten.[65]

Der Brief des letzten Hohenzollern-Kaisers ist aber auch ein historisch wertvolles Dokument seiner Selbstentkrönung. Denn wenn das deutsche Volk etwas partout nicht mehr brauchen konnte, dann eine solche Herrscherfigur: ohne politische Intelligenz, ohne Urteilskraft, ohne Mut, ohne moralische Fähigkeiten und ohne einen Hauch von Charisma. Ungebrochen nur in seiner Larmoyanz und Bigotterie, ohne die er sich seiner Gattin einfach nicht zu nähern wagte. Ein bizarres Trauerspiel monarchischer Kultur – bis zuletzt. Auguste Viktoria las in den Brief hinein, dass ihr Mann seine engere Familie komplett zu sich nach den Niederlanden überführt wissen wollte, sodass ihr ganzes Trachten in den kommenden Tagen auf dieses eine Ziel gerichtet blieb. Unterdessen gelang es durch das aktive Engagement einiger adliger Offiziere, die sich den Hohenzollern persönlich verpflichtet fühlten, im Potsdamer Arbeiter- und Soldatenrat die Revolution »in durchaus geordneten und ruhigen Bahnen« zu halten, sodass die Verhältnisse im und um das Neue Palais durchaus stabil blieben.[66]

Am Montag, den 11. November, wurde der oldenburgische Gesandte in Berlin Georg von Eucken-Addenhausen ins Neue Palais zitiert. Er berichtete, dass der dringende Wunsch der Ex-Kaiserin, ihrem Manne schleunigst mit Kindern und Kindeskindern nach Holland zu folgen, von den anwesenden Prinzen und Prinzessinnen keineswegs geteilt wurde.[67] Wahrscheinlich hatte ihn die Tochter seines Dienstherrn (des Großherzogs von Oldenburg), die mit dem Preußenprinzen Eitel Fritz verheiratet war, genau deshalb in den Familienkreis gebeten. Er sollte den Kindern Schützenhilfe gegen die allseits gefürchtete Mutter leisten. Eucken-Addenhausen sprach sich denn auch für den Verbleib der Kinder innerhalb des Deutschen Reiches aus. Gleichzeitig erbot er sich, auf diplomatischem Wege eine Stellungnahme der holländischen Regierung beziehungsweise der Königin der Niederlande zu dieser Problematik einzuholen. Wie sich herausstellte, hatte die holländische Staatsführung gegen eine sofortige Einreise der vormaligen Kaiserin mit einem Gefolge von maximal elf Personen nichts einzuwenden, doch der Rest der Herrscherfamilie möge bitte zu Haause bleiben.[68] Den ausreiseunwilligen Prinzen und Prinzessinnen war dieser Bescheid durchaus recht. Dass die jüngeren Hohenzollern ihren Eltern partout nicht ins Exil folgen wollten (und die gewesene Kron-

München, 3. Dezember 1918 Preis 50 Pfg. 23. Jahrgang Nr. 36

SIMPLICISSIMUS

Bezugspreis vierteljährlich 6 Mark

Alle Rechte vorbehalten

Begründet von Albert Langen und Th. Th. Heine

Bezugspreis vierteljährlich 6 Mark

November 1918

(Zeichnung von Wilhelm Schulz)

prinzessin nicht einmal ihrem Mann, der sich ebenfalls in die Niederlande abgesetzt hatte), belegt zum einen, dass sie sich nach den bisherigen Revolutionserfahrungen nicht sonderlich bedroht fühlten, und zum anderen, dass sich mit der Thronenthebung des Familienoberhauptes nun auch die Arkandisziplin innerhalb der Dynastie zu lockern begann.

Darüber hinaus hat der Gesandte noch etwas preisgegeben, nämlich dass die Kaiserin ihn um Bargeld anging. Der ins Vertrauen gezogene Diplomat erledigte auch diese Aufgabe ebenso diskret wie umgehend. 10 000 Reichsmark (heute etwa 50 000 Euro), die seinen Angaben zufolge ein befreundeter Berliner Bankier vorschoss, flossen schon am folgenden Tag nach Potsdam. Noch an demselben Dienstag konnten die holländischen Reisepläne auch insofern konkretere Gestalt annehmen, als nicht nur der preußische Kriegsminister Scheuch, sondern auch die Regierung der Volksbeauftragten unter Ebert Auguste Viktoria ausgesprochen freundlich entgegenkamen und sich erboten, sogleich einen Sonderzug bereitzustellen.

Doch die bereits bestens vorbereitete, erst auf den 13., dann den 14. November terminierte Abfahrt musste unterbleiben, nachdem ein von Wilhelm II. autorisiertes Telegramm der Gattin befahl, »vorläufig unter keinen Umständen nach Holland abzureisen«.[69] Bald darauf traf – datiert: Amerongen, den 13. November 1918 – folgender Brief des Ex-Kaisers im Neuen Palais ein:

> »Mein lieber süßer Schatz, Welch ein Labsal in meinem so namenlosen Unglück Deine lieben Worte wie warm! Deine liebe Handschrift zu lesen, das erste Lebenszeichen von Meiner lieben, treuen Frau und Gefährtin nach so namenlosem Jammer und Zusammenbruch! Gott lohns Dir, innigsten Dank dafür! Tag und Nacht sind meine Gedanken bei Dir und um Dich, ebenso meine Gebete. Gott wolle Dich, die Kinder und uns nicht ganz verlassen! Sondern uns gnädig durch die furchtbare Prüfung zusammenführen an irgendeinem ruhigen Platz, wo wir in Stille miteinander und füreinander leben wollen in treuer Liebe fern vom Getriebe der Welt; vielleicht in der Lage uns für unsere Mitmenschen in irgendeiner bescheidenen Weise noch nützlich machen zu können, Wunden zu heilen, Not zu lindern, soweit wir es mit einfachen Mitteln können! Wie Gott will. Ich habe mit Vergangenheit und allem Drum und Dran ganz abgeschlossen und begehre nichts mehr, als in der Stille, wenn es sein kann im lieben Vaterlande, wenn nicht, dann irgendwo im fernen Winkel der Erde mit Euch zu leben und für Andere mich nützlich zu erweisen, seien es meine Landsmän-

ner oder Fremde. Bin hier [in Schloss Amerongen] auf einige Tage bei den lieben, trefflichen, frommen [Grafen] Benticks rührend aufgenommen. Mein fester Aufenthalt noch nicht bestimmt; daher komme nicht früher, als ich Dich rufe! Es ist auch hier Alles unsicher. Mit tausend Küssen Dein treuer tief getroffener Wilhelm.«[70]

Man mag es zunächst kaum glauben, aber diesen Brief schrieb derselbe Mann, der erst wenige Tage zuvor zum bewaffneten Kampf gegen die Revolution aufgerufen und seiner Familie befohlen hatte, sich im Park von Sanssouci für einen Bürgerkrieg zu wappnen. Nun war er, ohne dass ihm selbst oder seiner Familie auch nur ein Haar gekrümmt worden wäre, plötzlich ein gebrochener Mensch – hoffnungslos und verzweifelt, mit einem Anflug von Demut gar – und vor allem ohne jede politische Ambition. Das – so könnte man meinen – war der wahre Wilhelm und alles andere nur aufgepfropft, sich selbst eingeredet und der Welt vorgegaukelt.

Aber so einfach ist es nicht gewesen. Denn offenbar war genau dies ein Definitionsmerkmal des »gelebten« monarchischen Prinzips: ununterbrochen zwischen Schein und Sein zu changieren, Ideologie für Wirklichkeit zu halten beziehungsweise zu verkaufen, sich selbst und anderen permanent etwas vorzumachen, statt normal zu reden, kurz: mehr als eine Mischung aus Fabelwesen und Kunstfigur denn als reale Persönlichkeit mit halbwegs gesundem Menschenverstand durch die Weltgeschichte zu geistern. Beim letzten deutschen Kaiser scheint sich dieser Doppelcharakter zwar etwas ins Schizoide ausgewachsen zu haben, aber im Übrigen blieb er ein ganz normaler Monarch, der, wie andere Kollegen auch, nicht begreifen wollte und wohl nicht begreifen konnte, was da gerade um ihn herum passierte. In Wahrheit hatte es ihm nur die Sprache verschlagen, wie seine wiederholte Verwendung des Adjektivs »namenlos« zeigt; aber er durfte die dringender denn je benötigte Trösterin nicht ohne Antwort und Instruktion lassen – deshalb diese sanften Töne.

Drei Tage später hatte Wilhelm seinen alten Jargon wiedergefunden: »Das Hundeleben ist vorbei, und mit Verrat und Undankbarkeit belohnt worden.«[71] Nicht nur er, sondern seine sämtlichen Angehörigen quittierten die Abdankungskatastrophe mit Nicht-

Verstehen-Wollen. Auch Auguste Viktoria bezeichnete es ihrer Tochter gegenüber als »zu namenlos«, »dass Gott dies zuließ«, und fügte hinzu, die Menschen seien eben »jetzt betört«.[72] Sohn August Wilhelm sprach vom »Wahnsinn der Zeit« und beklagte dem Vater gegenüber, dass das »unerforschliche Schicksal in solcher Härte Euer Leben gewendet hat«. Auch für ihn war das deutsche Volk »missleitet« worden. An anderer Stelle beschwerte er sich darüber, »wie Undank in dieser verblendeten Zeit so völlig die Masse wie den Einzelnen beherrscht«.[73]

Der Hofgeistliche Dryander traf mithin den Kern dessen, was die Familie des auf der ganzen Linie gescheiterten Hohenzollern-Kaisers hören und glauben wollte, als er ihr am 14. November 1918 im Neuen Palais predigte: »Wir wollen nicht weichen in der Treue gegen das Vaterland. Diese armen, urteilslosen, schamlos und schändlich verhetzten Menschen sind nicht das Vaterland. An dem Jammer des Volkes, der groß ist, trägt nicht der Kaiser die Schuld, wie freche Lüge es ihnen einredet. Es gibt ein Volk in unserem Lande, dem das Herz bricht, wenn es seinen Kaiser und sein Kaisertum, den Traum der Jahrhunderte, seine Geschichte und seine Ideale aufgeben soll. Es gibt ein Stück von sich selbst auf.«[74]

Wie man sieht, wollten sich die großen Verlierer des 9. November in ihrer fundamentalen Selbsttäuschung, auf welcher ihre politische Existenz nun schon seit geraumer Zeit gründete, selbst durch das Desaster ihrer (vielleicht ja nur vorläufigen) Entthronung nicht erschüttern lassen.

Dies hieß allerdings nicht, dass sie die vermeintlichen Usurpatoren der Macht mit arroganter Verachtung gestraft oder sich gar in konterrevolutionäre Verschwörungen gestürzt hätten. Nein, dazu war ihr profaner, man könnte auch sagen: materialistischer Behauptungswille viel zu ausgeprägt. Wenn etwas aus der versinkenden Epoche in die neue Zeit zu retten war, dann allein mit Unterstützung der neuen sozialdemokratischen Ordnungsmacht. Diese Einsicht drängte sich den Bewohnern des Neuen Palais in den Tagen des friedlichen Umsturzes, die sie in ihrem herrlichen Schloss ja weitgehend unbehelligt durchleben durften, sofort auf. »Die jetzige Regierung gibt sich, das muss man nun rückhaltlos anerkennen, die denkbarste Mühe, uns zu helfen, soweit dies, ohne dass sie sich kompromittieren, möglich ist. Möchte nur das Heft Scheidemann und Ebert nicht entwunden werden, denn dann kommt die Anarchie in schlimmster Form.« Zu diesem für einen konservativen Preußenprinzen bemerkenswerten Urteil gelangte August Wilhelm bereits am 13. November.[75] Und darin sollte die Familie sich nicht täuschen. Dass man die hergebrachte Lebensweise in Sanssouci nicht ad infinitum fortsetzen konnte und mochte, lag an anderen Faktoren, vor allem an dem nun auch dort immer fühlbareren Mangel an hochwertigen Lebensmitteln und mehr noch an Kohle. »Es war abzusehen«, schreibt Spitzemberg in seinen Erinnerungen, »dass in wenigen Wochen das große Schloss ohne Heizung sein und daher ein Winteraufenthalt dort zur Unmöglichkeit werden würde.«[76]

Nachdem sich das Projekt einer kollektiven Überführung der Kaiserfamilie ins holländische Exil als nicht realisierbar erwiesen hatte, verließen als Erste die Familien Oskar und August Wilhelm die unzeitgemäße Wagenburg. Letzteren zog es in den thüringischen Winterkurort Oberhof, wo ihm sein Schwager Carl Eduard, weiland Herzog von Sachsen-Coburg und Gotha, sein dortiges Jagdschlösschen als Refugium angeboten hatte. »Nachdem Herr Ebert uns einen Reisepass bis hier her und der Soldatenrat vom Neuen Palais und der aus Potsdam schriftlich ihre Zustimmung zur Ausreise gegeben hatten, sind wir denn bei Nacht und Nebel unerkannt entwichen!«[77] Als August Wilhelm diese Zeilen schrieb, war sein Bruder Oskar wohlbehalten auf dem Gut seiner Schwiegereltern im mecklenburgischen Bristow eingetroffen, wo die vierköpfige Prinzenfamilie für die nächsten Wochen ein gutes Unterkommen fand.[78] Auch die vormalige Kronprinzessin Cecilie kehrte mit ihren sämtlichen Kindern in ihr Hausschloss im Neuen Garten zurück; der Arbeiter- und Soldatenrat zeigte auch gegenüber ihren Plänen, die auf dauerhafte Nutzung des erst vor kurzem erbauten komfortablen »Cecilienhofes« abzielten, großes Entgegenkommen und stellte sogar eine Wache zum persönlichen Schutz ihrer Familie ab.[79]

Um die gleiche Zeit forderte Prinz Eitel Friedrich, der nach der Flucht von Vater und älterem Bruder jetzt als Chef des Hauses Hohenzollern fungierte, per Plakatanschlag »die Kameraden der Garnison Potsdam« auf, »sich der neuen Regierung zur Verfügung zu stellen«[80], was quasi auf ein Verbot konterrevolutionärer Aktivitäten hinauslief. Ganz persönlich unterstellte sich schließlich Prinz Adalbert von Preußen am 20. November in einem direkt an den »Volksbeauftragten« Ebert gerichteten Telegramm den roten Berliner Machthabern[81], was ihm kurz darauf ermöglichte, seine schöne Villa in Kiel wieder zu beziehen. Weil die Aussichten auf eine baldige Abreise nach Holland ungewiss blieben, zog schließlich auch die letzte deutsche Kaiserin aus dem Neuen Palais aus und begab sich am 21. November mit kleinem Gefolge in die Villa Ingenheim, die Potsdamer Stadtwohnung ihres Sohnes Eitel Friedrich, wo ein Offizier mit zwölf Soldaten für ihre Sicherheit sorgte und die Ex-Kaiserin sich erklärtermaßen recht wohl fühlte.[82]

Unmittelbar vor dem Auszug hatte Hedwig Heyl, die in diversen Frauenfragen mit Auguste Viktoria in Verbindung stand, eine letzte Begegnung mit ihrer verehrten Schirmherrin. Im Schloss standen ihren Erinnerungen zufolge überall Matrosen, und »alles schien in Auflösung begriffen«. In den Privatgemächern der Hohenzollernfamilie weinte die gewesene Kaiserin an ihrem Hals »ihr furchtbares Leid« aus. Auf ihre eher rhetorische Frage nach dem Grund für das »furchtbare Geschick« entgegnete Heyl in aller Offenheit, »dass der Fortgang des Kaisers uns alle tief gekränkt habe. ›Ja, was sollte er angesichts des Bürgerkrieges, der ihm angedroht wurde, denn tun? O, sagen Sie es überall, wie er gezwungen wurde, abzudanken, wie sein Wesen seiner Mission galt.‹« Auch Frau Heyl musste erkennen, »dass die Kaiserin die harte Wirklichkeit nicht verstehen konnte«.

Auge in Auge mit der Revolution

In der Rückschau auf die ersten drei Wochen des revolutionären November 1918 bleibt festzuhalten, dass der Familie des entthronten Preußenkönigs ein Höllensturz erspart blieb – nicht zuletzt dank eigener Anpassungsbereitschaft. Mit symbolischen Gesten gegenüber dem neuen Regime, dem geräuschlosen Rückzug ins Privatleben sowie durch generelles Abducken entkamen die Hohenzollern allen Übergriffen und etwaigen Demütigungen. Die neue

Zeit war gleichsam draußen vor der Tür geblieben. Der Verlust der politischen Machtstellung schlug kaum in die Privatsphäre durch. Mit leibhaftigen Revolutionären kamen die vormalige Kaiserin und ihr Sohn Eitel Friedrich erst in Berührung, als am 22. November zwei Abgesandte des zentralen Vollzugsrates der revolutionären Arbeiter- und Soldatenräte aus Berlin unangemeldet in der Villa Ingenheim erschienen, um von den beiden Hohenzollern Einsicht in politische Briefdokumente zu fordern, von denen sie sich Aufklärung über die Kriegsschuldfrage versprachen. Einer der Revolutionäre, der ehemalige Kapitänleutnant Hans Paasche, hat über diese denkwürdige Konfrontation folgendes Gedächtnisprotokoll veröffentlicht:

»Zu meinem Erstaunen nahm die Kaiserin eine herausfordernde Haltung an und sagte in gereiztem Tone: ›Was wünschen Sie von mir; ich habe mir gedacht, dass ich belästigt werde.‹ Ich sagte darauf: ›Sie scheinen nicht zu beachten, unter welchen Umständen ich hier stehe‹, ich sei der Vertreter des Volkes, das seinen Leiden ein Ende gemacht habe und dem es übrigens nicht zu verdenken wäre, wenn es sie wirklich mal belästigte. Die Anrede ›Sie‹ traf die Exkaiserin so sehr, dass sie wörtlich sagte: ›Und ich bin – ich war Kaiserin.‹ Da ich ihr anzusehen glaubte, dass sie müde sei, fragte ich sie, ob sie sich nicht setzen wollte, und zeigte auf den einzigen Stuhl, der neben uns stand. Sie dankte und fragte mich, wer ich sei. Ich erwähnte, dass ich im Kriege den Dienst als Offizier verweigert hätte, nachdem ich zu der Überzeugung gekommen sei, dass die deutsche Regierung den Weltkrieg provoziert habe und den Frieden verhindere. Sie sah mich erstaunt an. Ich glaubte ihr anzumerken, dass sie auf irgendwelche schrecklichen Dinge gefasst war und suchte ihre Angst zu mildern, indem ich etwas sagte von einem neuen, besseren System der Menschlichkeit und Liebe. Sie antwortete, teils erleichtert, teils etwas verwirrt: ›So, das ist ja schön.‹

Dann beklagte sie sich plötzlich, dass im Berliner Schloss geplündert worden sei. Darauf riet ich ihr, das nicht so laut zu sagen, es könnte die Erbitterung derer steigern, die wirklich gelitten hätten. Sie sehe doch, dass niemand ihr ein Haar krümme. Sehr deutlich warf ich ihr vor: ›Dieser Krieg hat eine Schädelpyramide gehäuft und Sie beklagen sich, dass in einem Ihrer Schlösser frierende Menschen den Wäscheschrank Ihres Gatten plündern.‹ […] Sie sagte schließlich: ›Sechs Söhne habe ich an der Front gehabt!‹ Ich riet ihr, nicht zu Vergleich herauszufordern: Denn selbst wenn einer dieser sechs Söhne gefallen wäre, so wäre noch nicht der Ernährer einer Familie gefallen, und was das heiße, könne sie sich wohl vorstellen. Die Sorgen, die sie jetzt habe, seien nicht zu vergleichen mit dem, was andere Frauen zu ertragen hätten. Als ich dann in irgendeiner Verbindung das Wort ›Proletarierfrauen‹ gebrauchte, rief sie aus: ›Man hat doch fürs Vaterland seine Opfer gebracht!‹ Ich begann: ›Was nennen Sie Vaterland? …‹ Sie unterbrach mich aber: ›Allerdings, wenn man kein Vaterland hat …‹ Weiter kam sie nicht und verschwand in der Tür.«[83]

Dieser Darstellung des Geschehens widersprach sogleich Oberstleutnant Fleck, seinerzeit als Beauftragter des noch vom letzten Kaiser ernannten Kriegsministers Scheuch ebenfalls in der Prinzenvilla zugegen und Augenzeuge der Begegnung, mit folgender Aufzeichnung:

»Nachdem sie Paasches Ersuchen, Platz zu nehmen, kurz abgelehnt hatte, richtete sie an ihn etwa folgende Worte: ›Ich habe von dem Ansinnen gehört, das Sie an mich gestellt haben, ich habe keine politischen Briefe, sondern nur Privatbriefe, und die wird man mir wohl wie jeder anderen deutschen Frau noch lassen.‹ Paasche erwiderte, es handele sich um eine Beschlagnahme im eigensten Interesse der Hohenzollern; die Briefe sollten vor der Wegnahme durch Unberufene geschützt werden. Ihre Majestät entgegnete: ›Welcher Schutz von Ihrer Seite zu erwarten ist, zeigen die Vorgänge im Berliner Schloß. Sorgen Sie lieber dafür, dass dort dem Plündern Einhalt getan wird – auch Menschenleben sind dabei, wie ich höre, zugrunde gegangen.‹ Paasche erwiderte in theatralischer Haltung: ›Was spielen diese Menschenleben für eine Rolle gegenüber der Schädelpyramide, die der Imperialismus aufgerichtet hat?‹ Die Kaiserin entgegnete: ›Soviel ich weiß, waren das keine Plünderer, sondern Helden, die für ihr Vaterland gefallen sind.‹ Paasche meinte daraufhin ach-

> selzuckend: ›Ja, was man früher so unter Vaterland verstand; man kann über diesen Begriff sehr verschiedener Ansicht sein‹ – worauf die Kaiserin in bestimmtem Tone erwiderte: ›Das ist eben das Schlimme, dass heute so viele nicht mehr wissen, was ihr Vaterland ist!‹ – Sie verließ darauf am Arm ihres Sohnes das Zimmer, während Paasche und sein Begleiter stehen blieben.«[84]

Im Tagebuch der damaligen Hofdame der Kaiserin, Mathilde Gräfin von Keller, schließlich kann man zu dem Vorfall lesen, sie habe »der hässlichen Szene« zwar selbst nicht beigewohnt, »meine arme Herrin kam aber unmittelbar danach in Erregung über die ihr angetane Schmach zu mir«, wobei »ihre Lippen zitterten und Tränen in ihren lieben Augen standen«.[85] Auch Spitzemberg sprach von »einer die Würde der armen Frau höchst kränkenden Zusammenkunft«, Oberstleutnant Fleck gar von einer »im höchsten Grade widerwärtigen Lage«.

Bei so vielen Superlativen scheint zumindest das Außergewöhnliche dieser Begebenheit unstrittig zu sein. Was deren Wahrheitsgehalt betrifft, so empfiehlt es sich, die Wahrheit diesmal nicht in der sprichwörtlichen Mitte zu suchen, sondern es bei der Einsicht zu belassen, dass sie sich über solche Zeugnisse nicht ermitteln lässt, weil die politisch-ideologische Überformung beider Lesarten einfach zu groß ist. Immerhin scheint die ehemalige Kaiserin sich bei dieser Zumutung ganz ordentlich aus der Affäre gezogen zu haben; allerdings nur, weil sie auf beiden Ohren taub war für das, was der Agitator Paasche ihr meinte beibringen zu müssen. Im Übrigen reagierte sie wie wohl jeder vorsichtige Mensch, der ins Visier von unangenehmen Ermittlungsbehörden gerät. Sie spielte die Ahnungslose, die Unschuldige. Ihre Auskunftsunwilligkeit war verständlich, denn natürlich hatte sie Briefe vernichtet beziehungsweise in Sicherheit bringen lassen, bevor sie das Neue Palais verließ.[86] Zudem war Paasche kein frecher Eindringling; als demokratisch gewähltes Mitglied des Vollzugsrates, der in diesen Tagen als Kontrollorgan der provisorischen Reichsregierung die oberste Reichsgewalt in der »Deutschen Sozialistischen Republik« innehatte, glaubte er sich durchaus legitimiert, der Gattin des abgedankten Kaisers ins Wort zu fallen.

Und dennoch dürfte Auguste Viktoria die Unterredung als einen »namenlosen« Tabubruch empfunden haben. Am meisten schockiert wird sie nicht einmal davon gewesen sein, dass Paasches Vaterland offenbar nicht (mehr) das ihre war. Am meisten erschütterte sie, dass der Nimbus und die Aura ihrer Kaiserlichkeit sie nicht vor dem tatsächlichen Vollzug einer solchen »Belästigung« hatten bewahren können. Anders ausgedrückt: Die sie bislang schützende Barriere pflichtschuldigster Ehrerbietung schien nun, wo nicht einmal mehr ein vormals kaiserlicher Offizier ihr huldigte, gefallen zu sein. Das Ungeheuerliche war sowohl, dass Paasche diese Barriere ungeniert überstiegen hatte, als auch, dass jenseits dieser Demarkationslinie nichts wirklich Königliches mehr anzutreffen war. Sogar ihre meritokratischen Einwände wagte der Mann (halb)öffentlich infrage zu stellen. Mit einem Wort: Auguste Viktoria hatte auf das Schmerzlichste erleben müssen, dass sie keine Kaiserin mehr war und dass der Schritt vom Erhabenen zum Lächerlichen fortan denkbar klein sein konnte. Daher der fluchtartige Aufbruch, der »anhaltende Weinkrampf«[87] und das Zittern. Von einem solchen Volk, wie Paasche es repräsentierte, wollte sie nun ebenfalls nichts mehr wissen.

Nur noch weg!

In nationalistischen Kreisen ist später kolportiert worden, es sei Paasche gewesen, der mit seiner unverschämten Provokation die deutsche Kaiserin a. D. außer Landes getrieben habe.[88] Wie das Folgende erhellt, ist es so sicher nicht gewesen. Aber dass der ungebetene Gast in der Villa Ingenheim sie »ihrem« Volk dauerhaft entfremdet hat, davon zeugen die selbst geschmiedeten Verse, mit denen sie sich wenig später im holländischen Exil einen Reim auf die Umsturzursachen zu machen suchte, beispielsweise das Gedicht »An die Heimat« von 1919:

Das deutsche Volk, es ist betört,
Hat selber ja sein Heim zerstört.
Des Vaters Herz der Schmerz zerbrach,
Gott-Vater aber sieht die Schmach
[…]
O Volk, wach auf aus bösem Traum,
Gib Reu und Buße endlich Raum!
Nur dann kann Dir Dein Gott verzeihn,
Nur dann strahlt Dir sein Gnadenschein,
Dann blinkt auch uns, von Lieb umweht,
Der Pfad, der in die Heimat geht![89]

Nur einen Tag nach dem Paasche-Drama traf in der Potsdamer Villa die ersehnte Nachricht ein, dass Wilhelm II. seine Gattin nunmehr nach Holland zu kommen bitte.[90] Spitzemberg schreibt: »So glückstrahlend wie in dem Augenblick, als ich ihr diese Meldung machen durfte, habe ich die Kaiserin selten gesehen.«[91] Das heißt, hier wurde ein Herzenswunsch erfüllt. Dass der bevorstehende Grenzübertritt die dauerhafte Trennung vom Rest der Familie bedeutete, schien nicht mehr ins Gewicht zu fallen. Auch dass Auguste Viktoria den verheerenden Eindruck, den die Kaiserflucht auf unzählige Monarchisten gemacht hatte, mit ihrer freiwilligen Emigration noch einmal verstärken musste, scheint sie kalt gelassen zu haben. Die gewesene Monarchin, die sich nun auch als Landesmutter nicht mehr allseits geliebt fühlte, wollte jetzt einfach nur noch weg. Sie hatte genug.

Am 27. November 1918 war es dann so weit. Auf dem alten Kaiserbahnhof Wildpark konnte sie am Abend den Sonderzug besteigen, den ihr die Regierung in Berlin zur Verfügung gestellt hatte: Drei nagelneue Schlafwagen und zwei voll beladene Gepäckwaggons sollten sie mit einem Teil ihrer Habe unter dem Schutz einer sechsköpfigen Wache ins Exil bringen. Als weitere Begleitung hatte der preußische Kriegsminister einen General (August Rohdewald) abgestellt, während Regierungschef Ebert mit Hermann Molkenbuhr einen altbewährten Parteigenossen mitschickte, der eingreifen sollte, falls es auf der Reise zu »Schwierigkeiten« käme. Er hatte nach eigenem Bekunden der Reisegesellschaft auch Dokumente ausgestellt, »in denen die Reichsregierung ungehinderte Reise verlangt[e]«.[92] Auf die politischen Hintergründe dieser Beflissenheit wird noch zurückzukommen sein.

Aufgrund der umsichtigen Vorbereitungen – zum Beispiel kein Aufenthalt an großen Stationen, Lokomotivwechsel nur auf Verschiebebahnhöfen, rote Fahnen an der Lokomotive – verlief die streng geheim gehaltene Nachtfahrt der gut fünfzehnköpfigen Reisegesellschaft samt kaiserlichem Leibarzt und Dackel Topsy über Magdeburg, Hameln, Münster und Emmerich vollkommen reibungslos.[93] Unerkannt und unbehelligt erreichte der getarnte Hofzug die holländische Grenze. Am 28. November um 8.30 Uhr war das Deutsche Reich seines Kaiserpaares nach dreißigjähriger Liaison endgültig verlustig gegangen. Wiederum war auch der Abschied der besseren Hälfte von Deutschland recht formlos erfolgt und – wortlos.

Bleibt noch zu erwähnen, dass der sozialistische Reisebegleiter und Sicherheitsgarant Molkenbuhr eine Art Déjà-vu-Erlebnis hatte. Der 67-jährige Sozialdemokrat erzählte seiner Schutzbefohlenen nämlich bei der Vorstellung auf dem Bahnhof Wildpark ungerührt, wie er seinerzeit unter dem Sozialistengesetz Deutschland verlassen musste.[94] Ob die gewesene Kaiserin die bittere Ironie dieser Worte eines engen Weggefährten von August Bebel erfasste? Wohl eher nicht, denn sonst hätte sie sich bei ihm für seine Dienstbereitschaft am Ende nicht mit einem kleinen Schmuckstück bedankt.[95]

Ein Geschäft auf Gegenseitigkeit

Das großzügige Entgegenkommen der neuen Staatslenker gegenüber den obersten Repräsentanten des alten Systems, mit denen sie nach Recht und Billigkeit auch ganz anders hätten verfahren können, erklärt sich keineswegs aus überkommenen Loyalitätszwängen monarchistischer Provenienz. Es war hier auch ein Gutteil politischer Berechnung im Spiel. Zwar hatte Max von Baden am 9. November 1918 regierungsoffiziell die Abdankung des deutschen Kaisers und Königs von Preußen verkündet, aber eine staatsrechtlich einwandfreie Abdankungsurkunde existierte auch zwei Wochen nach der Revolution nicht. Formell wie ja auch dem subjektiven Verständnis des geflohenen Monarchen nach hatte Wilhelm II. eben *noch nicht* abgedankt. Diesem dilatorischen Rechtszustand musste und wollte Ebert ein Ende machen, denn nur ein legitimierter Übergang des Kaiserreichs zur Republik konnte der Letzteren nach seinem Verständnis zu allgemeiner Anerkennung verhelfen.

Der geflohene Kaiser, dem die Problematik seines ungeklärten Status mit Blick auf das Schicksal seiner Familie in Deutschland und nicht minder auf seine Vermögensverhältnisse durchaus bewusst war, versuchte sich zunächst mit Verlegenheitslösungen aus der Affäre zu ziehen. Über den deutschen Gesandten in Den Haag Rosen ging Ebert am 26. November ein von Wilhelm unterzeichnetes Schreiben zu, in dem es hieß: »Da ich in Erfahrung gebracht habe, dass noch Zweifel in der Öffentlichkeit darüber herrschen, ob die von der Regierung am 9. November d. J. verkündete Abdankung von mir als zu Recht bestehend angesehen wird, erkläre ich hierdurch, dass ich sie voll anerkannt und durch meinen Übertritt nach den Niederlanden in aller Form de facto vollzogen habe. Ich bin hier nur noch ein einfacher Privatmann.«[96]

Inzwischen hatte Ebert aber bereits beim Auswärtigen Amt die Ausarbeitung einer vollgültigen Abdankungsurkunde in Auftrag gegeben. Gleichzeitig wurde Lothar von Spitzemberg, der die Fahrt ins holländische Exil organisierte, informiert, die Kulanz der Regierung gegenüber den Belangen des vormaligen Herrscherhauses beruhe auf der stillschweigenden Voraussetzung, dass der Sonderzug mit der ausgefertigten Verzichtserklärung Wilhelms II. nach Berlin zurückkehre. Der Hofbeamte war einverstanden, wie seine Aufzeichnungen belegen. Allerdings war Auguste Viktoria »am Ende ihrer Kräfte«, »als ich ihr im Zuge die Notwendigkeit darlegen musste, dass die officielle Abdankungserklärung unbedingt am nächsten Tage vom Kaiser unterschrieben werden müsse«. Auch sei es bedauerlicherweise noch zu einem »heftigen Zusammenstoß« mit der alteingeführten Hofdame Gräfin Keller gekommen, »die die absolute politische Notwendigkeit dieses Staatsaktes, der Vorbereitung der Kaiserin auf ihn und ihre Beeinflussung des Kaisers nicht einsehen wollte«.[97]

Für die formelle Abwicklung der heiklen Angelegenheit hatte das Auswärtige Amt eigens einen Diplomaten, den Legationssekretär Roland Köster von der deutschen Gesandtschaft im Haag, nach Schloss Amerongen geschickt, wo Graf Godard von Aldenburg-Bentick dem entthronten Kaiserpaar Zuflucht gewährt hatte.[98] Zunächst verweigerte Wilhelm strikt die Unterschrift unter die vorgelegte Urkunde, ja er beschimpfte den Beamten vor versammelter Entourage in der Eingangshalle seiner neuen Fluchtburg, wie Köster in einer Aufzeichnung seiner Mission überliefert hat. »Das ist ja auch einer von *diesen* Diplomaten«, soll der Monarch erregt ausgerufen haben, »und erging sich dann mit lauter Stimme in nicht sehr gewählten Worten über das Auswärtige Amt und seine Mitglieder. Ich versuchte, dieser nicht sympathischen Szene dadurch ein Ende zu machen, dass ich dem Kaiser antwortete, ich sei über die Vorgänge zu wenig orientiert, um über die einzelnen Vorwürfe urteilen zu können. Als der Kaiser jedoch fortfuhr, unterbrach ich ihn nochmals und erklärte ihm, dass ich auch über diese Beschuldigungen nicht orientiert sei, worauf er mir sehr erregt zurief: ›Darum sage ich Ihnen dies gerade, damit Sie es wissen!‹«[99]

Wie man sieht: ER war wieder ganz der Alte – nur nicht mehr deutscher Kaiser. Das allein gab dem Diplomaten den Mut, nach dem gemeinsamen Essen in größerem Kreise noch einmal einen Versuch zu starten, Wilhelm zur Unterschrift zu überreden. Dieser hatte seine Verweigerungshaltung damit begründet, dass man in Berlin sein Privatvermögen beschlagnahmt habe, dessen Herausgabe er nun verlangte, bevor er seinen Namen unter irgendwelche Urkunden setzen würde. An dieser Beschwerde war insofern etwas dran, als der Finanzminister der neuen sozialistischen Regierung in Preußen seine Kollegen tatsächlich am 26. November in einer allerdings regierungsinternen Vorlage über eine solche geplante Maßnahme informiert hatte. Interessant ist, dass der vormalige Preußenkönig schon zwei Tage später an seinem holländischen Fluchtort von solchen Interna Kenntnis hatte. Dass sich die beabsichtigte Regierungsmaßnahme gar nicht gegen die wohlverstandenen Interessen seines Hauses richtete, durchschaute er nicht.

Genau an diesem Punkt knüpfte der Legationssekretär nun an, indem er dem aufgebrachten Fluchtkaiser klarzumachen versuchte, dass er durch »geschicktes Verhandeln mit der augenblicklichen Regierung« bald schon zu einer akzeptablen Lösung aller offenen Vermögensfragen gelangen könne, wohingegen eine brüskierende Konfrontation seine Lage nur verschlechtern würde: »Stürze diese Regierung, so werde ihr zweifellos eine unabhängige folgen, die mit dem Privatvermögen kurzen Prozess mache. Insofern habe also auch *er* [Wilhelm] ein Interesse daran, dass die augenblicklichen Staatshäupter weder von der linken noch aber auch von der rechten Seite angegriffen würden.«

Das war der erste Punkt, den Köster machen konnte. Den zweiten machte er mit dem Argument, dass die Abdankungsurkunde nicht zuletzt dem persönlichen Schutz des Hohenzollernchefs diene: »Wenn der Kaiser die Unterschrift nicht unter diese Urkunde setze, [würden] die Entente sowohl wie seine anderen Gegner diese Weigerung freudigst begrüßen […], da er ihnen hierdurch den unumstößlichen Beweis geliefert hätte, dass er alle seine früheren Abdankungserklärungen mit einer reservatio mentalis abgegeben habe und im Grunde seines Herzens an eine tatsächliche Abdankung gar nicht denke. Welche Folge eine derartige Schlussfolgerung auf seine staatsrechtliche Stellung haben könne […], läge auf der Hand. Außerdem würde sie der augenblicklichen Regierung gerade die Handhabe geben, als Druckmittel gegen ihn die Frage der Beschlagnahme seines Privatvermögens auszuspielen.«

Das genügte. Am 28. November 1918 gegen 16 Uhr hatte Wilhelm II. auch formell »für alle Zukunft auf die Rechte an der Krone Preußens und die damit verbundenen Rechte an der deutschen Kaiserkrone« verzichtet und Beamte und Militärs ihres Treueides entbunden. Mehr noch: Er sprach sogar die Erwartung aus, »dass sie bis zur Neuordnung des Deutschen Reiches den Inhabern der tatsächlichen Gewalt in Deutschland helfen, das Deutsche Volk gegen die drohenden Gefahren der Anarchie, der Hungersnot und Fremdherrschaft zu schützen«.[100] Schon am kommenden Vormittag wurde der Text regierungsamtlich gemacht und veröffentlicht.

Nicht veröffentlicht wurde allerdings das Handschreiben, das Wilhelm II. seiner Verzichtsurkunde hinzugefügt hatte. Es findet bis heute auch in der historischen Fachliteratur zur Kaiserflucht keine Erwähnung. Dabei verdient es mehr als viele andere Dokumente, der Vergessenheit entrissen zu werden, zumal es als Adressaten »den Rat der Volksbeauftragten, z. Hd. des Herrn Ebert« hat.

Darin bekundete der abgedankte Kaiser mit eigener Unterschrift Folgendes: »Ich habe Meinen Thronverzicht in der von der Regierung vorgeschlagenen Form vollzogen. Ich spreche dabei die bestimmte Erwartung aus, dass die Regierung, gemäß ihrer früheren Kundgebung, Mein und Meiner Familie Vermögen freigibt, und auch den uneingeschränkten Schutz von Leben, Ehre und Eigenthum der gesammten Königlichen Familie gewährleistet.«[101]

Dass Ebert dieses halboffizielle Schreiben sofort an seinen Parteigenossen, den preußischen Finanzminister Albert Südekum, mit der Bitte um persönliche Rücksprache weiterleitete, unterstreicht: Hier war ein Geschäft abgewickelt worden, von dem beide Seiten zu profitieren gedachten – eine Übereinkunft, die aber nur Erfolg zeitigen konnte, wenn sie geheim blieb. Eine Veröffentlichung hätte den früheren Herrscher nicht weniger kompromittiert als seinen De-facto-Nachfolger, der seinem geflohenen Monarchen dessen Thronrechte in gewisser Weise abkaufte. Das war nur möglich, weil das Anrecht auf die Krone Preußens beziehungsweise die deutsche Kaiserkrone für beide Seiten schon längst nicht mehr etwas so Hohes, Erhabenes, ja Heiliges war, als dass ein Geschäft zum Zwecke des Verzichts darauf ganz ausgeschlossen gewesen wäre. Zwar hat Ebert das fragliche Schreiben am 2. Dezember 1918 auf einer Kabinettssitzung auch den anderen Volksbeauftragten vorgelesen, aber mehr zu diesem Thema wollte man dem Protokoll dann doch nicht anvertrauen.[102] Jedenfalls ist nichts dergleichen aufgezeichnet worden. Sollte es tatsächlich im Kabinett keine Debatte über ein solches Politikum ersten Ranges gegeben haben, so lässt das nur umso tiefer blicken.

So bemerkenswert diese Kungelei an sich schon ist, noch erstaunlicher ist, dass Ebert sich fortan an das Geheimabkommen gebunden fühlte und hier in Südekum einen treuen Verbündeten besaß. Noch am Tage des Eintreffens der Thronverzichtserklärung in Berlin ließ er seine Beschlagnahme-Verordnung nachträglich mit dem Zusatz »vorläufig« versehen und durch die Selbstverpflichtung des Staates ergänzen, den Hohenzollern angemessene Unterhaltsbeiträge zu zahlen.[103] Das waren beileibe keine leeren Worte. Denn bereits im November 1918 flossen 650 000 Reichsmark aus dem beschlagnahmten Familienvermögen wieder in die

Taschen Wilhelms II. zurück, im Januar 1919 noch einmal zehn Millionen[104] – nach heutigem Geldwert gut vierzig Millionen Euro. Für einen politischen Bankrotteur kann man das eine wahrhaft generöse Abfindung nennen. Wenn man dann noch bedenkt, wie gering der hier so fürstlich Entlohnte von seinen Berliner Wohltätern dachte, und wenn man weiter in Rechnung stellt, dass von diesem Fluchtkaiser, der sein ganzes Ansehen bis in die monarchistischen Kreise hinein verspielt hatte, machtpolitisch gar keine Gefahr mehr ausging, so kann man sich heute eines gewissen Befremdens über so viel vorauseilende Konzilianz nicht erwehren. Haben Ebert und Genossen wirklich geglaubt, der republikanischen Staatsräson damit einen Dienst zu erweisen?

Die überlieferten Quellen geben keinen Aufschluss darüber, welche Überlegungen dieses Handeln inspirierten und leiteten, fest steht lediglich, dass die Regierungssozialisten alles getan haben, um sich das frühere Herrscherhaus nicht zum offenen Feind zu machen. Daher auch noch einmal die ausdrückliche briefliche Versicherung gegenüber Prinz Eitel Friedrich, bei der Beschlagnahme des gesamten Sondervermögens der Hohenzollern handele es sich keineswegs um einen »unzulässigen Eingriff in das Privateigentum des Königlichen Hauses und seiner Mitglieder«, sondern vielmehr um eine »nur fürsorgliche Sicherstellung« gegen Eingriffe unberechtigter Personen.[105] Solche Äußerungen lassen am Ende dann doch den Verdacht aufkommen, als habe die sozialistische Regierung die Interessen der Dynastie vor revolutionären Enteignungsforderungen schützen wollen. Das würde jedenfalls politischen Sinn ergeben – moralischen allerdings wohl kaum.

Mit den demokratischen Wölfen heulen?

Die materielle Abfederung des Machtverlustes sowie die mehr als anständige Behandlung der Familienmitglieder legten den Hohenzollern nahe, sich so rasch wie möglich mit den republikanischen Gegebenheiten zu arrangieren. In ihrer Mehrzahl tendierten die Angehörigen des Hauses Preußen wohl mit Prinz August Wilhelm dahin, sich nicht den »Wolfdemokraten oder demokratischen Wölfen anzuschließen, obgleich man mit ihnen ja leider jetzt heulen lernen muss«.[106] Es gab allerdings auch einige Hohenzollern, die auffällig laut heulten. Zum Beispiel Prinz Friedrich Leopold von Preußen, ein leiblicher Cousin des letzten Kaisers und verheiratet mit der Schwester der letzten Kaiserin.[107] Der hisste ganz spontan schon am Nachmittag des 9. November auf dem Turm seines Schlosses Glienicke in Potsdam die rote Fahne und stellte dem Arbeiter- und Soldatenrat sogleich eines seiner Autos zur Verfügung.[108] Dass hinter solchen Gesten politisch oder weltanschaulich gar nichts stand, kann man in späteren Ermittlungsakten der preußischen Behörden nachlesen, die diesen Hohenzollernspross schon 1920 aufgrund seines skandalös-feudalen Lebensstils entmündigen wollten.[109] Dennoch sorgte die spektakuläre Selbstverleugnung nicht nur in hochadligen Kreisen für so viel böses Blut, dass Schloss Glienicke im Januar 1920 um ein Haar von den aufgebrachten Matrosen der konterrevolutionären Brigade Ehrhardt, die bald darauf den Kapp-Putsch anzettelten, niedergebrannt worden wäre.[110]

Etwas anders geartete Schlagzeilen machte hingegen Prinz Heinrich von Preußen, der Bruder Wilhelms II., der mit seinem Hofstaat bis zum 4. November 1918 im Kieler Schloss residiert hatte.[111] Bei Ausbruch der Matrosenunruhen konnte er sich in einem rot beflaggten Kraftwagen auf sein Landgut nach Hemmelmark bei Eckernförde absetzen, wo er die revolutionäre Welle an der deutschen Wasserkante mehr oder weniger unbehelligt überstand.[112] Obwohl er »die Roten« für »ein williges Werkzeug in den Händen der Entente« hielt, waren seine konkreten Erfahrungen mit ihnen durchaus positiv. Sogar »unter richtiger Anrede« und »die Mütze ständig in der Hand« habe ihm ein Vertreter des Eckernförder Soldatenrates versichert, dass ihm und seiner Familie »nichts geschehen« werde: »Wir könnten machen, was wir wollten.« Schon bald nach seiner Flucht durfte er das Inventar des Kieler Schlosses nach Hemmelmark überführen, wo er als Gutsherr reüssierte.

Von Hause aus eher unpolitisch, hing Prinz Heinrich mit wahrer Affenliebe an seinem Bruder Wilhelm und glaubte ihm einen Gefallen zu tun, als er unmittelbar nach dessen Thronverzichtserklärung eine gleichsam royalistisch-loyale Lesart dieses Dokumentes veröffentlichte – und zwar in seiner Eigenschaft »als Senior« der augenblicklich in Deutschland wohnenden »Mitglieder des Preußischen Königshauses«, von denen er sich »eine gleiche Gesinnung« erhoffte.[113] Darin erklärte er sich persönlich trotz der politischen »Neuordnung«, die er »unter dem Druck der Verhältnisse anzuerkennen gezwungen« sei, für »an die Person unseres Königs gebunden«. Er werde alles tun, »um Schaden von ihm abzuwenden«, und erkenne ihn »als mein alleiniges Familienoberhaupt« restlos an.

Alles in allem ein verquaster Text, der vielleicht für einen familieninternen Rundbrief geeignet gewesen wäre, nicht aber für eine öffentliche »Kundgebung«. Oder doch? Liest man das Treuebekenntnis als nachträgliche Entschuldigung dafür, den scheiternden Monarchen in seinen schwersten Tagen allein, ja letztlich im Stich gelassen zu haben, so ergibt der »mutige« Schritt des Kaiserbruders in die Öffentlichkeit schon mehr Sinn. Jetzt, wo es nichts mehr kostete, wollte Prinz Heinrich wieder erster Gefolgsmann des »Familienoberhaupts« sein.

Die Wortmeldung löste im sozialistischen Regierungslager erhebliche Unruhe aus und kam sogar im Kabinett zur Sprache. Auch wenn dort eine förmliche »Regierungspolemik dagegen« abgelehnt wurde,[114] nahm sich die Tagespresse der Sache ausführlich an. Der sozialdemokratische *Vorwärts* witterte »monarchistische Umtriebe«, die in einer Republik nicht geduldet werden könnten.[115] Beruhigung brachte dann doch sehr schnell die öffentliche Erklärung des Prinzen Adalbert von Preußen, des drittältesten Sohnes des Familienoberhauptes, der gegenüber der *Kreuzzeitung* versicherte, für ihn sei die jetzige Reichsregierung die alleinige »Obrigkeit«. Und »im Gegensatze zu den Ausführungen des Prinzen Heinrich« werde er diese weiterhin mit allen seinen Kräften unterstützen.[116] Wegen dieser »Taktlosigkeit« soll übrigens seine Mutter, die Ex-Kaiserin, sofort mit ihm »gebrochen« haben.[117]

Auch vom Prinzen Friedrich Leopold erfolgte eine geharnischte Gegenerklärung.[118] So blieb es bei einem Sturm im Wasserglas, der aber insoweit Beachtung verdient, als er ein weiteres Schlaglicht darauf wirft, wie leicht sich die Regierungssozialisten immer noch durch öffentliche Verlautbarungen aus dem ehemaligen Herrscherhaus verunsichern ließen. Dabei hätte man die deutlich bemerkbaren Bruchlinien innerhalb der Hohenzollern-Dynastie genüsslich ausschlachten können, um Reklame für die Vorzüge der demokratischen Republik zu machen und selbstbewusst aus dem Schatten des Kaiserreichs herauszutreten. Das aber wollten die (später so genannten) Geburtshelfer des neuen Deutschland offenbar nicht. Auch drei Wochen nach dem November-Umsturz empfanden sie sich noch weit eher als die rechtschaffenen Konkursverwalter des Kaiserreichs denn als selbstständig handelnde Bevollmächtigte einer revolutionär geborenen Staatsgewalt. Das schloss für sie offenbar eine Art Fürsorgepflicht für das entkrönte Herrschergeschlecht mit ein, auch jenseits der eingegangenen Unterhaltsverpflichtung.

So musste sich das politische Auseinanderfallen des Hauses Preußen ohne republikanische Nachhilfe vollziehen. Dank der Extravaganzen des früheren deutschen Kronprinzen, der sich schon im Dezember 1918 von seinem Vater öffentlich abzugrenzen begann[119], machte dieser Prozess rasche Fortschritte. Dass all diese Verwerfungen keinen größeren Schaden mehr anrichteten, lag einfach daran, dass das Renommee des vormaligen Kaiserhauses bereits in Trümmern lag. Wie die jüngste Adelsforschung herausgearbeitet hat, vollzog sich mit der Kaiserflucht selbst im innersten Kern des preußischen Adels eine innere Abwendung, ja Ablösung von der Person des Monarchen, die durch keinen anderen Hohenzollern aufgehalten, geschweige denn kompensiert werden konnte.[120] Mit anderen Worten: Auf das alte Herrscherhaus als Machtfaktor wurde selbst in erzkonservativen Kreisen nichts mehr gegeben. »Totengräber des Deutschen Kaiserreichs« und »Zerstörer des politischen Monarchismus«, mit verbalen Steinwürfen solcher Art verabschiedete das alte Preußen seine Dynastie 1918 aus der Geschichte. Bismarck mag sich im Grabe umgedreht haben, ganz schuldlos war er nicht daran, dass es so kam.

Exkurs: Die revolutionäre Heimsuchung des Berliner Stadtschlosses

In ganz Deutschland scheint es überhaupt nur einen Ort gegeben zu haben, an dem die revolutionäre Bewegung sich in ihrem Kampf gegen die Monarchie etwas Unerhörtes, nämlich einen echten Masseneinbruch in die entrückte Prachtwelt ihrer Herrscherfamilien, herausgenommen hat. Dieser Ort war das Hohenzollernschloss in der Mitte Berlins in der Zeit vom 9. bis 13. November 1918.

Schon wegen seiner zentralen Lage, aber auch als mächtiges, traditionsreiches Symbol der Hohenzollernherrschaft im Reich[121] konnte das Stadtschloss aus den machtpolitischen Auseinandersetzungen gar nicht herausgehalten werden. So viel war auch dem abdankungsunwilligen Schlossherrn klar, als er noch am 7. November den Befehl erteilte, die Monarchie genau von diesem Gebäude aus mit militärischen Mitteln zu verteidigen. Mit dem Hohenzollernchef an der Spitze und seinen fünf Söhnen mit gezücktem Säbel an seiner Seite hätte dies vielleicht noch ein passables Szenario für eine Art Fürstendämmerung auf preußisch abgeben können.

Das Schloss als solches, das schon seit August 1914 von der kaiserlichen Familie nicht mehr bewohnt wurde, stellte allerdings nur mehr bedingt ein mit aller Gewalt zu verteidigendes höchstes politisches Gut dar. Zwar wissen wir nichts Genaues über die Stimmung unter den etwa 300 Soldaten, die dort am 8. November mit schwerem militärischen Gerät postiert wurden, um etwaigen Übergriffen schussbereit entgegenzutreten, aber wir wissen, dass sich diese Truppe sofort auflöste, als die Abdankung von Kaiser und Kronprinz einen Tag später publik wurde. Schon am frühen Nachmittag des 9. November war aus der Bastion der Konterrevolution eine Art negativer Erinnerungsort geworden, jedenfalls für die Menschen, die sich nach Aufhebung der Absperrungen dort bald zu Tausenden einfanden.[122] Es soll übrigens ein strahlender Herbsttag gewesen sein.

Bereits seit den Mittagsstunden waren Soldaten und Zivilisten in Scharen zum Lustgarten geströmt – rote Tücher und Mützen schwenkend, in Hochstimmung. Evelyn Fürstin Blücher von Wahlstatt, die diesen Menschenzug vor ihrem Fenster vorüberziehen sah, beobachtete so etwas wie Feiertagsstimmung: »Dort trauerte anscheinend niemand um den Verlust des Kaisers. Mit dem Ausdruck größerer Freude hätte Deutschland kaum einen bedeutenden Sieg begrüßen können.«[123] Die Erwartungshaltung der Straße tendierte augenscheinlich dahin, die inzwischen verkündete Abdankung des Kaisers nun auch praktisch-politisch zu beglaubigen und das Ende der Hohenzollernherrschaft symbolisch sichtbar zu machen. Dazu bot sich das Berliner Stadtschloss geradezu an.

Es war Karl Liebknecht, der dieses Massenbedürfnis am klarsten erkannte und zu bedienen wusste. Nicht Philipp Scheidemanns Hurra-Ruf auf die Republik aus einem Balkonfenster des Deutschen Reichstags[124] war es, der die Hohenzollern-Dynastie endgültig erledigte, sondern die – wenn man so will – Gegenzeichnung der Regierungsbotschaft von der Thronentsagung der Hohenzollern, die Gegenzeichnung durch den revolutionären Vollzug vor Ort, am Ort des Souveräns. Während Scheidemanns eher ephemere Aktion nachträglich zur Geburtsstunde der Republik in Deutschland stilisiert wurde, hat man die Liebknecht'sche Aktion viel zu sehr durch die ideologische Brille betrachtet, als dass man den basisdemokratischen Kern dieses Coups überhaupt noch hätte erkennen können. Man hat sich an den Metaphern gerieben, die seine Ansprachen[125] enthielten. Aber nicht um »die heilige Sache des Proletariats« und dessen Willen zur »Vollendung der Weltrevolution« ging es hier; auch nicht darum, dass die »Herrschaft des Kapitalismus« jetzt »gebrochen« sei. Das alles waren ideologische Versatzstücke aus dem politischen Repertoire des Radikalsozialismus, die in keinem direkten Bezug standen zu dem, was die Massen an jenem Samstagnachmittag vor dem Berliner Schloss tatsächlich umtrieb. Genial war allein der Gedanke, an der verwaisten Trutzburg des deutschen Obermonarchen ein unübersehbares Zeichen des Umsturzes zu setzen und sich dafür die Akklamation des Volkes zu holen.

»Deutschlands künftige Staatsform ist die Republik«

Die Worte, die Liebknecht vom Dach seines Autos vis-à-vis des sogenannten Schlossportals IV zu der erwartungsvollen Menge sprach, trafen den Kern des revolutionären Anliegens der Versammelten: »Durch dieses Tor wird die neue sozialistische Freiheit der Arbeiter und Soldaten einziehen; an der Stelle, wo die Kaiserstandarte wehte, wollen wir die rote Fahne der freien Republik Deutschland hissen.« Daraufhin drang Liebknecht, umgeben von bewaffneten Soldaten, an der Spitze einer nachströmenden Menge in das Schlossgebäude ein, wo er sich sogleich vom Hauspersonal zu dem Fenstersaal mit dem historischen Balkon geleiten ließ, von dem aus Wilhelm II. einige legendäre Ansprachen an »sein« Volk gehalten hatte – hoch über ihm das mächtige, in Stein gemeißelte königlich-preußische Staatswappen.

Nach der Entfaltung eines roten Tuch-Banners ergriff Liebknecht abermals das Wort zu einer Rede, deren erste Sätze durchaus historisch genannt werden können: »Der Tag der Freiheit ist angebrochen. Nie wieder wird ein Hohenzoller diesen Platz betreten.« Er verkündete die »freie sozialistische Republik Deutschland«, und kurz darauf zogen seine Leute ein Stück rotes Tuch an dem Mast hoch, an dem bis dato die Kaiserstandarte geflattert hatte. Die letzten Schutzleute und noch im Schloss verbliebenen Offiziere und Bediensteten wurden aus dem jetzt öffentlichen Gebäude hinauskomplimentiert, sodass das ehemalige Hohenzollernschloss tatsächlich wurde, was Liebknecht schon vom Dach seines Wagens aus versprochen hatte: »Volkseigentum unter dem Schutze des Berliner Arbeiter- und Soldatenrates«. Auch an der Fahnenstange vor der Schlossfront, wo die Privatgemächer des Kaiserpaares lagen, wurde die rote Fahne gehisst.

In diesem Moment hatte die Novemberrevolution in der Reichshauptstadt ihren politischen Höhepunkt erreicht: Der Sturz der Monarchie war praktisch irreversibel geworden. Das musste nun selbst der designierte Kanzler Friedrich Ebert einsehen, der sich sehr viel mehr Kontinuität beim Übergang zur Volkssouveränität gewünscht und die Frage nach der definitiven Staatsform bis fünf nach zwölf offengehalten hatte. Nach der Massenaktion am

Berliner Stadtschloss und der überhasteten Abreise Max von Badens aus Berlin waren auch Ebert die Hände gebunden. Er erklärte nunmehr seinerseits in einem Interview, die Sache der Freiheit habe »heute einen ihrer großen Siegestage erlebt. Das deutsche Volk hat gesiegt und die altverankerte Herrschaft der Hohenzollern, Wittelsbacher, Welfen usw. gestürzt. Deutschland hat seine Revolution vollendet.« Jetzt würde selbst »der Zweifelsüchtigste erkennen, dass es mit dem Monarchismus und Imperialismus in Deutschland endgültig vorbei ist«. Denn »dass die alten Gewalten sich noch einmal zum Kampf um die Macht stellen könnten, scheint mir gänzlich ausgeschlossen. *Deutschlands künftige Staatsform ist die Republik.*«[126]

Zu diesem durchschlagenden politischen Erfolg, den der MSPD-Führer zu Recht reklamierte, hatte der revolutionäre Willensakt des Volkes gegenüber dem Hohenzollernschloss, dem Karl Liebknecht, allen ideologischen Einfärbungen zum Trotz, weitgehend authentisch und durchaus mutig Ausdruck verlieh, ganz Entscheidendes beigetragen; mehr jedenfalls als Eberts Taktieren mit den Vertretern der alten Herrschergewalten hinter verschlossenen Türen. Für die einmütige Erhebung der Berliner Arbeiter und Soldaten, genauer: für die Unterminierung der Autorität, die das kaiserliche Regime bis zu diesem Tag beansprucht hatte, war die Eroberung des preußischen Herrschersitzes ein revolutionäres Schlüsselerlebnis mit politischer Signalwirkung, das verkündete: »Nie wieder!«

Indem das Volk sich gerade an diesem politischen Ort anstelle des geflohenen Kaisers zum Souverän erklärte, indem es diesen nationalen Herrschersitz seiner die Monarchie darstellenden Symbolkraft beraubte, wurde vor allem hier die deutsche Republik endgültig auf den Weg gebracht. »Wir müssen alle zusammenstehen, um das Ideal der Republik zu verwirklichen. Hoch die Freiheit, das Glück und der Friede!« Mit diesen Worten der Ermutigung verabschiedete sich Karl Liebknecht gegen 17 Uhr an jenem denkwürdigen Samstag im November von seinem begeisterten Publikum. Die Menge hatte im Verlauf der Aktion immer größeren Zulauf erhalten. »So, jetzt kommen *wir* dran!«, zitiert der Zeitzeuge Rotheit einen dieser ungezählten Männer aus dem Volk.

Tag der offenen Tür

Dass dieser (An-)Spruch ganz wörtlich gemeint war, zeigte der Menschenstrom, der sich im Gefolge der symbolischen Schloss-Eroberung in den Palast ergoss; politisch aktive Revolutionäre dürften die wenigsten gewesen sein. An diesem Tag der offenen Tür muss der Reiz des Tabubruchs unwiderstehlich gewesen sein, der vor allem darin bestand, womöglich bis in die Privatgemächer der vormaligen Halbgötter vordringen zu können. Tatsächlich waren es zunächst und vor allem die Kleiderräume des entthronten Herrscherpaares, die eine geradezu magnetische Anziehungskraft ausübten. Das hier vorgefundene und in seiner überbordenden Fülle für einfache Menschen kaum vorstellbare Garderobenlager der Allerhöchsten Herrschaften wurde hemmungslos inspiziert, von der Leibwäsche bis zum Pelzkragen, vom Schuhwerk bis zum Spazierstock – und nicht Weniges davon wechselte auf der Stelle den Besitzer. Manches Kleidungsstück der Majestäten soll gleich anprobiert und in den Schausälen vorgeführt worden sein. An den reichlichen Nahrungsmittelvorräten tat sich die Menge ebenfalls spontan gütlich – kein Wunder nach den Hungerjahren.

Hier und da wuchs sich die Inbesitznahme des neuen »Nationaleigentums« wohl auch zu Plünderungen aus, insbesondere was die Nippes-Schränke in den Privatgemächern anbelangt. Aber alles in allem, zumal im Vergleich zu dem, was sich etwa 1830, 1848 und 1871 im Pariser Palais des Tuileries abgespielt hatte, kann von einem gewalttätigen Massenraub im Berliner Schloss keine Rede sein – erst recht nicht von Vandalismus.[127] Weder flog der Thronsessel zum Fenster hinaus noch wurden die wirklichen Wertobjekte angerührt, zu denen der zuständige Referent im preußischen Finanzministerium vor allem die folgenden zählte: »das berühmte Silberbüfett, bedeutende Gemälde und Gobelins, der Krontresor, die Silberkammer, die Weißzeugkammer [und] der Weinkeller mit seinen riesenhaften Vorräten«.[128] Nachträglich stellte sich sogar heraus, dass ein gehöriger Teil der Diebstähle von diversen Lakaien begangen worden war, die von ihrer intimen Kenntnis des Tatorts zu profitieren wussten.

Schlossbesatzer

Der karnevalesk-chaotische Charakter dieser elementaren Übergriffe der Straße auf das Berliner Stadtschloss blieb auch kennzeichnend für das Gebaren der ersten revolutionären Schlossbesatzung, die sich als Statthalter des Umsturzes dort einquartiert hatte. Diese etwa 150 Mann starke Ordnungsmacht wählte sich am Sonntag, den 10. November, eine eigene Kommandantur. Deren erster Chef, ein Arbeiter der Berliner Schwartzkopff-Werke namens Bujakowski, ließ es sich nicht nehmen, in des Kaisers Kleidern samt Stock und Hut beim Vollzugsrat des Berliner Arbeiter- und Soldatenrates im Reichstagsgebäude zu erscheinen, um sich dort sein Mandat offiziell bestätigen zu lassen. Kraft dieser Autorität vertrieben dann seine Männer schon am Sonntagabend alles unbefugte Fußvolk aus dem Paradies, um sich nun ihrerseits an dem vermeintlichen Strandgut schadlos zu halten, zu dem der königliche Besitz dank des Umsturzes für sie geworden war.

Doch am Mittwoch, den 13. November, war es auch mit diesen Unbotmäßigkeiten vorbei.[129] Der Rat der Volksbeauftragten wies den Reserveoffizier Hermann Graf Wolff-Metternich an, die bisherige Schlossbesatzung abzulösen und mit einer etwa einhundert Mann starken Wachmannschaft aus Matrosen den Schutz des Nationaleigentums zu übernehmen. Auch die neue Regierung in Preußen, die, wie erwähnt, den Hohenzollernbesitz am gleichen Tag in ihre politische Obhut genommen hatte, schaltete sich jetzt ein. Bald schon wurden wertvolle Gemälde und kunstgewerbliche Gegenstände aus dem Schloss in die Depots von Museen überführt. Damit endeten nach wenigen Tagen die leicht anarchisch eingefärbten revolutionären Zustände im Binnenraum dieses exponierten Ortes in der Mitte der Reichshauptstadt. Auch dessen weiteres Schicksal ist bis in das Frühjahr 1919 hinein voll von dramatischen Begebenheiten, die aber im Wesentlichen zum Innenleben der deutschen Revolution gehören und deshalb hier unberücksichtigt bleiben können.[130]

Immerhin lassen sich in dem burlesken Treiben der Schlossbesatzer durchaus politische Sinnspuren entdecken. So kann man in der Anprobe und Vorführung kaiserlicher Roben durch das gemeine Volk ohne Weiteres einen mehr oder weniger bewussten

Zeitgenössische Karikatur (Postkarte)

Akt der Destruktion der monarchischen Aura sehen, ja eine Demontage des Monarchischen schlechthin, das ja ganz wesentlich von der Drapierung lebt. Was die Souveräne von Gottes Gnaden bislang für sich und ihre Arkana in Anspruch genommen hatten, worauf sich ihre Vorrechte gleichsam mental gründeten, nämlich ehrfürchtigen Respekt und taktvolle Rücksichtnahme, war ohne Umschweife ins genaue Gegenteil umgeschlagen, in Pietätlosigkeit.

In diesen Zusammenhang gehört auch die Klage des königlichen Hofbibliothekars, der sich in seiner Erinnerungsschrift beschwerte: »Den Titel einer Chronik des Hohenzollernhauses, deren Seiten durchgerissen wurden, hatte man durchgestrichen und ›Verbrecher-Album‹ darüber geschrieben.«[131] Der Urheber dieser Beschriftung hatte vermutlich das zweibändige Geschichtswerk *Die Hohenzollern-Legende* von Max Maurenbrecher gelesen, die der sozialdemokratische Vorwärts-Verlag seit 1905 mit großem Erfolg vertrieb. Denn Argumentation und Diktion dieser geschichtspolitischen Betrachtung der Hohenzollern-Dynastie legten die sarkastische Umwidmung einer Eloge der preußischen Haus- und Hofhistoriographie durchaus nahe. Ein Matrose soll beim Durchblättern einer gedruckten Predigt, die er im Wohnzimmer der vormaligen Kaiserin gefunden hatte, gesagt haben: »Ja, ja, fromme Schriften haben sie lesen können, und doch haben sie das Volk geknechtet.«

Mit dieser Knechtung sollte nun Schluss sein, dies war der tiefere Grund für die Okkupation. Überhaupt scheint es das unglaubliche Selbstbewusstsein der Schlossbesatzung, deren gänzliche Ungeniertheit und eigensinnige Art gewesen zu sein, die das alte Beamtenpersonal des Schlosses fassungslos machten, vor allem weil man dieses Verhalten nicht ganz unzutreffend als Sakrileg, gar als Blasphemie empfand, deren revolutionär-politischer Hintersinn den kaiserlichen Beamten unverständlich blieb. Insgesamt steht der plebejische Aktionismus im Berliner Stadtschloss dennoch mehr für ein revolutionäres Aufbegehren als für die deutsche Revolution schlechthin. Natürlich waren die Dreistigkeiten der Umstürzler auch durch Machtkitzel, subversive Lust oder ganz einfach Frechheit motiviert. Trotzdem lebte sich hier nicht zuletzt eine radikal-antimonarchische, »antiautoritäre« Gesinnung aus, die eindeutig darauf abzielte, die hierarchische Ordnung der Kaiserzeit demonstrativ außer Kraft zu setzen und dabei namentlich die preußische Herrscherfamilie zu kompromittieren und vielleicht auch ein bisschen zum Narren zu halten – wie die wiederholte Betätigung des Hupen-Signals zur Erzwingung freier Fahrt andeutet, das bislang allein dem kaiserlichen Fuhrpark vorbehalten war.[132] Verkehrte Welt eben.

Entsprechend schwer beleidigt und empört fiel denn auch die Reaktion der Betroffenen aus. Prinz August Wilhelm zum Beispiel grollte aus seinem Refugium in Oberhof, er habe »grauenvolle Berichte über die Zerstörungen und Diebstähle im Schloss in Berlin erhalten. Warum rafft sich nicht ein anständiges Blatt zu solcher Schilderung auf, wo die unanständigen alle über die Hamsterei schreiben?« Man habe »alle Tisch- und Bettwäsche gestohlen, alles Lederzeug und zum Teil Livreen«, habe die Vitrinen mit »den unermesslich wertvollen« Kleinkunstsammlungen des Vaters »total ausgeplündert und im Hof an die wartenden Juden verkauft«. Immer noch »wohnen Matrosen in den Privatzimmern der Eltern und meiner Schwester, warum gerade dort bei dem vielen Platz?« August Wilhelm geriet richtig »in Wut« bei dem Gedanken, »was da für Werte vernichtet werden, ohne dass dem ›Volk‹ damit auch nur im leisesten gedient wird«.[133]

Es sind nicht die maßlosen Übertreibungen des Kaisersohnes, die sein Lamento bemerkenswert machen; dazu animiert die Gerüchteküche nun einmal. Es ist die ehrliche Empörung des Vollblut-Hohenzollern über die für ihn unverzeihlichen Normverletzungen durch dazu absolut nicht befugte sogenannte Volksvertreter und deren stillschweigende Akzeptanz durch die öffentliche Meinung jener Zeit. Diese Beobachtung war richtig. Der flüchtigen Dynastie weinte im November 1918 keiner der damaligen Meinungsmacher mehr eine Träne nach, weil sie erstens den Krieg nicht hatte beenden wollen und zweitens das darbende Volk im Stich gelassen hatte, das nun genau dagegen mit den beschränkten Mitteln seiner »Unanständigkeiten« protestierte. Deren unmittelbarer Zweck war es, einer zusammengebrochenen Macht und Herrlichkeit endgültig den Garaus zu machen und klarzustellen, dass das Spiel vorbei war. Gleichwohl blieb es das zentrale Ziel, das Berliner Schloss als Machtsymbol in den Händen der Revolution zu behalten. Damit war ein Machtkampf mit den neuen politischen Ordnungskräften im Staat gleichsam vorprogrammiert.

Dass die neuen Machthaber die Eroberer des Hohenzollernschlosses überhaupt so lange gewähren ließen, lässt darauf schließen, dass man dieser Aktion anfangs wohl eine Art Ventilfunktion zubilligte. In Gestalt des verwaisten Herrschersitzes besaß die Revolution ein dankbares Objekt, an dem sie sich erst einmal abarbeiten konnte, ohne allzu großen Schaden anzurichten, da der monarchische Gedanke im öffentlichen Bewusstsein ohnedies völlig kompromittiert war. Zudem hatte die erste Proklamation des Berliner Arbeiter- und Soldatenrates am Abend des 10. November ausdrücklich konstatiert, dass die Dynastien »ihre Existenzen verwirkt« hätten und die »Verbrechen und Fehler des alten Regimes« so etwas wie Wiedergutmachung verdienten.[134]

Mit einem solchen politischen Freibrief ließ sich gar manches rechtfertigen, was dazu beitragen sollte, die Träger der Krone ihres Herrscher-Nimbus' zu entkleiden. Zudem konnten einfache Menschen nun erstmals ermessen, was die Erhaltung dieses exklusiven Standes kostete. Erst nach der Konsolidierung seiner Regierungsgewalt Ende November 1918 nannte der Rat der Volksbeauftragten die Zustände in der Mitte Berlins ein öffentliches Ärgernis, das es nun mit allen gebotenen Mitteln abzustellen gelte. Was sich indes als schwierig erwies, weil das vielleicht wichtigste Symbol der siegreichen Revolution bei den Matrosen zu hoch im Kurs stand. Am Ende gab es Schießereien mit Toten und Verletzten, was nicht allein dem pittoresken Schlüterbau des Schlosses einige Schäden zufügte, sondern den Annalen der Schlossgeschichte unter dem 24. Dezember 1918 auch einen besonders makaberen Eintrag hinzufügte. In den Worten des Augenzeugen Rotheit: »Die Einsargung der gefallenen Matrosen geschah im Speisezimmer der kaiserlichen Familie, wo inmitten des mit weißen Kaiserkronen durchwirkten roten Schutzbehanges der Wandwirkbilder sieben Särge an der Längsseite des Esstisches auf dem roten Spannteppich in Reihe niedergestellt waren.«[135]

Für den kunsthistorisch Interessierten sei hinzugefügt, dass das Deckenbild dieses genau dreißig Jahre zuvor rekonstruierten Prachtsaales eine Huldigung Friedrichs des Großen durch Preußen nach einer Skizze des Hofmalers Anton von Werner darstellte.[136] Die spezielle Botschaft dieses Freskos war der Verweis auf die wohl berühmteste Schrift des Königs, seinen »Antimachiavell«, der den aufgeklärten Fürsten zum ersten Diener des Staates deklarierte. Friedrichs Postulat: Der Ruhm des Fürsten solle sich auf ein Handeln gründen, das zum Glück des Menschengeschlechts beitrage.

Als Harry Graf Kessler das Berliner Schloss am 28. Dezember 1918 inspizierte, zeigte er sich erschüttert über die dort aufgebahrten Matrosenleichen und beklagte zutiefst die »Sinnlosigkeit dieser Todesfälle«. Weit weniger scheinen ihn die Plünderungen in den Privatgemächern des ehemaligen Kaiserpaares berührt zu haben. Denn das Ambiente und den Kunstgeschmack, den er dort antraf, fand er »so spiessbürgerlich nüchtern und geschmacklos, dass man keine große Entrüstung gegen die Plünderer aufbringt; nur Staunen, dass die armen verschreckten, phantasielosen Wesen, die diesen Plunder bevorzugten, im kostbaren Gehäuse des Schlosses zwischen Lakaien und schemenhaften Schranzen nichtig dahinlebend weltgeschichtlich wirken konnten«.[137]

Zur Entkrönung in Sachsen, Württemberg und anderen deutschen Staaten

Neben den Königen von Bayern und Preußen gab es in Deutschland noch zwei weitere Monarchen dieses hohen Ranges: Friedrich August III. von Sachsen und Wilhelm II. von Württemberg. Von beiden wird in der Fachliteratur behauptet, sie seien für ihren Herrscherberuf im Zeitalter der Moderne ganz besonders befähigt gewesen:[138] der Württemberger durch seine »präsidiale Amtsführung«, seine durch zivilen Lebensstil errungene Bürgernähe und sein ebenso zurückhaltendes wie auf Ausgleich bedachtes Regieren; der Sachse durch die außergewöhnliche »Zuneigung, Sympathie und Beliebtheit«, die ihm sein Volk entgegengebracht habe, sodass sich seine Monarchie einer »Popularität und Volksverbundenheit« erfreuen konnte wie kaum ein anderes Fürstenreich. Angesichts solcher Zuschreibungen, die ein intaktes Vertrauensverhältnis zwischen Herrscherhaus und Bevölkerung unterstellen, liegt die Frage nahe, wie diese beiden Könige der akuten Krise im Wilhelminischen Reich trotzten und welche politischen Strategien sie entwickelten, um nicht ebenfalls entthront zu werden.

Friedrich August III. von Sachsen

Der »Geenich« – kein Mann der Moderne

Beginnen wir mit dem »roten« Königreich Sachsen, wo die Sozialdemokratie zwar numerisch stark, aber regierungspolitisch völlig einflusslos war. Das lag nicht zuletzt an der sächsischen Verfassung, die aus dem Jahr 1831 stammte. Trotz einiger Korrekturen an diesem Grundgesetz hafteten der politischen Arbeit in Dresden auch im 20. Jahrhundert noch Züge des Ancien Régime an.[139] Das betrifft sowohl die weitreichenden Vollmachten des Herrschers als auch das vordemokratische Landtagswahlrecht.

Eine moderne Monarchie kann man Sachsen auch deshalb nur schwer nennen, weil sein König kein Mann der Moderne, sondern hingebungsvoll in seiner überkommenen Rolle erstarrt war. So kontaktfreudig er seinen Sachsen gegenüberzutreten verstand, so akzentfrei er ihren Dialekt sprach und so unprätentiös er als Landesvater war, so blieb er doch auf der anderen Seite gänzlich unfähig, sich von alten Herrschaftsformen und -formeln zu lösen, geschweige denn neue zu prägen. Sein Gottesgnadentum hatte er genauso tief verinnerlicht wie Kaiser Wilhelm II., nur auf eine besondere katholisch-dogmatische, ja geradezu mystische Weise. Überhaupt fühlte er sich seinem Vetter in Berlin bis September 1918 in herzlicher Freundschaft aufrichtig verbunden.

Als Chef seiner Dynastie führte der Wettiner ein autokratisch strenges Regiment, was sein Bruder Max, der Priester geworden war, im Mai 1916 besonders schmerzlich zu spüren bekam. Der hatte sich nämlich kritisch über die deutsche Besatzung in Belgien geäußert, wo er als Feldgeistlicher diente. Als diese Äußerungen in die schweizerische Presse drangen, suspendierte Friedrich August ihn nicht nur sofort von seinem Posten, sondern ordnete gleichsam seine Internierung an. Unter Überwachung des persönlichen und schriftlichen Verkehrs musste Prinz Max von Sachsen sein Vergehen bis zum Ende des Krieges in einer Villa bei Hosterwitz büßen.[140]

Über die sächsische Kriegszielpolitik, genauer: die Wettiner Begehrlichkeiten bezüglich Polens und Litauens, wurde bereits berichtet. Nicht unerwähnt bleiben darf schließlich, dass Friedrich August ein sehr unglücklicher Mensch war. Denn seine Frau Luise hatte ihn nach elfjähriger Ehe mit den gemeinsamen sechs Kindern sitzen lassen, um neues Liebesglück außerhalb Deutschlands zu suchen.[141] Das war 1902. Im Jahr darauf wurde der erst 38-jährige Fürst geschieden, sodass dem Land eine Königin fehlte, als er 1904 den Thron bestieg. Obwohl nicht nur der besorgte Kaiser eine Wiederverheiratung des Wettiner Kollegen für »absolut nötig« erklärte[142], blieb Friedrich August für den Rest seines Lebens unbeweibt. Was für ein Schicksal er damit sich und seinen sechs Kindern zumutete, kann man in den Aufzeichnungen seiner Tochter

Margarete nachlesen.[143] Dass ein unglücklicher König auch für sein Volk kein Segen ist, darf man getrost unterstellen.

In die Geschichte eingegangen ist dieser Sachsenkönig bekanntlich durch launige Redensarten und fast schon ins Skurrile abdriftende Attitüden.[144] Gemeinhin als besondere Volkstümlichkeit interpretiert, waren seine Schrullen wohl eher eine Form von Sarkasmus, mit der er vor allem dem eigenen Lebensunglück begegnen wollte. Beim Volk mochte der König damit ganz gut ankommen. In Hof- und Kollegenkreisen jedoch sorgte er eher für Irritationen. Die »Unbeholfenheit seines Wesens und die läppische Art seiner Fragen und Bemerkungen«, schreibt Reichskanzler Bülow in seinen Erinnerungen, hätten diesem Fürsten einen so »komischen Anstrich« gegeben, »dass es schwer war, ihm gegenüber den Ernst zu bewahren, der sich für den Reichskanzler im Verkehr mit Bundesfürsten ziemt«.[145]

Auch die sächsischen Staatsminister hatten ihre liebe Mühe, unter einem solchen König ihre Arbeit zu tun, und mussten immer wieder zu »Tricks« greifen, um die Regierungsgeschäfte im Fluss zu halten.[146] Andere trugen es mit Humor, wie die greise Großherzogin Luise von Baden, die – wie sie dem preußischen Gesandten gestand – »sehr belustigt« war »über gewisse derbe Ausdrücke« des sächsischen Königs bei dessen Staatsbesuch in Karlsruhe im Frühjahr 1909. »Sie habe auf Ihre alten Tage von Seiner Majestät noch allerlei gelernt«, das Wort »Mumpitz« etwa, das ihr genauso wenig bekannt gewesen sei wie »die Bezeichnung ›die Nase begossen‹«. Auch das (regierende) Großherzogspaar hätte sich köstlich über Friedrich August amüsiert, der auch noch in der Theater-Loge laut schnarchend schlief, was dann »doch etwas peinlich gewesen« sei.[147]

Die von der Hofetikette abweichende Eigenart im gesellschaftlichen Auftreten des Monarchen war aber durchaus ein Problem, denn er lief damit Gefahr, nicht für voll genommen zu werden. Nach einem Frühstück beim König in Dresden notierte Harry Graf Kessler zum Beispiel abschätzig: »Er affichiert für seine Person Manieren und geistiges Niveau eines zweiten Kutschers in der Kutschkneipe, aber aggraviert durch Zungenklaps und leichten Schwips. Er *macht* nicht Cercle, er *rollt* ihn, mit hochrotem Kopf und unsicheren Beinen.«[148] So überzeichnet Karikaturen wie diese auch sein mögen, ein König, der zu so viel Lästerei einlud wie der von Sachsen, konnte nur mehr qua Amt und Würde, nicht aber durch eigenes Format eine Autorität sein; im Übrigen blieb er eben der »Geenich« und sonst gar nichts.

Krise und Flucht

Von politischen Weisheiten ist wenig überliefert, doch seine Regierungsgeschäfte hat er gewissenhaft erledigt, Akten studiert und sich stets über alles auf dem Laufenden halten lassen. So war er auch im Herbst 1918 über die aussichtslose militärische Lage des Reiches und die latente Umsturzgefahr durchaus im Bilde. Aber offenbar fehlte ihm das Gespür für die Brisanz der Situation, denn sonst hätte er sich wohl nicht Ende September noch für längere Zeit nach Schloss Rehefeld ins Erzgebirge begeben, um dort seinem Jagd-Faible zu frönen. Nicht einmal das schwere Eisenbahnunglück am Bahnhof Dresden-Neustadt am 22. September mit fast zwanzig Toten konnte ihn davon abbringen.[149]

Das Tagebuch der Königstochter Margarete zeigt den Vater erst am 25. Oktober »in tiefen politischen Sorgen« und ihren Bruder, den Kronprinzen Georg, einer »schwarzen Zukunft« entgegensehend. Der prognostizierte für die Wettiner nämlich schon ein baldiges Exil in der Schweiz. Auch Margarete fühlte sich bedroht. Die Sozialdemokraten, schrieb sie, »gewinnen merklich an Überhand, und schon liegt uns die Hand am Halse, die uns erwürgen will«. Einig war man sich im Familienkreis auch darüber, dass den Monarchien durch den im Augenblick allmächtigen amerikanischen Präsidenten Wilson »eines draufgesetzt« werden sollte. Die Kernfrage lautete jetzt: »Können wir uns noch soviel Demütigung gefallen lassen?«[150]

Dies war die Stimmungslage im Königshaus, als das sächsische Staatsministerium bereits konkrete Schritte zu einer demokratischen Verfassungsreform eingeleitet hatte, die – wie in anderen Monarchien auch – der Prävention revolutionärer Unruhen dienen sollte. Für die Herrscherfamilie verknüpfte sich damit offenbar keine Hoffnung mehr, was das eigene Schicksal betraf. Als der Sächsische Landtag Anfang November 1918 die überfällige

Reform debattierte, zeigte sich auch umgekehrt, wie wenig Vertrauen die linke Seite der Kammer noch in die gestalterischen Fähigkeiten des Herrscherhauses setzte. Namentlich die USPD-Abgeordneten redeten Fraktur: »Nicht dadurch, dass man sagt, das Volk hat jetzt eine Volksregierung und die Macht im Staate, ist es getan, sondern dass die Bevölkerung auch wirklich die Macht hat.« Eine »wirkliche Parlamentarisierung und Demokratisierung« vertrage sich nicht mit der Monarchie – weder im Reich noch in den Bundesstaaten. Sie werde daher über kurz oder lang »verschwinden«.[151] Die politische Krise war unübersehbar. Auch die Ernennung eines sozialdemokratischen Landtagsabgeordneten zum königlich-sächsischen Staatsminister vermochte daran kaum noch etwas zu ändern.

Tapfer bemühte sich die Königsfamilie bis zum 8. November, ihr normales Hofleben weiterzuführen, als wäre nichts geschehen. Unterdes brandeten die Unruhen im Volk bis unmittelbar an die Tore des Dresdener Residenzschlosses und ließen bald einen Politisierungsgrad erkennen, der tatsächlich die Machtfrage aufwarf.[152] Jetzt ging es also um die Sicherung der Dynastie des königlichen Hauses. Als der sächsische Innenminister Walter Koch dies dem Monarchen am 4. November in höfischer Verschleierung klarzumachen versuchte, antwortete ihm Friedrich August ebenso empört wie konsterniert: »Da hört doch alles auf.«[153] Der vorgeschlagenen Umbildung der Ersten Kammer stimmte er trotzdem zu. Mit einem solchen Palliativmittel war es jetzt allerdings nicht mehr getan, denn die Dresdner Innenstadt – so Koch – »summte schon wie ein Bienenstock, der schwärmen will«.

Am 8. November hatte die Eskalation einen solchen Grad erreicht, dass mit Übergriffen der aufgebrachten Menge auf das Residenzschloss gerechnet werden musste.[154] Die für Militär und Polizei Verantwortlichen bezweifelten, ob die bewaffnete Staatsmacht diesem Druck würde standhalten können. Weitere Hiobsbotschaften trafen im Schloss ein: In München war die Republik ausgerufen worden. Was tun? Bei der Besprechung mit seinen Ministern nachmittags um drei Uhr saß der König an seinem Schreibtisch vor aufgeschlagener Bibel, neben ihm sein großer Hund. Der Tochter Margarete hatte er zuvor geklagt, »es stände übel mit uns«. Als seine Berater ihm nahelegten, Dresden zu verlassen, reagierte er zunächst »sehr unlustig«. Wörtlich soll er gesagt haben: »Wo soll ich denn hingehen? Wir Wettiner haben doch nichts Rechtes! In Rehefeld [Jagdschlösschen im Erzgebirge] pfeift der Wind durch die dünnen Wände, in Hubertusburg [Barockschloss aus der Zeit Augusts des Starken] ist noch nicht einmal elektrisches Licht und in Moritzburg [Wasserschloss etwa 15 km von Dresden] steht einem das Wasser bis an den Hals!«

Nach Rücksprache mit diversen Familienangehörigen sowie den höchsten Hofchargen willigte der Monarch schließlich in den Plan ein, sich zunächst doch in der imposanten und wehrhaften Moritzburg zu verschanzen und dort – eine halbe Autostunde von Dresden entfernt – den weiteren Verlauf der Dinge abzuwarten. »So sind wir still aus dem Schloss gegangen«, schrieb Prinzessin Margarete auf, die den Vater mitsamt dem Kronprinzen begleitete. Durch den dunklen Birnengarten in den Stallhof und von dort durch eine Hintertür mit dem Auto hinaus – nach Abschrauben der Königsstandarte. Das war nach mehr als achthundert Jahren doch ein sehr informeller Abschied von ihrer Residenz, zu dem sich die Wettiner am 8. November gedrängt fühlten. Zurück ließen sie nicht nur die Geschichte ihrer Herrschaft, sondern auch ihren Anspruch auf politische Macht.

Am 9. November war die politische Lage in der Metropole des Noch-Königreichs Sachsen brisant: ein verschwundener Monarch, eine funktionsuntüchtige Staatsregierung, ein heillos zerstrittener Zentralarbeiter- und Soldatenrat und tumultuarische Zustände auf den Straßen. Eine Rückgewinnung der Macht für die alten Gewalten schien allerdings mehr als unwahrscheinlich. »Ein wirkliches monarchisches Gefühl«, schreibt der letzte königliche Innenminister Koch, »war in den breiten Schichten des Volkes nicht vorhanden.«[155] Das musste man auch in der Festung Moritzburg erkennen, wo man alle Hoffnungen auf eine Wendung zum Besseren schnell begrub.

Als die Berliner Pressemeldung von der Abdankung des Kaisers und der Ernennung Eberts zum Reichskanzler eintraf, stand für Friedrich August fest: »Jetzt sind wir der Republik in die Hände gefallen.« Zwar fehlte ihm selbst jeder Wille (und auch jede Chance) zur Rückeroberung seiner Souveränität, aber – so notierte seine Tochter in ihr Tagebuch – »er will nicht abdanken, und deshalb muss man ein Erzwingen verhindern«. Was auf nichts anderes hinauslief als die Flucht vor umstürzlerischen Zudringlichkeiten unverzüglich fortzusetzen, denn in dem Wasserschloss so nahe an der Metropole fühlte man sich nicht mehr sicher. Ludwig III. von Bayern war also nicht der einzige Monarch in Deutschland, der damals in dem Glauben befangen blieb, die eigene Abdankung durch bloßes Untertauchen noch einmal von der politischen Tagesordnung streichen zu können. »Papa klammert sich an Strohhalme und will eisenfest bleiben«, nannte Prinzessin Margarete diese Donquichotterie.

Schon in der Nacht zum 10. November verließ Friedrich August Moritzburg, um nach diversen Zwischenstationen auf den Schlössern Schönfeld und Linz noch am gleichen Tag spätabends auf Schloss Guteborn im schlesischen Waldenburg einzutreffen, wo er als Graf Gonsdorf Unterschlupf fand. Natürlich ließ sich die Politik mit solchen törichten Ausreißversuchen über die preußische Grenze nicht abschütteln. Am 11. November holte ihn die Abdankungsforderung auch an seinem neuen Zufluchtsort wieder ein. Ministerpräsident Heinze war im Anmarsch. »Papa ist in einer verzweiflungsvollen Lage«, notierte seine Tochter.

»Die sächsische Monarchie hat aufgehört zu sein«

In Dresden hatte sich inzwischen ein Vereinigter revolutionärer Arbeiter- und Soldatenrat gebildet, der am späten Vormittag des 10. November proklamierte: »Die sächsische Monarchie hat aufgehört zu sein.« Wenig später wurde auf dem verwaisten Residenzschloss die rote Fahne gehisst. Im Wege einer konstituierenden Nationalversammlung sollte Sachsen so schnell wie möglich in eine sozialistische Republik überführt werden. Das sogenannte parlamentarische Staatsministerium blieb im Amt, geriet aber zusehends unter die Kontrolle der Revolutionsorgane.[156] In den entscheidenden Tagen des Umsturzes spielte der Führer der Dresdener Linksradikalen Otto Rühle als zeitweiliger Vorsitzender des Arbeiter- und Soldatenrates eine wichtige Rolle. In dieser Eigenschaft war er im sächsischen Landtagsgebäude Zeuge eines Telefongesprächs, das Finanzminister Max Otto Schröder im Auftrag der provisorischen Regierung mit dem abgedankten Monarchen führte, um von diesem eine förmliche Entbindung der Beamten und Offiziere von ihrem Treueid zu erwirken. Das muss am 12. November gewesen sein. Rühle selbst lässt das Datum in seiner protokollarischen Aufzeichnung offen.

An dieser Aufzeichnung, die der Schriftsteller Fritz Wecker erstmals 1928 – von Rühle ausdrücklich autorisiert – veröffentlichte[157], ist vor allem die folgende Passage interessant: »Dr. Schröder führte das Gespräch, ich hörte mit. Friedrich August antwortete auf die an ihn gerichtete Frage [ob er die sächsischen Staatsdiener von ihrem Treueeid entbinden wolle] mit rauer Stimme: ›Na, das genn mer schon machen.‹ Dr. Schröder bedankte sich für den Bescheid und machte am Telephon eine Verbeugung. Darauf der König: ›Da habb'ch wohl nu nischt weiter zu sagen?‹ Dr. Schröder: ›Majestät, alle Befugnisse sind ja mit der Revolution auf den Arbeiter- und Soldatenrat übergegangen.‹ Worauf August unter rauem, heiseren Husten erklärte: ›So, so – na da macht euern Dreck alleene!‹« Nicht nur die sozialistische Presse nahm dem König diesen Ausspruch ab; auch Ex-Innenminister Koch hielt ihn »für wahr. Er entspricht absolut dem Wesen und der Ausdrucksweise des Königs.«[158]

Die Abdankungs-»Urkunde« bestand aus einem schlichten Zettel, auf dem über der Unterschrift »Friedrich August« der etwas ungelenk geschriebene Text steht: »Ich verzichte auf den Thron. Den 13. November 1918.«[159] Das ist alles. Passend zu dem »Dreck« vielleicht, mit dem der Mann nichts mehr zu tun haben wollte. Staatsrechtlich betrachtet womöglich vollkommen wertlos, zumal die Dynastie, insbesondere die Ansprüche des Kronprinzen Georg, in den Thronverzicht einbezogen worden waren. Immerhin bewilligte Friedrich August dem nach Schlesien geeilten Ministerpräsidenten Heinze und allen Kabinettsmitgliedern noch den Abschied mit Titel, Rang und Pension. Heinze fragte er sogar, ob er den Leuten lieber den Adelstitel oder das Großkreuz vom Wettiner Albrechtsorden verleihen solle.[160] Das musste der Vorsitzende des Staatsministeriums zwar als nicht mehr zeitgemäß ablehnen, gegen das reichlich saloppe Thronverzichtspapier hatte er aber offenbar nichts einzuwenden.

Auch familienintern wollte sich Friedrich August nicht weiter erklären. Seiner Tochter musste Adjutant Steinbach eröffnen, was die Stunde geschlagen hatte: »Die Lage ist verzweifelt und mit der Monarchie ist es vorbei.« So saßen ihrem Tagebuch zufolge am Abend dieses denkwürdigen Novembertages im Schloss des Grafen Schönburg-Waldenburg »total entwurzelte Menschen um den Tisch und blickten verzweifelt in die Zukunft«. Die fiel dann allerdings doch weniger verzweifelt aus, nachdem die Reisegruppe zwei Tage später ihren prachtvollen Familienbesitz Sibyllenort nordöstlich von Breslau erreicht hatte. Diese hochherrschaftliche Sommerresidenz der Wettiner mit 23 000 Hektar Landbesitz sicherte der vormaligen Königsfamilie weiterhin ein fürstliches Leben, wozu bald auch der Freistaat Sachsen durch eine großzügige Vermögensregelung mehr als ein Scherflein beitrug.

Letztlich genügen diese wenigen Details, um den Anteil des letzten Königs von Sachsen an der Selbstauflösung des deutschen Monarchie-Modells zu erfassen: seine Flucht, seine Schlussworte an die Minister und seine Abdankungserklärung. Kurz: Dieser Mann war seine Königskrone nicht wert. So wenig Taktgefühl, politischer Ernst, Stil. Für den industriell wie kulturell hoch entwickelten Flächenstaat mit fast fünf Millionen Einwohnern, den er als regierendes Staatsoberhaupt »ideal« zu repräsentieren beanspruchte, darf man seine Niveaulosigkeit mit Fug und Recht eine Zumutung nennen.

Auch mit Blick auf das fürstliche Gesamtensemble des deutschen Herrscherstandes, wie es bis Herbst 1918 auf der politischen Bühne stand, spielte der König von Sachsen, formell der drittwichtigste Staatsschauspieler in Deutschland, keine Glanzrolle. Besondere Verdienste um das ewig gleiche Stück: die monarchische Sache an und für sich, hat er sich nicht erworben. Im Gegenteil, vor allem für die auratischen Aspekte der Monarchie und ihren Talmiglanz war dieser personifizierte Sarkasmus auf dem Thron sogar gefährlich. Die Sympathie, die dieser Wettiner im Volk genossen haben mag, hatte stets seinen Schrullen gegolten: seinen humorigen Redensarten, seiner ungenierten Trinkfreudigkeit, seinen volkstümlichen Liebhabereien – niemals aber seiner Majestät, dem gesalbten König von Gottes Gnaden, zu dem man mit Ehrfurcht und Stolz hätte aufsehen können. Einen solchen, mit Würde und Nimbus ausgestatteten Träger der Krone gab es in Sachsen nicht.

In anderen Verhältnissen aufgewachsen, schrieb die *Dresdener Volkszeitung* einen Tag nach der formellen Abdankung, »wäre er wohl ein biederer Handwerksmeister geworden, als Träger der Krone stand er am falschen Platze«.[161]

»Friedrich August, König ohne Sachsen«, soll er sich nach seiner Abdankung selbst genannt haben – sein vielleicht bester Spruch und, was die inhaltliche Aussage betrifft, zugleich das Beste für ihn wie für Sachsen. Allerdings scheint er auch in seiner Exilzeit immer noch »mehr August als Friedrich« geblieben zu sein, wie das Ondit seines preußischen Freundes und Kollegen Wilhelm II. über ihn lautete.[162] Am 18. Februar 1932 ist der Dynast in seinem Schloss Sibyllenort verstorben und fünf Tage später in der Dresdener Hofkirche beigesetzt worden. Sein Sohn Georg, der vormalige Thronprätendent, hatte seine zunächst offengehaltenen Ansprüche 1919 aufgegeben und war katholischer Priester geworden. Die »schweren Erlebnisse« der Revolutionstage hatte er schon im November 1918 durch tiefe Religiosität zu sublimieren gesucht: »Wie schön, dass wir durch die Güte des lieben Gottes so viel zu seiner Ehre leiden können.«[163]

Wilhelm II. von Württemberg

Im Herbst-Szenario der Selbstaufgabe deutscher Könige, die politisch nicht überleben konnten, aber auch nicht in Würde sterben mochten, fehlt jetzt noch Wilhelm II. von Württemberg. Verkörperte er die Ausnahme von der bislang beobachteten Regel? War er der royale Ehrenretter inmitten des allgemeinen Fürstendebakels? Bis heute steht er in dem Ruf, noch am ehesten dem Idealbild eines zeitgemäßen Monarchen im Deutschen Kaiserreich entsprochen zu haben. Obwohl sein schriftlicher Nachlass noch der geschichtswissenschaftlichen Analyse harrt und mir nicht zugänglich war, sind dank mehrerer biografischer Studien[164] bereits heute einige klärende Aussagen möglich, ohne im Einzelnen auf die politische Geschichte des Königreichs im Herbst 1918 einzugehen.[165]

Ein allzu braver König

Hinsichtlich der Einstellung des Monarchen gegenüber dem Umsturz, der ihn selbst gleichsam mit einem Zug schachmatt setzte, liefert zunächst eine Tagebuchaufzeichnung über den 9. November 1918 im Stuttgarter Wohn- und Amtssitz von König Wilhelm aus der Feder der Gräfin Stauffenberg, der Frau des letzten Oberhofmarschalls, einigen Aufschluss. Es war am Nachmittag, der Monarch hatte sich gerade zur Abreise aus der Residenzstadt entschlossen, nachdem dort die soziale Republik ausgerufen worden war. Jetzt wartete er auf einen Schutzbrief der neuen Machthaber, der ihm eine ungefährdete Übersiedlung nach Schloss Bebenhausen bei Tübingen sichern sollte. Der scheidende Monarch drängte: »›Wenn nur die Zeit verginge, wenn man nur wegfahren könnte, jede Minute wird zur Stunde‹ und mit erschütternder Handbewegung ›ich habe ja nichts mehr hier zu schaffen‹. Und dann wieder: ›Sie müssen doch wirklich sagen, ich klebe doch nicht an diesem Posten, aber so wegzukommen, das ganze Militär hat mich ja verlassen‹ und dabei rollten ihm die grossen Thränen in den weissen Bart.«[166]

Einen Tag später schrieb Wilhelm dann nach unversehrter Abreise aus seinem neuen Domizil einen längeren Brief an seinen präsumtiven Nachfolger Herzog Albrecht von Württemberg: »Es ist Gottes Wille, und ich beuge mich in Demut unter seinen Ratschluss. – Wir sind seit gestern abend hier; wir kamen unter Ausweis und Geleite des Arbeiter- und Soldatenrats. Die Menge stürmte gestern das Wilhelmspalais, während die Minister bei mir waren, verlangte Einziehen meiner Fahne und Hissen der roten Fahne. Das Hissen geschah mit Gewalt, sonst wurde nicht das Geringste beschädigt. Soldaten und Arbeiter der Räte halten Wache vor dem Haus.« Noch habe er nicht abgedankt, »aber wegjagen lasse ich mich nicht, vorher gehe ich freiwillig«. Es sei ein »trauriges Erbe«, das er Albrecht hinterlasse – »unser liebes schönes Württemberg, mit dem durch Jahrhunderte unser Haus eng verknüpft war, ist dahin. Ob Du das Erbe noch einmal wirst antreten können, steht in Gottes Hand, aber ich glaube es nicht.«[167]

Württembergs letzter König hat einen Abgang dieser Art in seinem Schwabenreich bis zum Eintritt der Katastrophe offenbar nicht für möglich gehalten. Als das Unheil dann eintrat, scheint er kein Problem damit gehabt zu haben, sich zwangsweise aus dem politischen Leben zurückzuziehen – aber nicht »so«, wie es ihm nun zugemutet wurde. Wütende Ausfälle gegen die »Menge«, die ihn abgeschoben hatte, waren ihm gleichwohl fremd. Im Aufziehen der roten Fahne am Wilhelmspalais erkannte er den Kulminationspunkt der Revolution. Den guten alten Obrigkeitsstaat Württemberg sah er als unwiederbringlich verloren und damit auch seine eigene Rolle als ausgespielt an.

Für König Wilhelm lag alles Weitere nun bei Gott. Fast alles, denn über die Form seines offiziellen Amtsverzichts wollte er mitbestimmen. Das verlangte sein Ehrgefühl. Zweifellos vermittelt er den Eindruck eines persönlich integren Edelmannes, dem man redliches Bemühen nicht absprechen mag, aber auch den eines ziemlich harmlosen Fürsten mit einer eher kontemplativen denn handelnden Einstellung zur Politik. Doch spricht ihn das bereits von jeder Mitverantwortung für sein Schicksal frei?

Als regierender Monarch hatte König Wilhelm sich in der württembergischen Politik nichts zuschulden kommen lassen. Aus Pflichtgefühl war er bis zum abrupten Ende seiner Regentschaft stets den Vorschlägen seiner berufenen Ratgeber gefolgt; er setzte auf das Richtige, Gute und Staatsnotwendige der ihm empfohlenen Regierungsmaßnahmen – unbekümmert um innere Stimmen oder Einflüsterungen von nicht autorisierter Seite. Von Skandalen und Hofintrigen war in Stuttgart nichts zu hören, dafür war der König zu paragraphentreu und zudem politisch gänzlich leidenschaftslos. Solange Ministerpräsident von Weizsäcker mit den Staatsgeschäften zugleich auch den König führte, erwuchsen diesem unprätentiösen Bundesfürsten kaum Unannehmlichkeiten. Er war froh, dass ihm die Regierungslast abgenommen wurde, und klug genug, seinem Bismarck im Schwabenformat möglichst wenig hineinzureden. Seine politische Zurückhaltung, ja das Zurücktreten seiner Souveränität als Herrscher von Gottes Gnaden mochte ihn in der Tat als »eine Art gekrönte[n] Staatspräsident[en] mit Erbberechtigung« erscheinen lassen.[168] Doch leistete ein solches Erscheinungsbild auch einen konstruktiven Beitrag zur Entwicklung eines zeitgemäßen Königtums in Deutschland?

Kaum. Je stärker die präsidialen Züge in der Amtsführung dieses »Bürgerkönigs« ins öffentliche Bewusstsein rückten, desto unzeitgemäßer mussten die im Kern autokratisch gebliebenen Elemente des gesamtdeutschen Monarchie-Modells erscheinen, von dem Wilhelm II. von Württemberg sich ja niemals distanziert hat, sondern das er im Gegenteil hochhielt. Als Repräsentant dessen, was den gemäßigten 1848er Demokraten als monarchische Staatsspitze idealiter vorgeschwebt hatte, konnte der Württemberger nicht zugleich Protagonist jener souveränen Herrschaftsform der deutschen Bundesfürsten sein, wie sie der deutsche Konstitutionalismus auf Reichs- wie auf Landesebene festgeschrieben hatte. Weizsäcker blieb nach Kräften bemüht, die Zentrifugalkräfte dieses Widerspruchs zu bändigen. Doch im Verlauf des Weltkrieges gelangte auch diese schwäbisch-monarchische Staatskunst schnell an ihre Grenzen, zumal der Ministerpräsident weder von weitgehenden Systemreformen noch von einem stärkeren antipreußischen Engagement der Bundesstaaten in der Reichspolitik etwas wissen wollte. Auch in die Falle des dynastischen Länderschachers ließ er seinen König laufen, dessen Hofhaltung übrigens keineswegs so bürgerlich-bescheiden gewesen ist, wie manche seiner Porträtisten das bis heute behaupten.[169]

So glitt Weizsäcker am Ende das Heft aus der Hand, was die Staatsführung seines Monarchen nicht unberührt lassen konnte. Denn zu dessen bürgerlich-liberalem Image passte die hartnäckige Verweigerung parlamentarischer Ministerverantwortlichkeit bis in den Oktober 1918 hinein eigentlich gar nicht. Auch dass er den deutschen Kaiser noch auf dessen letzten Herrschaftsmetern »seiner unbedingten Ergebenheit versicherte« – wie Kronprinz Rupprecht von Bayern etwas kopfschüttelnd überliefert hat[170] –, zeigt, wie undurchschaubar der machtpolitische Kurs nun auch in Stuttgart geworden war. Ende Oktober 1918 scheint Weizsäcker jedenfalls mit seiner Weisheit definitiv am Ende gewesen zu sein. Dem österreichischen Gesandten gegenüber sah er nun »einen völligen Zusammenbruch des ganzen alten Europa voraus« – und beim König reichte er seinen Rücktritt ein.[171]

Monarchische Mithaftung

Vor diesem Rückzug hatte der Regierungschef seinem allergnädigsten Herrn noch die Einsetzung eines »parlamentarischen Ministeriums für eine Sicherung des Thrones« empfohlen, auf das er dann allerdings nach der Konstituierung selbst etwas hochnäsig als »wackeres Bürgerministerium« herabblickte.[172] Dass er den König, der im November 1918 dringender denn je eines gestandenen Staatsmannes bedurft hätte, dem er grenzenlos vertrauen konnte, nach zwölf langen Dienstjahren allein ließ, war nicht die einzige Unterlassungssünde von Weizsäckers. Dass er Wilhelm nicht in seiner Auffassung bestärkte, aus Anlass des Rücktritts seines Kabinetts die eigene Thronentsagung zu verkünden, war ein ebenso schwerer Fehler.

Mit »Trostkonstruktionen«, wie Weizsäcker selbst sein gutes Zureden zum Verbleib des Monarchen genannt hat, ließ sich angesichts der akuten Staatskrise im Reich auch im »Ländle« keine gute Politik mehr machen. Zu meinen, der König würde allein schon aufgrund seiner Popularität mit der Ernennung einer parlamentarischen Regierung die Treue seines Volkes zu ihm und seinem Herrscherhaus erneut bekräftigen, war ein verhängnisvoller Irrtum, wie es auch schon falsch gewesen war, noch Ende Oktober 1918 »an eine Gefahr für den Bestand der Hohenzollerndynastie nicht zu glauben«.[173] Wenn König Wilhelm II. von Württemberg am 9. November in sein Unheil lief, so hat er das in nicht geringem Maße seinem fähigsten Staatspolitiker zu verdanken. Als es für das monarchische System richtig gefährlich wurde, zeigte sich selbst von Weizsäcker der krisenhaften Entwicklung nicht mehr gewachsen, hauptsächlich deshalb, weil er mit seinen Auffassungen auch jetzt noch dem 19. Jahrhundert verhaftet blieb. So fehlte ihm insbesondere der politisch durchdringende Blick auf die Mobilmachung der Massen, von der man selbst in Stuttgart seit Ende Oktober schon manche Kostprobe zu sehen bekommen hatte.

Einen ersten Höhepunkt erreichte die soziale Protestbewegung in Stuttgart am 4. November, als Tausende von streikenden Arbeitern zu einer öffentlichen Versammlung auf dem Schlossplatz zusammenströmten.[174] Politisch dominiert wurde diese Demonstration von USPD-Anhängern, deren Führer Fritz Rück (Spartakist) auch die Hauptansprache hielt. Der *Schwäbische Merkur* berichtete anderntags, dass die Menge vor allem das Verlangen nach der sozialistischen Republik mit lautem Jubel und Hochrufen begrüßt habe. Rücks Republikanismus hatte nicht allein den allgemein verhassten deutschen Kaiser im Visier. Auch die Fürsten der Bundesstaaten, so zitierte der Reporter den Redner, »müssten abdanken, auch Wilhelm II. von Württemberg. Man sage ja auch in Arbeiterkreisen, Wilhelm II. sei persönlich ein guter Fürst; aber es gelte dem System, nicht den Personen; und auch dieser Fürst habe Ludendorff, dem Diktator Deutschlands, bei seinem Abgang Stern und Kreuz gesandt, er decke ein Regierungssystem, das in vielem preußischer als preußisch sei.«[175] Diesem Verdikt scheint niemand widersprochen zu haben.

Im Anschluss an die Kundgebung, die sich auch als Impulsgeber für die Bildung von Arbeiter- und Soldatenräten verstand, bewegte sich ein großer Demonstrationszug zum Ministerium des Innern – an der Spitze eine rote Fahne und ein Plakat mit dem Aufdruck: »Hoch die sozialistische Republik«. Eine Arbeiterdeputation übergab dem Innenminister einen Forderungskatalog und ließ sich nicht davon abbringen, auch an ihrem Verlangen nach Abschaffung der Monarchie festzuhalten, und zwar expressis verbis »wegen dem Sischtem«.[176] Dass die vor ihrer Demission stehende Regierung Weizsäcker diese gezielte Provokation mit der Verhaftung von anderthalb Dutzend linksradikalen Rädelsführern und Pressezensur beantwortete, war kein Akt politischer Klugheit. Denn erstens goss sie damit nur weiteres Öl ins Feuer der allgemeinen Unruhe, zweitens verstellte sie sich mit dieser Repressivmaßnahme selbst den Blick auf ein virulentes Problem, und drittens belastete sie sowohl ihre Nachfolgerin als auch den König mit einer schweren Hypothek. Denn das in Aussicht genommene Kabinetts-Revirement sollte ja gerade einer weiteren Eskalation vorbeugen, das heißt integrierend wirken.

Das virulente Problem, das die Demonstration vom 4. November in den politischen Raum stellte, war, dass die Demonstration eine radikal antimonarchische Stoßrichtung hatte, diese aber nicht dem Menschen und Landesvater Wilhelm von Württemberg galt, sondern dem Bundesfürsten, dem Hohen Verbündeten und Freund des deutschen Kaisers. Sie sollte den Mitgesellschafter einer Firma treffen, die in Konkurs geraten war, weil sie bei ihrem Hauptgläubiger, dem deutschen Volk, keinen Kredit mehr besaß. Der König wurde für etwas in Haftung genommen, für das er zumindest eine Mitverantwortung trug, nämlich das deutsche Monarchie-Modell. Wenngleich er es verstanden hatte, als Protagonist dieses Herrschaftssystems weit weniger dezidiert in Erscheinung zu treten als manche seiner Kollegen, so hatte er es doch mitgetragen und in Maßen auch öffentlich zelebriert. Seine persönliche Integrität änderte daran gar nichts.

Weil er politisch tatsächlich haftbar *war*, ergab die Abdankungsforderung auch sehr viel mehr Sinn, als die königliche Regierung wahrhaben wollte. Und genau darin lag das Problem. Es führte dazu, dass auch das letzte Kabinett des Monarchen schon am Tag seiner Vereidigung unter dem gesteigerten Druck der revolutionären Bewegung zusammenbrach. Selbst die MSPD, die anfangs so viele Hoffnungen auf diesen Parlamentarisierungsschritt gesetzt hatte, musste darin schon am 8. November eine Totgeburt erkennen. Die Parole lautete jetzt unmissverständlich: »Für die soziale Republik!« Von einem etwaigen Fortbestand der Monarchie konnte nun auch in Württemberg keine Rede mehr sein. Und das stand fest, noch bevor man in Stuttgart wusste, was aus dem deutschen Kaiser, dem Kaiserreich und seiner letzten Reichsregierung werden würde.

Die Legende, wonach das Schicksal der württembergischen Monarchie in Berlin entschieden worden sei, ist zu schön, um wahr zu sein. Die Entmachtung des nicht unbeliebten, aber als Herrscher einfach nicht mehr gewollten Königs war auch und nicht zum wenigsten ein einzelstaatlicher Vorgang, dessen Verlauf bewusst von innen gesteuert wurde. Am Ende fiel die politische Macht denjenigen zu, die als Württemberger die Ausschaltung der alten Gewalten mit dem König an der Spitze bewirkt hatten.

Auf verlorenem Posten

Schon am Vorabend seines Abschieds von der Macht scheint sich König Wilhelm auf reichlich verlorenem Posten gefühlt zu haben. Am liebsten hätte er mit einem warmen »Aufruf des Königs an sein Volk« seine jederzeitige Bereitschaft zum Rücktritt erklärt, statt sich noch einmal zur Vereidigung eines neuen königlich-parlamentarischen Kabinetts aufzumachen. Er fragte sich zu Recht, warum er »das alles noch erleben muss«.[177] Aber treuen Glaubens und pflichtschuldig, wie er war, empfing er im Wilhelmspalais, seinem Stuttgarter Wohn- und Amtssitz, am späten Vormittag des 9. November die neuen Minister, vereidigte sie und beriet im Anschluss daran mit ihnen, ob und gegebenenfalls wie man staatlicherseits das in Bewegung geratene Volk beruhigen könne. Erneut gab er die Versicherung ab, dass seine Person kein Hindernis für eine von der Mehrheit gewünschte Systemveränderung sein dürfe und solle. Sogar einem eventuellen Empfang der Revolutionäre wollte er sich nicht verweigern.[178]

Während der Ministerrat im Vorraum des Audienzzimmers verblieb, um dort eine Proklamation an die Württemberger auszuformulieren, begab sich Wilhelm zum sogenannten Frühstück in seine Privatgemächer. Gegen 14 Uhr kehrte er zu den Beamten zurück und segnete den Aufruf ab. Unterdessen hatte sich eine vieltausendköpfige Menschenmenge auf dem Schlossplatz versammelt, um den ideologisch vorbereiteten Umsturz nun auch politisch auf den Weg zu bringen. »Die Monarchie hat ausgelebt, die soziale Republik muss aufgerichtet werden«, hieß es allenthalben.[179] Der benachbarte Karlsplatz füllte sich hauptsächlich mit Soldatenabteilungen, die mit roten Fahnen anmarschierten und vom übrigen Publikum jubelnd begrüßt wurden. Das pompöse Reiterstandbild für Kaiser Wilhelm I. wurde okkupiert und – umfunktioniert. Der preußische »Heldenkaiser« erhielt zum Gaudium der Massen eine Zipfelmütze übergestülpt, während man die Obelisken und Löwen mit roten Fahnen behängte. »Dass fest und zäh wie der Stein und das Metall des hohen Denkmals auch der Schwabensinn am deutschen Reich halten wird bei Sonnenschein und Ungemach«, hatte sich der Enkel des monumental Verewigten 1898 bei der Denkmalseinweihung gewünscht.[180] Und jetzt, zwanzig Jahre später, diese »schmähliche Verhöhnung des Alten Kaisers, dessen Bronzedenkmal Gegenstand niedrigsten Spottes war«.[181]

Vom Karlsplatz aus setzte sich ein großer Demonstrationszug in Bewegung, um die bislang noch kasernierten Kameraden zu entwaffnen. Waffen wurden unbrauchbar gemacht und Räte eingesetzt. Nachdem auch die Schlosswache entwaffnet war, staute sich vor dem Amtssitz des Monarchen bald eine anschwellende Menge aus Soldaten und Zivilisten. Nach Überrumpelung der militärischen Posten drang ein Teil der Demonstranten in die Vorhalle des Wilhelmspalais ein, wo ein paar Hofbedienstete sie in Empfang nahmen.

Eigentlich wollten die Demonstranten nur eines: die Königsfahne von dem symbolträchtigen Gebäude herunterholen und stattdessen die rote Fahne dort hissen. Am liebsten sogar hissen lassen. Erst nachdem der König dieses Ansinnen zurückgewiesen hatte, griff man zur Selbsthilfe. Und das war's auch schon. Weder fielen unflätige Worte gegen den königlichen Hausherrn, noch wollte man in seine Gemächer eindringen. Nicht einmal der Ruf nach seiner Abdankung wurde laut. Als die kleine rote Fahne anstelle der Königsstandarte aufgezogen wurde, setzte Musik ein, »und die Zehntausende jubelten« – so der Reporter der *Schwäbischen Tagwacht*. Bald schon war die Menge wieder abgezogen, um weitere Kasernen zu öffnen, Gefangene zu befreien und Räte zu bilden. Der König war jedenfalls nicht der Magnet des öffentlichen Interesses – weder vor noch nach dem Eindringen in seinen Wohnsitz; seiner Amtsautorität war er gleichsam nebenbei entkleidet worden. Eine Handvoll Männer mit roten Armbinden genügte, um den rein symbolisch vollzogenen Machtwechsel im Wilhelmspalais zu sichern.[182]

Was ist ein König noch wert, auf dessen Palast die rote Fahne unangefochten weht, der über keine militärische Befehlsgewalt mehr verfügt und dem auch sonst niemand zu Hilfe kommt? Nicht viel. So ein König ist überflüssig geworden – ohne Amt, ohne Aufgabe und ohne Autorität. Genauso hat sich Wilhelm II. von Württemberg am Nachmittag des 9. November 1918 auch gefühlt: als Machthaber ausgeschaltet, von seinen Staatsorganen im Stich gelassen und von seinem Volk vergessen. Bei den treulosen Stuttgartern wollte er jedenfalls nicht länger bleiben. Er ordnete die sofortige Abreise nach Schloss Bebenhausen an, in das er sich auch schon in besseren Zeiten gern zurückgezogen hatte. Für diese Fahrt aber brauchte er eine Schutzgarantie, und die konnte ihm nach Lage der Dinge nicht einmal mehr die erst vor wenigen Stunden berufene parlamentarische Regierung verschaffen. Doch die neuen Machthaber zeigten sich kulant, sorgten für sicheres Geleit und auch dafür, dass das Königspaar an seinem beschaulichen Aufenthaltsort von niemandem mehr behelligt wurde. Dies stand nicht im Widerspruch zu einer zeitgleich aufgesetzten Proklamation, in der noch einmal ausdrücklich die Republik »erklärt« wurde: »Eine neue Epoche der Demokratie und der Freiheit bricht an, die alten Gewalten treten ab und das Volk, das die Revolution bewirkt hat, übernimmt die politische Macht.«[183]

Dem König oblag es nun, sich gleichsam selbst abzuwickeln, da die provisorische Regierung, die schon am 11. November in eine bürgerlich-sozialdemokratische Regierungskoalition überführt wurde, zunächst weiterhin keinen Druck auf ihn ausübte. Noch einmal zog der abgeschobene Monarch seinen früheren Chefberater von Weizsäcker zu Rate. Der setzte ihm am 16. November in Bebenhausen einen Erlass auf, der die württembergischen Beamten von ihrem Treueid entband.[184] Prompt ließ die provisorische Regierung die rote Fahne auf dem Wilhelmspalais einholen. Gleichzeitig empfahl von Weizsäcker, mit der förmlichen Abdankung nicht bis zu den Wahlen zu warten. Vor allem hielt er die Bedingungen für die Herbeiführung einer vorteilhaften Übereinkunft mit den Regierungsverantwortlichen in Stuttgart noch für so günstig, dass er von einem weiteren Zuwarten eher Nachteile für die Interessen der Dynastie erwartete.

Durch informelle Verhandlungen erreichte von Weizsäcker tatsächlich bei »den neuen in Stuttgart zuständigen Faktoren« innerhalb weniger Tage die verbindliche Zusage »einer billigen finanziellen Regelung für den König und sein Haus«. Infolgedessen formulierte Wilhelm II. von Württemberg sein wohl schon seit langem geplantes »persönliches Abdankungsmanifest«, das am 30. November offiziell publik gemacht wurde und überall freundliche Aufnahme fand.[185] Die schmeichelhafte Verabschiedung des »Herzogs zu Württemberg«, als der er jetzt firmierte, durch die schwäbische Presse scheint Balsam für die Wunden des hohen Pensionärs gewesen zu sein. Jedenfalls erkannte er dankbar an, »dass mir ein so guter Abgang bereitet worden ist wie kaum einem anderen Bundesfürsten«.[186] Auch die jährliche Rente von 200 000 Mark vom 1. Januar 1919 an, die uneingeschränkte Verfügungsgewalt über sein Privateigentum sowie die kostenfreie Überlassung von

Schloss Bebenhausen als Alterswohnsitz dürften ihm die Selbstbescheidung erleichtert haben. Restaurative Aspirationen waren ihm ohnedies fremd oder – wie man besser sagen sollte – vergällt.

Dass die Stuttgarter ihren sympathischen König am 9. November 1918 einfach fallengelassen, die Monarchie bedenkenlos geopfert hatten, dieser Stachel allerdings saß tief. Wie tief, brachte Wilhelm im März 1920 nach dem Besuch der Familiengruft in Ludwigsburg zum Ausdruck. Er sei, schrieb er damals einem Pfarrer, »in einem großen Bogen um Stuttgart herumgefahren – nicht aus Bitterkeit –, sondern weil ich das Gefühl habe, dass ich dort nicht mehr hingehöre, dass es mir zu traurig wäre, an meinem verlassenen Heim vorüberzugehen. Nie möchte ich Stuttgart mehr betreten, selbst nicht bei meiner Überführung zur letzten Ruhestätte in Ludwigsburg.«[187]

Also war es doch Bitterkeit. So wurde auch der von seinem Volk so anständig verabschiedete Ex-Monarch seiner ihm noch verbleibenden drei Lebensjahre als Privatier nicht mehr recht froh. Dass am 8./9. November ausgerechnet ihm auf eine – wie er glaubte – so undankbare, ja gewissenlose Weise die Gefolgschaft aufgekündigt worden war, konnte er beim besten Willen nicht mehr verwinden. An der tiefen Enttäuschung darüber, mithin »an gebrochenem Herzen« – so sein treu ergebener letzter Finanzminister Theodor von Pistorius[188] –, ist Wilhelm Herzog von Württemberg am 2. Oktober 1921 in Bebenhausen verstorben.

Wenn also, so lautet das Fazit, selbst dieser populäre König in der November-Krise der Anhänglichkeit seines Volkes komplett verlustig ging, dann braucht man über die Beliebtheit der Monarchie im deutschen Herbst 1918 nicht weiter zu spekulieren. Das monarchische Gefühl war wie weggeblasen.

Weitere Untergänge

Blickt man auf die Umsturz-Erfahrungen, die den übrigen deutschen Herrscherhäusern im November 1918 aufgenötigt wurden, so ergeben sich nur partielle Abweichungen von dem bislang gewonnenen Bild. Sie lohnen daher keine eigenständige Rekonstruktion, sondern sollen hier zur Vervollständigung des Entkrönungs-Panoramas nur schlaglichtartige Berücksichtigung finden. Was die fünf Großherzöge (von Baden, Hessen, Mecklenburg[189], Oldenburg und Sachsen-Weimar-Eisenach) betrifft, die als Königliche Hoheiten unmittelbar hinter den vier deutschen Majestäten rangierten, so verdienen vor allem die nachfolgenden Facetten festgehalten zu werden.

Sachsen-Weimar-Eisenach

Am auffälligsten ist vielleicht, wie stark sich in der kleinsten dieser Herrschaften die Umsturzbewegung direkt und persönlich auf den dortigen Potentaten bezog, den thüringischen Großherzog Wilhelm Ernst aus einer Seitenlinie des Hauses Wettin.[190] Als direkter Nachkomme der ruhmreichen Geburtshelfer der Weimarer Klassik versperrten ihm womöglich gerade diese ererbten Lorbeeren den Blick auf die Tatsache, dass dieser Ruhm für ihn 1918 politisch nichts mehr wert war.

Dabei hätte er gewarnt sein müssen. Durch den nationalistischen, aber durchaus streitlustigen Dichter Ernst von Wildenbruch beispielsweise, der den jungen Großherzog schon 1903 öffentlich angegriffen hatte, weil er seine herrscherliche Aufgabe vernachlässige, sich sichtbar als Hüter des großen kulturellen Erbes zu engagieren.[191] Der Ansehensverlust, der mit dieser Attacke seinen Lauf nahm, blieb offenbar nicht auf die kulturellen Eliten beschränkt. Das konnte man 1918 sehen. Als einziger von allen deutschen Großherzögen wurde der Weimarer nämlich schon im Vorfeld der Revolution öffentlich zur Persona ingratissima. Am 1. November 1918 vermochte ihn nicht einmal die Glocke des Landtagspräsidenten vor politischen Invektiven zu schützen, was in der Presse deutschlandweit Sensation machte.[192] Der sozialdemokratische Abgeordnete August Baudert brachte im Landesparlament einem staunenden Publikum mit scharfen Worten die »hochgradige Unpopularität« des Herrschers im ganzen Land zu Bewusstsein. Und er ließ dessen Rücktritt ziemlich unverblümt als wünschenswert erscheinen. Die demokratische Linke hieb in die gleiche Kerbe.[193]

Genau an diesem neuralgischen Punkt des Herrschaftssystems setzte am 8. November die revolutionäre Bewegung an. Neuralgisch deshalb, weil in einem Kleinstaat wie diesem Animositäten gegenüber dem Souverän so präsent waren, dass sie agitatorisch mühelos aufgegriffen, verstärkt und politisch zugespitzt werden konnten. Das war besonders bei den in Weimar kasernierten Soldaten der Fall. Die hätten am liebsten gleich das Schloss gestürmt, als sich die Nachrichten über die rapide Ausbreitung der Revolution in Mitteleuropa verdichteten. Baudert versuchte, deeskalierend zu wirken, einmal durch Wahl eines Soldatenrates, dann durch Veranstaltung einer Massenkundgebung, auf der er selbst als Hauptredner für die »deutsche Republik« agitierte. Wie er sich später erinnerte, »waren während meiner Rede, aus der Masse heraus, Schmähungen und Verwünschungen gegen den Großherzog laut geworden, und es hätte nur des geringsten Anstoßes bedurft, um einen Sturm auf das Schloss zu inszenieren«.[194] Ein solcher Gewaltakt hätte den etwa zweitausend Demonstranten zwar nicht die offenbar dringend gewünschte Satisfaktion gebracht, weil Wilhelm Ernst an diesem Abend vorsichtshalber bei einem Rechtsanwalt in der Stadt Zuflucht gesucht hatte, aber nun stand – für jeden erkennbar – die persönliche Sicherheit des Staatsoberhauptes auf dem Spiel. Der Großherzog, der noch im Laufe der Nacht in sein Stadtschloss zurückkehrte, wurde darüber nicht im Unklaren gelassen.[195]

Am nächsten Tag meldeten sich die Aufrührer mit einem Flugblatt zu Wort, das unmittelbar bevorstehende Schritte zur Verwirklichung der »sozialistische[n] Republik« ankündigte. Außerdem erschienen sie in Gestalt der vier sozialdemokratischen Landtagsabgeordneten beim Staatsminister Rothe, um diesen dafür zu gewinnen, Wilhelm Ernst den freiwilligen Verzicht auf die Krone nahezulegen. Der Soldatenrat – so die Begründung – verlange die Absetzung des Großherzogs, weil die Erbitterung des Militärs gegen ihn bis in die höchsten Kreise hinauf riesengroß sei. Gegebenenfalls wollten die Sozialdemokraten dem Minister auch selbst mit Material über die Verfehlungen des Untragbaren dienen. Der im Entstehen begriffene Arbeiterrat würde sich dem Verlangen der Soldaten noch heute anschließen. Die Abgeordneten befürchteten, »dass dem Großherzog der Verzicht mit dem Revolver in der Hand abgezwungen würde«.

Schon vor dieser Besprechung hatte Wilhelm Ernst den politischen Kopf der Sozialdemokratie in Weimar, August Baudert, zu einem persönlichen Gespräch einbestellt. Über diese Begegnung, die dann nach dem Besuch bei Rothe stattfand, hat der Geladene zwar eine Art Wortprotokoll überliefert[196], doch dessen Quellenwert ist eher gering.[197]

Für den laut Baudert »gehaßtesten Fürsten in Deutschland« kommt Wilhelm Ernst bei diesem Auftritt reichlich farb- und harmlos daher, und ebenso wenig erscheint er als »seelisch gebrochener« Mann. Baudert legt ihm meist nur die Stichworte in den Mund, die er selbst dann aufgreift, um seinerseits staatsmännisch zu replizieren. Ob der Großherzog durch dieses Gespräch tatsächlich eingesehen hat, »dass er sich in das Unvermeidliche fügen müsse«, wissen wir nicht. Wahrscheinlicher ist, dass erst der resolute Auftritt des Unteroffiziers Kühn, der als Wortführer des Soldatenrates zusammen mit Baudert und weiteren Genossen am 9. November gegen 17 Uhr noch einmal im Staatsministerium erschien, den Ausschlag gab. »Wir verlangen heute noch die Abschaffung der Dynastie, dafür garantieren wir die Sicherheit der Person, entweder muss der Großherzog Weimar verlassen, oder er hat sich dem Soldatenrat zu stellen, der ihn dann in Schutzhaft nehmen wird, aber es hat Eile, die Sache muss übers Knie gebrochen werden«, soll Kühn gesagt haben.[198] Den Entwurf einer Abdankungsurkunde hatten die Deputierten gleich mitgebracht.

Nun schien sich auch die noch amtierende großherzogliche Regierung darüber im Klaren zu sein, dass der Thron ihres Gebieters nicht mehr zu retten beziehungsweise der unverhandelbare Preis für die Gewähr von dessen Leben, Eigentum und Freizügigkeit war. So unterzeichnete Wilhelm Ernst am 9. November gegen 20 Uhr die Thronverzichtserklärung und verfügte die Entlassung seiner Minister aus ihren Ämtern. Noch am gleichen Abend konnte der Arbeiter- und Soldatenrat eine Erklärung in Druck geben, in der er sich die Erzwingung dieses Schrittes als ureigenstes Verdienst anrechnete. Und er versprach: »Die deutsche Republik ist unter Führung des Sozialismus im Werden. Auch das Weimarer Land wird dazu gehören.«[199]

Am 12. November, einen Tag nachdem sich die provisorische Regierung unter August Baudert konstituiert hatte, wurde die ehemalige großherzogliche Familie unter dem sicheren Geleit einer zwölfköpfigen Wache, die der Soldatenrat gestellt hatte, noch vor Tagesanbruch nach Schloss Allstedt abgeschoben. In dieser thüringischen Enklave etwa siebzig Kilometer nördlich von Weimar, umgeben von preußischem Staatsgebiet, fand auch dieser so schlecht beleumundete Dynast am Ende noch ein halbwegs standesgemäßes und auch sicheres Unterkommen, bevor er Weihnachten 1918 außer Landes ging – nach Heinrichau in Schlesien, wo ihm ein Schloss und ausgedehnter Grundbesitz gehörten. Dort ist er am 24. April 1923 im Alter von nur 46 Jahren verstorben – und auch begraben. Weimar hatte er nach dem 12. November 1918 jahrelang nicht mehr betreten, obwohl seine Anwälte schon im Sommer 1920 mit der dortigen Staatsregierung einen respektablen Vermögensausgleich aushandeln konnten, der dem gewesenen Großherzog einige seiner Besitzungen in Thüringen sicherte.[200] Dass »uns die Hunde die Wartburg und das Weimarer Schloss nicht geben [wollen]«[201], hat Wilhelm Ernst freilich nie verwinden können. So war und blieb die Entfremdung zwischen Land und Landesherr irreparabel.

Ohnehin ist zweifelhaft, ob jemals eine tiefere Beziehung bestanden hatte. Dass dieser Großherzog keine politischen Führungsqualitäten besaß, fiel ja vielleicht nicht weiter ins Gewicht. Die mangelnde politische Präsenz schon eher. Den größten Tort tat er sich aber damit an, dass er noch angesichts der akuten Systemkrise im Herbst 1918 nicht viel anderes im Sinn hatte als seiner Jagdleidenschaft zu frönen.[202] Zunächst von Schloss Wilhelmsthal aus, das in der Nähe von Eisenach liegt, und Ende September dann in Bayern. Aus dem Pirschhaus Tiefenbach bei Oberstorf berichtete er Gattin Feodora am 1. Oktober 1918 seitenlang jedes Detail seiner Waidmannslust.[203] Aufschlussreich sind seine Bemerkungen über das Volk, mit dem er hier in Berührung kam. So sei »das hiesige Personal zu dämlich, besonders fehlt es dem Oberjäger an Autorität«. Überhaupt hätten »die Leute hier alle mehrere Bretter vorm Schädel, die erst einmal eingeschlagen werden müssen«. Die politische Lage schätzte er als »leider nicht rosig« ein.[204] Wer so denkt und schreibt, während zu Hause das Dach brennt, den kann man nur als katastrophale Fehlbesetzung für die politische Bühne seiner Zeit bezeichnen – von einem Herrscherthron ganz zu schweigen.

Baden

Während die Revolution in Weimar ihre besondere Prägung durch die negative Fixierung auf den dortigen Herrscher gewann, scheint in der badischen Residenz Karlsruhe das genaue Gegenteil der Fall gewesen zu sein. Hier hätten die Systemveränderer den Großherzog am liebsten ganz aus dem politischen Geschehen herausgehalten. Nicht, dass es sich bei Friedrich II. von Baden um einen bedeutenden beziehungsweise populären Monarchen handelte[205] – über den Rang eines ausgesprochen farblosen Epigonen seines legendären Vaters gelangte er nie hinaus, und als politisch besonders aufgeschlossen kann man ihn ebenso wenig bezeichnen. Aber die Skrupel der Männer, denen die deutsche Revolution im November die Macht auch im Südwesten des Reiches zuspielte, waren so groß, dass sie sich lange Zeit nicht trauten, das Staatsoberhaupt aus dem Hause Zähringen zur Disposition zu stellen. Wobei ihnen sicherlich noch die Worte im Ohr klangen, mit denen der Landesherr erst vor wenigen Wochen zur Jahrhundertfeier der badischen Verfassung »das feste Zusammenhalten und unerschütterliche Vertrauen zwischen Fürst und Volk« beschworen hatte.[206]

So wurde auf den Druck revolutionärer Gremien hin zwar am 9. November 1918 auch für Baden eine sogenannte Volksregierung – genauer gesagt: eine Koalitionsregierung unter sozialdemokratischer Führung – »vorläufig« eingesetzt, aber sie ließ sich gefallen, vom noch amtierenden Monarchen nur nolens volens geduldet, nicht aber als rechtmäßig anerkannt zu werden.[207] Auch bediente sie sich weiterhin der Zwischenträgerdienste des zurückgetretenen bisherigen großherzoglichen Staatsministers Johann Heinrich von Bodman. Immerhin gelang es ihr rasch, die Unterstützung aller badischen Arbeiter- und Soldatenräte zu erlangen, die aber ihrerseits mehrheitlich auf die baldige Ausrufung der Republik drängten.

In dieser Situation allgemeiner Ratlosigkeit auf Seiten der sozialdemokratischen Regierung, was das Verhalten gegenüber dem Großherzog betraf, kam es am Abend des 11. November zu einem putschartigen Überfall des Matrosen Heinrich Klump auf das Residenzschloss in Karlsruhe, wo sich neben dem großherzoglichen Paar auch die greise Großherzogin Luise mitsamt ihrer

Tochter, Königin Viktoria von Schweden, aufhielt. Obwohl Klump mit seinem Trupp bewaffneter Soldaten gar nicht bis zu den Königlichen Hoheiten vordrang und die dilettantische Aktion überhaupt den Anstrich politischen Revolverheldentums trug, zeigten sich die Zähringer durch die abgefeuerten Gewehrsalven so verunsichert, dass sie sofort die – logistisch aber offenbar schon vorbereitete – Flucht antraten. Um sich darüber hinwegzuhelfen, wie überängstlich er hier vielleicht doch das Hasenpanier ergriffen hatte, sprach der Herrscher im Nachhinein vom »Verlassen des Karlsruher Schlosses unter dem Patronenfeuer von Meuterern«.[208]

Während Klump und Genossen am kommenden Tag ins Gefängnis wanderten, begab sich die vertriebene Herrscherfamilie zunächst unbehelligt nach Schloss Zwingenberg, wo sie in ihrer Festung hoch über dem Neckar, weitab vom politischen Zentrum, vor ähnlichen Zudringlichkeiten halbwegs sicher sein konnte. Allerdings hatte der Großherzog mit dieser überstürzten Flucht vor einer doch eher vagen Gefahr aller Welt demonstriert, dass er de facto nicht mehr Herr der Lage und vor allem nicht mehr im Besitz seiner Herrschergewalt war. Auch der Imageschaden dieser kampflosen Preisgabe der Macht dürfte nicht gering zu veranschlagen sein. Aber noch immer wollte die Regierung Geiß die Republik nicht ausrufen. »Wir haben gebremst«, heißt es in den Aufzeichnungen des Sozialdemokraten, »und wollten es nicht machen, ehe der Großherzog sich dazu entschlossen hätte zurückzutreten, um ihm einen anständigeren Abgang zu sichern.«[209] Kein Wunder, dass der Monarch sich auch im Zwingenberger Refugium weiterhin weigerte, politische Konsequenzen aus seiner erschütterten Stellung zu ziehen. Dass er faktisch bereits zurückgetreten war, wollte er einfach nicht wahrhaben.

Doch die Uhr tickte, denn überall in Deutschland standen die Zeichen jetzt auf Republik. Als am 13. November erst Bodman und dann der mitgereiste Geiß Friedrich II. in seiner Fluchtburg am Neckar aufsuchten, um alleruntertänigst um politische Vernunft zu betteln, zeigte sich der Großherzog zwar eher ergriffen denn kämpferisch, aber doch ausgesprochen störrisch. Bodman gelang es auch in stundenlangen Verhandlungen nicht, ihn zu einem Thronverzicht zu bewegen; Geiß wurde nur eine kurze Audienz gewährt. Friedrich II. zeigte sich allenfalls bereit, von der Ausübung der Regierungsgewalt bis zum Zusammentritt der Nationalversammlung Abstand zu nehmen.[210]

Eine »dreistündige Hinrichtung« nannte Bodman hinterher seine gescheiterte Mission, bei welcher auch der sozialdemokratische Regierungschef eine ausgesprochen traurige Figur machte. Was umso mehr ins Gewicht fällt, als der profillose Herrscher ohne Macht in Baden politisch nichts mehr zu gewinnen und der Vernunftrepublikaner Geiß mit einem kämpferischen Plädoyer für die ohnehin geplante Abschaffung der Monarchie nichts zu verlieren hatte. Jedenfalls ließ man dem Noch-Monarchen seinen Willen und proklamierte am 14. November die »freie Volksrepublik«, unter dem ausdrücklichen Vorbehalt, die Entscheidung über die endgültige Staatsform der im Januar 1919 zu wählenden Nationalversammlung zu überlassen. Der monarchischen Ordnung wurde damit zumindest eine theoretische Überlebenschance eingeräumt, während sich gleichzeitig die republikanischen Verhältnisse zusehends stabilisierten.

Für die sozialdemokratische Mannheimer *Volksstimme* vom 15. November 1918 war der badische Großherzog bereits jetzt ein politisch toter Mann, ein historisch durchaus unwichtiger zudem. Und darum fiele mit diesem Monarchen auch »keine Leistung, sondern bloß eine Repräsentation, kein befruchtendes Leben, sondern nur ein Schatten, der hereinragte aus den Zeiten ältester Vergangenheit; ein Fremdes in unseren Tagen, ein kaum mehr Verstehbares«. Dringend wurde gewarnt, »nicht den neuen Wein in die alten Schläuche zu gießen« – es wäre eine »Unwahrheit«.[211]

Öffentliche Demontagen dieser Art hat Anton Geiß gewiss nicht provozieren wollen. Es war die aufrichtig empfundene moralische Verpflichtung gegenüber dem früheren Landesherrn, die sein Handeln leitete. Deshalb stellte er auch sofort einen Sonderzug zur Verfügung, als Friedrich II. den Eindruck gewann, dass Zwingenberg – schon wegen der Nähe zu der unruhigen Arbeiterstadt Mannheim – doch nicht der geeignete Aufenthaltsort für einen virtuellen Monarchen sei. Drei Minister aus seinem Kabinett geleiteten die Zähringer deshalb in der Nacht vom 17. auf den 18. November unter dem bewaffneten Schutz einer siebenköpfigen Sicherheitswache nach Schloss Langenstein in der Nähe des Bodensees.[212] Dort kümmerte sich der Schlossherr – ein Graf von Douglas – fast ein halbes Jahr lang umsichtig und großzügig um seine hochherrschaftlichen Gäste, tatkräftig unterstützt von der Volksregierung in Baden.

Auf Schloss Langenstein unterzeichnete Badens letzter Großherzog dann endlich am 22. November seine Abdankungsurkunde. Die konkreten Beweggründe dieses späten Entschlusses liegen im Dunkeln. Wir wissen nur, dass es abermals Staatsminister a. D. Bodman war, der sich als Geburtshelfer zur Verfügung stellte. Es sei »kein leichter Gang« gewesen, gab er auf der Sitzung des badischen Staatsministeriums vom gleichen Abend zu Protokoll: »Ich fand den Großherzog tief bewegt und etwas unangenehm davon berührt, dass man ihm sozusagen die Pistole auf die Brust setzt, dass man ihm keine Zeit zur Überlegung läßt.«[213]

Vermutlich gaben auch in Baden günstige vermögensrechtliche Konstellationen beim Thronverzicht den Ausschlag. Jedenfalls konnte der Zähringer sich jetzt sicher sein: »Er und seine Familie, ihre Freiheit, ihre Ehre, ihr Eigentum und ihr Leben genießen den Schutz der badischen Republik.« So lautete das Versprechen, mit dem die Regierung Geiß die Thronentsagung noch am gleichen Tag öffentlich quittierte. Erläuternd fügte sie hinzu: »Die Änderung der Staatsform in Baden ist die Folge der weltpolitischen und gesamtdeutschen Entwicklung. Der Großherzog hat im Interesse des badischen Volkes die Folgerungen aus der von ihm persönlich nicht verschuldeten Lage gezogen.«[214]

So viel Nachsicht, ja nacheilender Gehorsam seitens einer Staatsregierung, die ihre Macht einer Revolution verdankte, aber auch so wenig volkssouveränes Selbstbewusstsein und ein so schwacher Wille selbst zur bürgerlichen Republik waren wohl selten. Man gewinnt den Eindruck, dass sich die neuen politisch Verantwortlichen für die Preisgabe der monarchischen Staatsform gleichsam entschuldigen wollten. Insofern schien ihnen jedes Mittel recht, das den faktischen Bruch mit der monarchischen Ordnung überdecken half und von der auch in Baden durchaus revolutionären Legitimation ihrer Macht ablenkte.[215] Man male sich aus, was passiert wäre, wenn die erlauchten Träger der alten Gewalten den neuen Machthabern politisch geläutert die Hand zu solidarischer

Zusammenarbeit gereicht hätten. Vielleicht wäre es im deutschen Südwesten dann nicht einmal zu einem Wechsel des politischen Systems gekommen.

Dennoch mochten die Entthronten in dem, was ihnen da Ende 1918 noch alles an politischen Wohltaten und loyalem Wohlwollen präsentiert wurde, keinen Trost erblicken. Für die »schwer gebeugte« Luise von Baden (geborene von Preußen) war und blieb die Umsturz-Erfahrung »eine Heimsuchung, für welche es keinen Ausdruck gibt«. In ihrer »Trauer um die vernichteten Güter und Werte, die wir für unangreifbar hielten«, ließ sie sich von niemandem übertreffen.[216] Auch ihr Sohn Friedrich hielt die revolutionären Umwälzungen für eine »Sache des Unrechts«, die nicht dauernd die Oberhand behalten könne. »Im Übrigen heißt es jetzt stillhalten«, schrieb er am 5. Januar 1919 an seinen Vetter, den Fürsten Wilhelm von Hohenzollern.[217] Wenige Monate später war der Vermögensausgleich seines Hauses mit dem neuen Staat in Baden unter Dach und Fach, woraufhin der vormalige Großherzog noch 1919 in sein Freiburger Palais zurückkehrte. Dort ist er am 9. August 1928 verstorben – als kranker, einsamer Mann.

Hessen-Darmstadt

Während sich weder der letzte Großherzog von Baden noch sein Kollege in Weimar zu mehr als einem epigonalen und ausgesprochen farblosen Herrscherdasein aufschwingen konnten, muss man Ernst Ludwig, dem Großherzog von Hessen und bei Rhein, durchaus ein eigenständiges Herrscherprofil zubilligen.[218] Als veritabler Ästhet mit vielfältigen und intensiven Kontakten zur Welt der modernen Künste seiner Zeit erblickte er seine fürstliche Berufung in erster Linie darin, der Menschheit als Mäzen zu kulturellen Errungenschaften zu verhelfen. Militär und große Politik lagen ihm hingegen eher fern. Als Souverän von Gottes Gnaden betrachtete er sich nicht.

Wie in künstlerischen so dachte Ernst Ludwig auch in politischen Dingen »liberal«, was aber nicht bedeutet, dass er auch nur eines seiner Herrscherprivilegien freiwillig zur Disposition hätte stellen wollen. Er besaß eine gute Witterung für die diversen Strömungen des Zeitgeistes; er gab sich jovial, menschenfreundlich, wollte populär, genauer: verehrt sein. Dabei war und blieb er stets ein Hocharistokrat reinsten Wassers, der ausschließlich in der exklusiven Welt des blauen Blutes lebte und als ebensolche Zelebrität respektiert werden wollte. Seine sehr engen verwandtschaftlichen Bindungen an die Herrscherhäuser von Russland und Großbritannien ließen ihn Politik vorzugsweise als internationale Dynastie-Politik begreifen – jede Deutschtümelei war ihm fremd. Seinen leiblichen Vetter, den deutschen Kaiser, mochte er gar nicht, er sah in ihm eher ein Verhängnis für Deutschland.

Solche Einsichten in oppositionelle Politik umzusetzen war allerdings seine Sache nicht. Er blieb ein bundesfürstlicher Paradiesvogel mit einem etwas überspannten Geist, jedoch machtpolitisch eher unambitioniert und auch als hessischer Landesherr ausgesprochen zurückhaltend, die Regierungsgeschäfte weitestgehend seinen Staatsbürokraten überlassend. Die waren zwar nicht gerade reaktionär, aber gleichwohl darauf bedacht, die Majestätsrechte ihres Landesherrn nach Kräften zu wahren.

Von der Revolution in seinem Großherzogtum[219] wurde Ernst Ludwig sozusagen kalt erwischt. Erst am 7. November war er von seinem Lieblingswohnsitz Schloss Wolfsgarten in die Darmstädter Residenz zurückgekehrt, um vorsichtige Verfassungsreformen in die Wege zu leiten. Da zog am Abend des folgenden Tages ganz unerwartet ein Demonstrationszug einiger tausend Soldaten vor dem Neuen Palais auf und machte Anstalten, den Großherzog zu arretieren. Über den Ausgang dieser gefährlichen Konfrontation, die bis in die Nacht hinein anhielt, ließ Ernst Ludwig später verlauten: »Als die Menge das Schloss bestürmte, habe er eine Abordnung zu sich gebeten und durch Höflichkeit zu höflichen Menschen gemacht.«[220]

Das ist weniger glaubhaft als das, was der damals in Darmstadt führende Sozialdemokrat Heinrich Delp dem Hessischen Landtag über die Vorgänge berichtet hat.[221] Danach waren es vor allem *seine* eindringlichen, an die wogende Soldatenmenge gerichteten Appelle zur Gewaltfreiheit und politischen Lösung der Machtfrage, die in dieser turbulenten Nacht die Erstürmung des Herrschersitzes und damit Blutvergießen verhinderten. Großherzogin Eleonore hat diese Einschätzung in ihrem Revolutionstagebuch im Wesentlichen bestätigt und dabei zugleich eine interessante Perspektive auf die Ereignisse jenes 7. November eröffnet, vor denen sie sich mit ihrem Gatten in die oberen Gemächer des Palais zurückzog:

»Bald hörte man dann die Menge johlend und schießend näher kommen. Die Herren [der großherzoglichen Entourage] gingen hinunter an die Haustür, man hörte die Kommandos: an die Maschinengewehre und bald drangen eine Anzahl vielleicht 40 Soldaten ins Haus ein. Die Herren gingen entgegen und [der Adjutant] Hahn sagte: Sie kommen wohl um den Großherzog zu schützen? Die Antwort war: Das nicht gerade, doch wollen wir die wertvollen Sachen vor Plünderungen bewahren. Dann machten sie bekannt, es habe sich auf dem Truppenübungsplatz ein Soldatenrat gebildet, dem sich die Darmstädter Garnison angeschlossen habe und am nächsten Vormittag würden sie zum Verhandeln kommen. Sie hatten alle die Kokarden und Achselstücke abgerissen und benahmen sich echt revolutionär. Bald entstand aber Ordnung durch sehr geschickte Behandlung der Herren. Das Prinz Alfred Wohnzimmer wurde als Wachlokal eingerichtet.«

Das Schießen auf der Straße sei dann aber noch weitergegangen. »Mitten in der Nacht hatte sich eine große Menge Leute, hauptsächlich Soldaten, auf dem Wilhelminenplatz angesammelt. Die sozialdemokratischen Führer Delp und Fulda waren stundenlang im Haus bei den Herren. Als nun die Menge unruhig wurde und Anstalten machte, das Palais zu stürmen, sollten Reden gehalten werden. Man wollte die Redner auf den Balkon bringen, da rief Hardenberg mit Geistesgegenwart: aufs Auto, aufs Auto. Dieser Ruf wurde aufgenommen und das Auto vor die katholische Kirche gebracht. Dort sprachen verschiedene Leute, und es gelang Delp, die ganze Menge in die Hand zu bekommen und ruhig mit ihnen abzuziehen. Gott sei Dank.«[222]

Aber doch bitte auch dem Sozialdemokraten! Jedenfalls gelang es, den Schauplatz des Umsturzes erst einmal von der Straße in das Ständehaus zu verlagern, wo noch in der Nacht zum 9. November ein Arbeiter- und Soldatenrat gebildet wurde, der Hessen-Darmstadt zur Republik und den Großherzog für abgesetzt erklärte.

Im Übrigen begnügte das revolutionäre Organ sich damit, im Neuen Palais ein Büro einzurichten und eine Wache zu postieren, mit der das suspendierte Herrscherpaar ganz gut zurechtkam.

Am darauffolgenden Vormittag akklamierte eine große Volksversammlung auf dem Marienplatz den politischen Umsturz, während im großherzoglichen Palais ein sogenannter Staatsrat mit Ernst Ludwig und seinen Vertrauten über das weitere Schicksal des Monarchen beriet. Diesem erst am Vortag eingesetzten Beratergremium gehörten neben den Regierungsmitgliedern auch Abgeordnete der im Parlament vertretenen Parteien an, darunter zwei Sozialdemokraten. Der umstrittene Landesherr war dem Tagebuch seiner Frau Eleonore zufolge der Auffassung, dass die Abdankungsfrage »vom Hessenvolk gelöst werden müsse und nicht von einigen fremden Soldaten«, war aber bereit »zu erklären, er weiche der Gewalt«. Die Sozialdemokraten hielten eine solche Geste nicht für ausreichend, sodass sich ein stundenlanges Hin und Her entspann und man schließlich ergebnislos auseinanderging. »Ernst und ich waren äußerlich sehr ruhig«, schreibt Eleonore von Hessen, »aber was machten wir durch.«

Dass der Großherzog von Hessen und bei Rhein sich einer freiwilligen Abdankung verweigerte, lässt erst einmal auf Mut und Risikobereitschaft schließen. Tatsächlich aber entsprang die Intransigenz des Dynasten einer fatalen Mischung aus Unterschätzung des Ernstes seiner politischen Lage und falschen Einflüsterungen, die ihn an diesem Tag um mehr als nur seine Krone hätte bringen können. Daran lassen die Erinnerungen des sozialdemokratischen Staatsratsmitglieds Carl Ulrich keinen Zweifel, der vergeblich versuchte, den Landesherrn zur Abdankung zu bewegen, weil es sonst »wohl zum Schiessen kommen würde«. Frustriert zog Ulrich ab, das Weiterreden im Neuen Palais hatte für ihn keinen Sinn mehr. »Ich ging hinunter zur Sitzung des Arbeiter- und Soldatenrats. Hier wurde ich von mehreren Mitgliedern desselben empfangen mit der Frage, ob Ernst Ludwig abgedankt habe. Jetzt hing der weitere ruhige Verlauf der Revolution nach meiner Auffassung von meiner Antwort ab. Hätte ich gesagt, dass er *nicht* abdanken *wolle*, so stand zu befürchten, dass die aufgeregten Soldaten zum Neuen Palais gezogen wären, um den ehemaligen Großherzog zur Abdankung zu zwingen. Was dann gefolgt wäre, war nicht abzusehen. Ich erklärte deshalb: *»Ihr habt ihn ja in der vorigen Nacht abgesetzt! Dabei bleibt's!«*[223]

Demnach war es vor allem die Furcht des Sozialdemokraten Ulrich vor der Unberechenbarkeit revolutionärer Massenaktionen, die Ernst Ludwig rettete und ihm zu dem bleibenden Ruf verhalf, nicht abgedankt zu haben. Abermals ging es darum, den Monarchen aus der Schusslinie zu bringen, ohne seine politische Entmachtung zu verhindern. Dieser Strategie trug dann am 10. November die programmatische Proklamation des zentralen Arbeiter- und Soldatenrates für Hessen Rechnung, welche die »Vergangenheit« für »abgeschlossen« und das Volk für »frei und mündig« erklärte, »um sein Schicksal selbst zu bestimmen«. Mit Blick auf die alten Gewalten lauteten die zentralen Punkte: »Großherzog Ernst Ludwig wird abgesetzt und das Großherzogtum als Republik erklärt. Die Großherzoglichen Domänen verfallen dem Staat.« Und: »Alle Sonderrechte der Geburt und des Standes werden beseitigt.«[224]

Die Betroffenen scheinen über diese Form ihrer Depossedierung nicht sonderlich betrübt gewesen zu sein. Die Nachricht war für sie sogar »ganz beruhigend«, wie Eleonore ihrem Tagebuch anvertraute; »besser, als wenn er hätte abdanken müssen«.[225] Erlaubte sie doch, den Schein zu wahren, dass der Monarch im Prinzip Monarch geblieben war, wenn auch vorübergehend ohne Amt – oder besser noch: mit entzogener Amtsbefugnis. Wenn man nicht aufgibt, hat man vermeintlich nicht verloren. So mochte sich Ernst Ludwig die Sache zurechtlegen, und er stand mit dieser Fiktion im Kreise der deutschen Bundesfürsten moralisch tatsächlich weitaus besser da als mancher seiner fahnenflüchtigen Kollegen. Umso mehr, als sich auch seine äußeren Lebensumstände nur wenig veränderten.

Umsorgt von seinem alten Dienstpersonal, konnte er mit den Seinen weiterhin im Neuen Palais residieren, zumal seine Zivilliste vorerst keinerlei Schmälerung erfuhr. Seine Freizügigkeit wurde trotz einiger diesbezüglicher Unstimmigkeiten im Kreise der neuen Machthaber nicht eingeschränkt, sodass ihm die Unbill der Exilierung oder der Abschiebung erspart blieb. Nicht einmal eine rote Fahne auf seinem Dach musste er akzeptieren. Nur dass »die Großherzogs« alle jetzt eben notgedrungen »Bürger« aus dem

Hause Brabant geworden waren, hatten sie vorerst zu schlucken – Ehrenbürger immerhin, da es auch fortan an Ehrerbietung gegenüber dem unverändert fürstlichen Hause in Darmstadt nicht fehlte. »Wir hatten die ganze Zeit unsere größte Willensstärke gebraucht, um nicht zusammenzubrechen, nun war das nicht mehr nötig und man konnte seinen Gefühlen etwas nachgeben.« Mit diesem Fazit beendete Eleonore von Hessen ihre Aufzeichnungen über das revolutionäre Geschehen in der Residenz.

Aus seinem speziellen Erfahrungshorizont heraus konnte Ernst Ludwig seinen Standesgenossen gegenüber zu Recht »die Abdankung der deutschen Fürsten für übereilt« erklären.[226] Dabei vernachlässigte er allerdings, dass sein postrevolutionärer Status (quo ante) eher ein glücklicher Zufall war. Er verdankte ihn weitaus mehr der sozialdemokratischen Fixierung auf Vernunftpolitik als dem eigenen aktiven politischen Behauptungswillen. Ein leidenschaftlicher Kämpfer für die monarchische Idee war dieser Dynast ohnehin nie gewesen. Die »hessische Monarchie«, so meinten selbst sozialdemokratische Stimmen, sei schon im Kaiserreich »alles andere als eine Förderung des monarchischen Gedankens« gewesen.[227] Die anhaltende Popularität des großherzoglichen Landesherrn nach 1918 basierte denn auch nicht auf anhaltender Anhänglichkeit der Südhessen an die Institution Monarchie, sondern auf persönlicher Sympathie für eine Kultfigur.

Vielleicht verhalf gerade sein unkonventionelles Monarchieverständnis Ernst Ludwig zu der Einsicht, dass auch ein abgesetzter Fürst ein durchaus nobles und ehrenvolles Leben haben konnte. Hinzu kam sein mangelnder Ehrgeiz, politisch führen zu wollen, dem womöglich die Erkenntnis zugrunde lag, eine solche Führungsrolle gar nicht ausfüllen zu können. Insofern dämmerte ihm früher als manchem anderen Ex-Dynasten, dass die Republik »die wahrscheinliche Staatsform« sein würde. Eine Horrorvorstellung war das nicht für ihn, denn auch ihm leuchtete ein, dass das Volk jetzt »seinen Weg alleine finden« musste.[228] Seine Absetzung wollte er dennoch erst nach den für Januar anberaumten demokratischen Wahlen anerkennen, »wenn das Volk gesprochen hat«.[229] An seine Wiedereinsetzung dürfte er aber kaum mehr geglaubt haben.

Mit seinem vorläufigen Beharren auf einer Sonderstellung außerhalb der Ideenwelt der Volkssouveränität, aber auch nicht im Rahmen eines monarchischen Restaurationskonzepts, manövrierte sich Ernst Ludwig abermals in eine Schieflage, mit der er schon im Kaiserreich nichts hatte bewegen können. Sein Problem damals war – wie er selbst etwas ratlos in der Rückschau bemerkte –, dass er »die großen Fehler der früheren Zeit längst erfasst hatte«, aber »vieles wegen der Verhältnisse im deutschen Reich nicht ändern konnte«.[230] Das klingt reichlich selbstgefällig, sollte aber mehr noch als Ausdruck eines Dilemmas gewertet werden, in dem alle Repräsentanten des früheren Herrscherstandes steckten: ihre Neigung, die Möglichkeiten der Politik zuallererst in die eigene, dynastisch beschränkte und deswegen zu einfache Perspektive zu zwingen. Diese Problematik eines extrem subjektiven politischen Weltbildes wurde nun einfach reproduziert. Auch eine Form von Vogel-Strauß-Politik.

In Hessen erbrachten die Urwahlen vom 19. Januar 1919 tatsächlich eine breite Zustimmung zum Volksstaat in Gestalt einer demokratischen Republik. Damit konnte und musste sich Ernst Ludwig in die Unabwendbarkeit seines politischen Schicksals fügen. »Ich bin nicht enttäuscht«, notierte er damals, »und ich fühle die so genannte Undankbarkeit des Volkes nicht so wie viele andere.« Doch zu einer förmlichen Abdankungserklärung wollte er sich auch jetzt noch nicht verstehen. Er habe seine Entthronung als »Tatsache hingenommen«, erklärte er dem preußischen Gesandten in Darmstadt.[231]

Tatsächlich hatte er längst seinen Frieden mit den neuen staatlichen Verhältnissen gemacht. Es waren nunmehr ausschließlich materielle Gründe, die den ehemaligen Großherzog alle Handlungen vermeiden ließen, die als Verzicht ausgelegt werden konnten.[232] Was folgte, war ein politischer Eiertanz, der ihn wieder auf das geistige Niveau seiner bundesfürstlichen Kollegen aus der Zeit des Kaiserreichs beförderte, exemplarisch zu studieren an dem bewusst halb privat und halb offiziell gehaltenen Schreiben Ernst Ludwigs vom 13. Februar 1919 an den designierten hessischen Staatspräsidenten Carl Ulrich[233], der bis dato als Chef der provisorischen Regierung ordnungspolitische Schwerstarbeit geleistet hatte. Darum bedankte sich das frühere Staatsoberhaupt auch ausdrücklich bei Ulrich dafür, »dass sich die ernsteste Wandlung in der

Geschichte Hessens ohne andere Härten, als die durchaus notwendigen, vollziehen konnte«. Zugleich nahm er den Brief zum Anlass, der neuen Volkskammer seine »aufrichtigsten Wünsche für eine gesegnete und gedeihliche Arbeit zum Besten unseres Vaterlandes auszusprechen«. Am Wichtigsten aber war Ernst Ludwig die Versicherung: »Wie mein Herz immer nur für das Wohl Hessens und seines Volkes geschlagen hat, wie ich nie eigennützige Bestrebungen gekannt habe, so soll auch fernerhin unter der Regierung der vom Volkswillen Beauftragten all mein Bestreben und mein Denken nur dem Glück, der Wohlfahrt und der Entwicklung des Vaterlandes dienen.«

Der Brief ist ein Musterbeispiel für unverbesserliche Monarchenrhetorik und für Moratoriumssemantik; seinen Inhalt kann man ebenso gut als Anbiederung an die neuen Machthaber verstehen wie als joviales Schulterklopfen des nach wie vor präsenten Landesvaters. In sich selbst hat Ernst Ludwig das nicht gefunden, was er da schrieb. Aber auf diese Kunst seines angeborenen Herrscherberufes verstand er sich nach wie vor: drapieren, schauspielern und blenden, diesmal in der Rolle als erster Diener des hessischen Vaterlandes im Wartestand, der gleichwohl weiß, was sich gehört, und den politischen Umwälzungen hochherzig seinen (vermeintlich unverzichtbaren) Segen erteilt. Und das alles nur aus Gründen persönlicher Vorteilsnahme – von wegen uneigennützig!

So holte am Ende auch diesen in mancher Hinsicht ausgefallenen Bundesfürsten seine Vergangenheit ein und reduzierte ihn wieder auf dynastisches Normalmaß. Wie die Debatten im Hessischen Landtag am 20. und 21. Februar 1919 offenbarten, gab sich Ernst Ludwig mit seinem Nichtabdankungstheater so manche Blöße, die vor allem von der extremen Linken lustvoll aufgegriffen wurde.[234] Auch die mit harten Bandagen geführten Vermögensauseinandersetzungen, die im Frühjahr 1919 die Gemüter in Hessen erhitzten, dürften die Beliebtheit des früheren Herrscherhauses nicht unbedingt gesteigert haben.[235] Zur Vermeidung einer Grundsatzdebatte über die Errungenschaften der hessischen Revolution tat der sozialdemokratische Regierungschef alles, um eine baldige Einigung herbeizuführen, die dann auch tatsächlich Anfang Mai zustande kam.

Diese Lösung ermöglichte dem Hause Hessen, jenen Lebensstil fortzuführen, den man gewohnt war – sowohl in Darmstadt als auch im geliebten Schloss Wolfsgarten.[236] Schon im Juli 1919 konnte eine ausgedehnte Reise ins Schweizer Engadin angetreten werden, wo der Fürst, der sich nach wie vor Großherzog nannte, ein weiteres ihm vererbtes Schloss in Besitz nahm. Er blieb eine öffentliche Person und frönte seinen Neigungen und Gewohnheiten wie eh und je. Den politischen Seiten seines Herrscherberufs, der ihm gekündigt worden war, wird er kaum nachgetrauert haben. Auch darin blieb er sich treu. Am 9. Oktober 1937 ist der letzte Großherzog von Hessen in seinem Schloss Wolfsgarten gestorben.

Oldenburg

Über den Sturz des letzten Großherzogs von Oldenburg, Friedrich August II., braucht man nicht viele Worte zu verlieren.[237] Gegenüber den anderen Umsturz-Szenarien war hier eigentlich nur eines auffällig: die schon fast ins Groteske gesteigerte Diskrepanz zwischen dem ostentativen Auftreten des Landesherrn als souveräner Fürst noch in den ersten Novembertagen und seinem kläglichen Verschwinden aus Oldenburg nicht einmal eine Woche später.

Als verlautbarte, dass der Großherzog die Abgeordneten zur Eröffnung des Landtags am 5. November 1918 in den Thronsaal seines Residenzschlosses befahl, brachten nicht wenige Volksvertreter ihr Befremden über diesen unzeitgemäßen Herrschaftsstil zum Ausdruck. Sie reklamierten, dass es der ernsten Zeit und der Stellung des Parlaments wohl eher entsprochen hätte, wenn Friedrich August zur Verlesung der Thronrede in der Kammer erschienen wäre. Dies hätte dem »Empfinden der überwiegenden Mehrheit des Volkes« entsprochen, umso mehr, als man wusste: »Die Volksseele reagiert in heutiger Zeit auf die leisesten Berührungen.«[238]

So war das Staatsoberhaupt schon mit dem ebenso bewusst wie falsch gewählten Ort seiner (wie sich erweisen sollte) letzten öffentlichen Darbietung in großer Uniform mit dem Helm auf dem Kopf schlecht beraten. Der Situation noch unangemessener war der Text seiner Ansprache[239], kaprizierte seine Rede sich doch hauptsächlich auf die »schwachmütige Verzagtheit der Heimat«, die eine »gefährliche Torheit« sei, weil Deutschlands Feinde darauf »geradezu rechnen«. Das Volk müsse jetzt endlich Herr werden »über den Kleinmut, der es ergriffen hat«, da es bisher doch »alle Opfer, die von ihm verlangt werden mussten, in so mustergültiger Weise gebracht« habe. Für diesen Kampf gegen die grassierende »Mutlosigkeit« wollte Friedrich August die Abgeordneten in die Pflicht nehmen und »einen jeden, der noch menschliches Gefühl in der Brust hat, aufstacheln, sein Letztes daran zu setzen, dass nicht unser ganzes Volk einem solchen Feinde zur Beute fällt«. »Lever dod as Slaav!«, lautete auf gut Ostfriesisch sein Schlussappell. Solche weltfremden Durchhalteparolen trafen nicht nur auf allgemeines Kopfschütteln, sondern entwickelten insofern eine Art Bumerangeffekt, als sie die Einsicht verstärkten, dass die überkommenen Herrscher des Kaiserreichs weder willens noch in der Lage waren, endlich Frieden zu schaffen. So blieb dem Volk gar nichts anderes übrig als sich selbst zu ermächtigen.

Von Bremen und Wilhelmshaven aus griff die revolutionäre Bewegung bereits am 7. November auf Oldenburg über, wo zunächst nach bewährtem Muster unter den kasernierten Soldaten agitiert wurde, die für die Selbstorganisation in Gestalt eines Soldatenrates gewonnen werden konnten.[240] Dieser geriet schon bald unter den mäßigenden Einfluss der örtlichen Sozialdemokratie und damit gleichzeitig in heftige Rivalität zu der weitaus radikaleren Konkurrenz aus dem preußischen Marinestützpunkt Wilhelmshaven. Am 8. November suchte eine dreiköpfige Abordnung Wilhelmshavener Matrosen den Großherzog in Oldenburg persönlich auf und verlangte als Zeichen seiner Zustimmung zu den politischen Umwälzungen sein Einverständnis zum Hissen roter Fahnen sowohl auf seinem Domizil, dem Elisabeth-Anna-Palais, als auch auf dem Residenzschloss.

Diese Herausforderung gab dem Monarchen erstmals Gelegenheit, seine erst drei Tage zuvor verkündete Pflicht zu politischem Mut vorbildhaft unter Beweis zu stellen. Er hätte sich ihr umso leichter stellen können, als die Aktion der drei Deputierten weder mit dem Oldenburger Soldatenrat abgesprochen war noch eine Massendemonstration vor dem Fürstenpalais als Drohkulisse hinter sich wusste. Stattdessen erkundigte sich der Großherzog in seiner »einfachen und leutseligen Art« sehr teilnahmsvoll nach den Beschwerden der Soldaten und hieß die Beflaggung schließlich gut, so der preußische Gesandte in einem Bericht nach Berlin. Mit dieser Probe seiner Mutlosigkeit hatte sich ausgerechnet der Alldeutsche unter den Bundesfürsten ein denkwürdiges Zeugnis der Festigkeit seiner offiziellen Gesinnung ausgestellt. Es war der Oldenburger Soldatenrat, der dafür Sorge trug, dass die rote Fahne auf dem Elisabeth-Anna-Palais erst einmal wieder entfernt wurde.

Mit der theatralischen Proklamation der »Republik Oldenburg-Ostfriesland« am 10. November, die vom sogenannten 21er Rat in Wilhelmshaven massenwirksam inszeniert wurde, geriet die Politik in der Landeshauptstadt weiter unter Druck. Die SPD-Abgeordneten beauftragten den amtierenden großherzoglichen Staatsminister Hermann Scheer noch am gleichen Tag, Friedrich August II. zur freiwilligen Abdankung zu bewegen. Ein letztes Zögern hatte zur Folge, dass am 11. November Trupps bewaffneter Matrosen vor dem Residenzschloss erschienen, um ihrer Forderung nach Thronverzicht Nachdruck zu verleihen. Das half, noch am Vormittag unterschrieb der Großherzog seine letzte Urkunde, die seinen Abschied von der Macht besiegelte – »um Unheil von den oldenburgischen Landen fernzuhalten«.[241]

Gerade in Letzterem hatte er bis dato seine ureigenste Aufgabe gesehen. »In vollem Vertrauen auf die altbewährte treue Anhänglichkeit Meines Volkes an das angestammte Herrscherhaus« hatte er 1900 »nach dem Willen Gottes«[242] seine Herrschaft angetreten und war seitdem in seinen Verlautbarungen nicht einen Deut von diesem Selbstverständnis abgerückt.[243] Seine politischen Auffassungen hatten sich in den letzten Regierungsjahren eher noch radikalisiert – und zwar nach rechts. Doch als er mit seinen politischen Grundwerten erstmals auf ernsthaften Widerstand traf, da wich er vor den Konsequenzen seiner Ideologie so ängstlich, ja hilflos zurück, dass man meinen könnte, er sei in all den Jahren politisch fremdgesteuert gewesen. Es war und blieb ein vollständiger Rückzug. Den Rest seines Lebens verbrachte der Großherzog vorzugsweise in seinem Schloss Rastede im Ammerland oder auf seinen Gütern in Holstein. Vermögensrechtlich hatte er sich bald mit der Regierung des Freistaats geeinigt. Man hörte erst wieder von ihm, als er am 24. Februar 1931 in Rastede verstarb.

Mecklenburg-Schwerin

Einen interessanten Beitrag zum Thema »Fremdsteuerung« liefert schließlich auch die Geschichte der Abdankung im Großherzogtum Mecklenburg-Schwerin, um das die politische Modernisierung im 19. Jahrhundert einen bemerkenswerten Bogen gemacht hatte.[244] Keine Verfassung eines deutschen Bundesstaates war so anachronistisch, so altständisch reaktionär wie die dieses nordostdeutschen Agrarstaates, der es nicht einmal zu einer konstitutionellen Monarchie brachte.

Die vormodernen Strukturen des Staatswesens belasteten auch das Ansehen von Großherzog Friedrich Franz IV., der 1901 im Alter von neunzehn Jahren in Schwerin die Regierung angetreten hatte.[245] Doch das war nicht sein einziges Handicap. Seine Fürstensouveränität krankte auch daran, dass er sich nur schwer von dem Einfluss seines extrem rechtskonservativen Onkels, des Herzogs Johann Albrecht von Mecklenburg[246], lösen konnte, der bis zur Volljährigkeit seines Neffen einige Jahre als Regent des Großherzogtums fungiert hatte. Die auffällige Schüchternheit von Friedrich Franz ist nicht zuletzt auf die Dominanz dieser energischen und autoritären Fürstenpersönlichkeit zurückzuführen. Ein Übriges tat der lutherisch-orthodoxe Protestant und Jurist Adolf Langfeld, der sich schon vor seiner Ernennung zum Staatsminister im Jahr 1913 als engster politischer Berater des jungen Großherzogs fühlen durfte.[247]

Der Entwicklung eines im psychologischen Sinne souveränen Herrscherbewusstseins ebenfalls abträglich war schließlich die frühzeitige Einbindung des jungen Bundesfürsten in die Arkandisziplin des Kaiserhauses, die aus der Verheiratung seiner Schwester mit dem deutschen Kronprinzen im Jahr 1905 resultierte. Durch diese Verwandtschaftsbeziehung erhöhte sich der Loyalitätszwang gegenüber Deutschlands Obermonarchen und machte aus dem Herzen des Mecklenburgers nicht selten eine Mördergrube. So blieb seine innere Freiheit weit hinter seiner äußeren Privilegierung zurück.

Für sein Volk stellte Friedrich Franz nach Wahrnehmung seiner Tante »eine ganz fern stehende Persönlichkeit« dar, was aber durchaus gewollt war, da ihm nach eigenem Bekunden jede Form von Leutseligkeit »von jeher verhasst« war.[248] Gleichwohl duzte er bei Frontbesuchen die Soldaten bis hinauf zum Leutnant. Er suchte weder die Nähe von Bürgern noch die von Künstlern, und auch dem Militär konnte er wenig abgewinnen. Öffentlichkeitswirksame Auftritte liebte er ebenso wenig. Das gleichwohl ausgeprägte Bewusstsein seiner majestätischen Stellung bestätigte ihm der streng exklusive Kreis aus Entourage, Hofstaat und ebenbürtigen gesellschaftlichen Milieus. In seinem streng legitimistischen monarchischen Selbstverständnis ähnelt der Großherzog seinem preußischen Vetter Wilhelm II. Doch hatte er nichts von dessen Exaltiertheit, nichts von dessen Maulheldentum und Voluntarismus.

Aus eigenem Antrieb hat Großherzog Friedrich Franz IV. politisch weder etwas Nennenswertes bewirkt noch inspiriert; dazu mangelte es ihm an Durchsetzungs- und Entschlusskraft, aber auch an produktiven Ideen. Von Demokratie und Parlamentarismus hielt er, ebenso wie sein Minister Adolf Langfeld, gar nichts; auch der weltbewegende Krieg konnte ihn in dieser Auffassung kaum irre machen. Auf seine entschiedene Parteinahme für das schwer angeschlagene Reichsoberhaupt im Herbst 1918 ist bereits eingegangen worden. Dass aber ihm selbst die Staatsgewalt einmal aus den Händen gewunden werden könnte, ist ihm überhaupt erst unter dem Eindruck der Matrosenaufstände an der Ostseeküste bewusst geworden. Noch am 4. November versuchte Langfeld ihn über mögliche Auswirkungen dieser Bewegung zu beruhigen. So konnte, als die Revolution bereits zwei Tage später in Schwerin Einzug hielt, von Präventionsmaßnahmen oder gar von einer Krisenstrategie seitens der Regierung keine Rede sein. Nun musste sich erweisen, was die Machthaber politisch noch in die Waagschale werfen konnten.

Die Antwort gibt Langfelds Eingeständnis, dass die überkommene Staatsgewalt in Schwerin am 6. November 1918 »tatsächlich suspendiert war«. Und er fügte hinzu: »Lange war ich an dem Tage noch bei dem Großherzog; auch Herzog Johann Albrecht kam hinzu. Das Ergebnis unserer Besprechung blieb aber immer: die weitere Entwicklung abzuwarten.«[249] Als schöpferische Politik kann man nicht bezeichnen, was das Triumvirat der bisherigen Staatslenker da konzipierte. Am Morgen des 8. November umstellten Trupps schwer bewaffneter Soldaten das Regierungsgebäude; hinter ihnen drängte sich eine dichte Menschenmenge. Auch die gegenüberliegende Zufahrt zum Residenzschloss wurde militärisch besetzt. Der martialische Aufzug der etwa zweitausend Menschen sollte den Deputierten des inzwischen formierten Arbeiter- und Soldatenrates umfassende Rückendeckung für die Übergabe eines Ultimatums an die formell noch Herrschenden geben, das die Einführung der Demokratie und den sofortigen Rücktritt der großherzoglichen Regierung verlangte. Auch der Landesherr wurde aus seinem Schloss in das Regierungsgebäude zitiert, um sich vor den Revolutionären zu erklären[250] – eine Demütigung, die Friedrich Franz den Schwerinern zeitlebens nicht verzeihen konnte.[251] Jedenfalls versprach das Staatsoberhaupt den Vertretern des Rates, ihre Forderungen gewissenhaft zu prüfen und ihnen nach Möglichkeit Rechnung zu tragen. Weisungsgemäß entließ er umgehend sein bisheriges Ministerium.

Als letzte Amtshandlung hatte Langfeld einen Erlass für den Monarchen aufgesetzt, von dem beide unter vier Augen meinten, er sei »doch eigentlich Unsinn«, aber vielleicht ein Ausweg zur Rettung der Monarchie.[252] Das Schriftstück dekretierte die sofortige Einführung der parlamentarischen Demokratie, sanktionierte die Entlassung der bisherigen Staatsminister und kündigte die baldige Berufung einer neuen Mitte-Links-Regierung an. Wenn etwas an dieser Verfügung Unsinn war, sträflicher Unsinn sogar, dann die überholten Formeln »bestimmen Wir hierdurch« oder »gegeben durch Unser Staatsministerium«. Zu bestimmen gab es nämlich für Friedrich Franz schon längst nichts mehr, und mit dem Pluralis majestatis bewiesen Langfeld und sein Großherzog nur, wie weit sie immer noch am Puls der Zeit vorbei lebten.

Einen Vorteil hat dieser Opportunismus in altfränkischem Gewande der Monarchie in Mecklenburg nicht verschaffen können. Als der Mecklenburg-Strelitz'sche Staatsminister Heinrich Bossart am Morgen des 9. November den Großherzog in seiner Residenz aufsuchen wollte, fand er diese von einem revolutionären Wachdienst hermetisch abgeriegelt vor. Nur mit besonderer Erlaubnis wurde er hineingelassen. Friedrich Franz erklärte ihm, »er sei interniert und könne das Schloss nicht verlassen«. Bitter beklagte er sich darüber, »dass die Vorgänge des gestrigen Tages von landfremden Deserteuren veranlasst seien«.[253]

Währenddessen wurde unter dem Fortschrittsparteiler Hugo Wendorff eine neue Regierung gebildet, der auch drei Sozialisten angehörten. Nachdem sich die Minister am 10. November von einer großen Volksversammlung hatten bestätigen lassen, war auch der »internierte« Landesherr noch ein letztes Mal gefragt. Und zwar für eine Art Thronrede, die dem sogenannten Volks-Ministerium eine noch breitere Unterstützung im Lande sichern sollte. Dafür hatte das neue Kabinett selbst einen Text vorgegeben, und der Großherzog war nun aufgefordert, dieses Bekenntnis im Regierungsgebäude zu verlesen. Er tat dies am 12. November und gab den neuen Ministern seine besten Wünsche für deren »schwere Aufgabe« mit auf den Weg, »im Dienste des Volkes entsprechend dem demokratischen Geiste der Zeit den Volksstaat anstelle des überlebten Obrigkeitsstaates vorzubereiten«. Und er bekundete seinen Willen, »an dieser Aufgabe im Rahmen der Rechte mitzuarbeiten, welche dem Fürsten im parlamentarisch verwalteten Staate zustehen«. Abschließend versicherte er ausdrücklich, dass ihm »jede dynastische Bestrebung fern liegt«.[254]

Warum der Fürst sich diese abermalige öffentliche Selbstverleugnung und -demontage antat, die praktisch auf einen Kotau vor den neuen Machthabern hinauslief, darüber ist in den Quellen kaum etwas überliefert. In der Rückschau sprach Friedrich Franz von dem »großen Opfer«, das er gebracht habe, um seinem »geliebten Lande noch schwerere Erschütterungen [zu] ersparen«.[255] Doch wären diese Erschütterungen tatsächlich eingetreten, wenn er sich dieser politischen Zumutung verweigert hätte? Wohl kaum, denn es gab keine Macht mehr, die bereit gewesen wäre, die überkommenen Thronrechte dieses Monarchen kämpfend zu verteidigen. Nicht einmal er selbst verspürte eine solche Neigung. Demnach dürfte sein unwahrhaftiges Bekenntnis zum demokratischen Volksstaat, vor dem er sich einen Monat zuvor noch bekreuzigt hätte, wohl eher durch einen letzten Hoffnungsschimmer motiviert gewesen sein, die Krone vielleicht doch noch behalten zu können. Von aristokratischem Stolz, von Ehrgefühl und hoher Würde keine Spur; dafür aber umso mehr von Menschlich-Allzumenschlichem. Und noch weit mehr von Theater, dieser Domäne bundesfürstlichen Herrscherdaseins, das die königlichen Schauspieler notfalls selbst dann noch zu spielen wussten, wenn ihnen das Bühnenstück gerade gar nicht passte. Die Rollenzuweisung wurde gleichwohl akzeptiert, verbunden mit dem Herzenswunsch, dass die grässliche Posse möglichst bald abgesetzt werde.

Das Polittheater des Großherzogs konnte das Leben der Monarchie in Mecklenburg um ganze zwei Tage verlängern. Dann machten die Unabhängigen Sozialisten dem bösen Spiel ein Ende, indem sie am Abend des 13. November im Schweriner Arbeiter- und Soldatenrat einen Beschluss herbeiführten, der die sofortige Einführung der Republik unter Androhung von Generalstreik und Massendemonstrationen forderte.[256] Dem mochte die provisorische Regierung nicht widersprechen. Deshalb setzte sie gleich am nächsten Morgen eine Abdankungsurkunde auf, da selbst für einen offiziell zur Demokratie konvertierten Monarchen in dem neuen Staatswesen kein Platz mehr war.

Anderntags um zwölf Uhr mittags vollzog Friedrich Franz seinen Thronverzicht – »auf Beschluss des Staatsministeriums«, wie es in der Präambel gnadenlos heißt. Die Überredung des nur mäßig zögerlichen Fürsten hatte nicht einmal eine Stunde gedauert. Nach eigenem Bekunden hatte er vor allem wissen wollen, »wie die Herren sich meine Zukunft gedacht hätten«. Im Übrigen sprach er die Erwartung aus, »dass meine sonstigen Rechte und mein Besitz anerkannt und nicht geschmälert werden«. Was den ersten Punkt betrifft, so ließ sich der scheidende Monarch davon überzeugen, dass es wohl das Beste für sein Haus wäre, wenn er mit seiner Familie zunächst für einige Zeit außer Landes ginge – genauer gesagt, nach Dänemark, mit dessen König seine Schwester verheiratet war. Diese Exilierung wurde am 16. November ins Werk gesetzt; erst im September 1919 kehrten die Herrschaften nach Mecklenburg zurück.

Hinsichtlich des zweiten Punktes machte sich die großherzogliche Willfährigkeit gegenüber den Umsturzparteien am Ende doch noch bezahlt. Regierungschef Wendorff erklärte sich unter Rekurs auf die »anerkennenswerte« Haltung des bisherigen Landesherrn bereit, alles zu tun, um den Wünschen nach Besitzstandswahrung nach Möglichkeit gerecht zu werden. Diese Vermögensauseinandersetzung sollte sich dann allerdings noch als knifflige Materie erweisen, doch im Dezember 1919 lag schließlich ein Abfindungsvertrag vor, der sicherstellte, dass die Familie des letzten

Großherzogs von Mecklenburg auch weiterhin hochherrschaftlich leben konnte.[257]

Was zukünftige politische Ambitionen betraf, so schloss Friedrich Franz schon wenige Tage nach seiner Ankunft in Dänemark, wo er sinnigerweise das schöne Schloss »Sorgenfri« bei Kopenhagen bewohnen durfte, mit allem ab. Er gab sich überzeugt, dass nicht einmal die kommende mecklenburgische Nationalversammlung sich »dazu [würde] aufraffen wollen oder können, die republikanische Idee zu bannen«.[258] Diese Einschätzung war richtig, wie die überwältigende Mehrheit für die republikanischen Parteien bei den Wahlen im Januar 1919 zeigte. Sein eigenes Verdikt, wonach es sich bei der Einführung der Republik um eine von außen aufgezwungene Neuordnung handelte und er gleichsam das Opfer eines Putsches landfremder Elemente geworden sei, verlor damit endgültig an Plausibilität. Seine Enttäuschung darüber, an der »tiefbetrübenden Tatsache« der Überwindung der Monarchie nun nichts mehr ändern zu können, war bald überwunden.

Wesentlich tiefer saß der Stachel, am Ende seiner Regentschaft womöglich vorgeführt worden zu sein, denn auch die bürgerlichen Mitglieder der provisorischen Regierung entpuppten sich gleich nach dem großherzoglichen Abgang als verkappte Republikaner. Dann – so seine erschreckende Einsicht – wäre ja »die mir vorgelegte und von mir geforderte Begrüßungsansprache an das Ministerium am 12. [November] doch eine reine Farce und eine bewusste Lüge mir gegenüber gewesen«. Diesen moralischen Tiefpunkt seiner Monarchen-Karriere konnte er sich offenbar selbst so wenig verzeihen, dass er die Verantwortung dafür anderen in die Schuhe schieben musste, namentlich den bürgerlichen Ministern, die sich ihm gegenüber immer als »Freunde der monarchischen Institution« ausgegeben und die Hoffnung genährt hätten, durch eine entgegenkommende Thronrede »meine und ihre eigene Stellung zu stärken«.

Diese Beobachtung mochte zutreffend sein, sie ändert aber nichts am Charakter jenes politischen Offenbarungseides, den der Großherzog mit seiner »demokratischen« Rede zwei Tage vor der Abdankung leistete. Diese ebenso vertrauensselige wie unaufrichtige Ansprache wirft noch einmal ein grelles Licht auf die Besonderheiten, an denen dieser Dynast scheiterte: seine politische Unschuld und seine Steuerbarkeit. Wegen der Unerträglichkeit dieser Beschämung blieb am Ende nur eine grandiose Selbstverklärung. Erstmals formuliert wurde sie in einem Brief an den bis zuletzt loyal ergebenen Ministerialrat Eduard Stratmann, dem Friedrich Franz am 14. März 1919 nahezubringen versuchte, dass ihm »das Bewusstsein, solange wie irgend möglich auf meinem Posten ausgehalten zu haben und nur der Gewalt gewichen zu sein, die Kraft gegeben hat, auch das Allerschlimmste der letzten bösen Tage zu ertragen«.[259] Der liberale Chefredakteur der bürgerlichen *Rostocker Zeitung* hatte seinen Lesern den gleichen Sachverhalt schon am 24. November 1918 wesentlich zutreffender erklärt: »Ohne Widerstand zu leisten, Brutalität und Feigheit wohnen gewöhnlich unter *einem* Dach, räumte man das Feld. Die alte Regierung wich der neuen, vergebens setzte zuletzt noch sich statt der Pickelhaube der Großherzog die rote Jakobinermütze auf, doch alle ›Selbstbesinnung‹ half nichts mehr, er bestieg mit seiner Familie den Sonderzug und dampfte nach Kopenhagen ab. Sanglos, klanglos.«[260] Doch sich dieser sehr viel prosaischeren Wirklichkeit zu stellen blieb Friedrich Franz zeitlebens verwehrt.

In der profanen Existenz seines weiteren Fürstenlebens versuchte der entthronte Herrscher möglichst viel von dem zu bewahren und fortzusetzen, was ihm seit eh und je gefrommt hatte: standesgemäß Hof zu halten, zu reisen, zu jagen und interdynastische Beziehungen zu pflegen. »Alles im alten Stil«, wie er 1927 frohgemut seinem Vermögensverwalter schrieb.[261] Dafür blieben ihm mehr als ein Vierteljahrhundert lang Zeit und Mittel. Am 19. November 1945 ist er in Flensburg gestorben.

Klein- und Kleinstreiche

Die restlichen neun Monarchien[262] repräsentieren nach Territorium und Bevölkerung im reichspolitischen Maßstab nur noch ein unbedeutendes Konglomerat von Duodezstaaten, in denen das Revolutionsgeschehen zudem kaum Auffälligkeiten hervorbrachte, die im Rahmen einer nationalstaatlichen Zusammenschau gesonderte Berücksichtigung finden müssten. Außerdem ragte aus dem Herrscherkollektiv dieser *diis minorum gentium* keine Persönlichkeit heraus, die einer eigenen Betrachtung bedürfte. Was sich in den Klein- und Kleinstreichen im November 1918 abspielte, spiegelt das schon Dargestellte in lediglich kleinerem Maßstab wider.[263]

Auch die revolutionsspezifischen Wahrnehmungs- und Deutungsmuster der Dynasten waren im Wesentlichen ein Echo der Reaktionen ihrer bedeutenderen Herrscherkollegen. So schrieb Fürst Leopold IV. von Lippe am 17. November 1918 an seinen Bruder Bernhard: »Was war das für ein entsetzlicher Sturmwind, der über Deutschland fegte. Als wenn die Menschheit den Verstand verloren hätte! Wenn man den Glauben an Gott und sein Vaterland nicht gehabt hätte, man hätte es ja nicht ertragen!«[264]

Die vormalige Fürstin Elisa von Reuß ältere Linie bedankte sich für den teilnahmsvollen Brief ihres Bruders Ernst von Hohenlohe-Langenburg am 22. November 1918 mit den Worten: »Wie wohl tut solche verstehende Liebe in dieser namenlos schweren Zeit. Ach mein liebster Erni, es ist wie ein Sturm auf uns alle hereingebrochen, und man kann es noch immer kaum fassen: unser großes herrliches Deutschland – von den Feinden gedemütigt und im Innern zusammengebrochen. Du hast Recht, es tut so weh, dass man gar nichts weiter darüber sagen kann.«[265]

Auch die letzte Fürstin von Schwarzburg-Rudolstadt (und seit 1918 auch Sondershausen), Anna Luise, war und blieb fassungslos, wie ihr Schreiben an ihre Freundin Elisabeth Förster-Nietzsche vom 10. Januar 1919 dokumentiert: »Man steht vor so dunklen Rätseln, wie sie die Welt wohl noch nie zu lösen gehabt hat. Wann wird Licht in dieses Dunkel kommen? Gott allein weiß, warum die Mächte der Finsternis: Habgier, Ehrsucht und Lüge die Oberhand gewonnen haben, und warum gerade unser armes Deutschland, das sich vier Jahre lang gegen eine Welt von Feinden tapfer gewehrt hat, nun innerem Wahnsinn zum Opfer fallen muss!«[266]

Was am Ende zählt

Als Opfer übermächtiger Gewalten in die Geschichte einzugehen, blieb den deutschen Monarchen verwehrt. Und mit dieser ihrer Lebenslüge sollen sie auch nicht in die Geschichte entkommen. Der Zerfall der Monarchie in Deutschland war keine Naturkatastrophe, kein Schicksalsschlag, sondern zum Gutteil Resultat der aktiven und passiven Ruinierung dieser Institution durch ihre vornehmsten Protagonisten. Nur wollte sich bis zuletzt keiner den beklagenswerten Zustand eingestehen, dass man am Ende nur noch auf einem zu Schanden gerittenen Pferd saß.

Geboren im Zeitalter des Umbruchs und der Neugestaltung in weiten Teilen Europas, verweigerten die deutschen Dynasten in fataler Verkennung dieses Zeitgeistes Deutschland so lange den Übergang in die politische Moderne, bis das Volk sie schließlich beiseite schob, beiseite schieben musste, um nicht mit ihnen zu stagnieren und damit dauerhaften Verzicht auf politische Teilhabe zu leisten. Angesichts einer sich allerorten vollziehenden grundlegenden Änderung des Wesens von Politik machtpolitisch alles beim Alten lassen zu wollen, war die bewusste Entscheidung von Eliten, die nicht mehr als drei Schritte vorwärts sehen mochten.

So defekt das von Bismarck 1871 konstruierte und dann prometheisch von ihm am Leben erhaltene deutsche Monarchie-Modell als solches auch gewesen sein mag, erst die tätige Bloßstellung der monarchischen Solidarität durch den verbissenen Kampf um dynastische Sonderinteressen ließ das fürstliche Machtkartell derart havarieren, dass ein Totalschaden entstand. Schließlich war es der fast alle Bundesfürsten auszeichnende mehr oder minder verkappte Partikularismus, der in ihnen patriotische Gefühle für die Belange des deutschen Nationalstaates als Ganzes politisch nie zum Tragen brachte. Auch dies war ein Indikator einer Rückständigkeit, die dadurch nicht besser wurde, dass Dynastien wie die bayerische sich ihre Politik der Sonderinteressen ausdrücklich als

Verdienst anrechneten. Denn selbst wenn man den Partikularismus als Nebenberuf eines jeden deutschen Bundesfürsten bezeichnet, lässt sich in seiner konkreten Betätigung auch nicht der Hauch einer prospektiven politischen Idee (etwa in Richtung auf eine europäische Föderation), geschweige denn der Kristallisationskern einer monarchischen Alternative zur preußischen Selbstherrlichkeit à la Wilhelm II. ausmachen. Er blieb fruchtlos, als »Beruf« gründlich missverstanden.

Diese Summe eklatanter Defizite provozierte dann letztendlich unter dem Druck einer krisenhaften Bedrohung eine allgemeine Absetzbewegung der Herrschenden von der politisch nach wie vor gegebenen Verantwortung für den offenkundigen Niedergang »ihres« Kaiserreichs und schließlich auch ihrer Einzelreiche. Ihre Bringschuld gegenüber dem Niedergang und schließlichen Zusammenbruch einer Welt, die vielen Menschen Halt und einen Platz gegeben hatte, darf man weder hinter einem schicksalhaften Determinismus verstecken noch dem Moloch Weltkrieg überantworten, der vieles, aber nicht alles verschlang. Hier geht es um persönliche Haftung, um aristokratische Verpflichtung, und zwar umso mehr, als die Verantwortlichen selbst stets jede Mitwirkung an dieser Katastrophe verleugneten.

Zu differenzieren ist dieser negative Befund nur dahingehend, dass diejenigen Monarchen das Schicksal ihrer Entkrönung noch am ehesten anzunehmen wussten und damit in gewisser Weise sogar »verstanden«, die sich schon in den Jahren davor am wenigsten irgendwelchen Illusionen über den Ewigkeitswert ihrer souveränen Macht hingegeben hatten: König Wilhelm II. von Württemberg wäre hier zu nennen oder Großherzog Ernst Ludwig von Hessen. Doch selbst diese »aufgeklärten« Fürsten hatten am Ende ein kaum lösbares Monarchie-Problem. Denn mit ihrer politischen Selbstbescheidung verblasste in diesen Bundesstaaten zugleich der monarchische Charakter der Staatsführung, ja des politischen Systems schlechthin – der spezifisch königliche Regierungswille wurde zur Chimäre, je mehr der bürgerliche Souverän es nunmehr war, der die bürokratische Regierungsweise der Minister beziehungsweise den Militarismus der Generäle unterstützte und nicht – wie monarchiepolitisch geboten – umgekehrt.

Insofern leisteten auch diese Kronenträger ungewollt der Selbstaufhebung der Monarchie Vorschub, sodass sie in der Systemkrise von 1918 in der gleichen politischen Falle endeten wie ihre stärker autokratisch ausgerichteten »Kollegen«. Als es um strategische Entscheidungen im Sinne einer Neu(er)findung der Monarchie in Deutschland ging, zeigte sich, dass sie keinerlei politische Gestaltungskraft besaßen und daher die republikanische Idee nicht bannen, aber auch nicht akzeptieren konnten.

Das Mindeste, das alle deutschen Monarchen ihren »Völkern« im Herbst 1918 glaubhaft hätten zeigen müssen, um politisch zu überleben, war Mitgefühl für deren Leiden und Entbehrungen und dankbare Anerkennung für die gebrachten Opfer. Je weniger davon zu spüren war, umso mehr verbreitete sich die Ansicht im Volk, dass diese Herrscher nicht mit Herzen und Willen zu ihm standen. Mit dem berechtigten Zweifel an der Gesinnung der Fürsten zerriss der mythische Schleier, der diese Spezies umgab, definitiv. Aus Anhänglichkeit wurde Desinteresse, aus Enttäuschung Abneigung. So nahm das Schicksal der Entkrönung seinen Lauf.

Der unmittelbare Auslöser des deutschen November-Umsturzes war die massenhafte und unaufhaltsame antiautoritäre Protestbewegung kriegsmüder Soldaten, der von Anfang an ein starker antimonarchischer Affekt mit einem nicht zu unterschätzenden Gewaltpotenzial innewohnte.[267] Diese Bewegung wollte die alte Ordnung aushebeln und offenbarte gleichwohl eine großenteils noch vorpolitische Einstellung und Haltung ihrer Teilnehmer. Der gegen die Obrigkeit, insbesondere die Krone gerichtete Impetus übertrug sich dann rasch auf die schon seit langem murrenden (Industrie-)Arbeiter. Und überall in Deutschland stiftete er umstürzlerische Solidarität. Denn welches »Motiv der Fügsamkeit« (Max Weber) sollte die Menschen im Herbst 1918 noch im Zaume halten, wo das Versagen der Souveräne – und zwar vom Kaiser bis zum einzelstaatlichen Dynasten – gegenüber ihren Herrscherpflichten so eklatant zutage trat? Wozu noch Loyalität oder gar Gefolgschaft, wenn diejenigen, die diese Treue moralisch immer noch einklagten, sich weder willens noch in der Lage zeigten, ihrer Fürsorgepflicht nachzukommen, ja mehr noch: wenn sie ihre Völker politisch hinters Licht führten, ihnen die Fortsetzung eines sinnlosen Krieges aufnötigten und ihre elementaren Bedürfnisse missachteten?

Diesen revolutionären Massenimpuls griff die MSPD-Führung auf. Sie versuchte, ihn in einen disziplinierten politischen Willen zur bürgerlichen Republik umzuwandeln. Die Halbherzigkeit dieser Strategie ist allerdings unübersehbar. Sie konnte keinen besseren Ausdruck finden als in dem Ausspruch jenes bayerischen Sozialdemokraten, den Oskar Maria Graf mit den Worten zitiert: »Noja, Genossen, machen mir hoit a Revolution, dass a Ruah is –!«[268] Dieser politische Denkstil ging darauf zurück, dass die führenden deutschen Sozialdemokraten bis zum 9. November 1918 eine halbwegs demokratische Monarchie der republikanischen Staatsform eindeutig vorgezogen hatten. Weder erhoben sie über dieses politische Ziel hinausweisende Forderungen noch gar einen sozialdemokratischen Machtanspruch.

Insofern traf sie der plötzliche Zusammenbruch der alten politischen Ordnung im Gefolge der revolutionären Unruhen, die Anfang November das ganze Reich erfassten, völlig unvorbereitet. Die MSPD wurde in diese ungewollte Revolution geradezu hineingetrieben. Nicht dem eigenen Antrieb folgend, sondern der revolutionären Not gehorchend, musste sie sich der Bewegung anpassen, um nicht kompromittiert zu werden. Dabei suchte sie ihr Heil vor allem in zwei Optionen: erstens in der Ausschreibung von Wahlen für eine möglichst bald einzuberufende und dann alle Machtfragen klärende Nationalversammlung, womit sie den revolutionspolitischen Handlungsdruck zu verringern hoffte; zweitens in der Opferung der Monarchen und damit der monarchischen Staatsform bei gleichzeitiger Beibehaltung des alten Machtapparates. Dafür nahm sie am Ende auch den »Betriebsunfall Republik« (Alfred Döblin) in Kauf, sofern er denn versprach, einer weiteren Radikalisierung der Umsturzbewegung entgegenzuwirken. So kam es zur viel beklagten »Republik ohne Republikaner«[269] – und zu einer grandiosen Nachsicht der neuen Machthaber gegenüber den mehr höflich hinauskomplimentierten denn radikal gestürzten Kronenträgern.

Die bis dato Herrschenden haben diese Revolutionsinterna nur noch erlitten. Zu mehr als einer Verschleppung der schleichenden politischen Insolvenz ihrer königlichen Firmen zeigten sie sich 1918 nicht bereit – und auch nicht in der Lage. Für die Idee der Monarchie – gleich in welcher Gestalt – kämpften sie jetzt nicht einmal mehr mit halbem Herzen. Da kam die kollektive Selbstaufgabe fast von allein. Das Gespenst der deutschen Revolution war eben alles andere als ein Schlossgespenst. Jetzt, im Augenblick der Systemkrise, stellte sich heraus, dass politische Loyalität auch oder gerade unter den Bedingungen einer konstitutionellen Monarchie auf dem Prinzip der Wechselseitigkeit basierte – gerade was ihre moralische Dimension anlangt.[270] Mit dem Verspielen des Vertrauens in ihre Führungsqualitäten, aber auch in ihre Empathie-Fähigkeit brachten sich die Monarchen selbst um den Restbestand dessen, was sich an emotionaler Bindung an sie vielleicht noch im deutschen Volk erhalten hatte. Erst als es bereits zu spät war, kam die Erkenntnis: »An uns Fürsten der Jetztzeit müssen die Menschen ›ran‹ können.«[271] Ihre notorische Demokratieferne haben sie niemals überwunden.

Dennoch sprengte die deutsche Revolution die Bundesfürsten im November 1918 nur als politisches Machtgebilde in die Luft, wodurch ihrem königlichen Dasein der ganz große Charakter genommen wurde. Im Übrigen konnten sie alle nach einer kurzen Schreckenszeit mehr oder weniger unbeschadet in ihr früheres Wohlleben zurückkehren und sich in komfortablen Fluchtburgen der Realität des demokratischen Zeitalters erst einmal weiter verweigern.

Trösten wir uns darüber, wie Friedrich Schiller es schon im Blick auf den Untergang des alten Heiligen Römischen Reiches Deutscher Nation vor mehr als zweihundert Jahren getan hat, mit der Erkenntnis: »Die Majestät des Deutschen ruhte nie auf dem Haupt seiner Fürsten.«

Anmerkungen

Präludium/Republikanische Vorrede

1 Nach der Abschrift einer Kopie dieses Briefes von der Hand des ehemaligen Präsidenten des Württembergischen Staatsministeriums von Weizsäcker, datiert: Stuttgart, den 1. 8. 1919, in: HStA Stuttgart Q 1/18, Bü152; zum Kontext der Aktion vgl. den BW ebendort sowie STA Altenburg.

2 Friedrich Christian Prinz zu Schaumburg-Lippe, *Adel,* S. 13 (Graf Reischach).

3 Mecklenburg-Strelitz, Reuß ältere Linie und Schwarzburg-Sondershausen hatten bis zur Novemberrevolution mangels Erbberechtigter aufgehört, als Dynastien zu existieren, sodass die Versorgung der hinterbliebenen Familienmitglieder den Häusern Mecklenburg-Schwerin, Reuß jüngere Linie und Schwarzburg-Rudolstadt oblag.

4 Die Gründe für den mehr als bescheidenen Forschungsstand diskutiert (mit weiterführender Literatur) Marburg, *Europäischer Hochadel.* Vgl. hierzu außerdem Weber, *Ideen und Wirklichkeiten.*

5 Eine Ausnahme bildet die Skizze von Neuhaus, »Das Ende der Monarchien«.

6 Eigenhändiger Brief an Cosima Wagner vom 6. 3. 1919, in: HZA Neuenstein, La 142, Bü 888.

Vor dem Abgrund: War der deutsche Herrscherstand noch zu retten?

1 So die halbamtliche Verlautbarung des *Wolff'schen Telegraphenbüros,* zit. nach *Der Tag,* Nr. 301 vom 17. 6. 1913.

2 Soweit die Äußerlichkeiten, wie die Hofberichterstatter sie festgehalten haben. Ich stütze mich hauptsächlich auf die einschlägigen Artikel in der *Neuen Preußischen (Kreuz-)Zeitung, Nr.* 279 vom 18. 6. 1913, *Der Tag,* Nr. 303 vom 18. 6. 1913, und in der *Illustrirten Zeitung,* Nr. 3652 vom 26. 6. 1913.

3 Über die Vorbereitung und Durchführung dieser Feier findet sich reiches Material in: BayHStA, GHA, Kabinettsakten Ludwig III, Nr. 21; sowie Hofstäbe-Oberhofmarschall, Nr. 623.

4 Die nachfolgenden Redezitate nach der Wiedergabe in der *Frankfurter Zeitung*, Nr. 235 und 236 vom 25. bzw. 26. 8. 1913.
5 GStA Dahlem, BPH, Rep. 53, Nr. 87.
6 Hierzu zuletzt mit der einschlägigen Literatur Rodekamp, *Völkerschlachtdenkmal.*
7 Nach der *Neuen Preußischen (Kreuz-)Zeitung*, Nr. 491 vom 19. 10. 1913.
8 *Vorwärts* vom 16. 6. 1913 (LA »Wir und Wilhelm«).
9 Vgl. Paulmann, *Pomp und Politik*, S. 386 ff.
10 *Vorwärts* vom 8. 2. 1914 (»Könige im Kino«).
11 Systematisch ist diese bildsatirische Monarchie-Kritik m. W. noch nicht untersucht worden. Nur über die Karikierung der Hohenzollern und insbesondere des letzten deutschen Kaisers sind wir recht gut informiert: Vgl. Lammel, *Majestätsbeleidigung*; Rebentisch, *Gesichter des Kaisers;* sowie Peters, *Ansichten eines Kaisers.*
12 Schlözer an Bethmann Hollweg vom 19. 6. 1910, in: PAA Berlin, R 2811.
13 Detaillierte Informationen zum Folgenden finden sich bei Albrecht: *Landtag und Regierung in Bayern*, S. 48–61; Arnswaldt: »Beendigung der Regentschaft«, S. 859–893; sowie Volkert: »Das bayerische Zentrum«, S. 965–982; Körner, *Königreich Bayern*, S. 196.
14 *Georg Meyers Lehrbuch des deutschen Staatsrechts*, S. 316. Vgl. auch den LA in den *Münchener Neuesten Nachrichten*, Nr. 635 vom 13. 12. 1912: Regentschaft und Reichsverwesung seien »nur Ausübung der Staatsgewalt für den Herrscher kraft Berufung durch das Gesetz«.
15 Vgl. BayHStA, Staatsrat, Nr. 1441; außerdem Schlaich: »Der bayerische Staatsrat«, S. 463–522, hier S. 518f.
16 Vgl. hierzu jetzt analytisch scharf Aretin, *Erbschaft*, S. 16 ff.
17 Vgl. Aretin, *Erbschaft*, S. 37 ff.
18 Vgl. Weiss, *Kronprinz Rupprecht*, S. 83/84.
19 Treutler an Bethmann Hollweg vom 13. 12. 1912, in: PAA Berlin, R 2812.
20 Vgl. Körner, *Königreich Bayern*, S. 192.
21 Zitat aus dem Trinkspruch beim Festmahl der deutschen Bundesfürsten in Kelheim am 25. 8. 1913 nach *Frankfurter Zeitung*, Nr. 236 vom 26. 8. 1913.
22 Interessantes Quellenmaterial zu diesen Vorgängen bei Fuchs, *Großherzog Friedrich I.*, Bd. 3, S. 524 ff.; sowie Hohenlohe, *Denkwürdigkeiten*, S. 236 ff.; vgl. auch Ernst Ludwig Großherzog von Hessen und bei Rhein: *Erinnertes*, S. 105 f.
23 Vgl. *Zukunft* vom 20. 6. 1896.
24 Stellvertretend für viele: Spitzemberg, *Tagebuch*, S. 356, Eintrag vom 13. 4. 1897.

25 Vgl. Hohenlohe, *Denkwürdigkeiten,* S. 238–240.
26 Historisches Archiv der Stadt Köln, NL Hähner, Tagebuch Hähner, Nr. 8, 12. 11. 1919, S. 14/15.
27 Vgl. Ernst Ludwig Großherzog von Hessen und bei Rhein, *Erinnertes,* S. 106, wo es heißt, das habe ihm Ludwig selbst gesagt. Vgl. auch Lerchenfeld-Köfering, *Kaiser Wilhelm II.,* S. 31.
28 Vgl. Körner, »Na warte Wittelsbach!«, S. 33 f.
29 Lerchenfeld-Köfering, *Kaiser Wilhelm II.,* S. 29 f.
30 Verhandlungen der Kammer der Abgeordneten des bayerischen Landtags, XXXVI. Session im Jahre 1913, 184. Sitzung vom 21.XI.1913, S. 517 ff.
31 Nach *Münchener Neueste Nachrichten,* Nr. 566 vom 6. 11. 1913.
32 Alles nach *Münchener Neueste Nachrichten,* Nr. 569 vom 9. 11. 1913.
33 Rede in Nürnberg am 28. 6. 1914, zit. nach *Bayerische Staatszeitung,* Nr. 148 vom 29. 6. 1914.
34 Vgl. seine Randnotizen zum Bericht seines Münchener Gesandten Treutler an den Reichskanzler Bethmann Hollweg vom 13. 12. 1912, in: PAA Berlin, R 2812.
35 Marginalien zu Treutlers Telegramm aus München vom 17. Oktober 1913, in: PAA Berlin R 2813.
36 Telegramm Treutlers an AA vom 23. 10. 1913, in: PAA Berlin R 2813.
37 Wagner, *Briefwechsel Cosima Wagner,* S. 326.
38 So wusste der preußische Gesandte in München von wachsenden Spannungen zwischen Ludwig und seinem Bruder Leopold zu berichten, die so weit gingen, dass Letzterer erwog, seinen Wohnsitz in Österreich zu nehmen: PAA Berlin, R 2813.
39 Bayern, *Erinnerungen,* S. 155 f.
40 BayHStA, Geh. Hausarchiv, NL Herzogin Wiltrud von Urach, Nr. 500.
41 Treutler an AA vom 22. 11. 1913, in: PAA R 2814; vgl. auch *Verhandlungen der Kammer der Abgeordneten des bayerischen Landtags,* XXXVI. Session im Jahre 1913, 184. Sitzung vom 21.XI.1913, S. 758–827.
42 Zum biografischen Profil des letzten bayerischen Königs vgl. in weitgehender Übereinstimmung des (negativen) Urteils: Beckenbauer, *Ludwig III. von Bayern;* Glaser, *Ludwig III. König von Bayern;* Körner, »Ludwig III. von Bayern«; ders., »Na warte Wittelsbach!«; Schad, »Marie Therese von Österreich-Este«; Ursel, *Die bayerischen Herrscher;* Weiss, *Kronprinz Rupprecht,* passim.
43 Im Einzelnen zu studieren bei Philippi, *Preußen;* Bringmann, *Braunschweigische Thronfolgefrage;* Biegel, *Victoria Luise.*
44 Hierzu die interessanten Ausführungen von Kohler: »Tu Felix Austria Nube ... «.
45 Max von Baden an Schwertfeger vom 30. 2. 1923, in: BAK, NL 15 Schwertfeger, Nr. 549.

46 Nach dem Abdruck im *Volksfreund*, Nr. 257 vom 1.11.1913.
47 Nach dem Abdruck im *Volksfreund*, Nr. 259 vom 4.11.1913.
48 Ebda.
49 Wiedergabe eines Vier-Augen-Gesprächs mit dem Herzog von Braunschweig im Bericht Krafft von Dellmensingen an den bayerischen Ministerpräsidenten von Dandl vom 17.4.1918, in: BayHStA, MA 1, Nr. 945.
50 Ein Fülle von Hinweisen findet sich beispielsweise bei Röhl, *Wilhelm II.*
51 Avenarius, »Unsere Fürsten und wir«, S. 7.
52 Vgl. Fetting: »Großherzoglicher Ehebruch ». Ich danke Frau Fetting dafür, dass sie mir die Lektüre ihres noch unveröffentlichten Textes ermöglicht hat; die im Folgenden angeführten Ego-Dokumente habe ich allerdings selbst eruiert.
53 Vgl. hierzu Machtan: »Wilhelm II. als oberster Sittenrichter«.
54 Eigenhändiges »streng vertrauliches« Scheiben des preußischen Gesandten in Mecklenburg und den Hansestädten, v. Bülow, an Jagow aus Hamburg vom 23.1.1914, in: GStA Dahlem, BPH, Rep. 53 E I Oldenburg, Nr. 1.
55 Der preußische Gesandte in Oldenburg an den Staatssekretär von Kiderlen vom 11.12.1910, in: PAA Berlin, R 3181 (»Vertraulich!«).
56 GStA Dahlem, BPH, Rep. 53 E I Oldenburg, Nr. 1.
57 Briefe Friedrich Augusts an Wilhelm II. vom 8.12.1913 bzw. vom 17.1.1914, in: GStA Dahlem, BPH, Rep. 53 E I Oldenburg, Nr. 1.
58 Erinnerungen Heinrich Claß, in: BAK, KLE 499 F, S. 53 f., bzw. ders., *Semi-Imperator,* S. 42.
59 Vgl. als thematischen Einstieg zum Folgenden Boldt, »Monarchie« S. 189 ff.
60 Dagegen namentlich Jellinek, *Kampf;* dafür Rehm, »Überstaatliche Rechtsstellung«, ebendort, S. 171, auch das nachfolgende Zitat.
61 Namentlich verzeichnet findet sich dieser hochexklusive Kreis von insgesamt ca. 700 Personen in den beiden ersten Abteilungen des *Gothaischen Hofkalenders,* der 1918 in seinem 150. Jahrgang erscheinen konnte. Zum tieferen Verständnis dieser Sozialformation insgesamt vgl. die von Silke Marburg erstellten Dynastischen Informationen des historischen Informationssystems HIGIS Germany, in: http://www.hgis-germany.ieg-mainz.de/Datensaetze/Dynastien/DynTabellen.php.
62 Vgl. PAA, R 2909.
63 *Vossische Zeitung,* Nr. 116 vom 5.3.1917.
64 Vgl. Wieden: »Ausgang«.
65 Hierzu im Einzelnen sehr überzeugend McLean, *Royalty and Diplomacy.*
66 Zum Folgenden siehe McLean, »Kaiser Wilhelm II«, S. 45 ff.; sowie Zechlin, »Anastasia-Prozeß«, S. 366 ff.

67 Hierzu die minutiöse Rekonstruktion von Carlgren, *Neutralität oder Allianz,* S. 213 ff.; sowie Hadenius: *Gustaf V.,* S. 147 ff.
68 Ludwig III. an KP Rupprecht vom 7. 12. 1914, in: BayHStA, GHA, NL KPR, Nr. 427.
69 Zu den Einzelheiten dieses unter strengstem Ausschluss der Öffentlichkeit angezettelten Länderschachers vgl. die immer noch unerreichte Studie von Janssen, *Macht und Verblendung;* ergänzend und in deutlich milderem Licht Sauer: *Württembergs letzter König,* S. 277 ff.; sowie Weiss: *Kronprinz Rupprecht,* S. 126 ff.
70 Nach *Münchener Neueste Nachrichten,* Nr. 286 vom 8. 6. 1915.
71 Zitate aus dem Schreiben des Reichskanzlers Bethmann Hollweg an den preußischen Gesandten in München vom 16. 6. 1915, in: PAA, R 2814; ebendort auch das nachfolgende Zitat.
72 So sein Armeebefehl vom 4. 7. 1915, in: PAA, R 2814.
73 KP Rupprecht an seinen Vater Ludwig aus Lille vom 4. 7. 1915, in: BayHStA, Geheimes Hausarchiv, NL Kg. Ludwig III, Nr. 59.
74 Vgl. im Einzelnen Janssen: *Macht und Verblendung,* S. 61 ff.; sowie Weiss: *Kronprinz Rupprecht,* S. 130 ff.
75 KP Rupprecht an seinen Vater Ludwig aus Lille vom 21. 7. 1915, in: BayHStA, Geheimes Hausarchiv, NL Kg. Ludwig III, Nr. 59.
76 Vgl. Basler: *Deutschlands Annexionspolitik,* S. 121, 135 f., 246 und 305.
77 Telegramm vom 20. 8. 1915, in: PAA, R 3275.
78 Hierzu des Näheren Weizsäcker, »Zur elsaß-lothringischen Frage«; zum württembergischen Widerstand vgl. auch die Bonmots, die der auf diesem politischen Minenfeld sehr engagierte Zentrumspolitiker Matthias Erzberger (*Erlebnisse,* S. 162 f.) überliefert hat.
79 Vgl. etwa den Briefwechsel zwischen Bethmann Hollweg und Prinz Friedrich Karl von Hessen (Kassel) vom September 1915, in: PAA, Berlin, Nr. 3063.
80 KP Rupprecht an seinen Vater Ludwig aus Lille vom 10. 9. 1915, in: BayHStA, Geheimes Hausarchiv, NL Kg. Ludwig III, Nr. 59.
81 Zit. nach dem Abdruck eines Audienz-Protokolls in: Deuerlein, *Briefwechsel Hertling-Lerchenfeld,* Bd. 2, S. 714 ff.
82 Telegramm von Treutler an das Auswärtige Amt, in: PAA, R 2815; ebendort auch das nachfolgende Zitat.
83 Vgl. Afflerbach, *Oberster Kriegsherr,* S. 458 f.
84 BayHStA, GHA München, NL KP Rupprecht, Nr. 427.
85 Vgl. das Schreiben KP Rupprechts an seinen Vater Ludwig aus Lille vom 22. 8. 1915 (BayHStA, Geheimes Hausarchiv, NL Kg. Ludwig III, Nr. 59): »Mir scheint es geboten, das alte deutsche Reich in veränderter Form aber in seinen alten Gränzen wiederherzustellen.«
86 Nach dem Tagebuch-Eintrag seiner Schwester Wiltrud vom 4. 11. 1918, in: BayHStA, GHA, NL Herzogin Wiltrud von Urach, Nr. 610.

87 Zum Folgenden vgl. vor allem die quellennahe Darstellung von Victor Naumann (dem damaligen Berater von Reichskanzler Hertling und KP Rupprecht von Bayern), *Dokumente und Argumente*, S. 315 ff.; außerdem Janssen, *Macht und Verblendung*, S. 197 ff.; sowie Baumgart, *Ostpolitik*, S. 60 ff.

88 Marginalie zu einem Zeitungsartikel, in: PAA Berlin, Weltkrieg 20d, Nr. Ia, Bd. 12.

89 Zitate aus dem Brief Naumanns an den Herzog von Sachsen-Meiningen, in: Ebda., S. 327 f.

90 Ludwig III. an seinen Sohn Rupprecht vom 28. 4. 1918, in: BayHStA, GHA, NL KP Rupprecht, Nr. 427.

91 Brief an den mecklenburgischen Gesandten in Berlin von Brandenstein vom 7. 4. 1918, in: LHA Schwerin, 2.26–1, Großherzogliches Kabinett II, Nr. 1075.

92 Vgl. etwa den eigenhändigen Briefwechsel der beiden Monarchen von Januar 1918, in: GStA Berlin-Dahlem, I. HA Rep. 89, Nr. 32410.

93 Vgl. BayHStA, MA 1, Nr. 945.

94 Zum Begriff vgl. das Tagebuch KP Rupprechts vom 20. 2. 1918: »Mit meinem Vater hatte ich in diesen Tagen mehrfach lange Unterredungen. Er will die Dinge nur so sehen, wie er sie wünscht und steht auf einem ausgesprochen annexionistischen Standpunkte, namentlich hinsichtlich Belgiens wegen der Bedeutung der doch in Holland gelegenen Rheinmündung. Bezüglich des Erscheinens amerikanischer Truppen an der französischen Front meinte er einfach: ›Die Amerikaner hätten in Europa nichts zu schaffen‹ und damit schien die ganze Angelegenheit für ihn erledigt. – Vogel-Strausspolitik!« (BayHStA, GHA München, NL KP Rupprecht, Nr. 707).

95 PAA Berlin, Russland-Politisches, Nr. 1, Bd. 24.

96 Archiv des Hauses Württemberg Altshausen, Familienarchiv G 331; nach der Paraphrase bei Sauer: *Württembergs letzter König*, S. 284.

97 Vgl. Potthoff, *Friedrich v. Berg*, S. 136 f.

98 Kessler, *Tagebuch* (Eintrag vom 17. 6. 1918), Bd. 6, S. 418 ff.; vgl. auch ebda., S. 521 (Tagebuch-Eintrag vom 27. 8. 1918).

99 Brief an seinen Bruder Leopold vom 7. 7. 1918, in: BayHStA, GHA, NL Prinz Leopold, Nr. 36.

100 König Wilhelm II. an seinen Regierungschef Weizsäcker vom 17. 8. 1918, in: HStA Stuttgart, Q 118, Bü 61.

101 König Wilhelm II. an Kaiser Wilhelm II. vom 16. 8. 1918, in: HStA Stuttgart, Q 118, Bü 61.

102 Nach *Gothaischer Genealogischer Hofkalender* 1915. Vgl. auch *Ehren-Rangliste des ehemaligen Deutschen Heeres: auf Grund der Ranglisten von 1914 mit den inzwischen eingetretenen Veränderungen*, Berlin 1926.

103 Hoetzsch, *Heerführer*, S. 14.

104 Beckenbauer, *Ludwig III.*, S. 152 ff.; sowie Sauer, *Württembergs letzter König*, S. 261 ff.
105 Pyta, *Hindenburg*, S. 41 ff.
106 *Dresdener Journal*, Nr. 194 vom 22. 8. 1914.
107 Vgl. die Berichte des preußischen Gesandten in Karlsruhe an den deutschen Reichskanzler, in: PAA, Berlin R 2673; im Übrigen Müller-Loebnitz, *Badener im Weltkrieg*.
108 Viktoria Luise, *Leben als Tochter des Kaisers*, S. 146. – Im Übrigen vgl. Otte, »Herzogin Victoria Luise«, S. 131 ff.; Achleitner, *Entthronte Herrscher*, S. 79 f.
109 FF IV. an Langen vom 19. 3. 1915, in: LHA Schwerin, Kabinett II (2.26–1), bzw. FF IV an KP Rupprecht von Bayern vom 18. 1. 1918, in: BayHStA, GHA NL KP Rupprecht, Nr. 418. – Auch GhZ Ernst Ludwig von Hessen-Darmstadt beklagte heftig, dass er im Felde »eigentlich nur als Zuschauer geduldet war« (zit. nach Knodt, *Großherzog Ernst Ludwig*, S. 347).
110 Vgl. Post/Werner: *Herrscher in der Zeitenwende*, S. 481 ff.
111 Vgl. vor allem Vogel, *Nationen im Gleichschritt*, S. 53 ff.; außerdem Pyta, *Hindenburg*, S. 76 ff.
112 Hierzu sehr anschaulich Ulrich/Ziemann, *Frontalltag*.
113 Vgl. etwa die Dokumente bei Franz, *Friede durch geistige Erneuerung*, S. 54 ff.
114 FF IV. an seinen Onkel Herzog Johann Albrecht vom 13. 11. 1917, in: LHA Schwerin, Briefnachlass Herzog Johann Albrecht, Nr. 32; Korrespondenz Großherzog Wilhelm Ernst von Sachsen-Weimar-Eisenach mit der Gattin Feodora, in: ThürHStA, HA XXVIII, Nr. 4.
115 Vgl. hierzu speziell Machtan, *Kaisersohn*, S. 60 ff.
116 Vgl. Hutten-Czapski, *Politik und Gesellschaft*, Bd. 2, S. 170.
117 Nach *Münchener Neueste Nachrichten* vom 5. 8. 1914.
118 Nach *Neue Preußische Zeitung*, Nr. 495 vom 15. 10. 1914.
119 Korrespondenz Großherzog Wilhelm Ernst von Sachsen-Weimar-Eisenach mit der Gattin Feodora, in: ThürHStA, HA XXVIII, Nr. 4.
120 Vgl. hierzu vor allem Dietz, *Todesgang*; sowie Kantorowicz, *Offiziershass*. – Zum allgemeinen Kontext vgl. auch die Studie von Winkle, *Dank des Vaterlandes*.
121 Vgl. Ulrich, *Husaren-Regiment*, S. 284.; vgl. auch PAA Berlin, R 3137.
122 Zu seiner Lebensgeschichte jetzt Gillmeister, *Vom Thron auf den Hund*; zur Militärkarriere im Weltkrieg vgl. Möller-Witten, *Geschichte der Ritter*, S. 233 f.; außerdem PAA Berlin, R 3324.
123 Vgl. Schmidt-Osswald, *Altenburger Regiment*, S. 29 ff., 365 sowie 392 f.
124 Kaiserliches Handschreiben an Herzog Ernst vom 30. 5. 1915, abgedruckt in: *Neue Preußische Zeitung*, Nr. 274 vom 1. 6. 1915.

125 Weiss: *Kronprinz Rupprecht,* S. 96 ff.
126 Vgl. Hoetzsch, *Deutsche Heerführer.*
127 Vgl. Wehler, *Gesellschaftsgeschichte,* Bd. 4, S. 11.
128 Vgl. Schwarzmüller: *Zwischen Kaiser und »Führer«,* S. 107 ff.
129 Hierzu im Einzelnen Körner/Körner, *Lebenserinnerungen.*
130 Vgl. hierzu im Einzelnen Fritzsche: *Germans into Nazis,* S. 11 ff.
131 Hierzu im Einzelnen Krieger, *Kaiser im Felde,* S. 1 ff.
132 Zum Folgenden jetzt erschöpfend Afflerbach, *Oberster Kriegsherr,* insb. S. 15 ff.
133 Müller, *Regierte der Kaiser?,* S. 68 (Tagebuch vom 6. 11. 1914).
134 Aufzeichnung des Vizeadmirals Hopman über einen Besuch beim Kronprinzen in dessen Hauptquartier in Stenay vom 4. 2. 1915, in: Hopman, *Leben eines »Wilhelminers«,* S. 562 f.
135 Schon am 25. September 1914 hatte Vizeadmiral Hopman während einer Abendtafel beim Kaiser den Eindruck gewonnen, »dass er unter den furchtbaren Eindrücken des Krieges doch sehr leidet und das Ende herbeisehnt. Sprach von ›furchtbarer Menschenschlächterei‹.« Und wenige Wochen später musste die Kaiserin eigens nach Metz eilen, um ihren Gemahl zu beschwören, »dass er unter allen Umständen durchhalten müsse« (Hopman, *Leben eines Wilhelminers,* S. 446 und 498).
136 Ebda., S. 510.
137 Aufzeichnung des Vizeadmirals Hopman über einen Besuch beim Kronprinzen in dessen Hauptquartier in Stenay vom 4. 2. 1915, in: Ebda., S. 561 f.
138 Vgl. etwa ihr Schreiben an Tirpitz vom 31. August 1915, in: Tirpitz, *Deutschlands Ohnmachtspolitik,* S. 416; vgl. außerdem die Darstellung bei Afflerbach, *Oberster Kriegsherr,* S. 46 ff.
139 Plessen an Brockdorff vom 24. 3. 1915, in: Afflerbach, *Oberster Kriegsherr,* S. 749.
140 Eisendecher an Reichskanzler Bethmann Hollweg vom 1. 11. 1916, in: PAA Berlin, R 2376. [Marginalie Wilhelm II.: »ja«]
141 Vgl. Jonas, *Kronprinz Wilhelm,* S. 125 ff.
142 Hierzu im Einzelnen Pyta, *Hindenburg,* S. 182 ff.; ebda., S. 184, auch das weiter unten folgende Zitat.
143 Dumur, *Boucher.*
144 Vgl. Bill, *Semper talis,* S. 45 ff.; Schwering, *Berlin Court,* S. 63 f.
145 Oskar hatte nach seiner Offiziersausbildung die Kriegsakademie besucht und dann an verschiedenen Militärstandorten aktiven Dienst, zuletzt als Oberleutnant, getan (freundliche Auskunft von Sébastien Bertrand, der an einer Biografie des Prinzen arbeitet).
146 Vgl. Möller-Witten, *Geschichte der Ritter,* S. 154 ff.
147 Es waren dies die Prinzen Friedrich Wilhelm und Ernst zur Lippe, die Prinzen Friedrich Johann und Ernst von Sachsen-Meiningen,

Prinz Heinrich Reuß sowie Prinz Maximilian von Hessen (aus der landgräflichen Linie).

148 Zahlen nach Altrock, *Deutsches Offizierskorps.*

149 *Norddeutsche Allgemeine Zeitung* vom 9. 11. 1916.

150 *Kreuzzeitung* vom 14. 11. 1916.

151 Zit. nach dem Abdruck in: *Neue Preußische Zeitung,* Nr. 578 vom 11. 11. 1916.

152 Zu den Einzelheiten vgl. die Darstellung bei Schönermark, *Helden-Gedenkmappe,* S. 2, die diesen »Heldentod« eher als kalkulierten Selbstmord erscheinen lässt. – Vgl. auch *Norddeutsche Allgemeine Zeitung,* Nr. 125 vom 9. 5. 1917.

153 Vgl. hierzu im Einzelnen den noch unveröffentlichten Aufsatz von Zuchold, »Familienfriedhof«. Ich danke dem Autor sehr für die Vorablektüre.

154 *Kreuzzeitung,* Nr. 179 vom 10. 4. 1917.

155 Wie Anm. 2.

156 Brief vom 18. 1. 1918, in: BayHStA, NL KPR, Nr. 418.

157 Brief vom 18. 1. 1918, in: BayHStA, NL KPR, Nr. 433.

158 Vgl. den Bericht Krafft von Dellmensingen an den bayerischen Ministerpräsidenten von Dandl vom 17. 4. 1918, in: BayHStA, MA 1, Nr. 945.

159 PAA Berlin, Russland-Politisches, Nr. 1, Bd. 22.

160 Zu den Einzelheiten vgl. Regulski, *Reichskanzlerschaft;* außerdem Pyta, *Hindenburg,* S. 303 ff., sowie Becker, *Michaelis,* S. 354 ff.

161 Afflerbach, *Oberster Kriegsherr,* S. 621.

162 Zit. nach dem Abdruck in: *Ursachen des deutschen Zusammenbruchs,* 2. Abt., VII/2, Berlin 1928, S. 390.

163 Vgl. etwa den Brief des Großherzogs Friedrich Franz IV. von Mecklenburg-Schwerin an Großherzog Adolf Friedrich von Mecklenburg-Strelitz vom 13. 7. 1917, in: LHA Schwerin, 5.2–1, Nr. 530, sowie die Schreiben des bayerischen Gesandten in Berlin Lerchenfeld an König Ludwig III. vom 8. 7. 1917 und an seinen Ministerpräsidenten Hertling vom 13. 10. 1917, in: Deuerlein, *Briefwechsel Hertling-Lerchenfeld,* Bd. 2, S. 861 bzw. 941.

164 Eigenhändiger Brief an KP Rupprecht von Bayern vom 22. April 1917, in: BayHStA, GHA, NL KP Rupprecht, Nr. 433.

165 Eigenhändiger Brief an KP Rupprecht von Bayern vom 20. 5. 1917, in: BayHStA, GHA, NL KP Rupprecht, Nr. 433.

166 Vgl. den Tagebuch-Eintrag des bayerischen Kronprinzen Rupprecht vom 12. 7. 1917, in: BayHStA, GHA, NL KP Rupprecht, Nr. 706.

167 BayHStA, GHA, NL König Ludwig III, Nr. 59.

168 Vgl. vor allem den Brief seines Vertrauensmannes in Berlin, Reichsrat von Braun, an den KP Rupprecht vom 10. 7. 1917 (in: Ebda.,

Nr. 432) sowie seine Tagebuch-Eintragungen vom 13. und 14. 7. 1917 (in: Ebda., Nr. 706).
169 BayHStA, GHA, NL KP Rupprecht, Nr. 706.
170 PAA D 122, Nr. 2q, Bd. 3.
171 So Lerchenfeld über seine Audienz bei Kaiser Wilhelm II. am 11. 7. 1917 in seinem Schreiben an König Ludwig III, in: Deuerlein, *Briefwechsel Hertling-Lerchenfeld,* Bd. 2, S. 876 f.
172 Vgl. Deuerlein, *Briefwechsel Hertling-Lerchenfeld,* Bd. 2, S. 871, bzw. Afflerbach, *Oberster Kriegsherr,* S. 905.
173 Hierzu im Einzelnen die Aufzeichnung des Hertling-Vertrauten Victor Naumann, *Dokumente,* S. 267.
174 Afflerbach, *Oberster Kriegsherr,* S. 907.
175 Schwertfeger, *Kaiser und Kabinettschef,* S. 168 f.
176 Hierzu der offenbar bewusst vage gehaltene Bericht in den Lebenserinnerungen von Georg Michaelis, *Für Staat und Volk,* S. 321 ff.
177 Schwertfeger, *Kaiser und Kabinetts*chef, S. 170 f.
178 Vgl. Görlitz, *Regierte der Kaiser?,* S. 307.
179 Afflerbach, *Oberster Kriegsherr,* S. 909.
180 Erzberger: *Erlebnisse,* S. 52 ff.
181 Schiffer, *Liberalismus,* S. 57.
182 Wie Anm. 14.
183 Scheidemann, *Memoiren,* Bd. 2, S. 55 f.
184 Braun, *Weg durch vier Zeitepochen,* S. 120.
185 Michaelis an KP Wilhelm vom 25. 7. 1917, in: *Ursachen des deutschen Zusammenbruchs,* S. 390.
186 Afflerbach, *Oberster Kriegsherr,* S. 909.
187 BayHStA, MA 975.
188 BayHStA, GHA, NL KP Rupprecht, Nr. 706 (Eintrag vom 18. 7. 1917).
189 Nach dem Bericht des bayerischen Gesandten in Dresden an Hertling vom 1. 8. 1917, in: BayHStA, MA 95151.
190 Es waren dies der Großherzog von Mecklenburg-Schwerin, der Herzog von Braunschweig und der badische Thronfolger.
191 Vgl. den Bericht von Conrad Haußmann über eine Besprechung von ihm und Payer mit Max von Baden am 20. 7. 1917 in Berlin, in: HStA Stuttgart Q ½, Bü 29.
192 Brief vom 28. 8. 1917 an seinen Onkel Herzog Johann Albrecht, in: LHA Schwerin 5.2–4/1 Hausarchiv, NL Herzog Johann Albrecht, Nr. 32.
193 Bericht des Gesandten Eisendecher an Reichskanzler Michaelis vom 7. 9. 1917, in: PAA Berlin, R 2673.
194 Bericht des Gesandten Graf Nemes an das k. u. k. Außenministerium vom 18. 7. 1917, in: HStA Wien, PA IV/Karton 59: Württemberg.
195 Vgl. Hagenlücke, *Vaterlandspartei.*

196 So der Zentrumsabgeordnete Trimborn in seiner Reichstagsrede vom 29. 11. 1917, in: Sten. Ber. RT, Bd. 311, S. 3948.

197 Hertling, *Ein Jahr in der Reichskanzlei,* S. 25. Vgl. auch Braun, *Weg durch vier Zeitepochen,* S. 154 ff.

198 Vgl. Schwertfeger, *Kaiser und Kabinettschef,* S. 178; Naumann: *Dokumente und Argumente,* S. 285 f.

199 Vgl. den Tagebuch-Eintrag von KP Rupprecht von Bayern vom 24. 10. 1917, in: BayHStA, GHA NL KPR, Nr. 707.

200 Für meine Hypothese spricht nicht zuletzt der Umstand, dass sich unter den umfangreichen Nachlass-Papieren von Hertling bzw. Ludwig III. keinerlei Korrespondenz zwischen den beiden eng Befreundeten findet.

201 Vgl. hierzu vor allem Janssen, *Macht und Verblendung,* S. 220 ff. sowie S. 308 ff., sowie die Zeugnisse in: BAK, NL Hertling, Nr. 42 und 48 (ebda. insb. seinen Brief an Dandl vom 22. 12. 1917).

202 Vgl. im Einzelnen Hagenlücke, *Vaterlandspartei,* S. 262 ff., dort auch die nachfolgenden Zitate. Außerdem Westarp, *Konservative Politik,* S. 487.

203 Vgl. Afflerbach, *Oberster Kriegsherr,* S. 914 f.; Tagebuch des Generals von Gallwitz vom 31. 10. bzw. 4. 11. 1917, in: BAF, N 710/33.

204 Nach einer Aufzeichnung Valentinis vom 10. 10. 1918, in: BAK, NL 15 Schwertfeger, Nr. 206; in abgemilderter Form auch bei Schwertfeger, *Kaiser und Kabinettschef,* S. 183 bzw. 211.

205 Vgl. Afflerbach, *Oberster Kriegsherr,* S. 912; Schwertfeger, *Kaiser und Kabinettschef,* S. 175 ff.; Deuerlein, *Briefwechsel Hertling-Lerchenfeld,* Bd. 2, S. 952 ff.; Naumann, *Argumente und Dokumente,* S. 287 f.; Westarp, *Konservative Politik,* S. 492 ff.; Becker, *Michaelis,* S. 513 ff.

206 Familienrundbrief vom 3. 11. 1917, zit. nach Becker, *Michaelis,* S. 522.

207 Tagebuch von Gallwitz (Eintrag vom 5. 11. 1917), in: BAF, N 710/33.

208 Nach Matthias/Morsey, *Interfraktioneller Ausschuß,* Teil 1, S. 350 f.; vgl. auch Schiffer, *Liberalismus,* S. 60 f., sowie Scheidemann, *Memoiren,* Bd. 2, S. 117 f., dort auch die beiden nachfolgenden Zitate.

209 Am 14. 12. 1917 sagte der deutsche KP Wilhelm zu Generaloberst von Einem: »Ich erhalte Briefe aus allen Teilen des Landes und von allen Ständen, die mich auffordern, dahin zu wirken, dass S. M. abdanke und ich den Thron besteige.« (Nach Deist: *Militär und Innenpolitik,* 2. Teil, S. 1137).

210 Schiffer, *Liberalismus,* S. 61.

211 Wilhelm II. an den deutschen Kronprinzen vom 22. 11. 1917 (Abschrift), in: BAK, KLE 341/2.

212 *Deutsche Zeitung,* Nr. 561 vom 6. 11. 1917. Der Leitartikel trug die

bezeichnende Überschrift »Und die Krone?« und war von dem alldeutschen Politiker Heinrich Claß verfasst.

213 Vgl. Schwertfeger, *Kaiser und Kabinettschef*, S. 185.

214 *Deutsche Zeitung*, Nr. 589 vom 21. 11. 1917.

Das deutsche Kaisertum am Ende

1 Vgl. Hagenlücke, *Deutsche Vaterlandspartei*, S. 95; vgl. auch die Erinnerungen des Staatssekretärs Graf von Roedern, in: BAK, KLE, Nr. 317–2. – An einer seit langem anstehenden biografischen Würdigung mit geschichtswissenschaftlichen Mitteln hat sich jetzt versucht: Erbstößer, *Kaiserin*.

2 Harden, »Drei Kaiserinnen«, S. 109.

3 Nach einem vertraulichen Bericht des preußischen Gesandten in Darmstadt an das Auswärtige Amt von Mai 1919, in: PAA Berlin, R 3063. – Vgl. auch Afflerbach, *Oberster Kriegsherr*, S. 48 ff.

4 Hierzu weitgehend unbeachtet schon vor Jahren Dorpalen, »Empress Auguste Victoria«, hier S. 28 ff. – In Berliner Diplomatenkreisen wurde in der Nachkriegszeit die politisch schädliche Rolle der Monarchin im Weltkrieg des Öfteren kolportiert. So erfuhr z. B. der britische Botschafter Viscount d'Abernon von »einem der besten Kenner der politischen Lage in Berlin« im Jahr 1924: »Die Kaiserin hat eine verhängnisvolle Rolle gespielt, sie hielt alle schlechten Nachrichten von ihm [Wilhelm II.] fern und vereitelte die Möglichkeiten der Friedensverhandlungen.« (Tagebuch-Eintrag vom 2. 8. 1924, in: Abernon, *Botschafter der Zeitwende*, Bd. 3, S. 98). – Weitere Hinweise auch bei Potthoff, *Berg*, S. 49, sowie bei Cecil, *Wilhelm II*, Bd. 2, 1996, S. 215, 420, 435.

5 Hierzu mit weiteren Verweisen Afflerbach, *Oberster Kriegsherr*, S. 49 f. bzw. S. 95 f.

6 Vgl. Potthoff, *Berg*, 1971. – Außerdem: Reibnitz, *Wilhelm II. und Hermine*, 1929, S. 146 ff. bzw. 160 ff.

7 »Der Kaiser sei ausserordentlich leicht beeinflussbar in seinem Urteil über Menschen, durchaus kein Menschenkenner.« (Historisches Archiv der Stadt Köln, NL Hähner, Nr. 8: Tagebuch-Eintrag vom 19. 11. 1919 über ein Gespräch mit Berg).

8 Potthoff, *Berg*, S. 105; Görlitz, *Regierte der Kaiser?*, S. 359 ff.

9 Einen kleinen, aber charakteristischen Auszug bietet Baumgart, *Ostpolitik*, S. 67 f.

10 Vgl. Tagebuch Müller vom 2. 2. 1918: »Wir sind also wieder in eine Periode großer Worte eingetreten.« (Görlitz, *Regierte der Kaiser?*, S. 350).

11 Brief aus Bad Homburg vom 25. 2. 1918, zit. nach Erbstößer, *Kaiserin*, S. 271 f.

12 Brief an seine Gattin aus Homburg vom 18. 2. 1918, in: Afflerbach, *Oberster Kriegsherr,* S. 555 f.
13 Hertling an Berg vom 3. 4. 1918, in: GStA Berlin-Dahlem I.HA, Rep. 89/32410.
14 KP Rupprecht von Bayern an Hertling vom 1. 6. 1918, in: Sendtner, *Rupprecht von Wittelsbach,* S. 351 f.; weitere Belege (auch zum Folgenden) bei Pyta, *Hindenburg,* S. 329 f.
15 Bericht Wedels an den Reichskanzler vom 3. 6. 1918, in: PAA R 2815; Kommentar Wilhelm II.: »Richtig«.
16 Lyncker an seine Gattin vom 18. 6. 1918, in: Afflerbach, *Oberster Kriegsherr,* S. 561 f.
17 v. Plessen an Brockdorff vom 22. 6. 1918, in: Ebda., S. 920.
18 Schönburg-Waldenburg, *Erinnerungen,* S. 296. (Seine Beobachtung bezieht sich auf den 11. 7. 1918).
19 Hierzu im Einzelnen mit den einschlägigen Verweisen Hürter, *Hintze,* S. 75 ff.
20 Schreiben an Vizekanzler Payer vom 8. 7. 1918, in: Hertling, *Ein Jahr,* hier S. 134.
21 Lyncker an seine Gattin vom 19. 7. 1918, in: Afflerbach, *Oberster Kriegsherr,* S. 579; ebendort auch das nachfolgende Zitat.
22 Tagebuch Müller vom 22. 7. 1918 (Görlitz, *Regierte der Kaiser?,* S. 396).
23 Falkenhausen-Erinnerungen, S. 360 ff., in: BAF, N 21/2; dort auch das nachfolgende Zitat.
24 v. Plessen an Brockdorff vom 30. 7. 1918, in: Afflerbach, *Oberster Kriegsherr,* S. 924.
25 Zu diesen Rahmenbedingungen vgl. ausführlich die Beiträge in: Duppler/Groß, *Kriegsende 1918.*
26 Potthoff, »Parlamentarisierungserlass«, S. 330.
27 Hierzu nach wie vor am besten Kolb, *Arbeiterräte,* S. 15 ff.
28 Zum Folgenden vor allem die Erinnerungen des Generalstabsoffiziers Alfred Niemann, der als Verbindungsoffizier der OHL den Kaiser damals tagtäglich begleitete: *Kaiser und Revolution,* S. 40 ff.; außerdem: Görlitz, *Regierte der Kaiser?,* S. 399 ff., sowie Hertling, *Ein Jahr,* S. 145 f.
29 Afflerbach, *Oberster Kriegsherr,* S. 928.
30 Zum Folgenden Keller, *Im Dienste der Kaiserin,* S. 328 ff.
31 Vgl. Pyta, *Hindenburg,* S. 331 f.
32 Vgl. Potthoff, *Berg,* S. 158 ff.; Hertling, *Ein Jahr,* S. 148 f., sowie Oberst Bauer, *Der große Krieg,* S. 237.
33 Görlitz, *Regierte der Kaiser?,* S. 402; Potthoff, *Berg,* S. 170 f.
34 Wilhelm II. an Hertling vom 21. 8. 1918, in: BAK, R 43/806.
35 Potthoff, *Berg,* S. 160.
36 Zit. nach Ilsemann, *Kaiser in Holland,* Bd. 1, S. 15 f.; vgl. auch ebda., S. 216.

37 Niemann, *Kaiser und Revolution,* S. 71.
38 Potthoff, *Berg,* S. 166; ebendort auch das nachfolgende Zitat.
39 Berg an Hertling vom 4. 9. 1918, in: BAK, R 43/806.
40 Die wichtigsten Quellen dieses gut dokumentierten Besuchs sind: Görlitz, *Regierte der Kaiser?,* S. 407 ff.; Bülow, *Denkwürdigkeiten,* Bd. 3, S. 283; Hutten-Czapski, *Politik und Gesellschaft,* S. 205 f.; Huldermann, *Ballin,* S. 372 ff.; Potthoff, *Berg,* S. 166 f.; PAA Berlin, R 20509.
41 Dass Ludendorff damals tatsächlich derartige Sorgen umtrieben, kann man bei Foerster, *Feldherr Ludendorff,* S. 64, nachlesen. Am 14. September erklärte Ludendorff gegenüber dem Chef des geheimen Nachrichtendienstes der OHL, Nicolai: »Ich fürchte die Revolution mehr als unsere militärische Lage.«
42 Ballin an Harden vom 7. 9. 1918, in: BAK, N 1062/7.
43 Zit. nach dem Rede-Abdruck in der *Deutschen Tageszeitung,* Nr. 463 vom 12. 9. 1918.
44 Ilsemann, *Kaiser in Holland,* Bd. 1, S. 17; vgl. außerdem Niemann, *Kaiser und Revolution,* S. 78 ff., sowie Potthoff, *Berg,* S. 168 ff.
45 Niemann, *Kaiser und Revolution,* S. 80.
46 Görlitz, *Regierte der Kaiser?,* S. 411.
47 Luther: »Zusammenbruch«, S. 20 f.
48 Niemann, *Kaiser und Revolution,* S. 81; vgl. auch den Brief von Marinekabinettschef Müller an Valentini vom 14. 9. 1918, der die Rede »kläglich« nannte, in: BAK, KLE 341/2.
49 Luther, »Zusammenbruch«, S. 20.
50 Vgl. Görlitz, *Regierte der Kaiser?,* S. 413 f.; dort S. 417 auch die beiden nachfolgenden Zitate.
51 Brief von Marinekabinettschef Müller an Valentini vom 14. 9. 1918, in: BAK, KLE 341/2.
52 Vgl. zu diesem Besuch vor allem die Tagebuch-Aufzeichnungen des Prinzen Heinrich von Preußen vom 24. und 25. September und die dazugehörigen Fotos in seinem Familienalbum, beides in: Wissenschaftliches Institut für Schifffahrts- und Marinegeschichte Hamburg, NL Prinz Heinrich von Preußen; dort auch das nachfolgende Zitat.
53 Niemann, *Kaiser und Revolution,* S. 84.
54 Tagebuch Müller vom 25. 9. 1918, in: Görlitz, *Regierte der Kaiser?,* S. 416.
55 Ludwig III. an seinen Sohn Rupprecht vom 4. 8. 1918, in: BayHStA, GHA München, NL KP Rupprecht, Nr. 427.
56 Tagebuch Prinzessin Wiltrud von Bayern, in: BayHStA, GHA, NL Herzogin Wiltrud von Urach, Nr. 610.
57 Tagebuch KP Rupprecht vom 24. 8. 1918, in: BayHStA, GHA, NL Kronprinz Rupprecht, Nr. 708.

58 Zum Folgenden vgl. vor allem die im Schweizer Exil entstandenen Erinnerungen des Ex-Kaisers, zit. nach Feigl: »*Gott erhalte ...*«, S. 179.
59 Tagebuch KP Rupprecht vom 28. 8. 1918, in: BayHStA, GHA, NL Kronprinz Rupprecht, Nr. 708.
60 Hierzu Albrecht, *Landtag und Regierung*, S. 355 ff.
61 Nach dem Protokoll der Sitzung des Auswärtigen Ausschusses des Bundesrates in Berlin am 2. September 1918, in: BayHStA, Bayerische Gesandtschaft Berlin 1918, Nr. 1095.
62 Nach den Aufzeichnungen von Weizsäckers, in: HStA Stuttgart, Q 1/18, Bü 173.
63 Aufzeichnung Drews, datiert »Mitte November 1918«, in: GStA Dahlem, VI, NL Drews, Nr. 159.
64 Prinz Max von Baden an Wilhelm II. am 15. 8. 1918, zit. nach Max von Baden, *Erinnerungen und Dokumente*, S. 290 f.
65 Tagebuch Müller, zit. nach Görlitz, *Regierte der Kaiser?*, S. 416.
66 Tagebuch vom 21. 9. 1918, in: BayHStA, GHA, NL KPR, Nr. 708.
67 Vgl. hierzu im Einzelnen Görlitz, *Regierte der Kaiser?*, S. 416 ff.; Potthoff, *Berg*, S. 174 ff.; Bauer, *Der große Krieg*, S. 239; Bülow, *Denkwürdigkeiten*, Bd. 3, S. 285; Falkenhausen- Erinnerungen, S. 370 ff., in: BAF, N 21/2; telefonische Nachricht für Kronprinz Rupprecht von Bayern aus Dessau am 24. 9. 1918 im Auftrag des Prinzen Max von Baden, in: In: BayHStA, GHA, NL KP Rupprecht, Nr. 650; Tagebuch KP Rupprecht vom 26. 9. 1918, in: Ebda., Nr. 708.
68 Vgl. zum Folgenden: Max von Baden an Kronprinz Rupprecht von Bayern vom 15. 9. 1918, in: BayHStA, GHA, NL KP Rupprecht, Nr. 650, sowie KP Rupprecht von Bayern an Prinz Max von Baden vom 24. 9. 1918 (Fotokopie eines eigenhändigen Schreibens), in: Ebda.
69 Tagebuch KP Rupprecht vom 26. 9. 1918, in: Ebda., Nr. 708.
70 Gesandten-Bericht vom 25. 9. 1918, in: Österr. HStA Wien, PA IV/Karton 59: Württemberg.
71 Zuletzt bei Pyta, *Hindenburg*, S. 325 ff.
72 Oberst Bauer, *Der große Krieg*, S. 238 f.
73 So die *Leipziger Neuesten Nachrichten* vom 1. 11. 1918.
74 Hertling, *Ein Jahr*, S. 176 ff.
75 Vgl. Falkenhausen-Erinnerungen, S. 372 ff., in: BAF, N 21/2.
76 Tagebuch-Eintrag Müller vom 30. 9. 1918, in: Görlitz, *Regierte der Kaiser?*, S. 422 f.
77 Hierzu mit den wichtigsten Quellenverweisen Potthoff, »Parlamentarisierungserlass«, sowie Hürter, *Hintze*, S. 640 ff., 921 ff.
78 Brief vom 25. 9. 1918, in: BKA, N 1036/23.
79 In der modernen Geschichtsschreibung zum Kaiserreich wurde das Projekt einer parlamentarischen Monarchie schon früh als »eine

bloße Fata Morgana zur Täuschung Wilsons« bezeichnet, dabei aber gleichzeitig die Eigendynamik dieses voluntaristischen Kraftaktes unterschätzt; vgl. Sauer, »Scheitern«, S. 93.

80 Vgl. hierzu vor allem das Schreiben von Hertling an den bayerischen Ministerpräsidenten Dandl vom 1. 10. 1918 aus Spa, in: Hertling, *Ein Jahr,* S. 187, sowie Potthoff, *Berg,* S. 183.

81 PAA Berlin, R 11239.

82 Vgl. hierzu die im November 1918 ausgearbeiteten Erinnerungen der letzten kaiserlichen Zivilkabinettschefs Clemens von Delbrück, abgedruckt in: Ders., *Wirtschaftliche Mobilmachung,* S. 264 ff.; danach war der kaiserliche Erlass vom 30. September »das Gegenteil von dem, was mein jedenfalls gut unterrichteter Neffe Dryander [Mitarbeiter von Berg im Geheimen Zivilkabinett] als unmittelbar bevorstehend bezeichnete«.

83 Potthoff, *Berg,* S. 183; vgl. auch Ilsemann, *Kaiser in Holland,* Bd. 1, S. 18.

84 Aufzeichnungen Roeder, in: BAK, Kleine Erwerbungen, Nr. 317–1. – Der Staatssekretär folgerte: »Eine politisch nicht verantwortliche Persönlichkeit hatte damit für die wichtigste Personalentscheidung im Augenblick höchster Gefahr für Reich und Krone unbeschränkte Vollmacht bekommen.«

85 Zur universellen Bedeutung dieses Mannes für die Kaiserfamilie vgl. Machtan, *Kaisersohn,* S. 28 und passim.

86 Vgl. Keller, *Im Dienste der Kaiserin,* S. 333.

87 Potthoff, *Berg,* S. 183.

88 Nach der Abschrift im Nachlass des späteren Justiziars des Kaisers Krieger, in: PAA Berlin, NL Kriege, Bd. 5. Der Diktion nach erscheint das Dokument als »Originalton« Wilhelm.

89 Tagebuch von Hertling jun. vom 1. 10. 1918, in: BAK, NL Hertling Nr. 42; Max von Baden, *Erinnerungen und Dokumente,* S. 332.

90 Hertling, *Ein Jahr,* S. 183 f.

91 Vgl. hierzu beispielsweise die Aufzeichnungen des preußischen Innenministers Drews, in: GStA Dahlem, VI, NL Drews, Nr. 159.

92 Ludendorff, *Urkunden,* S. 527 f.

93 Kessler, *Tagebuch* (Eintrag vom 1. 10. 1918), Bd. 6, S. 561.

94 Potthoff, *Berg,* S. 183 f.; Payer, *Erinnerungen,* S. 92 f.

95 Tagebuch Ilsemann vom 2. 10. 1918, in: Ders., *Kaiser in Holland,* Bd. 1, S. 20; Görlitz, *Regierte der Kaiser?,* S. 423 f.

96 Vgl. Delbrück-Erinnerungen, in: Ders., *Mobilmachung,* S. 264 ff.; Hertling, *Ein Jahr,* S. 181 f.; Potthoff, *Berg,* S. 182; Görlitz, *Regierte der Kaiser?,* S. 426; Hürter, *Hintze,* S. 640 ff.

97 Vgl. Görlitz, *Regierte der Kaiser?,* S. 422 ff.; Falkenhausen-Erinnerungen, S. 372 ff., in: BAF, N 21/2; Thaer, *Generalstabsdienst,* S. 234 ff.; Niemann, *Kaiser und Revolution,* S. 92 ff.

98 Vgl. die beiden Briefe des damaligen Chefs des Zivilkabinetts Valentini an Hans Delbrück bzw. Adolf von Harnack vom 3.11.1917, Staatsbibliothek zu Berlin, NL Delbrück 152 bzw. NL Harnack, K. 44.
99 Vgl. Max von Baden, *Erinnerungen und Dokumente,* S. 291 ff. bzw. 306 f., sowie Hertling, *Ein Jahr,* S. 183 f.
100 So Roedern in seinem Erinnerungs-Manuskript, in: BAK, Kl. Erwerbungen, Nr. 317–1.
101 Vgl. Urbach/Bucher, »Prinz Max von Baden«, S. 121–177; Petzold, »Ethischer Imperialismus«.
102 Abgedruckt als Einleitung zu den von Mann und Burckhardt neu herausgegebenen *Erinnerungen und Dokumenten* des Prinzen Max von Baden (1968, S. 9–57).
103 BayHStA, GHA, NL KP Rupprecht, Nr. 650.
104 Schreiben vom 30. 8. 1918 (Abschrift), in: Archiv Schloss Elmau.
105 Alles nach Max von Baden an Johannes Müller vom 11. 9. 1918 (Abschrift), in: Archiv Schloss Elmau.
106 Max von Baden an Johannes Müller vom 11. 9. 1918 (Abschrift), in: Archiv Schloss Elmau.
107 BayHStA, GHA, NL KP Rupprecht, Nr. 650; das nachfolgende Zitat hat Max von Baden in seinen *Erinnerungen und Dokumenten* (S. 307) als einzige Passage aus seinem auf den 8. 9. 1918 datierten Brief an den Kaiser überliefert.
108 Hertling an den bayerischen Ministerpräsidenten Dandl vom 1. 10. 1918 aus Spa (Abschrift), in: BAK, N 1036/48.
109 Nach einer Mitteilung der Herausgeber der *Erinnerungen und Dokumente* (1968, S. 312, Anm. a); vgl auch Kessler, *Tagebuch* (Eintrag vom 1. 10. 1918), Bd. 6, S. 561; Delbrück, *Mobilmachung,* S. 266.
110 Potthoff, *Berg,* S. 186. – Max von Baden hat in seinen *Erinnerungen und Dokumenten* (S. 323 f.) versucht, einen anderen Eindruck zu vermitteln.
111 Max von Baden, *Erinnerungen und Dokumente,* S. 329.
112 Hertling, *Ein Jahr,* S. 188; Payer, *Erinnerungen,* S. 108. – Prinz Max von Baden wurde offiziell erst am Abend des 3. 10. 1918 zum Reichskanzler ernannt.
113 Potthoff, *Berg,* S. 188.
114 Max von Baden, *Erinnerungen und Dokumente,* S. 332; auch Vizekanzler Payer, der dem Kronrat beiwohnte, hat über diesen politischen Auftritt des Monarchen in seinen Memoiren nichts Wesentliches berichtet. (*Erinnerungen,* S. 107 ff.).
115 Dies hat der persönliche Referent des Prinzen Max von Baden, Kurt Hahn, am 6. 12. 1923 »streng vertraulich« dem Historiker Schwertfeger mitgeteilt, in: BAK, N 1015/549.
116 Vgl. hierzu ganz allgemein die Darstellung von Mühlhausen, *Ebert 1871–1925,* S. 98 ff.

117 Vgl. David, *Kriegstagebuch,* S. 286 ff., sowie Matthias/Pikart, *Reichstagsfraktion,* S. 463 ff.
118 Scheidemann, *Zusammenbruch,* S. 174; vgl. auch ders., *Memoiren,* Bd. 2, S. 187 ff.; Matthias/Pikart, *Reichstagsfraktion,* S. 467 f.
119 Vgl. hierzu vor allem Westarp, *Regierung des Prinzen Max von Baden.*
120 Man kann einigermaßen sicher sein, dass Ebert dem Prinzen den Verzicht seiner Partei auf Forderungen nach der Republik garantiert haben wird. – Hierzu auch weiter unten.
121 Helfferich, *Weltkrieg,* Bd. 3, S. 529.
122 So jedenfalls der militärische Berater des letzten Kaisers, Alfred Niemann, in seinen Erinnerungen »Aus der Zeit des Niederbruchs 1918«, in: *Der Tag,* Nr. 186 vom 11. 5. 1922. Niemann weilte damals im persönlichen Gefolge des Kaiserpaares in Potsdam.
123 Potthoff, *Berg,* S. 189.
124 Tagebuch der Prinzessin Margarete von Sachsen vom 29. 9. 1918, zit. nach Johann Georg Prinz von Hohenzollern, *Margarete,* S. 89.
125 Tagebuch der Prinzessin Wiltrud von Bayern vom 2. 10. 1918, in: BayHStA, GHA, NL Herzogin Wiltrud von Urach, Nr. 611.
126 BayHStA, GHA, NL KP Rupprecht, Nr. 708, bzw. Bericht des Legationsrats Krafft von Dellmensingen an den bayerischen Ministerpräsidenten v. Dandl vom 7. 10. 1918, in: Deist, *Militär und Innenpolitik,* S. 1306.
127 Friedrich Franz IV. an den Generalstabschef der Heeresgruppe, den deutschen Kronprinzen Graf Schulenburg aus Ludwigslust, vom 7. 10. 1918, in: LHA Schwerin, 2.26–1, Großherzogliches Kabinett II, Nr. 1073.
128 Brief an Margot Geyer vom 9. 10. 1918, in: Thüringisches Staatsarchiv Meiningen, NL Margot Geyer Nr. 4.
129 Nach den Weizsäcker-Erinnerungen, in: HStA Stuttgart, Q 1/18 Bü 173.
130 *Deutsche Zeitung,* Nr. 506 vom 4. 10. 1918 (LA »Seine Großherzogliche Hoheit, der Herr Reichskanzler«).
131 Zu dieser Sitzung Matthias/Morsey, *Regierung Max von Baden,* S. 50 ff.; ebda. S. 83 ff., auch zur Sitzung vom 5. 10. 1918.
132 BAF, N 324/22, Tagebuch von Einem, Eintrag vom 5. 10. 1918 (Aufzeichnung über ein Vier-Augen-Gespräch mit Kronprinz Wilhelm).
133 Text: *Stenographische Berichte des Deutschen Reichstages,* Bd. 314, S. 6150–6153. – Zu den Hintergründen vgl. die z. T. widersprüchlichen Erinnerungen von Solf (Aufzeichnung eines Gespräches mit Solf am 28. 8. 1926), in: BAK, NL Solf, Nr. 75; Max von Baden, *Erinnerungen und Dokumente,* S. 338 ff.; Matthias/Morsey, *Regierung Max von Baden,* S. 77 ff.; Brecht, *Aus nächster Nähe,* S. 172 f. bzw.

497 ff.; Payer, *Erinnerungen,* S. 120 f.; Scheidemann, *Memoiren,* Bd. 2, S. 192 ff.

134 Aufzeichnung eines Gesprächs mit Solf am 28. 8. 1926, in: BAK, NL Solf, Nr. 75.

135 Max von Baden, *Erinnerungen und Dokumente,* S. 350; ebendort auch das nachfolgende Zitat.

136 Eine scharfsinnige Kritik dieser Aktion findet sich bei Scheidemann, *Memoiren,* Bd. 2, S. 211 ff.

137 Vgl. Matthias/Morsey, *Regierung Max von Baden.*

138 In der kritischen Zusammenschau am besten bei Volker Ullrich, *Die nervöse Großmacht,* Frankfurt a. M. 2007, S. 530 ff.; vgl. auch Wehler, *Gesellschaftsgeschichte,* Bd. 4, S. 178 ff., sowie im Hinblick auf Details Klaus Lütge, *Die Politik des Reichskanzlers Prinz Max von Baden,* Phil. Diss. Kiel 1953 (MS).

139 Vgl. Kohlrausch, »Flucht des Kaisers», S. 65–101.

140 Matthias/Morsey, *Regierung Max von Baden,* S. 89 (Sitzungsprotokoll).

141 Potthoff, *Berg,* S. 191 f.; vgl. auch Max von Baden, *Erinnerungen und Dokumente,* S. 359, wo der Gesprächsinhalt allerdings etwas anders akzentuiert wird.

142 Vgl. Görlitz, *Regierte der Kaiser?,* S. 424 f.; Schwarzmüller, *Zwischen Kaiser und »Führer«,* S. 165; Tagebucheintragungen des Prinzen Heinrich von Preußen für Anfang Oktober 1918, in: Wissenschaftliches Institut für Schifffahrts- und Marinegeschichte Hamburg, NL Prinz Heinrich von Preußen.

143 Lerchenfeld an Dandl vom 6. 10. 1918, in: BayHStA, Bayerische Gesandtschaft Berlin, 1918, Nr. 1095.

144 Matthias/Morsey, *Regierung Max von Baden,* S. 98 f. (Sitzungsprotokoll).

145 Görlitz, *Regierte der Kaiser?,* S. 428; Max von Baden, *Erinnerungen und Dokumente,* S. 360 f.; Ilsemann, *Kaiser in Holland,* Bd. 1, S. 21.

146 Vgl. zum Beispiel das Urteil des früheren Staatssekretärs im Auswärtigen Amt Richard von Kühlmann, der ihn rückblickend »einen der Totengräber der Monarchie« nannte (Kühlmann, *Erinnerungen,* S. 548).

147 Ilsemann, *Kaiser in Holland,* Bd. 1, S. 22.

148 Vgl. z. B. seinen Brief an Houston Stewart Chamberlain vom 22. 1. 1917, in: Urbach/Buchner, »Prinz Max von Baden«, S. 165 f.

149 Niemann, *Kaiser und Revolution,* S. 97.

150 Potthof, *Berg,* S. 193; ebda. ff. auch zum Folgenden. – Dass die Kaiserin »sehr böse auf ihn« sei, hat der Kanzler am 9. 10. 1918 auch seinem Freund Max Warburg gegenüber geklagt: Vgl. Warburgs Aufzeichnung über seine Aufenthalte in Berlin im Oktober 1918

(unpaginiertes Typoskript), in: Privatarchiv Warburg Hamburg-Blankenese.

151 Matthias/Morsey, *Regierung Max von Baden,* S. 136 f. bzw. 148 ff. (mit weiteren Verweisen in den Fußnoten); ebda. S. 155 die nachfolgenden Zitate. – Vgl. außerdem BAK, NL 8, Alexander von Hohenlohe, Nr. 68.

152 Insider wussten damals, dass die Affäre den Prinzen nicht nur »schwer angeschossen« hatte, sondern dass fortan »Erzberger und Scheidemann die eigentlichen Köpfe der Regierung« waren: Kessler, *Tagebuch* (Eintrag vom 17. 10. 1918, Bd. 6, S. 577 f.

153 Max von Baden an Großherzog Friedrich II. von Baden, zit. nach Max von Baden, *Erinnerungen und Dokumente,* S. 386.

154 Auf der gemeinsamen Sitzung von Partei- und Fraktionsvorstand der SPD am 13. 10. 1918, zit. nach Schulze, *Otto Braun,* S. 221.

155 Vgl. hierzu und zum Folgenden Ilsemann, *Kaiser in Holland,* Bd. 1, S. 22 f.; Potthoff, *Berg,* S. 194 f.; Max von Baden, *Erinnerungen und Dokumente,* S. 369; Delbrück, *Mobilmachung,* S. 276 ff.

156 Nach Vietsch, *Solf,* S. 378.

157 Zum biografischen Profil vgl. Machtan, *Kaisersohn.*

158 August Wilhelm Prinz von Preußen an den Hitler-Adjutanten Wiedemann vom 14. 1. 1936, in: BAB, NS 10/235.

159 August Wilhelm an Mackensen vom 11. 10. 1918 (Berlin, Palais Wilhelmstr. 79), in: BAF, N 39/46.

160 Vgl. im Einzelnen Andresen, *Dryander.*

161 Nach dem Abdruck in: *Neue Christoterpe,* 46, 1925, S. 11.

162 Wenige Wochen später hat er dazu Folgendes vermerkt: »Da ich vom 6. 10. ab ununterbrochen in Berlin und Potsdam war, habe ich, ohne die Entwickelung durch noch so große Offenheit an den massgebenden Stellen, durch noch so viele, nervenzermürbende Tätigkeit im Stillen, aufhalten zu können, doch zu meinem Teil mit zu retten versucht und dabei Kenntnisse, Erfahrungen und Einblicke erworben, die mir für mein ganzes Leben unvergesslich bleiben werden.« (Schreiben an Alexander Graf zu Dohna vom 7. 1. 1919, in: Universitäts- und Landesbibliothek Bonn, NL Dohna II, A).

163 Der erste Quellenbeleg hierzu findet sich in der Mitteilung Stresemanns gegenüber Delegierten der nationalliberalen Partei vom 13. 10. 1918: »Mögliche Abdankung des Kaisers sei immerhin in Betracht zu ziehen, dann nenne man in Berlin nicht den Kronprinzen, sondern Prinz August Wilhelm als möglichen Nachfolger« (Matthias/Morsey, *Regierung Max von Baden,* S. 180). – In einer Denkschrift für den Reichskanzler vom 14. Oktober schreibt Maximilian Harden: »Im Volk wird nur noch, oben und unten, erörtert: Auwi (Wahnsinn) oder Regentschaft für den Enkel. S. M. muß hervortreten! Als ein Neuer.« (Rathenau, *Briefwechsel,* S. 749).

164 Max von Baden, *Erinnerungen und Dokumente,* S. 386; dort auch das nachfolgende Zitat. – Nach den Aufzeichnungen des Kanzlerfreundes Max Warburg soll es bei dem Besuch der Kaisersöhne zu einer »offenen Aussprache« gekommen sein (unpaginiertes Typoskript), in: Privatarchiv Warburg Hamburg-Blankenese.

165 Bericht des Schweriner Ministerpräsidenten Langfeld aus Berlin vom 12. 10. 1918 an Großherzog Friedrich Franz IV. von Mecklenburg-Schwerin, in: LHA Schwerin, 2.26–1, Großherzogliches Kabinett II, Nr. 1064.

166 So seine Äußerung gegenüber dem österreichischen Gesandten in Stuttgart, Graf Nemes, am 23. 10. 1918 laut Gesandtschaftsbericht vom gleichen Tag, in: Österr. HStA Wien, PA IV/Karton 59: Württemberg.

167 Friedrich Franz IV. an den Mecklenburg-Strelitzschen Staatsminister Bossart aus Ludwigslust vom 22. 10. 1918, in: LHA Schwerin Kabinett III, Nr. 32/512.

168 ThHStA Weimar, NL Rothe, Nr. 54.

169 Blücher von Wahlstatt, *Tagebuch,* S. 272 ff.

170 *Deutsche Zeitung* vom 12. 11. 1918.

171 So der Vorsitzende des Alldeutschen Verbandes Heinrich Claß am 19. 10. 1918 in seinem Grundsatzreferat auf der Sitzung der Hauptleitung, in: BAB, R 8048/252.

172 Hierzu Scheidemann, *Memoiren,* Bd. 2, S. 253 ff.

173 Zit. nach Matthias/Morsey, *Regierung Max von Baden,* S. 286.; eine melodramatischere Version dieses Auftritts findet sich bei Max von Baden, *Erinnerungen und Dokumente,* S. 440.

174 Nach Langfeld, *Mein Leben,* S. 358 f.

175 Ilsemann, *Kaiser in Holland,* I, S. 24.

176 Redetext bei Max von Baden, *Erinnerungen und Dokumente,* S. 446 f., ebendort auch zum Kontext; außerdem Matthias/Morsey, *Regierung Max von Baden,* S. 304 f. (mit weiteren einschlägigen Quellenverweisen).

177 Die Hofdame Mathilde Gräfin von Keller dechiffriert uns in ihrem Tagebuch diese politische Zirkusnummer wie folgt: »Die Kaiserin sah mit mir von einem im linken Flügel des Schlosses gelegenen Zimmer die Ankunft der Herren an – ein schrecklich trauriger Augenblick, der Ihre Majestät tief ergriff und erschütterte! Dann gingen wir still im Park umher bis zum Abschluß des namenlos schweren Aktes.« (Keller, *Im Dienste der Kaiserin,* S. 334; allerdings mit falscher Datierung!)

178 Scheidemann, *Memoiren,* S. 229 ff.

179 Rosen, *Wanderleben,* S. 211; vgl. auch Scheidemanns Äußerungen auf der Sitzung des Kriegskabinetts am 24. 10. 1918, er »hoffe, um die Kaiserfrage herumzukommen. Wünsche nicht, Frage der Monar-

chie zu lösen. Möchte sie ganz ausgeschieden wissen.« (Matthias/Morsey, *Regierung Max von Baden,* S. 338).

180 Vgl. Delbrück, *Mobilmachung,* S. 281; Ilsemann, *Kaiser in Holland,* S. 24; Haussmann: *Schlaglichter,* S. 259.

181 Telegramm an Max von Baden aus dem Neuen Palais in Potsdam vom 21. 10. 1918, in: BAK, R 43/812.

182 Hierzu jetzt unter Auswertung aller einschlägigen Quellen Pyta, *Hindenburg,* S. 345 ff. – Die treibende Kraft hinter dieser Aktion scheint hierbei der bayerische Kronprinz und Heerführer Rupprecht gewesen zu sein, der es verstand, den Freund und Kanzler Max von Baden zu gewinnen.

183 Zit. nach Vietsch, *Solf,* S. 379 f.

184 Nach Foerster, *Feldherr Ludendorff,* S. 115.

185 Hierzu der betreffende Schriftwechsel, in: BAK R 43/806.

186 So die Tagebuch-Eintragung des Journalisten der *Frankfurter Zeitung* Alfons Paquet, der sich mit Befremden abwandte, zit. nach Baumgart, *Brest-Litovsk,* S. 192.

187 Die Hofberichterstattung nahm von diesem Jubiläum interessanterweise kaum Notiz, wohl auf Wunsch des Kanzlers, sodass man es bei der Meldung belassen musste: »Die Kaiserin vollendet heute im Neuen Palais zu Potsdam im Kreise ihrer Familie ihr 60. Lebensjahr« (*Vossische Zeitung,* Nr. 540 vom 22. 10. 1918).

188 Alles nach Ilsemann, *Kaiser in Holland,* Bd. 1, S. 25 ff.

189 Vgl. Max von Baden, *Erinnerungen und Dokumente,* S. 474.

190 BAK R 43/806.

191 Bericht des Schweriner Ministerpräsidenten Langfeid aus Berlin vom 19./ 20. 10. 1918 an Großherzog Friedrich Franz IV., in: LHA Schwerin, 2.26–1, Großherzogliches Kabinett II, Nr. 1064; dort auch die nachfolgenden Zitate.

192 Max von Baden, *Erinnerungen und Dokumente,* S. 473; ebda., S. 472, auch das weiter unten erwähnte Dokument.

193 Tagebuch-Eintrag Kronprinz Rupprecht vom 27. 10. 1918 bzw. Rupprecht an seinen Vater Ludwig aus Lille vom 26. 10. 1918, in: BayHStA, GHA, NL KP Rupprecht, Nr. 708, bzw. NL Kg. Ludwig III, Nr. 59.

194 Tagebuch-Eintrag vom 24. 10. 1918, VI, S. 593.

195 Max von Baden, *Erinnerungen und Dokumente,* S. 483 bzw. 473.

196 Vgl. etwa das Tagebuch der Marie von Bunsen (*Zeitgenossen,* 1932, S. 160) oder Blücher von Wahlstatt, *Tagebuch,* S. 276, jeweils vom 23. 10. 1918.

197 Tagebuch v. Plessen, zit. nach Afflerbach, *Oberster Kriegsherr,* S. 931.

198 Zum biografischen Kontext vgl. Jakob Jung: *Max von Gallwitz (1852–1937),* Osnabrück 1995.

199 Max von Gallwitz: *Erleben im Westen,* Berlin 1932, S. 436 f.

200 Adolf Wermuth: *Ein Beamtenleben,* Berlin 1922, S. 409 f.

201 Kessler, *Tagebuch* (Eintrag vom 30. 10. 1918), Bd. 6, S. 602 f.
202 So hat es August Wilhelm im Dezember 1929 selbst erzählt: Tagebuch-Eintrag Gallwitz (9. 12. 1929), in: BAF, N 170/42.
203 Schreiben an Alexander Graf zu Dohna vom 7. 1. 1919, in: Universitäts- und Landesbibliothek Bonn, NL Dohna II, A.
204 Tagebuch Müller vom 29. 10. 1918, nach Görlitz, *Regierte der Kaiser?*, S. 440 f.
205 Potthoff, *Berg*, S. 196; vgl. auch Niemann, *Revolution von oben*, S. 213, der die vorherrschende Meinung der reaktionären Hofpartei dahingehend zum Ausdruck bringt, der Monarch liefe in Potsdam Gefahr, seiner »freien Willensbestimmung« beraubt zu werden.
206 Tagebuch KP Rupprecht 1918 vom 31. 10. 1918, in: Bayr. HStA, Abt. III, Geh. Hausarchiv, NL Kronprinz Rupprecht, Nr. 708; vgl. auch Pyta, *Hindenburg*, S. 356 ff., wo Hindenburg als die treibende Kraft der Reise nach Spa erscheint.
207 Ilsemann, *Kaiser in Holland*, Bd. 1, S. 30.
208 Groener, *Lebenserinnerungen*, S. 451.
209 LHA Schwerin, 2.26–1, Großherzogliches Kabinett II, Nr. 1073.
210 Wild von Hohenborn, *Briefe und Tagebuchaufzeichnungen*, S. 247 f.
211 Vgl. die allerdings noch stark schönfärberischen Aufzeichnungen des Generalobersten von Einem: Einem, *Armeeführer*, S. 459 bzw. 463.
212 Vgl. Sösemann, »Zerfall des Kaisergedankens«, S. 165 ff.
213 Diese Begegnung hat Wolff in zwei inhaltlich nicht ganz übereinstimmenden Versionen überliefert: Wolff, *Tagebücher*, S. 635 ff., sowie ders., *Wilhelminische Epoche*, S. 156 ff.
214 Hierzu vorläufig Jangfeldt, *En Osalig Ande*, S. 347 ff.; eine breit angelegte biografische Studie über Max von Baden ist in Vorbereitung.
215 Matthias/Morsey, *Regierung Max von Baden*, S. 438 ff.
216 Schreiben des bayerischen Ministerpräsidenten Dandl an Lerchenfeld vom 29. 10. 1918, in: Matthias/Morsey, *Regierung Max von Baden*, S. 422.
217 Tagebuch Haussmann vom 29. 10. 1918, in: Zeller, *Schlaglichter*, S. 261 f.
218 Biografisch zuletzt über diesen Mann, den die Finnen noch im Herbst 1918 zu ihrem König hatten küren wollen: Huldén, *Königsabenteuer*, S. 197 ff. – Zum angesprochenen Kontext vgl. Jäckh, *Der goldene Pflug*, S. 447 ff. Prof. Ernst Jäckh war als Leiter der Zentralstelle für Auslandsdienst in Berlin tätig und fungierte als politischer Verbindungsmann des württembergischen Ministerpräsidenten von Weizsäcker. Seit Sommer 1918 stand er auch in engem Kontakt zu Prinz Friedrich Karl von Hessen.
219 Schreiben des bayerischen Gesandten Lerchenfeld an Ministerprä-

sident Dandl vom 30. 10. 1918, in: Matthias/Morsey, *Regierung Max von Baden*, S. 429 ff.

220 So der Tagebucheintrag des Prinzen Friedrich Karl von Hessen, der beim Eintreffen des Telegramms gerade zu Besuch im Schloss Wolfsgarten des Großherzogs weilte. Nach Hessen, *Aufzeichnungen*, S. 115; ebda., S. 115 ff., auch weitere Details zum Berlin-Besuch der beiden Fürsten.

221 Vgl. das Tagebuch der Großherzogin Eleonore von Hessen-Darmstadt vom 13. 10. 1918, in STA Darmstadt, D 24, Nr. 43/8, sowie das Telegramm Max von Badens an Großherzog Ernst Ludwig vom 19. 10. 1918, in: Ebda., Nr. 57/1.

222 Potthoff, *Berg*, S. 106; Huldén, *Finnlands deutsches Königsabenteuer*, S. 197 ff.

223 Max von Baden, *Erinnerungen und Dokumente*, S. 514 ff.

224 Drews an Max von Baden vom 20. 6. 1922, in: BAK, R 43/812.

225 Schreiben des bayerischen Gesandten Lerchenfeld (der zu der Unterredung hinzugezogen wurde) an Ministerpräsident Dandl vom 31. 10. 1918, in: Matthias/Morsey, *Regierung Max von Baden*, S. 449 ff.; vgl. auch Max von Baden, *Erinnerungen und Dokumente*, S. 514, hier Anm. a.

226 BayHStA, MA, Gesandtschaft Berlin, Politische Berichte 1918.

227 Hierzu Matthias/Morsey, *Regierung Max von Baden*, S. 431.

228 Nach Hessen, *Aufzeichnungen*, S. 116.

229 Vgl. Gründer, *Walter Simons*, S. 29 ff., sowie die Auszüge aus diesen Quellen bei Max von Baden, *Erinnerungen und Dokumente*, S. 525 f.

230 Handschriftliche Aufzeichnung von Drews, datiert auf Mitte November 1918, in: GStA Dahlem, NL Drews, Nr. 159.

231 So Oberst von Haeften in seinen Erinnerungen, der damals Zeuge der Aussprache war: Matthias/Morsey, *Regierung Max von Baden*, S. 460, Anm. 2.

232 Hierzu und zum Folgenden Bernstorff, *Erinnerungen und Briefe*, S. 175 ff.

233 Max von Baden, *Erinnerungen und Dokumente*, S. 514.

234 Niemann, *Kaiser und Revolution*, S. 121.

235 Vgl. Potthoff, *Berg*, S. 200.

236 Vgl. Thaer, *Generalstabsdienst*, S. 250 f.; Wilhelm II., *Ereignisse und Gestalten*, S. 240.

237 Zitate aus dem Privatbrief Wilhelms II. an Auguste Viktoria vom 7. 11. 1918 (Abschrift) in: PAA Berlin, Nachlass Johannes Kriege, Bd. 5; vgl. auch die Aufzeichnungen des Staatssekretärs Hintze vom 31. 10. 1918, der von »persönlichen Gehässigkeiten« des Kaisers gegen Max von Baden schon an diesem Tag berichtet, zit. nach Niemann, *Revolution von oben*, S. 366.

238 Max von Baden, *Erinnerungen und Dokumente,* S. 518.
239 Nach dem Sitzungsprotokoll bei Matthias/Morsey, *Regierung Max von Baden,* S. 455 ff.
240 Zum Folgenden das Tagebuch des Prinzen Friedrich Karl von Hessen, nach Hessen, *Aufzeichnungen,* S. 117 ff., sowie Max von Baden, *Erinnerungen und Dokumente,* S. 525 ff.
241 Vgl. hierzu im Einzelnen die ausführliche Aufzeichnung des Staatsministers, in: GStA Berlin-Dahlem, NL Drews, Nr. 159.
242 BAF, N 35 Haeften Nr. 6 (Erinnerungen). Auch die folgenden Bemerkungen zum Gesundheitszustand des Prinzen sind, falls nicht anders vermerkt, diesem Dossier entnommen. Vgl. ebendort auch die als Anlage überlieferte Krankengeschichte nach Aussagen des behandelnden Arztes, Prof. Dr. Zinn, der seinem Patienten noch am 3. November Handlungs- und Entscheidungsunfähigkeit attestierte. Zur Führung der Geschäfte des Reichskanzlers sei der Prinz auf unabsehbare Zeit nicht fähig.
243 So Fürstenbergs Äußerung gegenüber dem General Erich von Gündell, zit. nach Obkircher, *General Erich von Gündel,* S. 324. Laut Terminkalender des Fürsten Max Egon fand die Begegnung um 16 Uhr 30 statt. (Fürstlich Fürstenbergisches Archiv Donaueschingen).
244 Erinnerungen des Obersten von Haeften, zit. nach Matthias/Morsey, *Regierung Max von Baden,* S. 476.
245 Hier nach der beglaubigten Kopie der handschriftlichen Aufzeichnung von Dr. Vogel-Potsdam, die mir John C. G. Röhl freundlicherweise zur Verfügung stellte; auszugsweise Wiedergabe des Sermons auch in der monarchistischen Zeitschrift *Der Aufrechte* (Nr. 7 vom 2. 3. 1919); als vermeintlicher Brief Wilhelms II. auch abgedruckt bei Schiffer, *Leben,* 1951, S. 135–137; vgl. auch Afflerbach, *Oberster Kriegsherr,* S. 57 f.
246 So Afflerbach, *Oberster Kriegsherr,* S. 58 ff.
247 Hierzu jetzt eindrucksvoll Pyta, *Hindenburg,* S. 361 ff.
248 Vgl. das Protokoll der Besprechung, in: HStA Stuttgart, Q 1/18, Bü 79.
249 Auf die wichtigsten kann dennoch durch die Überlieferung in anderen Archiven rekurriert werden.
250 BayHStA, GHA, NL Prinz Leopold, Nr. 36.
251 Brief des Kronprinzen vom 1. 11. 1918, in: BayHStA, GHA, NL König Ludwig III, Nr. 59; vgl. außerdem ebda., MA 973.
252 HStA Dresden, NL 12713; Koch, *Erinnerungen,* Teil 1.
253 Telegramm vom 15. 6. 1918, in: PAA Berlin, R 22327.
254 HStA Stuttgart, Q 1/18 Bü 173: Manuskript von Weizsäcker, S. 48.
255 Vgl. oben, (Ernst Ludwig) sowie ThLHA Weimar, Stellvertretender Bevollmächtigter zum Bundesrat, Nr. 68 (Wilhelm Ernst).
256 Wie der oldenburgische Gesandte Georg von Eucken-Addenhausen

in seiner Schrift *Politische Lebenswanderung* (S. 40 f.) mitteilt, war er im Anschluss an die Berliner Beratungen »noch in der Nacht nach Oldenburg gereist und am folgenden Tage zu einer Zusammenkunft mit den beiden lippischen Staatsministern nach Hannover gekommen. Die Beschlussfassung dieser drei Staaten zu der Anregung des Prinzen Max von Baden habe ich kein Recht dem Wortlaut nach wiederzugeben.«

257 Langfeld, *Mein Leben*, S. 361. – Für München ist ein solcher Telefonanruf von Friedrich Franz IV. bei König Ludwig III. überliefert: BayHStA, MA 973; für Weimar ein entsprechendes Telegramm: ThLHA Weimar, Stellvertretender Bevollmächtigter zum Bundesrat, Nr. 68. In beiden Fällen hat die Intervention nichts bewirken können.

258 Nach dem Schreiben des Stellvertretenden Bevollmächtigten für die thüringischen Staaten Paul Paulssen an den Staatsminister Rothe in Weimar, in: ThHStA Weimar, Stellvertretender Bevollmächtigter zum Bundesrat, Nr. 68. Vgl. auch die Aufzeichnungen des Staatsministers in Sachsen-Altenburg von Wussow, datiert auf den 3. 7. 1936, in: GStA Berlin-Dahlem, BPH, Rep. 53, Nr. 351, bzw. des Staatsministers in Sachsen-Coburg-Gotha von Bassewitz, datiert auf den 15. 10. 1930, zit. nach Hees, *Vorbereitung und Durchführung der Novemberrevolution*, S. 40.

259 Vgl. den Bericht des Sachsen-Meiningischen Bevollmächtigten von Wolf an das Staatsministerium vom 1. 11. 1918, in: ThStA Meiningen, Staatsministerium, Abt. I, Nr. 1507.

260 Vgl. Post/Hahn/Ulbricht, »Die Abdankung der Fürsten«, S. 535 f., bzw. ThLHA Weimar, Stellvertretender Bevollmächtigter zum Bundesrat, Nr. 68.

261 So wörtlich gegenüber Drews am 1. 11. 1918 in Spa, zit. nach Matthias/Morsey, *Regierung Max von Baden*, S. 462.

262 Nach der Aufzeichnung, in: Max von Baden, *Erinnerungen und Dokumente*, S. 589.

263 Wilhelm II. (eigenhändig!) an seinen Justiziar Kriege vom 14. 10. 1919, in: PAA Berlin, NL Kriege, Bd. 5.

264 *Neue Preußische Zeitung*, Nr. 279 vom 18. 6. 1913.

265 Die Fortschrittsparteiler Payer (*Erinnerungen*, S. 149) und Haußmann (*Schlaglichter*, S. 259 f.), aber auch der Zentrumspolitiker Erzberger (*Erlebnisse*, S. 323 f.; Kessler, *Tagebuch*, Bd. 6, S. 600 ff.) sprachen sich damals als führende Regierungsmitglieder sogar *für* ein Festhalten an Kaiser Wilhelm II. aus. – Zum historisch-politischen Kontext der Staatsformdebatten am Ende des Deutschen Kaiserreichs vgl. jetzt Bollmeyer, *Der steinige Weg zur Demokratie*, S. 129 ff.

266 Zit. nach Jäckh, *Der goldene Pflug*, S. 448 f., bzw. Schiffer, *Liberalismus*, S. 74 f.; zum Kontext vgl. auch Mühlhausen, *Ebert*, S. 98 ff. (mit

allerdings sehr treuherzigem Blick auf die Verhältnisse). Analytisch am schärfsten immer noch Winkler, *Von der Revolution zur Stabilisierung*, hier insb. S. 36 ff.

267 *8-Uhr-Abendblatt*, Nr. 184 vom 21. 8. 1922 (Leitartikel »Erfüllungspolitik – Katastrophenpolitik«).

268 *Vorwärts*, Nr. 303 vom 3. 11. 1918 (LA »Vor schweren Entscheidungen. Unsere Stellung in der Kaiserfrage«).

269 Vgl. exemplarisch Mittag, *Wilhelm Keil*, S. 162 ff.

270 *Vorwärts*, Nr. 305 vom 5. 11. 1918.

271 Schiffer, *Liberalismus*, S. 75.

272 Vgl. den vollständigen Abdruck dieses Dokuments bei Scheidemann, *Memoiren*, Bd. 2, S. 253 ff.

273 Das Folgende nach dem Sitzungsprotokoll bei Matthias/Morsey, *Regierung Max von Baden*, S. 438 ff.

274 Dieses Zitat hat Erzberger überliefert (ebda., S. 439, Anm. 10).

275 Nach Bernstorff, *Erinnerungen und Briefe*, S. 177 f.

276 Aufzeichnung Drews, in: GStA Berlin-Dahlem, NL Drews, Nr. 159.

277 Als der Soziologe am 4. November 1918 auf einer Versammlung der Fortschrittlichen Volkspartei in München einen Vortrag über »Deutschlands Neuordnung« hielt, fiel ihm zur Kaiserfrage auch nicht mehr ein als unter Berufung auf einen »charaktervollen Konservativen« Wilhelm II. zu bitten, »im Interesse seiner Person, seiner Dynastie und der deutschen Dynastien überhaupt, sowie im Interesse der Einheit des Reiches durch einen freien, stolzen Entschluss ohne Verleugnung seiner Vergangenheit einer innerlich unmöglichen Lage ein Ende zu machen«. (*Münchener Neueste Nachrichten*, Nr. 559 vom 5. 11. 1918) Ein Bekenntnis zur Republik hört sich anders an.

278 Zit. nach Haase, *Hugo Haase*, S. 54.

Umsturz-Szenarien

1 Vgl. Ay, *Entstehung einer Revolution*.

2 Einige drastische Beispiele für die gereizte Stimmung des bayerischen Volkes gegen seinen König schon im Sommer 1918 bringt Schäfer, *Straubing im Ersten Weltkrieg*, S. 20; vgl. auch die Zeugnisse bei Mitchell, *Revolution in Bayern*, S. 68 ff.

3 Tagebuch-Eintrag vom 24. 8. 1918, in: BayHStA, GHA, NL KP Rupprecht, Nr. 707.

4 Die äußere Geschichte der Revolution in Bayern kann als relativ gut erforscht gelten: zuletzt unter Bezug auf den neuesten Forschungsstand und mit entsprechenden Verweisen Höller, *Der Anfang, der ein Ende war*; Grau, *Eisner*; Holl, *Quidde*, S. 221 ff.

5 Vgl. hierzu sehr eindringlich die zeitgenössische Broschüre von Sailer, *Revolutionstage,* S. 4 ff.
6 Vgl. Grau, *Eisner,* S. 365 bzw. 572.
7 Nach dem autorisierten Protokoll, in: BayHStA, Staatsrat, Nr. 1469.
8 Zit. nach der später verfassten Denkschrift des damaligen Innenministers von Brettreich, »Zur Vorgeschichte der Revolution am 7. XI. 1918«, in: BayHStA, MInn 66 269.
9 Zum Folgenden vgl. das im handschriftlichen Original überlieferte Tagebuch der Prinzessin Wiltrud von Bayern, in: BayHStA, GHA, NL Herzogin Wiltrud von Urach, hier Nr. 611. Wenn nicht ausdrücklich vermerkt, wird ausschließlich aus dieser Kladde zitiert.
10 Ebda., Nr. 615: Tagebuch-Eintrag vom 26. 3. 1919.
11 Hierzu auch die interessanten Bemerkungen von Jahr, »Revolution im Schatten«, S. 47.
12 Brief an seinen Vater Ludwig vom 1. 11. 1918, in: BayHStA, GHA, NL Kg. Ludwig III, Nr. 59.
13 BayHStA, GHA, NL KP Rupprecht, Nr. 708.
14 Bericht vom 5. 11. 1918, in: GLA Karlsruhe, 233/34871; vgl. auch die Berichterstattung der *Münchener Neuesten Nachrichten,* Nr. 557 vom 4. 11. 1918.
15 Pechmann: »Revolution und Monarchie«, S. 442.
16 Paraphrasierte Sätze sind kursiv gedruckt.
17 Tagebuch der Prinzessin Wiltrud von Bayern, in: BayHStA, GHA, NL Herzogin Wiltrud von Urach, Nr. 611.
18 Vgl. etwa *Münchener Neueste Nachrichten,* Nr. 565 vom 8. 11. 1918 (»Die Kundgebung auf der Theresienwiese«).
19 Zit. nach BayHStA, GHA, NL Wiltrud Nr. 288 (Erinnerungen an die Revolutionszeit, 1954).
20 Detailreich hierzu Schad, *Königinnen,* S. 348 ff.
21 Hierzu wie auch zum Folgenden vgl. PAA Berlin, R 2815, sowie Rosen, *Wanderleben,* S. 232.
22 BayHStA, MA, Nr. 980.
23 Erst vier Tage nach seinem Eintreffen in München wurde das Telegramm vom Ministerrat eher beiläufig behandelt und auf ein offizielles Antwortschreiben verzichtet: Vgl. Bauer, *Regierung Eisner,* S. 29 bzw. 32.
24 BayHStA, MA, Nr. 980.
25 Vgl. etwa Sailer, *Revolutionstage,* S. 18 ff.; Achleitner, *Umsturznacht,* S. 33 ff.; Beckenbauer, *Ludwig III,* S. 266 ff.
26 Nach *Münchener Neueste Nachrichten,* Nr. 575 vom 14. 11. 1918.
27 Hierzu mit zahlreichen Verweisen die Einleitung von Franz J. Bauer zu Bauer, *Regierung Eisner,* S. Lff.
28 *Münchener Neueste Nachrichten,* Nr. 576 vom 15. 11. 1918 (»Vom

alten zum neuen System«). Hierzu auch die treffenden Bemerkungen von Geyer, *Verkehrte Welt,* S. 54 f.

29 Vgl. hierzu den interessanten Ausstellungskatalog von Glaser, *Ludwig III,* S. 18 ff.

30 Eigenhändiges Schreiben aus Wildenwarth vom 24. 11. 1918, in: BayHStA, GHA, NL Prinzessin Therese, Nr. 69.

31 Tagebuch-Eintrag vom 20. 1. 1919, in: BayHStA, GHA, NL Herzogin Wiltrud von Urach, Nr. 613.

32 Brief aus Rottach vom 11. 1. 1919, zit. nach Hofmiller/Hochgesang, *Ludwig Thoma,* S. 195 f.

33 Gemeint war der interne Streit im Hause Hohenzollern über den korrekten Umgang mit den neuen Machthabern; dazu das nachfolgende Kapitel.

34 Handschreiben König Ludwigs III. an die Prinzen des Königlichen Hauses vom 18. 12. 1918 aus Wildenwarth (Abschrift) in: BayHStA, GHA, NL Prinzessin Therese, Nr. 74; vgl. auch Ludwigs Begleitschreiben zu diesem Rundbrief an seinen Bruder Leopold vom 1. 12. 1918, in: Ebda., NL Prinz Leopold, Nr. 36.

35 Zit. nach Weiß, *Kronprinz Rupprecht,* S. 167.

36 Vgl. im Einzelnen Aretin, *Erbschaft,* S. 225 ff.

37 BayHStA, GHA, NL Herzogin Wiltrud von Urach, Nr. 613; ebendort auch das nachfolgende Zitat.

38 Brief an seinen Vater Ludwig aus Kreuth vom 17. 10. 1918, in: BayHStA, GHA, NL Kg. Ludwig III, Nr. 59.

39 BayHStA, GHA, NL Herzogin Wiltrud von Urach, Nr. 619 (Tagebuch-Eintrag vom 23. 8. 1920).

40 Vgl. dagegen die einer empirischen Überprüfung nicht standhaltende Interpretation von Körner, »Totengräber der Monarchie«, S. 387, wonach man weder in Ludwigs Politik noch in seiner Persönlichkeit Ursachen für das Ende der Monarchie in Bayern erkennen könne.

41 Wermuth, *Beamtenleben,* S. 409 f.

42 *Vossische Zeitung,* Nr. 559 vom 1. 11. 1918 (LA »Herrenhaus und Krone«), dort auch die Begründung des Antrags.

43 *Kölnische Volkszeitung* vom 1. 11. 1918.

44 Bunsen, *Zeitgenossen,* S. 161.

45 Zit. nach dem vollständigen Abdruck bei Buchner, *Revolutionsdokumente,* S. 32.

46 Wilhelm II., *Ereignisse und Gestalten,* S. 240; vgl. auch Niemann, *Revolution von oben,* S. 138, sowie BAK, R 43/812.

47 Telegramm vom 5. 11. 1918, in: BAK, R 43/806.

48 *Welt am Montag* vom 4. 11. 1918, zit. nach Buchner, *Revolutionsdokumente,* S. 33.

49 *Deutsche Tageszeitung* vom 2. 11. 1918.

50 Kessler, *Tagebuch* (Eintrag vom 3.11.1918), Bd. 6, S. 612.
51 *Kreuzzeitung*, Nr. 557 bzw. 563 vom 1. bzw. 4.11.1918.
52 *Dresdener Volkszeitung*, Nr. 257 vom 4.11.1918.
53 Vgl. hierzu vor allem die *Correspondenz Wedekind* (eine Art Tagespressespiegel), hier Nr. 563 vom 3.11.1918.
54 *Norddeutsche Allgemeine Zeitung*, Nr. 566 vom 5.11.1918 (LA »Die Kaiserfrage«).
55 Vgl. Bülow, *Denkwürdigkeiten*, Bd. 3, S. 296 ff.
56 Hierzu wie auch zum Folgenden vgl. die Aufzeichnung Hintzes in Spa vom 2.11.1918, in: Niemann, *Revolution von oben*, S. 377; den in einer Abschrift überlieferten »Kurzen Bericht über die Tage im Neuen Palais nach dem 1. XI. 18« von Prinz Eitel Friedrich, in: Privatarchiv Kees van der Sluijs (Sliedrecht/Niederlande); die Aufzeichnungen des letzten Kabinettschefs der deutschen Kaiserin, Lothar von Spitzemberg, über die Revolution vom 9. November 1918, in: BAK, KLE, Nr. 381, sowie Preußen, *Geschichte meines Lebens*, S. 43 ff.
57 Historisches Archiv der Stadt Köln, NL Hähner, Tagebuch Nr. 8 v. 3.11.1920, S. 162.
58 Wilhelm II. an Auguste Viktoria vom 7. bzw. 8.11.1918, in: PAA Berlin, NL Kriege, Bd. 5; ebendort (Brief vom 8.11.1918) auch das nachfolgende Zitat.
59 Selbst im Nachhinein waren die damals Geforderten noch sprach- bzw. kritiklos: vgl. Kronprinzessin Cecilie: *Erinnerungen*, S. 217.
60 Zum Kontext vgl. Rückert, *Potsdam*.
61 *Kreuzzeitung*, Nr. 578 vom 12.11.1918.
62 Vgl. Sternaux, *Potsdam*, S. 63 ff.
63 Vgl. Dryander, *Erinnerungen*, S. 296 f.
64 PAA Berlin, Nachlass Johannes Kriege, Bd. 5.
65 Zur Formierung und Betonierung dieser Grundauffassung vgl. Saerbeck: »Kaiser ohne Amt und Zukunft «.
66 Aufzeichnungen Spitzemberg, in: BAK, KLE, Nr. 381; Bill, *Semper talis*, S. 164.
67 So in handschriftlichen Denkwürdigkeiten, deren erste auf den 22.3.1919 datiert ist (StA Aurich, Dep. 39, Nr. 120); die zweite Variante ist eingeflossen in seine Publikation *Politische Lebenswanderung* (1932); die dritte schickte er am 21. April 1936 an den Potsdamer Oberbürgermeister (Stadtarchiv Potsdam, S XVI/6). Die Dokumente unterscheiden sich nur in diversen Details, die großenteils wohl der Ausschmückung des Ereignisses dienten.
68 Vgl. den entsprechenden Schriftverkehr, in: PAA Berlin, R 3486.
69 PAA Berlin, R 3486; vgl. auch Keller, *Im Dienst der Kaiserin*, S. 334 f., sowie Dryander, *Erinnerungen*, S. 297 (mit allerdings falscher Datierung).
70 Faksimiliert wiedergegeben bei Viktoria Luise, *Leben als Tochter des Kaisers*, gegenüber S. 209.

71 Ebda., S. 213 (Brief vom 16. 11. 1918).
72 Nach Viktoria Luise, *Bilder der Kaiserzeit,* S. 368 f. (Brief vom 11. 11. 1918).
73 Nach Machtan, *Kaisersohn,* S. 90 f., bzw. GStA Dahlem, BPH, Rep. 62 III, Nr. 8/1 (Brief an seinen Freund Dr. Presber vom 15. 11. 1918).
74 Zit. nach Grüneisen, *Deutsche Predigten,* S. 157.
75 Zit. nach Machtan, *Kaisersohn,* S. 91.
76 BAK, KLE, Nr. 381.
77 August Wilhelm von Preußen an seinen Freund Dr. Presber vom 15. 11. 1918, in: GStA Dahlem, BPH, Rep. 62 III, Nr. 8/1.
78 Vgl. Lebensbild des Staatsministers Carl Graf Bassewitz-Levetzow, aufgeschrieben von Margarethe Gräfin Bassewitz-Levetzow, geb. Gräfin Schulenburg (Teterow 1924).
79 Vgl. Buchner, *Revolutionsdokumente,* S. 264 (nach der Berliner Lokalpresse); außerdem Kirschstein, *Kronprinzessin Cecilie,* S. 53 f. (mit weiteren Verweisen).
80 *Kreuzzeitung,* Nr. 589 vom 18. 11. 1918.
81 BAK, R 43/812.
82 Vgl. Keller, *Im Dienste der Kaiserin,* S. 336 f.; außerdem Hornstein, *Adieu Potsdam,* S. 72 ff.
83 Erstmals erschienen Anfang November 1921 in der Zeitschrift *Junge Menschen;* im Folgenden zit. nach Donat, »*Auf der Flucht*«, S. 115–118.
84 Zuerst veröffentlicht im November 1921 in der *Potsdamer Tageszeitung;* im Folgenden zit. nach dem Abdruck in: *Der Aufrechte,* Nr. 46 vom 13. 11. 1921.
85 Keller, *Im Dienste der Kaiserin,* S. 337 f.
86 Zur vorsätzlichen Vernichtung von Papieren, die mehr oder minder familiäre Dinge des Hohenzollernhauses betrafen, im Herbst 1918 siehe Afflerbach, *Oberster Kriegsherr,* S. 117.
87 So die Aufzeichnung von Gustav Böhm, dem damaligen Adjutanten des preußischen Kriegsministers Scheuch, in: Hürten/Meyer, *Adjutant,* S. 91.
88 Vgl. Szittya, *Kuriositäten-Kabinett,* S. 204.
89 Pfeiffer, *Lose Blätter,* S. 8; vgl. auch ebda., S. 13 ff., wo sie in einem auf »Dezember 1918« datierten Brief an die Kinder die Heimat grüßen lässt, »die jetzt so betört ist. Dereinst werden ihr die Augen aufgehen über das, was sie an Papa verliert, dann wird es zu spät sein.«
90 Am 22. November 1918 hatte der deutsche Gesandte in Den Haag, Rosen, ans Auswärtige Amt telegrafiert, die holländische Königin habe »wiederholt den Wunsch ausgesprochen, dass Ihre Majestät die Kaiserin nach Holland komme, um bei ihrem Gemahl zu sein. Der Minister der auswärtigen Angelegenheiten hat mir und der Gouverneur von Utrecht hat auch dem Kaiser diesen Wunsch übermittelt.

Der Gouverneur hat hierbei durchblicken lassen, dass durch Anwesenheit der Kaiserin in Holland der Charakter des früheren Kaisers als Privatperson noch deutlicher hervorträte. – Seine Majestät hat mir darauf sagen lassen, dass er nunmehr die Herreise der Kaiserin wünsche und bitte, das Weitere zu veranlassen. […] Für die Sicherheit Ihrer Majestät ist hier nichts zu befürchten, nachdem die kritischen Tage bis zum 17. November eine vollkommene Beruhigung der inneren Lage gebracht haben.« (PAA Berlin, R 3486).

91 BAK, KLE, Nr. 381.

92 Ebert an Erzberger vom 4. 2. 1920, in: Ebert, *Schriften, Aufzeichnungen, Reden,* Bd. 2, S. 193.

93 Hierzu Keller, *Im Dienst der Kaiserin,* S. 338 ff.; Aufzeichnungen Spitzemberg (BAK, KLE, Nr. 381); Tagebuch Molkenbuhr (27. bis 29. November 1918), in: Braun/Eichler, *Tagebücher,* S. 333; Ilsemann, *Kaiser in Holland,* S. 66.

94 Vgl. Müller-Franken, *November-Revolution,* S. 107 f.; zum Kontext vgl. Braun, *Molkenbuhr,* S. 330 ff.

95 Freundliche Auskunft des Molkenbuhr-Biografen Bernd Braun, der dies vom Urenkel des sozialdemokratischen Politikers in Erfahrung gebracht hat.

96 PAA Berlin, R 3472.

97 BAK, KLE Nr. 381.

98 Vgl. Rosen, *Wanderleben,* S. 243, sowie Ilsemann, *Kaiser in Holland,* S. 66.

99 »Aufzeichnung des Legationssekretärs Köster betr. Unterzeichnung der Abdankungsurkunde durch den Kaiser«, in: PAA Berlin, Den Haag, Bd. 56; die nachfolgende Darstellung bezieht sich im Wesentlichen auf diese Quelle.

100 Nach dem Original in: PAA Berlin, R 3472.

101 Nach der Abschrift in: PAA Berlin, R 3472; über den Verbleib des Originals konnte nichts in Erfahrung gebracht werden.

102 Vgl. Miller/Potthoff, *Regierung der Volksbeauftragten,* S. 243.

103 Vgl. hierzu und zum Folgenden die akribische Aufarbeitung von Jung, *Volksgesetzgebung,* S. 434 ff.

104 Hierzu mit detailliertem Zahlenmaterial der Finanzexperte Heinig, *Hohenzollern,* S. 131 ff., sowie ders., *Fürstenabfindung,* S. 60 ff.

105 Zit. nach *Norddeutsche Allgemeine Zeitung,* Nr. 117 vom 4. 3. 1920 (»Das Gutachten Rosenfelds als Justizminister«).

106 Brief an Dr. Presber vom 1. 12. 1918, in: GStA Berlin-Dahlem, BPH, Rep 62 III, Nr. 8.

107 Zu dessen Familiengeschichte vgl. die noch unveröffentlichte Studie von Zuchold: »Familienfriedhof«. – Ich danke Herrn Dr. Zuchold für die Möglichkeit, Einblick in diese aufschlussreiche Untersuchung zu nehmen.

108 Selbst die unabhängigen Sozialdemokraten waren gerührt: Vgl. *Die Freiheit,* Nr. 50 vom 12. 12. 1918. – Vgl. im Übrigen Gutsche, *Kaiser im Exil,* S. 21 f.
109 Vgl. hierzu im Einzelnen den Dokumentenanhang bei Zuchold, »Familienfriedhof«.
110 Vgl. GStA Berlin-Dahlem, I. HA Rep. 151 I A, Nr. 7716 bzw. 7720.
111 Vgl. Eschenburg, *Prinz Heinrich,* S. 178 ff.
112 Hierzu wie auch zum Folgenden vgl. vor allem seine Tagebuch-Eintragungen vom 9. und 10. November 1918, in: Wissenschaftliches Institut für Schifffahrts- und Marinegeschichte Hamburg; außerdem Buchner, *Revolutionsdokumente,* S. 69.
113 »Kundgebung an alle Familienmitglieder des Königlich Preußischen Hauses«, in: *Kreuzzeitung,* Nr. 616 vom 3. 12. 1918.
114 Protokoll der Kabinettssitzung vom 4. 12. 1918, in: Miller/Potthoff, *Regierung der Volksbeauftragten,* S. 255.
115 *Vorwärts,* Nr. 334 vom 5. 12. 1918 (»Der angebliche König von Preußen«).
116 *Kreuzzeitung,* Nr. 619 vom 5. 12. 1918 (»Prinz Adalbert von Preußen und die neue Regierung«).
117 So die vertrauliche Mitteilung des früheren Großherzogs von Sachsen-Weimar-Eisenach Wilhelm Ernst an seine Gattin Feodora in einem Brief vom 23. 7. 1919, in: ThHStA Weimar, HA XXXIV, NL Deodora, Nr. 9.
118 »Eine Erklärung des Prinzen Friedrich Leopold«, in: *Kreuzzeitung,* Nr. 624 vom 7. 12. 1918.
119 Hierzu ausführlich Saerbeck, *Kaiser ohne Amt,* S. 71 ff.
120 Vgl. vor allem Malinowski, *Vom König zum Führer,* S. 244 ff.
121 Zur Vermessung des Symbolgehalts vgl. den nicht ganz überzeugenden Versuch von Bernau, »Ort des Souveräns«.
122 Hierzu wie auch zum Folgenden Rotheit, *Berliner Schloss,* sowie die royalistischen »Erinnerungen und Eindrücke« des kaiserlichen Hofbibliothekars Dr. Bogdan Krieger *(Berliner Schloss).* Beide Bücher sollen unmittelbar nach den Ereignissen niedergeschrieben worden sein (Rotheits *Berliner Schloss* im Frühjahr 1919) und hauptsächlich auf »Selbsterlebtem und Selbstgeschautem« beruhen. Außerdem Heinig, *Hohenzollern,* S. 64 ff.
123 Blücher von Wahlstatt, *Tagebuch* (9. 11. 1918), S. 305; den gleichen Eindruck gewann der USPD-Minister Hugo Simon, wie er in seinen unveröffentlichten Memoiren (»Seidenraupen«, S. 1378) zu Papier gebracht hat, die im Archiv der Walter-A.-Behrendsohn-Forschungsstelle für Exilliteratur an der Universität Hamburg aufbewahrt werden.
124 Hierzu als Zeitdokument: »Von einem, der dabei war«, S. 69 ff., sowie Scheidemann, *Memoiren,* Bd. 2, S. 311 ff.

125 Hier und im Folgenden zit. nach Buchner, *Revolutionsdokumente,* S. 133 f.; zum Kontext vgl. Laschitza, *Liebknechts.*

126 *Vorwärts,* Nr. 311 vom 11. 11. 1918 (»Eine Erklärung Eberts. Der Sieg der Republik«).

127 Vgl. die entsprechenden Angaben des damals für diese Dinge verantwortlichen preußischen Finanzministers Hugo Simon in seinen Erinnerungen »Seidenraupen«, S. 1399 ff. – Zu den tatsächlichen, mit preußisch-bürokratischer Gründlichkeit ermittelten Verlusten vgl. die Akten des Finanzministeriums, in: GStA Berlin-Dahlem, I. HA, Rep. 151 IA, Nr. 7649. – Zu Frankreich Giesselmann, *Manie der Revolte.*

128 Heinig, *Hohenzollern,* S. 67.

129 Zum Folgenden vgl. die Details bei Heinig, *Hohenzollern,* S. 72 ff. bzw. S. 81 ff.

130 Vgl. hierzu neben den bereits erwähnten zeitgenössischen Darstellungen Petras, *Schloss in Berlin,* S. 32 ff., sowie Materna, »Schloss und Schlossbezirk », S. 143 ff. – Nicht unerwähnt bleiben sollte auch, dass sich Alfred Döblin in seinem erst 1991 veröffentlichten Exilroman *November 1918* gerade dieser Episode der deutschen Revolutionsgeschichte mit literarischem Esprit und großem Einfühlungsvermögen angenommen hat.

131 Krieger, *Berliner Schloss,* S. 18, ebda., S. 25, auch das nachfolgende Zitat.

132 Vgl. Blücher von Wahlstatt, *Tagebuch* (9. 11. 1918), S. 308.

133 Brief an Presber vom 1. 12. 1918, in: GStA Berlin-Dahlem, BPH, Rep. 62 III, Nr. 8; vgl. auch ebendort den Brief an Presber vom 15. 11. 1918, in dem er sich darüber beschwert, dass »die Spartakusleute« die Garderobe seines Vaters »durchwühlt« und in seinen Sachen »sich produziert« hätten.

134 Zit. nach Marx, *Revolution in Deutschland,* S. 165 f.

135 Rotheit, *Berliner Schloss,* S. 93.

136 Vgl. Geyer, *Wohnräume,* S. 36 f.

137 Kessler, *Tagebuch,* Bd. 6, S. 711 f. – In der Wahrnehmung des »banalen« Milieus in den Privaträumen der Kaiserfamilie ganz ähnlich Simon, »Seidenraupen«, S. 1404 ff., der manches Interieur sogar »ungemein komisch« fand, namentlich den Baderaum des letzten Kaisers, der dessen »persönlichen Geschmack für Kunst enthüllte«: der Badeofen als Leuchtturm, eine gekachelte Rückwand mit einer Hochseeflotte auf bewegtem Meer als Motiv und eine Klingel, die das Geräusch einer Schiffssirene von sich gab.

138 Vgl. Kroll, »Friedrich August III.«, bzw. Langewiesche, »Wilhelm II.«

139 Vgl. hierzu die durchaus verallgemeinerbaren, klugen Bemerkungen von Matzerath, »Johann von Sachsen«; siehe auch Matzeraths Skizze »Ein Königlicher Weg«, S. 171–174.

140 Ausführlich hierzu die Berichterstattung des preußischen Gesandten in Dresden, in: PAA Berlin, R 3275.
141 Vgl. Bestenreiner, *Luise von Toscana.*
142 Marginalie zu einem Telegramm seines Gesandten in Dresden vom 30. 9. 1907, in: PAA Berlin, R 3270.
143 Hohenzollern, *Margarete Fürstin von Hohenzollern.*
144 Das belebt bis heute den Büchermarkt: Reimann: *Macht euern Dreck alleene!.*
145 Bülow, *Denkwürdigkeiten,* Bd. 1, S. 589 f.
146 Vgl. die unveröffentlichten Erinnerungen des letzten königlich-sächsischen Innenministers Koch »Wie ich die Menschen und die Dinge sah«, in: HStA Dresden, Nr. 12713, Personennachlass Walter Koch, hier Manuskriptseiten 205 f.
147 PAA Berlin, R 3272 (Bericht vom 28. 3. 1909).
148 Kessler, *Tagebuch* (Eintrag vom 13. 5. 1906), Bd. 4, S. 143.
149 Vgl. den Bericht des preußischen Gesandten an das Auswärtige Amt vom 18. 10. 1918, wo der »unangenehme Eindruck« beklagt wird, den Friedrich August damit in weitesten Kreisen gemacht habe: PAA Berlin, R 3274.
150 Hohenzollern, *Margarete Fürstin von Hohenzollern,* S. 94.
151 Mitteilungen über die Verhandlungen des Landtags (II. Kammer), Nr. 71 (Dresden, den 5. November 1918), S. 2212 f.
152 Vgl. Buchner, *Revolutionsdokumente,* S. 70 f.; zum Kontext siehe Rudolph, *Sächsische Sozialdemokratie,* S. 169 ff.
153 Kaschnitz, *Menschen und Dinge,* S. 206.
154 Zum Folgenden ebda., S. 208 ff., Hohenzollern, *Margarete Fürstin von Hohenzollern,* S. 96 ff., sowie Adolph, *Vom Hof- zum Staatstheater,* S. 370 ff.
155 Kaschnitz, *Menschen und Dinge,* S. 218.
156 Vgl. Buchner, *Revolutionsdokumente,* S. 163; Kaschnitz, *Menschen und Dinge,* S. 214 ff.
157 Wecker, *Landesväter,* S. 82 f. – Rühle datiert die Episode »einige Tage nach dem 9. November 1918« und fügt hinzu, er habe das Mitgehörte »sofort erzählt«, sodass es schon am kommenden Tag in den Zeitungen stand. Aus dem ebda., S. 71, abgedruckten Schreiben von Innenminister Koch an den Arbeiter- und Soldatenrat Dresden vom 19. 11. 1918 sowie Kaschnitz' Memoiren (*Menschen und Dinge,* S. 216 f.) lässt sich das Telefongespräch verlässlich auf den 12. 11. 1918 datieren.
158 Vgl. *Dresdener Volkszeitung,* Nr. 29 vom 22. 11. 1918 (»Mehr August als Friedrich«), bzw. Kaschnitz, *Menschen und Dinge,* S. 218.
159 Faksimile bei Drehwald/Jestaedt, *Verfassungsstaat,* S. 44.
160 Vgl. Kaschnitz, *Menschen und Dinge,* S. 217 f.
161 *Dresdener Volkszeitung,* Nr. 266 (»Abdankung des Königs«).

162 Nach *Dresdener Volkszeitung* vom 22. 11. 1918 (»Mehr August als Friedrich«); vgl. auch Wecker, *Landesväter,* S. 84.
163 Aus einem Brief an seine Schwester Margarete vom 21. 11. 1918, zit. nach Hohenzollern, *Margarete Fürstin von Hohenzollern,* S. 309.
164 Solide Umrisse einer Königsbiografie liefert Sauer, *Württembergs letzter König.*
165 Die beste Orientierung darüber findet sich immer noch bei Scheck, *Zwischen Weltkrieg und Revolution,* vor allem S. 121 ff.; sehr nützlich auch Schönhoven, »Republikanische Revolution«.
166 Zit. nach Hoffmann: »Erinnerungen«, S. 316.
167 Zit. nach Sauer, *Württembergs letzter König,* S. 299 f.
168 So Langewiesche: »Monarchie«, S. 35.
169 Vgl. hierzu jetzt sehr anschaulich die Lebenserinnerungen des letzten königlich-württembergischen Prinzenerziehers Thietz, *Ein Preuße kommt nach Württemberg,* S. 89 ff.
170 Tagebuch KP Rupprecht vom 4. 11. 1918, in: BayHStA, GHA, NL KP Rupprecht, Nr. 708; vgl. hierzu auch den vertraulichen Bericht des k. u. k. Gesandten in Stuttgart, Nemes, an das Wiener Außenministerium vom 4. 11. 1918, dem auffiel, dass die öffentliche Meinung in der Residenzstadt jetzt geradezu beschworen werde, »im Interesse des Reichsgedankens sich nicht vom Kaiser abzuwenden«. (HStA Wien, PA IV/Karton 59).
171 Bericht von Nemes an das Wiener Außenministerium vom 30. 10. 1918, in: HStA Wien, PA IV/Karton 59.
172 Undatierte Aufzeichnungen von Weizsäckers, in: HStA Stuttgart, Q I/18 Bü 173, S. 48; ebda., S. 48 ff., auch zum Folgenden. – Außerdem: Pistorius, *Die letzten Tage,* S. 9 ff.
173 Weizsäcker-Zitat nach dem Bericht von Nemes an das Wiener Außenministerium vom 23. 10. 1918, in: HStA Wien, PA IV/Kar-ton 59.
174 Hierzu aus Sicht des damaligen Innenministers Köhler, *Revolution in Württemberg,* S. 117 ff.
175 Zit. nach Buchner, *Revolutionsdokumente,* S. 38; vgl. auch Scheck, *Weltkrieg,* S. 121 ff.
176 Zit. nach Köhler, *Revolution in Württemberg,* S. 121.
177 Pistorius, *Die letzten Tage,* S. 17 f.; vgl. auch Köhler, *Revolution in Württemberg,* S. 150 f. sowie S. 154.
178 Das hat die Palastdame der Königin, Gräfin Uxkull, überliefert: Kohlhaas, »9. November«, S. 350.
179 Hierzu wie zum Folgenden vgl. die ausführliche Berichterstattung in der *Schwäbischen Tagwacht* vom 10. 11. 1918, wo sich auch das Zitat findet.
180 Telegramm an König Wilhelm II. vom 1. 10. 1898, zit. nach Schmoll, *Verewigte Nation,* S. 302.
181 Köhler, *Revolution in Württemberg,* S. 149.

182 Vgl. Pistorius, *Die letzten Tage.*
183 Zit. nach Blos, *Von der Monarchie zum Volksstaat,* S. 26 f.; vgl. auch Köhler, *Revolution in Württemberg,* S. 154 f.
184 Undatierte Aufzeichnungen von Weizsäckers, in: HStA Stuttgart, Q I/18 Bü 173, S. 51 f.; dort auch die nachfolgenden Zitate.
185 Hierzu ausführlich Pistorius, *Die letzten Tage,* S. 54 ff.
186 Handschreiben an Carl von Weizsäcker vom 30. 11. 1918, in: HStA Stuttgart, Q 1/18 Bü 152.
187 Zit. nach Hoffmann: »Erinnerungen«, S. 317.
188 Pistorius, *Die letzten Tage,* S. 165 f.; die Überzeugung beruhte auf eigener Anschauung und persönlicher Bekundung durch das frühere Königspaar. Vgl. auch die Lebenserinnerungen der Königstochter Wied, *Vom Leben gelernt,* S. 57 f.
189 Durch den Selbstmord des Großherzogs von Mecklenburg-Strelitz am 23. 2. 1918 war dem Großherzog von Mecklenburg-Schwerin die Regentschaft über beide Bundesstaaten zugefallen.
190 Hierzu jetzt die in vieler Hinsicht erschöpfende Biografie von Post/Werner, *Herrscher in der Zeitenwende,* die auch auf die Revolution im Großherzogtum eingeht (S. 499 ff.). Zum genealogischen Kontext vgl. darüber hinaus Hoffmeister/Wahl, *Wettiner in Thüringen.*
191 Vgl. hierzu mit weiteren Verweisen Wahl, *Deutscher Nationalismus,* S. 200 ff.
192 Vgl. etwa *Berliner Tageblatt,* Nr. 562 vom 2. 11. 1918 (»Eine Fürstendebatte im weimarischen Landtag«).
193 Vgl. *Protokolle über die Verhandlungen des außerordentlichen Landtags im Großherzogtum Sachsen-Weimar-Eisenach,* Bd. II (1918), S. 1388 f. und S. 1401 ff.; außerdem Baudert, *Sachsen-Weimars Ende,* S. 8 f.
194 Baudert, *Sachsen-Weimars Ende,* S. 14.
195 Vgl. hierzu wie auch zum Folgenden die Niederschrift der beiden Staatsminister Rothe und Hunnius vom 21. 11. 1918 »Die revolutionäre Bewegung in Weimar in den Tagen vom 8.–11. November betreffend«, in: Thüringisches HStA Weimar, A 2002 AD.
196 Baudert, *Sachsen-Weimars Ende,* S. 19 ff.; dort auch die angeführten Zitate.
197 Die nachträglichen Konjekturen eines womöglich zeitnahen Gedächtnisprotokolls treten bei kritischer Betrachtung dieses Textes nur zu deutlich zutage, umso mehr, wenn man bedenkt, dass Bauderts damaliger Gegenspieler zum Zeitpunkt der Veröffentlichung bereits verstorben war, also seiner Lesart nicht widersprechen konnte. Auch die beiden anderen bei dem Gespräch anwesenden Männer, Staatsminister Rothe und Rechtsanwalt Jöck, waren tot.
198 »Kurze Inhaltsangabe (nach stenographischen Aufzeichnungen) der Verhandlungen zwischen dem vorläufigen Arbeiter- und Soldatenrat

durch dessen Beauftragte und den Mitgliedern des Großherzoglichen Staatsministeriums am 9. November 1918 nachmittags 5 Uhr im Kultusdepartement«, in: ThHStA Weimar, A 2002 AD. – In der oben genannten Niederschrift der beiden Staatsminister Rothe und Hunnius hieß es zum Atmosphärischen, »das Auftreten und die Redeweise des Kühn« seien derart gewesen, »dass es schwer war, die äußere Ruhe zu bewahren« (ebda.).

199 Nach dem Abdruck der vollständigen Dokumente bei Baudert, *Sachsen-Weimars Ende,* S. 24.

200 Hierzu jetzt eingehend Hoffmann, *Domänenfrage in Thüringen,* S. 200 ff.

201 Wilhelm Ernst an seine Gattin Feodora vom 20. 7. 1919, in: ThHStA Weimar, HA XXXIV, NL Feodora, Nr. 9.

202 Auch sein Kollege Herzog Carl Eduard von Sachsen-Coburg und Gotha hatte sich Ende September 1918 für ein paar Wochen zur Jagd nach Hinterriß/Tirol begeben: vgl. Sandner, *Sachsen-Coburg und Gotha,* S. 201.

203 Vgl. ThHStA Weimar, Hofmarschallamt, Nr. 4669 (Fourierbuch zur Hofhaltung des Großherzogs, WE 1917/18), S. 92.

204 ThHStA Weimar, HA XXXIV, NL Feodora, Nr. 9.

205 Vgl. das biografische Porträt von Müller, »Friedrich II.«

206 *Karlsruher Zeitung,* Nr. 194 vom 22. 8. 1918.

207 Zur relativ gut erforschten Novemberrevolution in Baden vgl. Kaller, »Die Revolution des Jahres 1918«; ders.: »Die Revolution von 1918 in Baden«;Brand/Rürup, *Arbeiter-, Soldaten und Volksräte;* dies.: *Volksbewegung und demokratische Neuordnung.*

208 Friedrich II. von Baden an den Fürsten Wilhelm von Hohenzollern vom 5. 1. 1919, zit. nach dem Abdruck bei Ilgenstein/Ilgenstein-Katterfeld, *Die letzten Großherzöge,* S. 134.

209 Zit. nach der eigenhändig korrigierten Niederschrift vom 6. 5. 1919, in: GLA Karlsruhe 233/27960; ebendort auch das nachfolgende Zitat. – Vgl. außerdem Cordes, *Krieg Revolution Republik,* S. 102.

210 Vgl. Cordes, *Krieg Revolution Republik,* S. 105.

211 Zit. nach Müller, »Friedrich II.«, S. 363f. Vgl. auch den Bericht des preußischen Gesandten in Karlsruhe Eisendecher an das Auswärtige Amt in Berlin vom 17.11.1918, in: Kremer, *Großherzogtum Baden,* Teil 2, S. 651, der das Ausbleiben einer monarchischen Opposition gegen das Umsichgreifen republikanischer Tendenzen beklagt.

212 Vgl. den Bericht des preußischen Gesandten in Karlsruhe Eisendecher an das Auswärtige Amt in Berlin vom 22.11.1918, in: Kremer, *Großherzogtum Baden,* S. 652. – Zum Folgenden außerdem Ilgenstein, *Die letzten Großherzöge,* S.120 ff.

213 Zit. nach dem Abdruck bei Kaller, »Die Revolution des Jahres 1918«, Anlage 7 (S. 338).

214 Wolff'sches Telegraphenbüro, Nr. 3324 vom 24. 11. 1918.
215 Vgl. hierzu auch die anregenden Überlegungen von Schönhoven: »Republikanische Revolution«.
216 Brief an den Reichskanzler a. D. Bethmann Hollweg vom 4. 1. 1919, in: BAK, N 1549/1.
217 Nach dem Abdruck bei Ilgenstein, *Die letzten Großherzöge*, S. 134.
218 Vgl. zum Folgenden vor allem die profunden Studien von Eckart G. Franz, jetzt zusammengefasst in seiner ausgezeichneten Dynastiegeschichte *Das Haus Hessen*, hier S. 174 ff. (Literaturverweise S. 218). Materialreich, aber unkritisch Knodt, *Ernst Ludwig*.
219 Vgl. hierzu neben der Magisterarbeit von Stieniczka, »Vermögensauseinandersetzung«, Haren, *Volksstaat Hessen*.
220 Zit. nach dem Brief von Elisabeth Großherzogin von Oldenburg an ihren Neffen, Friedrich Franz IV. von Mecklenburg-Schwerin vom 15. 1. 1919, in: LHA Schwerin, 2.26–1, Großherzogliches Kabinett II, Nr. 1064.
221 Wiedergegeben bei Ulrich, *Erinnerungen*, S. 104 ff.; die fragliche Landtagssitzung datiert vom 25. 11. 1920.
222 StA Darmstadt, GFA, D. 24, Nr. 43/8, S. 147 ff.; ebendort auch die drei nachfolgenden Zitate.
223 Ulrich, *Erinnerungen*, S. 117 f.
224 Zit. nach dem Abdruck in der *Frankfurter Zeitung* vom 11. 11. 1918; vgl. auch PAA Berlin, R 3061.
225 Eintrag vom 9. 11. 1918, in: StA Darmstadt, GFA, D. 24, Nr. 43/8, S. 157; ebda., S. 162, auch das nachfolgende Zitat.
226 Zit. nach dem Brief von Elisabeth Großherzogin von Oldenburg an ihren Neffen, Friedrich Franz IV. von Mecklenburg-Schwerin, vom 15. 1. 1919, in: LHA Schwerin, 2.26–1 Großherzogliches Kabinett II, Nr. 1064.
227 So der sozialdemokratische Journalist Knoblauch am 20. 2. 1919 im Hessischen Landtag (Verhandlungen des Landtags des Volksstaats Hessen, 1. Legislaturperiode, Prot., Bd. 3, S. 58).
228 Zit. nach dem Brief von Elisabeth Großherzogin von Oldenburg an ihren Neffen, Friedrich Franz IV. von Mecklenburg-Schwerin, vom 15. 1. 1919, in: LHA Schwerin, 2.26–1, Großherzogliches Kabinett II, Nr. 1064.
229 Tagebuch Eleonore (Eintrag vom 19. 1. 1919), in: StA Darmstadt, GFA, D. 24 Nr. 43/8, S. 184.
230 Aufzeichnung vom 19. 1. 1919, zit. aus Franz, *Erinnertes*, S. 176; ebendort auch das nachfolgende Zitat.
231 Aufzeichnung des preußischen Gesandten Riebl über sein Gespräch mit Ernst Ludwig von Hessen am 28. 5. 1919, in: PAA Berlin, Nr. 3063.

232 Hierzu das Schreiben Riebls an das Auswärtige Amt vom 15. bzw. 21. 2. 1919, in: PAA Berlin, Nr. 3063.
233 Vollständig abgedruckt bei Knodt, *Ernst Ludwig*, S. 375 f.
234 Vgl. Verhandlungen des Landtags des Volksstaats Hessen, 1. Legislaturperiode, Prot., Bd. 3, S. 57 f. bzw. 78 f.
235 Vgl. Stieniczka, »Vermögensauseinandersetzung«, S. 54 ff.
236 Vgl. Tücks, *Das Darmstädter Neue Palais*, S. 91 ff.
237 Die Quellenlage ist hier besonders prekär und auch die Literatur sehr spärlich. Vgl. *Dem Wohle Oldenburgs gewidmet* sowie speziell zum Thema Günther, *Revolution in Oldenburg*.
238 So der Abgeordnete Tantzen-Heering, zit. nach der Beilage zur Nr. 304 der *Nachrichten für Stadt und Land* vom 6. 11. 1918 (»Eröffnung des Landtages«); dort auch die nachfolgenden Zitate aus der Thronrede. Vgl. auch StA Oldenburg, Bestand 39: 33. Landtag, 3. Versammlung, Conv. I.
239 Zur regierungsinternen Beratung darüber vgl. StA Oldenburg, 131–39.
240 Hierzu wie auch zum Folgenden vgl. neben Günther, *Revolution in Oldenburg*, S. 79 ff., vor allem den Zeitzeugen Kliche, *Revolution in Wilhelmshaven*, sowie den Bericht des preußischen Gesandten in Oldenburg Humbracht an das Auswärtige Amt vom 8. 11. 1918, in: PAA Berlin, R 3169.
241 Abschrift der Abdankungserklärung, in: StA Oldenburg, Bestand 39, Nr. 7191/92.
242 Zit. nach der Thronrede vom 27. 6. 1900, in: PAA Berlin, R 3176.
243 Vgl. hierzu – allerdings stark vertraulich – die Ausführungen seines langjährigen Gesandten in der Reichshauptstadt, Georg von Eucken-Addenhausen, *Politische Lebenswanderung*.
244 Zum Folgenden vgl. Nicholas, »Parlamentarische Repräsentanz oder Ständevertretung?«.
245 Über ihn jetzt die luzide biografische Miniatur von Kasten: »Der letzte Großherzog«.
246 Vgl. die biografische Skizze von Borchert, *Mecklenburgs Großherzöge*, S. 91–97; über seine hohe Wertschätzung im deutschnationalistischen Lager gibt ein Artikel zu seinem 60. Geburtstag in der *Deutschen Zeitung*, Nr. 57 vom 7. 12. 1917, Auskunft (»Herzog Johann Albrecht zu Mecklenburg«).
247 Vgl. Langfeld, *Mein Leben*.
248 Brief von Elisabeth Großherzogin von Oldenburg (geb. Herzogin von Mecklenburg-Schwerin) an ihren Neffen, Friedrich Franz IV., vom 15. 1. 1919, bzw. dessen Antwortbrief vom 20. 2. 1919, in: LHA Schwerin, 2.26–1, Großherzogliches Kabinett II, Nr. 1064.
249 Langfeld, *Mein Leben*, S. 384.

250 Zu dieser Zwangsmaßnahme vgl. die Erinnerungen von Bassewitz-Levetzow, *Lebensbild.*
251 Vgl. Kasten, *Der letzte Großherzog,* S. 278 ff.
252 Langfeld, *Mein Leben,* S. 389; dort auch der Wortlaut des Reskripts.
253 Undatierte Aufzeichnungen, zit. nach: Bley/Rakow/Schütt, *Das revolutionäre Jahr 1918,* S. 45 f.
254 Zit. nach dem vollständigen Abdruck in den *Mecklenburgischen Nachrichten* vom 13. 11. 1918.
255 Brief an Cuno von Rantzau, dem Leiter der großherzoglichen Vermögensverwaltung, vom 14. 3. 1919, in: LHA Schwerin, 2.26–1, Großherzogliches Kabinett II, Nr. 1064.
256 Vgl. hierzu wie auch zum Folgenden die auf den 12. 2. 1919 datierte Aufzeichnung des kommissarischen Justizministers der provisorischen Regierung Stratmann über die Vorgänge vom 13./14. November 1918, in: LHA Schwerin«, 2.26–1, Großherzogliches Kabinett II, Nr. 1064; sowie das undatierte Diktat von Friedrich Franz über den »Verlauf der Thronverzichtsverhandlungen am 14. November 1918 im Schloss zu Schwerin«, in: Ebda., 5.2–5, Nr. 105. Außerdem Langfeld, *Mein Leben,* S. 391 f.
257 Zu den Einzelheiten Kasten, *Der letzte Großherzog,* S. 273 ff.
258 Brief an Rantzau vom 28. 11. 1918, in: LHA, 5.2–1, Großherzogliche Vermögensverwaltung, Nr. 533; ebendort auch die nachfolgenden Zitate.
259 LHA Schwerin, 2.26–1, Großherzogliches Kabinett II, Nr. 1064.
260 LA »Das große Sterben unter den deutschen Fürsten« (Nr. 322). Für den Hinweis danke ich Hans Hahn, der eine Magisterarbeit zum Ende der Monarchie in Mecklenburg-Schwerin vorbereitet.
261 Zit. nach Kasten, *Der letzte Großherzog,* S. 277.
262 Es handelt sich um Herzog Friedrich II. von Anhalt, Fürst Leopold IV. von Lippe, Fürst Heinrich XXVII. von Reuß, Herzog Ernst II. von Sachsen-Altenburg, Herzog Karl Eduard von Sachsen-Coburg-Gotha, Herzog Bernhard von Sachsen- Meiningen, Fürst Adolf von Schaumburg-Lippe, Fürst Günther von Schwarzburg-Rudolstadt und Schwarzburg-Sondershausen sowie Fürst Friedrich von Waldeck.
263 An einschlägiger Literatur siehe Berger, »Revolutionstage in Schwarzburg«; Facius, »Kleinstaatliche Monarchien«; Gillmeister, *Vom Thron auf den Hund,* S. 59 ff.; Hess, *Vorbereitung und Durchführung der Novemberrevolution;* Reuß, *Fürst Heinrich;* Hoffmann, *Domänenfrage in Thüringen;* Hirschler/Hahnemann, *Schwarzburg-Sondershausen;* Kittel, »Revolution in Lippe«; ders., »Novemberumsturz 1918«; Marek, *Sturz der Fürstenhäuser;* Post/Hahn/Ulbricht, »Abdankung der Fürsten«; Wecker, *Landesväter,* S. 179 ff.; Westphalen, *Die letzte Fürstin,* S. 57 ff.; Winker, »Günther Viktor«; dies., »Anna Luise von Schwarzburg«.

264 Zit. aus einem Brief Leopolds zur Lippe an seinen Bruder Bernhard vom 17.11.1918, abgedruckt in: Kittel, »Revolution in Lippe«, S. 110.

265 HZA Neuenstein, La 142, Bü 712.

266 Goethe-und-Schiller-Archiv Weimar, Bestand 72, BW5056,1.

267 Hierzu bereits eindringlich Thimme, *Weltkrieg ohne Waffen*, S. 278 ff.; vgl. außerdem Ziemann, »Enttäuschte Erwartung«, S. 177 ff.

268 Graf, *Gelächter von außen*, S. 64.

269 Ich folge hier in Manchem den scharfsichtigen Überlegungen von Pohl, »Obrigkeitsstaat und Demokratie«; im Übrigen unverzichtbar: Gallus, »Deutsche Revolution 1918/19«.

270 Hierzu jetzt die innovativen Überlegungen von Nikolaus Buschmann und Karl Borromäus Murr in der Einführung zu Buschmann/Borromäus Murr, *Treue. Politische Loyalität und militärische Gefolgschaft*.

271 So die ehemalige Großherzogin Elisabeth von Oldenburg an ihren Neffen, den ehemaligen Großherzog Friedrich Franz IV. von Mecklenburg-Schwerin in einem vertraulichen Brief vom 15. 1. 1919, in: LHA Schwerin, 2.26–1 Großherzogliches Kabinett II, Nr. 1064.

Verzeichnis der zitierten Literatur

Abernon, Edgar Vincent d': *Ein Botschafter der Zeitwende. Memoiren*, 3 Bde., Leipzig o. J. [1930–31]

Achleitner, Arthur: *Aus dem Leben entthronter Herrscher*, Dresden 1919

Achleitner, Arthur: *Von der Umsturznacht zur Totenbahre. Die letzte Leidenszeit König Ludwigs III.*, München 1922

Adolph, Paul: *Vom Hof- zum Staatstheater. Zwei Jahrzehnte persönlicher Erinnerungen an Sachsens Hoftheater, Königshaus, Staatstheater und anderes*, Dresden 1932

Afflerbach, Holger (Bearb.): *Kaiser Wilhelm II. als Oberster Kriegsherr im Ersten Weltkrieg*, München 2005

Albrecht, Willy: *Landtag und Regierung in Bayern am Vorabend der Revolution von 1918*, Berlin 1968

Altrock, Constantin von: *Vom Sterben des Deutschen Offizierskorps*, Berlin 1921

Andresen, Bernd: *Ernst von Dryander*, Berlin 1995

Aretin, Cajetan Freiherr von: *Die Erbschaft des Königs Otto von Bayern. Höfische Politik und Wittelsbacher Vermögensrechte 1916–1923*, München 2006

Arnswaldt, Verena von: »Die Beendigung der Regentschaft in Bayern 1912/13«, in: *Zeitschrift für bayerische Landesgeschichte* 30 (1967), S. 859–893

Avenarius, Ferdinand: »Unsere Fürsten und wir«, in: *Der Kunstwart*, Bd.23, Heft 13 (1910), S.6–11

Ay, Karl-Ludwig: *Die Entstehung einer Revolution. Die Volksstimmung in Bayern während des Ersten Weltkrieges*, Berlin 1968

Basler, Werner: *Deutschlands Annexionspolitik in Polen und im Baltikum*, Berlin 1962

Bassewitz-Levetzow, Margarethe Gräfin: *Lebensbild des Staatsministers Carl Graf Bassewitz-Levetzow auf Bristow*, o. O. [1924]

Baudert, August: *Sachsen-Weimars Ende. Historische Tatsachen aus sturmbewegter Zeit*, Weimar 1923

Bauer, Franz J. (Bearb.): *Die Regierung Eisner 1918/19. Ministerratsprotokolle und Dokumente*, Düsseldorf 1987

Bauer, Max (Oberst Bauer): *Der große Krieg in Feld und Heimat. Erinnerungen und Betrachtungen*, Tübingen 1921

Baumgart, Winfried: *Deutsche Ostpolitik 1918*, Wien und München 1966

Baumgart, Winfried (Hg.): *Von Brest-Litovsk zur deutschen Novemberrevolution*, Göttingen 1971

Bayern, Adalbert von: *Erinnerungen. 1900–1956*, München 1991

Beckenbauer, Alfons: *Ludwig III. von Bayern 1845–1921. Ein König auf der Suche nach seinem Volk*, Regensburg 1987

Becker, Bert: *Georg Michaelis. Preußischer Beamter, Reichskanzler, christlicher Reformer, 1857–1936. Eine Biographie*, Paderborn – München – Wien – Zürich 2007

Berger, Jens: »Die Revolutionstage von 1918 in Schwarzburg. Reflexionen und Aufzeichnungen der Fürstin Anna Luise von Schwarzburg«, in: *Zeitschrift für thüringische Geschichte* 49 (1995), S.55–63

Bernau, Nikolaus: »Der Ort des Souveräns«, in: Förderverein Berliner Stadtschloss (Hg.): *Das Schloss? Eine Ausstellung über die Mitte Berlins*, Berlin 1993, S.53–80

Bernstorff, Graf Johann Heinrich: *Erinnerungen und Briefe*, Zürich 1936

Bestenreiner, Erika: *Luise von Toscana. Skandal am Königshof*, München 1999

Biegel, Gerd: *Victoria Luise. Kaisertochter, Herzogin und Braunschweiger Bürgerin*, Braunschweig 1992

Bill, Claus Heinrich: *Semper talis. Eitel Friedrich Prinz von Preußen*, Owschlag 1995

Bley, Hermannfried/Peter-Joachim Rakow/Hans-Heinz Schütt (Hg.): *Das revolutionäre Jahr 1918 in Mecklenburg. Novemberrevolution und Gründung der KPD in Dokumenten*, Schwerin 1968

Blos, Wilhelm: *Von der Monarchie zum Volksstaat. Zur Geschichte der Revolution in Deutschland insbesondere in Württemberg*, Stuttgart 1922

Blücher von Wahlstatt, Evelyn M.: *Tagebuch.* Mit einem Vorwort von Gebhart Blücher von Wahlstatt, München 1924

Boldt, Hans, u. a.: »Monarchie«, in: *Geschichtliche Grundbegriffe. Lexikon zur politisch-sozialen Sprache in Deutschland*, hg. von Otto Brunner, Werner Conze, Reinhart Koselleck, Bd. 4, Stuttgart, 2. Aufl. 1997, S. 133–214

Bollmeyer, Heiko: *Der steinige Weg zur Demokratie*, Frankfurt/M. und New York 2007

Borchert, Jürgen: *Mecklenburgs Großherzöge 1815–1918*, Schwerin 1992

Brand, Peter/Reinhard Rürup: *Arbeiter-, Soldaten- und Volksräte in Baden 1918/19*, Düsseldorf 1980

Brand, Peter/Reinhard Rürup: *Volksbewegung und demokratische Neuordnung in Baden 1918/19*, Sigmaringen 1991

Braun, Bernd: *Hermann Molkenbuhr (1851–1927)*, Düsseldorf 1999

Braun, Bernd/Joachim Eichler (Hg.): *Die Tagebücher des Sozialdemokraten Hermann Molkenbuhr 1905 bis 1927*, München 2000

Braun, Magnus Freiherr von: *Weg durch vier Zeitepochen*, Limburg 1964
Brecht, Arnold: *Aus nächster Nähe*, Stuttgart 1966
Bringmann, Wilhelm: *Die braunschweigische Thronfolgefrage (1884–1913)*, Frankfurt/M. 1988
Buchner, Eberhard: *Revolutionsdokumente. Die deutsche Revolution in der Darstellung der zeitgenössischen Presse*, Berlin 1921
Bülow, Bernhard von: *Denkwürdigkeiten*, hg. von Franz von Stockhammern, 4 Bde., Berlin 1930–31
Bunsen, Marie von: *Zeitgenossen, die ich erlebte. 1900–1930*, Leipzig 1932
Buschmann, Nikolaus/Karl Borromäus Murr (Hg.): *Treue. Politische Loyalität und militärische Gefolgschaft in der Moderne*, Göttingen 2008

Carlgren, Wilhelm M.: *Neutralität oder Allianz: Deutschlands Beziehungen zu Schweden in den Anfangsjahren des 1. Weltkriegs*, Stockholm 1962
Cecil, Lamar: *Wilhelm II*, 2 Bde., Chapel Hill u. a. 1996
Claß, Heinrich: *Semi-Imperator 1888–1918*, München 1919
Cordes, Günter (Bearb.): *Krieg Revolution Republik. Die Jahre 1918 bis 1920 in Baden und Württemberg. Eine Dokumentation*, Ulm 1978

David, Eduard: *Das Kriegstagebuch des Reichstagsabgeordneten Eduard David 1914–1918*, in Verb. mit Erich Matthias bearb. v. Susanne Miller, Düsseldorf 1966 (Quellen zur Geschichte des Parlamentarismus und der politischen Parteien, Reihe 1: Von der konstitutionellen Monarchie zur parlamentarischen Republik, Bd. 4)
Deist, Wilhelm (Bearb.): *Militär und Innenpolitik im Weltkrieg 1914–1918* (Quellen zur Geschichte des Parlamentarismus und der politischen Parteien, Reihe 2, Bd. 1, Teil 2)
Delbrück, Clemens von: *Die wirtschaftliche Mobilmachung in Deutschland 1914*, München 1924
Dem Wohle Oldenburgs gewidmet: Aspekte sozialen und kulturellen Wirkens des Hauses Oldenburg 1773–1918, hg. von der Oldenburgischen Landschaft, Oldenburg 2004
Deuerlein, Ernst (Hg.): *Briefwechsel Hertling-Lerchenfeld 1912–1917*, 2 Bde., Boppard am Rhein 1973
Dietz, Otto: *Der Todesgang der deutschen Armee – militärische Ursachen*, Berlin 1919
Donat, Helmut (Hg.): *»Auf der Flucht« erschossen ... Schriften und Beiträge von und über Hans Paasche*, Bremen und Zeven 1981
Dorpalen, Andreas: »Empress Auguste Victoria and the Fall of the German Monarchy«, in: *The American Historical Review* 58 (1952/53), S. 17–38
Drehwald, Susanne/Christoph Jestaedt: *Sachsen als Verfassungsstaat*, Leipzig 1998

Dryander, Ernst von: *Erinnerungen aus meinem Leben*, Bielefeld und Leipzig 1922

Dumur, Louis: *Le Boucher de Verdun*, Paris 1921

Duppler, Jörg/Gerhard P. Groß (Hg.): Kriegsende 1918. Ereignis, Wirkung, Nachwirkung, München 1999

Ebert, Friedrich: *Schriften, Aufzeichnungen, Reden. Mit unveröffentlichten Erinnerungen aus dem Nachlaß*, hg. von Friedrich Ebert jun., 2 Bde., Dresden 1926

Einem, Klaus von: *Ein Armeeführer erlebt den Weltkrieg. Persönliche Aufzeichnungen des Generalobersten von Einem*, hg. von Junius Alter, Leipzig 1938

Erbstößer, Elizza: *Kaiserin Auguste Viktoria (1858–1921). Versuch einer Biographie*, Diss., Frankfurt/M. 2008

Erzberger, Matthias: *Erlebnisse im Weltkrieg*, Stuttgart und Berlin 1920

Eschenburg, Harald: *Prinz Heinrich von Preußen*, Heide 1989

Eucken-Addenhausen, Georg von: *Politische Lebenswanderung mit Großherzog Friedrich August von Oldenburg*, Oldenburg 1932

Facius, Friedrich: »Das Ende der kleinstaatlichen Monarchien Thüringens 1918«, in: *Festschrift für Friedrich von Zahn. Zur Geschichte und Volkskunde Mitteldeutschlands*, hg. von Walter Schlesinger, Köln und Graz 1968, S. 50–64

Feigl, Erich: *»Gott erhalte ...« Kaiser Karl. Persönliche Aufzeichnungen und Dokumente*, 3. Aufl., Wien 2006

Fetting, Martina: »Großherzoglicher Ehebruch im Blickpunkt großer Politik – zur Erosion des monarchischen Gefühls vor dem ersten Weltkrieg« (Aufsatz-Manuskript), 2008

Foerster, Wolfgang: *Der Feldherr Ludendorff im Unglück*, Wiesbaden 1952

Franz, Eckhart G. (Hg.): *Erinnertes. Aufzeichnungen des letzten Großherzogs Ernst Ludwig von Hessen und bei Rhein*, Darmstadt 1983

Franz, Eckhart G. (Hg.): *Friede durch geistige Erneuerung. Fritz von Unruh und Großherzog Ernst Ludwig von Hessen*, Darmstadt 1987

Franz, Eckart G.: *Das Haus Hessen*, Stuttgart 2006

Friedrich Christian Prinz zu Schaumburg-Lippe (Hg.): *Wo war der Adel?*, Berlin 1934

Fritzsche, Peter: *Germans into Nazis*, Cambridge und London 1998

Fuchs, Walther Peter (Hg.): *Großherzog Friedrich I. von Baden und die Reichspolitik 1871–1907*, 4 Bde., Stuttgart 1968–1980

Gallus, Alexander: »Deutsche Revolution 1918/19. Die Etablierung der Weimarer Republik«, in: Ders. (Hg.): *Deutsche Zäsuren. Systemwechsel seit 1806*, Köln u. a. 2006, S. 133–163

Georg Meyers Lehrbuch des deutschen Staatsrechts. Nach dem Tode des Verfassers in siebenter Auflage bearbeitet von Gerhard Anschütz, München und Leipzig 1919

Geyer, Albert: *Die historischen Wohnräume im Berliner Schloss*, Berlin 1926

Geyer, Martin H.: *Verkehrte Welt. Revolution, Inflation und Moderne. München 1914–1924*, Göttingen 1998

Giesselmann, Werner: *Die Manie der Revolte. Protest unter der französischen Julimonarchie*, München 1993

Gillmeister, Uwe: *Vom Thron auf den Hund. Das Leben des Herzogs Ernst II. von Sachsen-Altenburg*, Borna 2003

Glaser, Hubert: *Ludwig III. König von Bayern. Skizzen aus seiner Lebensgeschichte*, Prien 1995

Görlitz, Walter (Hg.): *Regierte der Kaiser? Kriegstagebücher, Aufzeichnungen und Briefe des Chefs des Marine-Kabinetts Admiral Georg Alexander von Müller 1914–1918*, Göttingen 1959

Graf, Oskar Maria: *Gelächter von außen. Aus meinem Leben 1918–1933*, München 1985

Grau, Bernhard: *Kurt Eisner 1867–1919. Eine Biografie*, München 2001

Groener, Wilhelm: *Lebenserinnerungen*, Göttingen 1957

Gründer, Horst: *Walter Simons als Staatsmann, Jurist und Kirchenpolitiker*, Neustadt a. d. Aisch 1975

Grüneisen, Carl: *Deutsche Predigten aus den Jahren vaterländischer Not von D. Ernst v. Dryander*, Halle 1923

Günther, Wolfgang: *Die Revolution von 1918/19 in Oldenburg*, Oldenburg 1979

Gutsche, Willibald: *Ein Kaiser im Exil*, Marburg 1991

Haase, Ernst (Hg.): *Hugo Haase. Sein Leben und Wirken. Mit einer Auswahl von Briefen, Reden und Aufsätzen*, Berlin 1929

Hadenius, Stig: *Gustaf V. En biografi*, Lund 2007

Hagenlücke, Heinz: *Deutsche Vaterlandspartei: die nationale Rechte am Ende des Kaiserreiches*, Düsseldorf 1997

Harden, Maximilian: »Sind die Raben fort? Drei Kaiserinnen«, in: *Die Zukunft* vom 23.4.1921, S. 87–116

Haren, Tobias: *Der Volksstaat Hessen 1918/19. Hessens Weg zur Demokratie*, Berlin 2003

Haußmann, Conrad: *Schlaglichter. Reichstagsbriefe und Aufzeichnungen*, Frankfurt/M. 1924

Hees, Ulrich (Bearb.): *Die Vorbereitung und Durchführung der Novemberrevolution 1918 im Lande Gotha. Eine Aktenpublikation*, Gotha 1960

Heinig, Kurt: *Fürstenabfindung? Ein Lesebuch zum Volksentscheid*, Berlin 1926

Heinig, Kurt: *Hohenzollern. Wilhelm II. und sein Haus. Der Kampf um den Kronbesitz,* Berlin 1921

Helfferich, Karl: *Der Weltkrieg,* 3 Bde., Berlin 1919

Hertling, Karl Graf von: *Ein Jahr in der Reichskanzlei. Erinnerungen an die Kanzlerschaft meines Vaters,* Freiburg 1919

Hess, Ulrich: *Die Vorbereitung und Durchführung der Novemberrevolution 1918 im Lande Gotha. Eine Aktenpublikation,* Gotha 1960

Hessen, Wolfgang Prinz von: *Aufzeichnungen,* hg. von Rainer von Hessen, Kronberg 1986 (Privatdruck)

Hessen und bei Rhein, Ernst Ludwig Großherzog von: *Erinnertes,* hg. von Eckhart E. Franz, Darmstadt 1983

Hirschler, Christa/Ulrich Hahnemann: *Das Fürstliche Haus Schwarzburg-Sondershausen,* Werl 2004

Höller, Ralf: *Der Anfang, der ein Ende war. Die Revolution in Bayern 1918/19,* Berlin 1999

Hoetzsch, Otto: *Deutsche Heerführer,* Bielefeld 1915

Hoffmann, Ronald: *Die Domänenfrage in Thüringen. Über die vermögensrechtlichen Auseinandersetzungen mit den ehemaligen Landesherren in Thüringen nach dem Ersten Weltkrieg,* Frankfurt/M. 2006

Hoffmann, Wilhelm: »Erinnerungen an und um König Wilhelm II. von Württemberg«, in: *Zeitschrift für Württembergische Landesgeschichte* 42 (1983), S. 304–321

Hoffmeister, Hans/Volker Wahl (Hg.): *Die Wettiner in Thüringen,* Arnstadt und Weimar 1999

Hofmiller, Josef/Michael Hochgesang (Hg.): *Ludwig Thoma. Ausgewählte Briefe,* München 1927

Hohenlohe-Schillingsfürst, Fürst Chlodwig zu: *Denkwürdigkeiten der Reichskanzlerzeit,* Stuttgart und Berlin 1931

Hohenzollern, Johann Georg Prinz von (Hg.): *Margarete Fürstin von Hohenzollern Herzogin zu Sachsen 1900–1962. Tagebücher, Bücher, Schriften; Briefe von Verwandten und Freunden, Würdigungen,* München (Selbstverlag) 2000

Holl, Karl: *Ludwig Quidde (1858–1941). Eine Biografie,* Düsseldorf 2007

Hopman, Albert: *Das ereignisreiche Leben eines »Wilhelminers«. Tagebücher, Briefe, Aufzeichnungen 1901 bis 1920,* hg. von Michael Epkenhans, München 2004

Hornstein, Erika von: *Adieu Potsdam,* Köln 1969

Hürten, Heinz/Georg Meyer (Hg.): *Adjutant im preußischen Kriegsministerium,* Stuttgart 1977

Hürter, Johannes: *Paul von Hintze,* München 1998

Huldén, Anders: *Finnlands deutsches Königsabenteuer 1918,* Reinbek bei Hamburg 1997

Huldermann, Bernhard: *Albert Ballin,* Oldenburg 1922

Hutten-Czapski, Bogdan Franz Servatius von: *Sechzig Jahre Politik und Gesellschaft*, 2 Bde., Berlin 1936

Ilgenstein, Wilhelm/Anna Ilgenstein-Katterfeld (Hg.): *Friedrich I. und Friedrich II. Die letzten Großherzöge von Baden*, Karlsruhe 1954

Ilsemann, Sigurd von: *Der Kaiser in Holland. Aufzeichnungen des letzten Flügeladjutanten Kaiser Wilhelms II.*, 2 Bde., München 1967

Jäckh, Ernst: *Der goldene Pflug. Lebensernte eines Weltbürgers*, Stuttgart 1954

Jahr, Christoph: »Revolution im Schatten: Kulturgeschichtliche Aspekte des Umsturzes in Bayern 1918/19«, in: Riccardo Bavaj und Florentine Fritzen (Hg.): *Deutschland – ein Land ohne revolutionäre Tradition? Revolutionen im Deutschland des 19. und 20. Jahrhunderts im Lichte neuerer geistes- und kulturgeschichtlicher Erkenntnisse*, Frankfurt/M. u. a. 2005, S. 43–59

Jangfeldt, Bengt: *En Osalig Ande. Berättelsen om Axel Munthe*, Stockholm 2003

Janssen, Karl-Heinz: *Macht und Verblendung. Kriegszielpolitik der deutschen Bundesstaaten*, Göttingen 1963

Jellinek, Georg: *Der Kampf des alten mit dem neuen Recht*, Heidelberg 1907

Jonas, Klaus W.: *Der Kronprinz Wilhelm*, Frankfurt/M. 1962

Jung, Otmar: *Volksgesetzgebung. Die »Weimarer Erfahrungen« aus dem Fall der Vermögensauseinandersetzungen zwischen Freistaaten und ehemaligen Fürsten*, Hamburg 1990

Kantorowicz, Hermann: *Der Offiziershass im deutschen Heer*, Freiburg 1919

Kaschnitz, Marie-Luise: *Menschen und Dinge 1945. Zwölf Essays*, Heidelberg 1945

Kaller, Gerhard: »Die Revolution des Jahres 1918 in Baden und die Tätigkeit des Arbeiter- und Soldatenrats in Karlsruhe«, in: *Zeitschrift für die Geschichte des Oberrheins* 114 (1966), S. 301–350

Kaller, Gerhard: »Die Revolution von 1918 in Baden«, in: *Oberrheinische Studien*, Bd. 2, Karlsruhe 1973, S. 175–202

Kasten, Bernd: »Der letzte Großherzog – Friedrich Franz IV. von Mecklenburg-Schwerin (1882–1945)«, in: *Mecklenburgische Jahrbücher* 122 (2007), S.253–285

Keller, Mathilde Gräfin von: *Vierzig Jahre im Dienste der Kaiserin*, Leipzig 1935

Kessler, Harry Graf: *Das Tagebuch*, 8 Bde., Stuttgart 2004–2008

Kirschstein, Jörg: *Kronprinzessin Cecilie. Eine Bildbiographie*, Berlin 2004

Kittel, Erich: »Novemberumsturz 1918. Bemerkungen zu einer vergleichenden Revolutionsgeschichte der deutschen Länder«, in: *Blätter für deutsche Landesgeschichte*, 10 (1958), S.42–109

Kittel, Erich: »Die Revolution von 1918 in Lippe«, in: *Lippische Mitteilungen aus Geschichte und Landeskunde* 37 (1968), S.32–154

Kliche, Josef: *Vier Monate Revolution in Wilhelmshaven*, Rüstringen 1919

Knodt, Manfred: *Großherzog Ernst Ludwig von Hessen und bei Rhein. Sein Leben und seine Zeit*, Darmstadt 1978

Koch, Walter: *Erinnerungen*, 2 Teile, München (Selbstverlag) 1970 und 1973

Köhler, Ludwig von: *Zur Geschichte der Revolution in Württemberg*, Stuttgart 1930

Körner, Hans-Michael: »Ludwig III. von Bayern (1913–1918)«, in: Georg Schwaiger (Hg.): *Christenleben im Wandel der Zeit*, Bd. 2, München 1987, S. 215–231

Körner, Hans-Michael: »›Na warte Wittelsbach!‹ Kaiser Wilhelm II. und das Königreich Bayern«, in: K. D. Pohl/H. Wilderotter (Hg.): *Der letzte Kaiser*, Berlin 1991, S. 31–72

Körner, Hans-Michael: »Ludwig III. Totengräber der Monarchie«, in: Alois Schmid/Katharina Weigand (Hg.): *Die Herrscher Bayerns. 25 historische Portraits von Tassilo III. bis Ludwig III.*, München 2001, S. 376–388

Körner, Hans-Michael: »Die Erhebung Bayerns zum Königreich in der Erinnerungskultur des Königreichs Bayern«, in: Alois Schmidt (Hg.): *1806 – Bayern wird Königreich. Vorgeschichte – Inszenierung – europäischer Rahmen*, Regensburg 2006, S. 195–209

Körner, Hans-Michael/Ingrid Körner (Hg.): *Aus den Lebenserinnerungen von Leopold Prinz von Bayern (1846–1930)*, Regensburg 1986

Kohler, Alfred: »›Tu Felix Austria Nube ... ‹ Vom Klischee zur Neubewertung dynastischer Politik in der neueren Geschichte Europas«, in: *Zeitschrift für Historische Forschung* 21 (1994), S. 461–482

Kohlhaas, Wilhelm: »Der 9. November 1918 im Stuttgarter Wilhelmspalais«, in: *Zeitschrift für Württembergische Landesgeschichte* 37 (1981), S. 307–361

Kohlrausch, Martin: »Die Flucht des Kaisers. Doppeltes Scheitern adelig-bürgerlicher Monarchiekonzepte«, in: Heinz Reif (Hg.): *Adel und Bürgertum*, Berlin 2001, Bd.2, S.65–101

Kolb, Eberhard: *Die Arbeiterräte in der deutschen Innenpolitik 1918–1919*, Düsseldorf 1962

Kremer, Hans-Jürgen (Bearb.): *Das Großherzogtum Baden in der politischen Berichterstattung der preußischen Gesandten 1871–1918*, 3 Teile, Stuttgart 1990, 1992, 2001

Krieger, Bogdan: *Der Kaiser im Felde*, Berlin 1916

Krieger, Bogdan: *Das Berliner Schloss in den Revolutionstagen*, Leipzig 1922

Kroll, Frank-Lothar: »Friedrich August III.«, in: Ders. (Hg.): *Die Herrscher Sachsens,* München 2004, S. 306–319
Kühlmann, Richard von: *Erinnerungen,* Heidelberg 1948

Lammel, Gisold: *Majestätsbeleidigung. Die Hohenzollern in der Karikatur,* Berlin 1998
Langewiesche, Dieter: »Die Monarchie im Europa des bürgerlichen Jahrhunderts. Das Königreich Württemberg«, in: *Das Königreich Württemberg 1806–1918. Monarchie und Moderne. Große Landesausstellung Baden-Württemberg,* Ostfildern 2006, S. 330–334
Langewiesche, Dieter: »Wilhelm II.«, in: *Das Haus Württemberg. Ein biographisches Lexikon,* Stuttgart 1997, S. 330–334
Langfeld, Adolf: *Mein Leben. Erinnerungen,* Schwerin 1930
Laschitza, Annelies: *Die Liebknechts,* Berlin 2008
Lerchenfeld-Köfering, Hugo Graf: *Kaiser Wilhelm II. als Persönlichkeit und Herrscher,* hg. von Dieter Albrecht, Kallmünz 1985
Ludendorff, Erich von: *Urkunden der Obersten Heeresleitung über ihre Tätigkeit 1916–1918,* Berlin 1922
Lütge, Klaus: »Die Politik des Reichskanzlers Prinz Max von Baden«, Diss., Kiel 1953 (Manuskript)
Luther, Hans: »Zusammenbruch und Jahre nach dem ersten Krieg in Essen«, in: *Beiträge zur Geschichte von Stadt und Stift Essen* 73 (1958), S. 7–138

Machtan, Lothar: *Der Kaisersohn bei Hitler,* Hamburg 2006
Machtan, Lothar: »Wilhelm II. als oberster Sittenrichter: Das Privatleben der Fürsten und die Imagepolitik des letzten deutschen Kaisers«, in: *Zeitschrift für Geschichtswissenschaft* 53 (2006), S. 5–19
Malinowski, Stephan: *Vom König zum Führer,* Berlin 2003
Marburg, Silke: *Europäischer Hochadel. König Johann von Sachsen (1801–1873) und die Binnenkommunikation einer Sozialformation,* Berlin 2008
Marek, Dieter: »Der Sturz der Fürstenhäuser im November 1918«, in: Hans Hoffmeister und Volker Wahl (Hg.): *Die Wettiner in Deutschland,* Arnstadt und Weimar 1999, S. 406–414
Marx, Heinrich: *Handbuch der Revolution in Deutschland 1918–19,* Berlin 1919
Materna, Ingo: »Schloss und Schlossbezirk in der Revolution 1918/19«, in: Wolfgang Ribbe (Hg.): *Schloss und Schlossbezirk in der Mitte Berlins,* Berlin 2005
Matthias, Erich/Rudolf Morsey (Bearb.): *Der Interfraktionelle Ausschuß 1917/18,* 2 Teile, Düsseldorf 1959
Matthias, Erich/Rudolf Morsey (Bearb.): *Die Regierung Max von Baden,* Düsseldorf 1962

Matthias, Erich/Eberhard Pikart (Bearb.): *Die Reichstagsfraktion der deutschen Sozialdemokratie 1898 bis 1918*, 2. Teil, Düsseldorf 1966

Matzerath, Josef: »Ein Königlicher Weg. Reflexe der Depossedierung des sächsischen Königs Friedrich August III. im kulturellen Gedächtnis«, in: *Jahrbuch Staatliche Schlösser, Burgen und Gärten Sachsens*, Bd. 13 (2005), S. 171–174

Matzerath, Josef: »Johann von Sachsen – ein bürgerlicher König?«, in: W. Müller und M. Schattkowsky (Hg.): *Zwischen Tradition und Moderne. König Johann von Sachsen 1801–1873*, Leipzig 2004, S. 33–44

Max von Baden, Prinz: *Erinnerungen und Dokumente*, Berlin 1927

Max von Baden, *Erinnerungen und Dokumente*, neu hg. von Golo Mann und Andreas Burkhardt, Stuttgart 1968

McLean, Roderick R.: »Kaiser Wilhelm II and his Hessian Cousins: Intrastate Relations in the Germany Empire and International Dynastic Politics, 1890–1918«, in: *German History* 19 (2001), S. 28–53

McLean, Roderick R.: *Royalty and Diplomacy in Europe: 1890–1914*, Cambridge 2007

Michaelis, Georg: *Für Staat und Volk. Eine Lebensgeschichte*, Berlin 1922

Miller, Susanne/Heinrich Potthoff (Bearb.): *Die Regierung der Volksbeauftragten 1918/19*, Düsseldorf 1969

Mitchell, Allan: *Revolution in Bayern 1918/1919*, München 1967

Mittag, Jürgen: *Wilhelm Keil (1870–1968)*, Düsseldorf 2001

Möller-Witten (Hg.), Hanns: *Geschichte der Ritter des Ordens »pour le mèrite« im Weltkrieg*, 2 Bde., Berlin 1935

Mühlhausen, Walter: *Friedrich Ebert 1871–1925*, Bonn 2006

Müller, Leonhard: »Friedrich II. Großherzog von Baden«, in: *Lebensbilder aus Baden-Württemberg*, hg. im Auftrag der Kommission für Geschichtliche Landeskunde in Baden-Württemberg, Bd. 20, Stuttgart 2001, S. 341–366

Müller-Franken, Hermann: *Die November-Revolution. Erinnerungen*, Berlin 1928

Müller-Loebnitz, Wilhelm (Bearb.): *Die Badener im Weltkrieg 1914/18*, Karlsruhe 1935

Müller, Alexander von: *Regierte der Kaiser?*, Göttingen 1959

Naumann, Victor: *Dokumente und Argumente*, Berlin 1928

Neuhaus, Helmut: »Das Ende der Monarchien in Deutschland«, in: *Historisches Jahrbuch* 111 (1991), S. 102–136

Nicholas, Susanne: »Parlamentarische Repräsentanz oder Ständevertretung? Der Verfassungskampf in Mecklenburg«, in: Stiftung Mecklenburg (Hg.): *Modernisierung und Freiheit. Beiträge zur Demokratiegeschichte in Mecklenburg-Vorpommern*, Schwerin 1995, S. 722–743

Niemann, Alfred: *Kaiser und Revolution*, Berlin 1922

Niemann, Alfred: *Revolution von oben – Umsturz von unten, Berlin 1927*

Obkircher, Walther (Hg.): *General Erich von Gündel. Aus seinen Tagebüchern*, Hamburg 1939

Otte, Wulf: »Herzogin Victoria Luise – braunschweigische Landesmutter«, in: Gerd Biegel (Hg.): *Victoria Luise. Kaisertochter, Herzogin und Braunschweiger Bürgerin. Streiflichter aus ihrem Leben*, Braunschweig 1992, S. 129–142

Paulmann, Johannes: *Pomp und Politik. Monarchenbegegnungen in Europa zwischen Ancien Régime und Erstem Weltkrieg*, Paderborn 2000

Payer, Friedrich von: *Von Bethmann Hollweg bis Ebert. Erinnerungen und Bilder*, Frankfurt/M. 1923

Pechmann, Wilhelm Freiherr von: »Revolution und Monarchie in Bayern«, in: *Süddeutsche Monatshefte* 26. Jg. Heft 6, März 1929, S. 441–446

Peters, Susanne: *Ansichten eines Kaisers – Wilhelm II. in der deutschen Karikatur. Eine Studie zur Mentalität im Wilhelminischen Zeitalter*, St. Katharien 2003

Petras, Renate: *Das Schloss in Berlin. Von der Revolution 1918 bis zur Vernichtung 1950*, Berlin 1999

Petzold, Joachim: »›Ethischer Imperialismus‹. Eine Studie über die politische Konzeption des Kreises um den Prinzen Max von Baden am Vorabend der deutschen Frühjahrsoffensive von 1918«, in: *Politik im Krieg 1914–1918*, Berlin (DDR) 1964, S.204–229

Philipp, Albrecht (Hg.): *Die Ursachen des Deutschen Zusammenbruches im Jahre 1918*, 2. Abt., VII/2, Berlin 1928

Philippi, Hans: *Preußen und die braunschweigische Thronfolgefrage*, Hildesheim 1966

Pfeiffer, Ernst (Hg.): *Lose Blätter aus nachgelassenen Niederschriften Ihrer Majestät, der verewigten Kaiserin und Königin Auguste Victoria*, Berlin 1925

Pistorius, Theodor von: *Die letzten Tage des Königreichs Württemberg*, Stuttgart 1935

Pohl, Karl Heinrich: »Obrigkeitsstaat und Demokratie. Aspekte der ›Revolution‹ von 1918/19«, in: Manfred Hettling (Hg.): *Revolution in Deutschland? 1789–1989*, Göttingen 1991, S.46–69

Post, Bernhard/Karl-Eckhard Hahn/Justus H. Ulbricht: »Die Abdankung der Fürsten und das Ende der Residenzen«, in: Konrad Scheuermann und Jördis Frank: *Neu entdeckt: Thüringen – Land der Residenzen*, hg. von Konrad Scheuermann und Jördis Frank, Mainz 2004 (Ausstellungskatalog), Teil 3, S. 523–573

Post, Bernhard/Dietrich Werner: *Herrscher in der Zeitenwende. Wilhelm Ernst von Sachsen-Weimar-Eisenach 1876–1923*, Jena 2006

Potthoff, Heinrich (Bearb.): *Friedrich von Berg als Chef des Geheimen Zivilkabinetts. Erinnerungen aus seinem Nachlaß*, Düsseldorf 1971

Potthoff, Heinrich: »Der Parlamentarisierungserlass vom 30. September 1918«, in: *Vierteljahrshefte für Zeitgeschichte* 20 (1972), S. 319–332

Preußen, Cecilie von: *Erinnerungen*, Leipzig 1930

Preußen, Louis Ferdinand von: *Die Geschichte meines Lebens*, Göttingen 1969

Pyta, Wolfram: *Hindenburg. Herrschaft zwischen Hohenzollern und Hitler*, Berlin 2007

Rathenau, Walter: *Walther-Rathenau-Gesamtausgabe*, hg. von Hans Dieter Hellige, Bd. 6: *Briefwechsel 1897–1920*, München u. a.1983

Rebentisch, Jost: *Die vielen Gesichter des Kaisers. Wilhelm II. in der deutschen und britischen Karikatur (1888–1918)*, Berlin 2000

Regulski, Christoph: *Die Reichskanzlerschaft von Georg Michaelis 1917. Deutschlands Entwicklung zur parlamentarisch-demokratischen Monarchie im Ersten Weltkrieg*, Marburg 2003

Rehm, Hermann: »Die überstaatliche Rechtsstellung der deutschen Dynastien«, in: *Festschrift für die juristische Fakultät Gießen*, Gießen 1907, S. 139–172

Reibnitz, Kurt von: *Wilhelm II. und Hermine. Geschichte und Kritik von Doorn*, Dresden 1929

Reimann, Hans von: *Macht euern Dreck alleene! Friedrich August III. Anekdoten von Sachsens letztem König*, Berlin 2001

Reuß, Heinrich XLV. Erbprinz (Hg.): *Fürst Heinrich XXVII. Reuß j. L. Fürstin Elise Reuß j.L.*, München 1939

Rodekamp, Volker (Hg.): *Völkerschlachtdenkmal*, 2. Aufl., Leipzig 2004

Röhl, John C. G.: *Wilhelm II.*, Bd. 3: *Der Weg in den Abgrund 1901–1941*, München 2000

Rosen, Friedrich: *Aus einem politischen Wanderleben*, Berlin 1932

Rotheit, Rudolf: *Das Berliner Schloss im Zeichen der Novemberrevolution*, Berlin 1923

Rudolph, Karsten: *Die sächsische Sozialdemokratie vom Kaiserreich zur Republik (1871–1923)*, Weimar 1995

Rückert, Otto: *Potsdam während der Novemberrevolution*, Potsdam 1973

Saerbeck, Annika: »Kaiser ohne Amt und Zukunft. Zum politischen, weltanschaulichen und monarchischen Selbstverständnis Wilhelms II. in den ersten Jahren seines holländischen Exils«, Magisterarbeit, Bremen 2007

Sailer, Josef Benno: *Des Bayernkönigs Revolutionstage. Ein Beitrag zur Geschichte des Umsturzes in Bayern*, München 1919

Sandner, Harald: *Das Haus Sachsen-Coburg und Gotha 1826 bis 2001*, Coburg 2001

Sauer, Paul: *Württembergs letzter König. Das Leben Wilhelms II.*, Stuttgart 1994

Sauer, Wolfgang: »Das Scheitern der parlamentarischen Demokratie«, in: Eberhard Kolb (Hg.): *Vom Kaiserreich zur Weimarer Republik*, Köln 1972, S. 77–99

Schad, Martha: »Marie Therese von Österreich-Este«, in: Dies.: *Bayerns Königinnen*, Regensburg 1992, S. 287–364

Schad, Martha: *Bayerns Königinnen*, München 2005 (Neuauflage)

Schäfer, Werner: *Straubing im Ersten Weltkrieg. Ein Beitrag zur Vorgeschichte der Revolution von 1918/19 in Bayern*, Straubing 1979

Scheck, Manfred: *Zwischen Weltkrieg und Revolution. Zur Geschichte der Arbeiterbewegung in Württemberg 1914–1920*, Köln 1981

Scheidemann, Philipp: *Der Zusammenbruch*, Berlin 1921

Scheidemann, Philipp: *Memoiren eines Sozialdemokraten*, 2 Bde., Dresden 1928

Schiffer, Eugen: *Ein Leben für den Liberalismus*, Berlin 1951

Schlaich, Heinz W.: »Der bayerische Staatsrat, Beiträge zu seiner Entwicklung von 1808/09 bis 1918«, in: *Zeitschrift für bayerische Landesgeschichte*, Bd. 28, Heft 1/2 (1965), S. 263–522

Schmidt-Osswald, Ernst (Hg.): *Das Altenburger Regiment (8. Thüringisches Infanterieregiment Nr. 153) im Weltkriege*, Oldenburg 1927

Schmoll, Friedemann: *Verewigte Nation. Studien zur Erinnerungskultur von Reich und Einzelstaat im württembergischen Denkmalkult des 19. Jahrhunderts*, Bamberg 1995

Schönburg-Waldenburg, Heinrich Prinz von: *Erinnerungen aus kaiserlicher Zeit*, Leipzig 1929

Schönhoven, Klaus: »Die republikanische Revolution 1918/19 in Baden und Württemberg«, in: Wehling, Hans-Georg/Angelika Hauser-Hauswirth (Hg.): *Die großen Revolutionen im deutschen Südwesten*, Stuttgart 1998, S. 99–117

Schönermark, Alexis von (Hg.): *Helden-Gedenkmappe des deutschen Adels*, Stuttgart 1921

Schulze, Hagen: *Otto Braun oder Preußens demokratische Sendung*, Berlin 1977

Schwarzmüller, Theo: *Zwischen Kaiser und »Führer«. Generalfeldmarschall August von Mackensen*, Paderborn 1995

Schwering, Axel von: *The Berlin Court under William II*, London 1915

Schwertfeger, Bernhard: *Kaiser und Kabinettschef. Nach eigenen Aufzeichnungen und dem Briefwechsel des Wirklichen Geheimen Rats Rudolf von Valentini*, Oldenburg 1931

Sendtner, Kurt: *Rupprecht von Wittelsbach Kronprinz von Bayern*, München 1954

Sösemann, Bernd: »Der Zerfall des Kaisergedankens im Ersten Weltkrieg«, in: John C. G. Röhl (Hg.): *Der Ort Wilhelms II. in der Geschichte*, München 1991, S. 145–170

Spitzemberg, Hildegard von: *Das Tagebuch der Baronin Spitzemberg, geb. Freiin von Varnbüler. Aufzeichnungen aus der Hofgesellschaft des Hohenzollernreiches,* ausgew. u. hg. von Rudolf Vierhaus, Göttingen 1960

Stenographische Berichte über die Verhandlungen des Deutschen Reichstages, Berlin 1871–1939 (digitalisierte, layoutgetreue Ausgabe: München 1999)

Sternaux, Ludwig: *Potsdam. Als Flaneur durch die tausendjährige Stadt,* Berlin 1990

Stieniczka, Norbert: »Die Vermögensauseinandersetzung des Volksstaates Hessen und seiner Rechtsnachfolger mit der ehemals großherzoglichen Familie« (Magisterarbeit), Darmstadt 1997

Szittya, Emil: *Das Kuriositäten-Kabinett,* Konstanz 1923

Thaer, Albrecht von: *Generalstabsdienst an der Front und in der OHL. Aus Briefen und Tagebuchaufzeichnungen 1915–1919,* hg. von Siegfried A. Kaehler, Göttingen 1958

Thietz, Rudolf: *Ein Preuße kommt nach Württemberg,* bearb. v. Tilman Krause, Stuttgart 2006

Thimme, Hans: *Weltkrieg ohne Waffen,* Berlin 1932

Tirpitz, Alfred von: *Deutschlands Ohnmachtspolitik im Weltkriege,* Hamburg/Berlin 1926

Tücks, Petra: *Das Darmstädter Neue Palais,* Darmstadt und Marburg 2005

Ullrich, Volker: *Die nervöse Großmacht,* Frankfurt/M. 2007

Ulrich, Bernd/Benjamin Ziemann (Hg.): *Frontalltag im Ersten Weltkrieg. Wahn und Wirklichkeit,* Frankfurt/M. 1995

Ulrich, Carl: *Erinnerungen des ersten hessischen Staatspräsidenten,* hg. von Ludwig Bergsträsser, Offenbach 1953

Ulrich, Curt von: *Das Husaren-Regiment Landgraf Friedrich II. von Hessen-Homburg,* Oldenburg 1933

Urbach, Karina/Bernd Bucher: »Prinz Max von Baden und Houston Chamberlain«, in: *Vierteljahrshefte für Zeitgeschichte* 51 (2004), S. 121–177

Ursel, Ernst: *Die bayerischen Herrscher von Ludwig I. bis Ludwig III. im Urteil der Presse nach ihrem Tode,* Berlin 1974

Vietsch, Eberhard von: *Wilhelm Solf,* Tübingen 1961

Viktoria Luise, Herzogin zu Braunschweig und Lüneburg: *Bilder der Kaiserzeit,* Göttingen 1969

Viktoria Luise, Herzogin zu Braunschweig und Lüneburg: *Ein Leben als Tochter des Kaisers,* Göttingen 1965

Vogel, Jakob: *Nationen im Gleichschritt. Der Kult der ›Nation in Waffen‹ in Deutschland und Frankreich,* Göttingen 1997

Volkert, Wilhelm: »Das bayerische Zentrum und die Beendigung der Regentschaft in Bayern 1912/13«, in: *Zeitschrift für bayerische Landesgeschichte* 68/2 (2005), S. 965–982

»Von einem, der dabei war, wie die deutsche Republik ausgerufen wurde«, in: *Deutscher Revolutionsalmanach für das Jahr 1919 über die Ereignisse des Jahres 1918*, Hamburg/Berlin 1919

Wagner, Cosima: *Briefwechsel zwischen Cosima Wagner und Fürst Ernst zu Hohenlohe-Langenburg*, Stuttgart 1936

Wahl, Hans Rudolf: *Die Religion des deutschen Nationalismus*, Heidelberg 2002

Weber, Wolfgang E. J. (Hg.): *Der Fürst. Ideen und Wirklichkeiten in der europäischen Geschichte*, Köln 1998

Wecker, Fritz: *Unsere Landesväter. Wie sie gingen. Wo sie blieben*, Berlin 1928

Wehler, Hans-Ulrich: *Deutsche Gesellschaftsgeschichte*, Bd. 4: *Vom Beginn des Ersten Weltkrieges bis zur Gründung der beiden deutschen Staaten 1914–1949*, München 2003

Weizsäcker, Carl Freiherr von: »Zur elsaß-lothringischen Frage im Weltkrieg«, in: *Deutsche Revue* 45 (1920), S. 193–201

Weiss, Dieter J.: *Kronprinz Rupprecht von Bayern. Eine politische Biografie*, Regensburg 2007

Wermuth, Adolf: *Ein Beamtenleben. Erinnerungen*, Berlin 1922

Westphalen, Gerlinde Gräfin von: *Anna Luise von Schwarzburg, die letzte Fürstin*, Jena 2005

Westarp, Kuno Graf von: *Die Regierung des Prinzen Max von Baden und die Konservative Partei*, Berlin 1918

Westarp, Kuno Graf von: *Konservative Politik im letzten Jahrzehnt des Kaiserreiches*, Bd. 2: *Von 1914–1918*, Berlin 1935

Wied, Pauline zu: *Vom Leben gelernt*, 2. Aufl., Ludwigsburg (Selbstverlag) 1958

Wieden, Helge bei der: »Der Ausgang der in Strelitz regierenden Linie des Hauses Mecklenburg«, in: *Der Herold*, Neue Folge, 13 (1992), S. 349–356

Wild von Hohenborn, Adolf: *Briefe und Tagebuchaufzeichnungen des preußischen Generals als Kriegsminister und Truppenführer im 1. Weltkrieg*, hg. von Helmut Reichold, Boppard am Rhein 1986

Wilhelm II.: *Ereignisse und Gestalten aus den Jahren 1878–1918*, Leipzig und Berlin 1922

Winker, Doreen: »Günther Viktor. 1852-1890-1918-1925«, in: *Die Fürsten von Schwarzburg-Rudolstadt 1710–1918*, Rudolstadt 1997, S. 160–185

Winker, Doreen: »Anna Luise von Schwarzburg, geborene Prinzessin von Schönburg-Waldenburg«, in: *Anna Luise von Schwarzburg. Ein Leben* kommentiert von Doreen Winker unter Mitarbeit von Dieter Marek, Sondershausen 2005, S. 5–130

Winkle, Ralph: *Der Dank des Vaterlandes. Eine Symbolgeschichte des Eisernen Kreuzes 1914 bis 1936*, Essen 2007

Winkler, Heinrich August: *Von der Revolution zur Stabilisierung. Arbeiter und Arbeiterbewegung in der Weimarer Republik 1918 bis 1924*, Bonn 1984

Wolff, Theodor: *Tagebücher 1914–1919. Der Erste Weltkrieg und die Entstehung der Weimarer Republik in Tagebüchern, Leitartikeln und Briefen des Chefredakteurs am »Berliner Tageblatt« und Mitbegründers der Deutschen Demokratischen Partei*, eingel. u. hg. von Bernd Sösemann, Boppard am Rhein 1984

Wolff, Theodor: *Die Wilhelminische Epoche. Fürst Bülow und andere Begegnungen*, eingel. und hg. von Bernd Sösemann, Frankfurt/M. 1989

Zechlin, Egmont: »Ein Gutachten im Anastasia-Prozeß«, in: Ders.: *Krieg und Kriegsrisiko*, Düsseldorf 1979, S. 363–378

Zeller, Ulrich (Hg.): *Schlaglichter. Reichstagsbriefe und Aufzeichnungen von Conrad Haussmann*, Frankfurt/M. 1924

Ziemann, Benjamin: »Enttäuschte Erwartung und kollektive Erschöpfung. Die deutschen Soldaten an der Westfront 1918 auf dem Weg zur Revolution«, in: *Kriegsende 1918. Ereignis, Wirkung, Nachwirkung.* Im Auftrag des Militärgeschichtlichen Forschungsamtes hg. von Jörg Duppler und Gerhard P. Groß, München 1999, S. 165–182

Zuchold, Gerd-H.: »Der Familienfriedhof im Park von Schloss Glienicke. Ein Beitrag zur Karl-Linie des Hauses Hohenzollern« (Manuskript), 2007

Abkürzungen

AA	Auswärtiges Amt
BAB	Bundesarchiv Berlin
BAF	Bundesarchiv/Militärarchiv Freiburg
BAK	Bundesarchiv Koblenz
BayHStA	Bayerisches Hauptstaatsarchiv
Bearb.	Bearbeiter
BW	Briefwechsel
Dep.	Depositum
GHA	Geheimes Hausarchiv
GStA	Geheimes Staatsarchiv Preußischer Kulturbesitz
HStA	Hauptstaatsarchiv
HZA	Hohenlohe-Zentralarchiv
KLE	Kleine Erwerbungen
KP	Kronprinz
KPR	Kronprinz Rupprecht
LA	Leitartikel
LHA	Landeshauptarchiv
MA	Ministerium des Äußeren
MInn	Ministerium des Innern
MSPD	Mehrheitssozialdemokratische Partei Deutschlands
NL	Nachlass
OHL	Oberste Heeresleitung
PAA	Politisches Archiv des Auswärtigen Amtes
Prot.	Protokoll
STA	Stadtarchiv
Sten.Ber.	Stenographische Berichte
ThHStA	Thüringisches Hauptstaatsarchiv
ThLHA	Thüringisches Landeshauptarchiv
USPD	Unabhängige Sozialdemokratische Partei Deutschlands
VfZ	Viertelsjahrshefte für Zeitgeschichte
ZBLG	Zeitschrift für bayerische Landesgeschichte

Danksagung

Dieses Buch geht auf Studien zurück, die mir die Gerda Henkel Stiftung im Rahmen eines von ihr großzügig geförderten Forschungsprojektes ermöglichte. Wolfram Pyta danke ich für die konstruktiv-kritische Begleitung meiner wissenschaftlichen Arbeit, die viel zur Schärfung der Untersuchungs-Optik beigetragen hat. Sehr förderlich erwies sich in dieser Hinsicht auch der Austausch mit Martina Fetting, Alexander Gallus, Silke Marburg, Josef Matzerath, John C. G. Röhl, Peter Winzen und einigen anderen Kollegen. Naturgemäß noch intensiver habe ich meine Forschungsergebnisse mit persönlichen Freunden diskutieren können: mit Uwe Bolius, Marita Keilson, Herbert Knopp, René Ott, Malte Ritter und Stefanie Staschull, für deren Mühe und Kritik ich ihnen nun noch mehr verbunden bin. Ohne die hochkompetenten Betreuer der Archive ehemaliger Herrscher- bzw. Fürstenhäuser wäre ich bei meinen vielen Entdeckungsreisen in die Welt des deutschen Hochadels leicht verloren gegangen. Danken möchte ich hier stellvertretend für viele andere Gerhard Immler (München) und Bernd Post (Weimar). Harald Haury bzw. Uwe Richardsen machten mir den Nachlass Johannes Müller in Schloss Elmau zugänglich, Eckhart G. Franz zeigte mir das Tagebuch der letzten Großherzogin von Hessen, Eleonore. Durch Christian Seeger konnte ich mich als Autor des Propyläen Verlages immer bester Betreuung erfreuen, und auch die Zusammenarbeit mit meinem Lektor Thomas Bertram war sehr angenehm. Dank auch an Annika Saerbeck, die mir bei der Druckfassung eine wertvolle Hilfe war. Bleibt noch zu sagen, dass ich selten so große Freude an der wissenschaftlichen Analyse eines historischen Phänomens empfunden habe wie bei der Entzauberung der »Fürstendämmerung« von 1918.

Lothar Machtan
im Juni 2008

Bildnachweis

bpk/ Kunstbibliothek Berlin: S. 24, 29
Deutsches Historisches Museum, Berlin: S. 299
Gottfried Wilhelm Leibniz Bibliothek – Niedersächsische Landesbibliothek Hannover: S. 98
Institut für Theater-, Film- und Fernsehwissenschaft der Universität Köln: S. 134 (© G. Berger, Potsdam. Theaterwissenschaftliche Sammlung Schloss Wahn, Universität zu Köln)
Internationales Maritimes Museum Hamburg/ Peter Tamm sen. Stiftung: S. 153
New York Times, Bildarchiv: S. 183
Niedersächsische Staats- und Universitätsbibliothek Göttingen: S. 20, 44, 273
Privatbesitz Machtan: S. 251
Staatsbibliothek Bamberg: S. 49 (Gerald Raab)
Staats- und Universitätsbibliothek Bremen: S. 12, 27, 180
Universitätsbibliothek München: S. 258

S. 143: Heinrich Zille, aus dem Buch von Heinz Kathe »Preußen zwischen Mars und Musen.« (Copyright konnte leider nicht geklärt werden)

Karte im Vorsatz: Kartenserver IEG-Maps (www.ieg-maps.uni-mainz.de)

Personenregister

Alexander Demandt
Über die Deutschen

Eine kleine Kulturgeschichte

496 Seiten | 70 Farbabbildungen
Gebunden mit Schutzumschlag
ISBN 978-3-549-07294-3

Wer sind die Deutschen? Wo kommen sie her, was hat sie geprägt, was unterscheidet sie von anderen Völkern Europas und der Welt? Alexander Demandt, einer der besten Kenner der deutschen Geschichte, hat sich die reizvolle Aufgabe gestellt, das Wissenswerte über die Deutschen und ihr Land in einer kompakten Kulturgeschichte zusammenzutragen. Eine faszinierende Reise in unsere Vergangenheit, die auf kurzweilige Art informiert, bildet, unterhält und zum Nachdenken anregt.

»Ein Werk von stupender Gelehrsamkeit, so etwas wie das summum opus eines der alten Geschichte gewidmeten Gelehrtenlebens.« WELT AM SONNTAG

Hans-Peter Schwarz
Axel Springer

DIE BIOGRAFIE

736 Seiten mit 32 Seiten s/w-Abbildungen
Gebunden mit Schutzumschlag
ISBN 978-3-549-07246-2

Er war der erfolgreichste Zeitungsverleger Deutschlands. Er schuf eines der größten Medienimperien Europas. Er war ein politischer Visionär, der zeitlebens an die deutsche Wiedervereinigung glaubte. Als seine Blätter, allen voran die BILD-Zeitung, gegen die studentischen Aufrührer von 1968 zu Felde zogen, wurden er und sein Konzern zur Zielscheibe bundesweiter Kampagnen und Ausschreitungen. Keine Frage: Axel Springer hat die Geister geschieden, war Leuchtturm konservativer Gesinnung für die einen, reaktionäre Hassfigur für die anderen.

Hans-Peter Schwarz hat als erster Biograf freien Zugang zu den Archiven des Springer-Verlages und zu den privaten Aufzeichnungen des Verlegers erhalten. Springers Leben liefert alle Ingredienzen für eine große Biografie. Hans-Peter Schwarz hat sie geschrieben.

»Schwarz gehört zu den produktivsten Politikwissenschaftlern Deutschlands und ist einer ihrer fähigsten. Seine Bücher zur Geschichte der Bundesrepublik setzen Maßstäbe.« DIE WELT

Deutschland vor dem Ersten Weltkrieg 1914

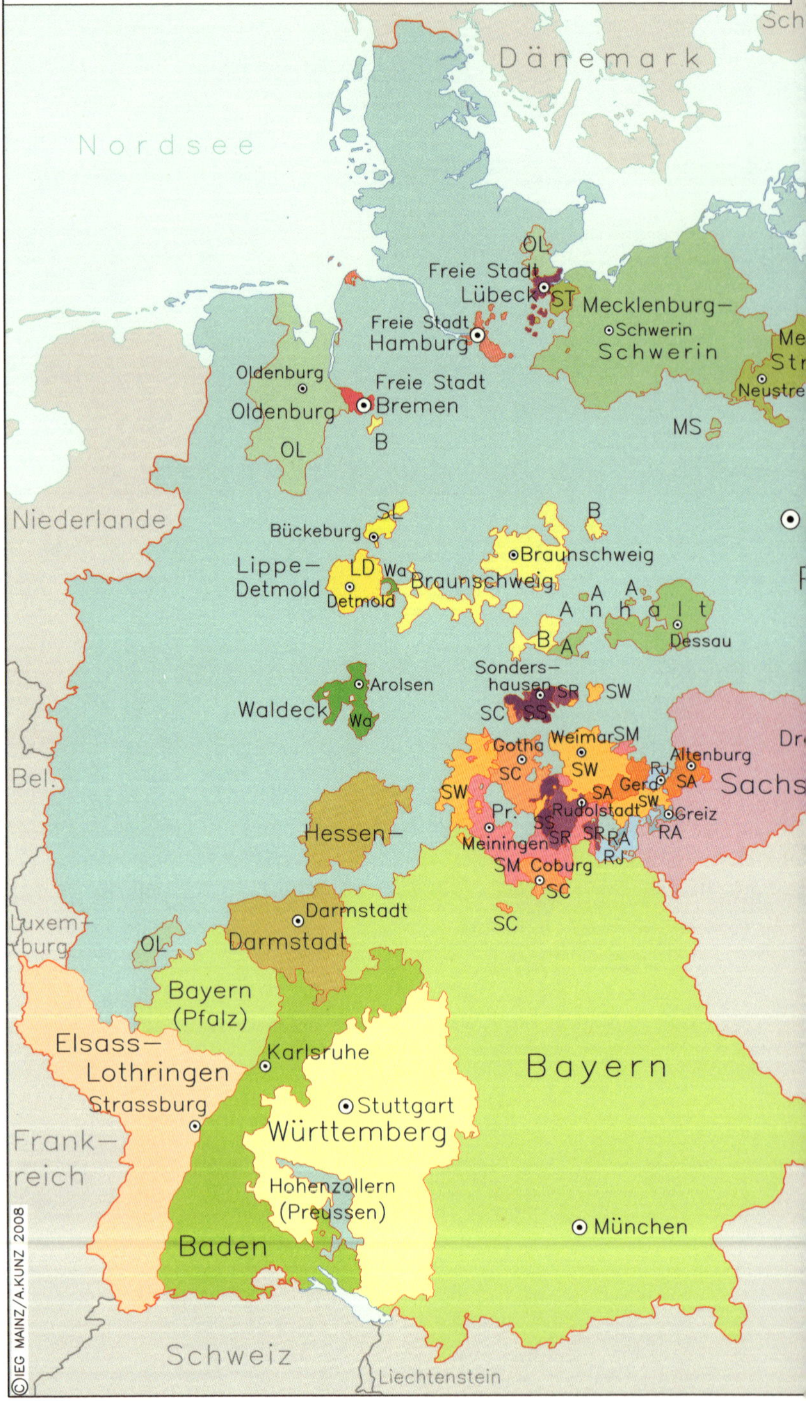